长沙县年鉴 2020

CHANGSHA COUNTY YEARBOOK

长沙县地方志编纂室 编

方志出版社
Publishing House of Local Records

图书在版编目（CIP）数据

长沙县年鉴. 2020 / 长沙县地方志编纂室编. —— 北京：方志出版社，2020.9
ISBN 978-7-5144-4358-5

Ⅰ. ①长… Ⅱ. ①长… Ⅲ. ①长沙县—2020—年鉴
Ⅳ. ①Z527. 14

中国版本图书馆CIP数据核字（2020）第182702号

长沙县年鉴（2020）

编　　者：长沙县地方志编纂室
责任编辑：齐　笑
出 版 者：方志出版社
地址 北京市朝阳区潘家园东里9号（国家方志馆4层）
邮编 100021
网址 http://www.fzph.org
发　　行：方志出版社图书经销中心
电话（010）67110500
经　　销：各地新华书店
印　　刷：湖南宏图印务有限公司
开　　本：889×1194　1/16
印　　张：34.75
字　　数：540千字
版　　次：2020年9月第1版　2020年9月第1次印刷
印　　数：0001~1000册
ISBN 978-7-5144-4358-5　定价：180.00元

长沙县年鉴2020

《长沙县年鉴（2020）》编纂委员会

主　任　沈裕谋

副主任　张作林　周　虔　李建章　王益枝
　　　　谭浩然

编　委　李　勇　周　芳　陈　诚　刘高祥
　　　　文清良　胡立忠　马国军

《长沙县年鉴》编辑部

主　编　马国军

副主编　廖再攀　饶　珏

编　辑　周进银　梁　漾

编　务　李珊珊　万　好　刘晓柏　宋　霜

地址
长沙县星沙街道望仙路598号
电话
0731-85059406
传真
0731-84392225
长沙县年鉴QQ群
20231126
电子邮箱
csxnj@sina.com

《长沙县年鉴（2020）》组稿人员

（按姓氏笔画顺序排序）

马小荃	王　昊	王　洲	王艺斯	王仕民	王利娟
王婵娟	毛　宇	毛　敏	文　婷	文星灿	方　婷
方艺惟	孔艳辉	龙石河	田　甜	朱立华	向剑锋
刘　欣	刘　婕	刘　超	刘晋芳	刘致邦	刘新桂
刘塑琪	刘曙山	汤　准	寻　芳	严兰馥	李　栋
李　婕	李　遂	李志伟	李建松	李晓东	李海婷
李晶琳	李慧娟	杨　宁	杨　盼	杨　梅	杨素琼
吴　琼	吴素云	何　彩	谷　佳	谷镁烽	沈建波
张　伟	张　琪	张　琛	张　颖	张　睿	张柳平
张瑞波	陆　岸	陈　巨	陈　宇	陈　均	陈　雨
陈　谊	陈　雯	陈卫星	陈红娟	易　向	易爱玲
罗　蓓	罗月梅	罗铁慧	罗眺辉	罗瑞芳	周　君
周　思	周　湘	周　瑶	周正湘	周彦俊雄	郑　杰
屈　倩	胡　彦	胡　领	胡定英	袁　伟	聂　知
夏　敏	夏　晶	徐　泽	徐　婷	徐　赛	唐　姣
唐　微	唐天晴	唐雅妮	黄　玉	黄丽玲	曹　斌
梁　婷	寇冠乔	彭　衔	彭　晶	韩　慧	粟　华
喻泽兰	喻恬沁	鲁专娟	谢晓林	廖　洁	谭　涛
谭丽娟	熊玲希	熊娅涵	缪　洁	黎　璇	黎玉元
潘　芳	戴　敏	戴玉英			

编辑说明

一、《长沙县年鉴》是由中共长沙县委、长沙县人民政府组织编纂，长沙县地方志编纂室承编的地方信息资料性文献。1999年12月创办首部年鉴，2013年起每年编辑1部，本年度为第12部。

二、《长沙县年鉴》坚持以马克思列宁主义、毛泽东思想、邓小平理论、“三个代表”重要思想、科学发展观、习近平新时代中国特色社会主义思想为指导，坚持辩证唯物主义和历史唯物主义的立场、观点和方法，全面系统记述长沙县（含长沙经济技术开发区）自然、政治、经济、文化、社会和生态建设等方面情况。《长沙县年鉴（2020）》主要记述2019年长沙县各项事业的发展状况和主要成就。

三、本年鉴采用分类编辑法，设类目、分目、条目3级结构层次，以字体、字号等版式设计区分不同层次；条目为记述的基本单元，标题用黑体字加【】表示。全书设特载、大事记、长沙县概览、中国共产党长沙县委员会、长沙县人民代表大会、长沙县人民政府、中国人民政治协商会议长沙县委员会、长沙县纪律检查委员会·长沙县监察委员会、群众团体、法治、军事、工业·园区建设、经济管理与监督、金融、城乡建设与管理、交通·邮政·通信、商贸·旅游、农业·水利、科学技术·教育、文化、卫生·体育、社会生活、镇·街道、人物24个类目。

四、本年鉴所载资料均由全县各部门各单位专人撰写、领导审核，长沙县年鉴编辑部编辑人员加工整理后再反馈原单位核对，最后由编委会定稿；部分资料由长沙县年鉴编辑部根据各单位提供资料进行整理和综合。主要数据采纳长沙县统计局编辑的《2019年长沙县国民经济和社会发展统计公报》《长沙县国民经济和社会发展统计年鉴（2019）》。因统计口径不同等原因，文稿中部分地区性、部门性数据与县统计局公布的数据可能不一，读者在查阅和引用时应予注意。

五、本年鉴收录组织机构与负责人名录均由各单位提供，以2019年在职者为准，有任免的分别注明；任免时间与实际不一致的，以组织部门发文时间为准。因年内全县机构改革，部分机构名称因机构撤销、合并或职能整合而变化，均以正式发文规范全称或简称为准。

六、本年鉴中所刊图片均由各撰稿单位、中共长沙县委网信办、星沙时报社、一品文化等提供，部分图片作者因故未能一一署名。

长沙县行政区划图

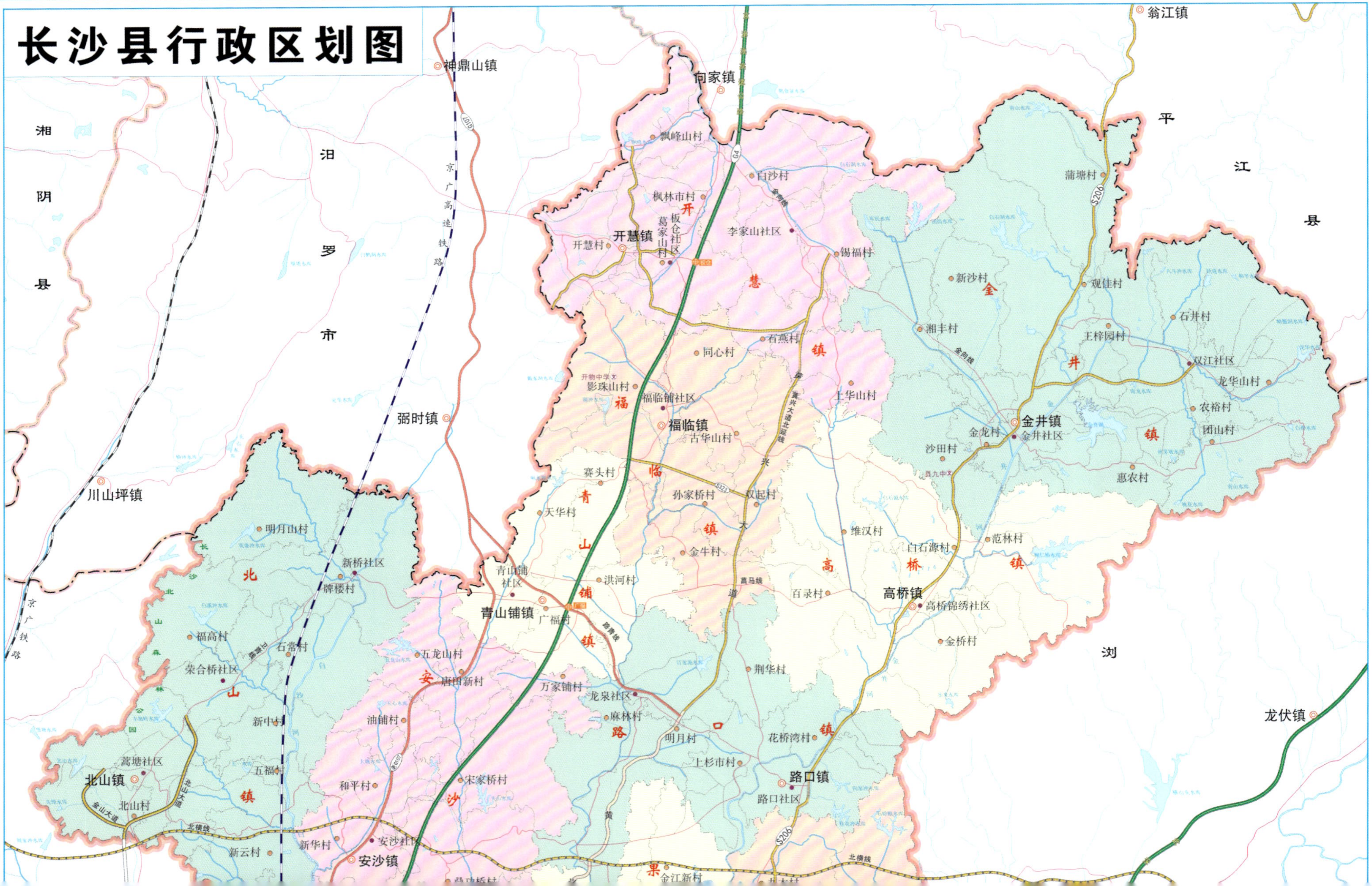

神鼎山镇
向家镇
翁江镇
平
江
县
湘
阴
县
汨
罗
市
弼时镇
川山坪镇
浏
龙伏镇
京广高速铁路
京广铁路
飘峰山村
白沙村
枫林市村
开
开慧镇
开慧村
板仓社区
葛家山村
李家山社区
锡福村
慧
镇
石燕村
同心村
上华山村
影珠山村
福临铺社区
福
福临镇
古华山村
临
赛头村
青
天华村
孙家桥村
双起村
镇
金牛村
山
洪河村
青山铺社区
铺
青山铺镇
广福村
镇
蒲塘村
新沙村
全
观佳村
石井村
湘丰村
王梓园村
双江社区
井
龙华山村
农裕村
金井镇
金龙村
金井社区
沙田村
镇
团山村
惠农村
维汉村
范林村
白石源村
高
桥
镇
百录村
高桥镇
高桥锦绣社区
金桥村
荆华村
明月山村
新桥社区
北
牌楼村
福高村
石常村
荣合桥社区
山
新中村
嵩塘社区
五福村
北山镇
镇
北山村
新云村
五龙山村
安
唐田新村
油铺村
和平村
宋家桥村
沙
新华村
安沙社区
安沙镇
万家铺村
龙泉社区
麻林村
路
明月村
口
花桥湾村
镇
上杉市村
路口镇
路口社区
果
金江新村

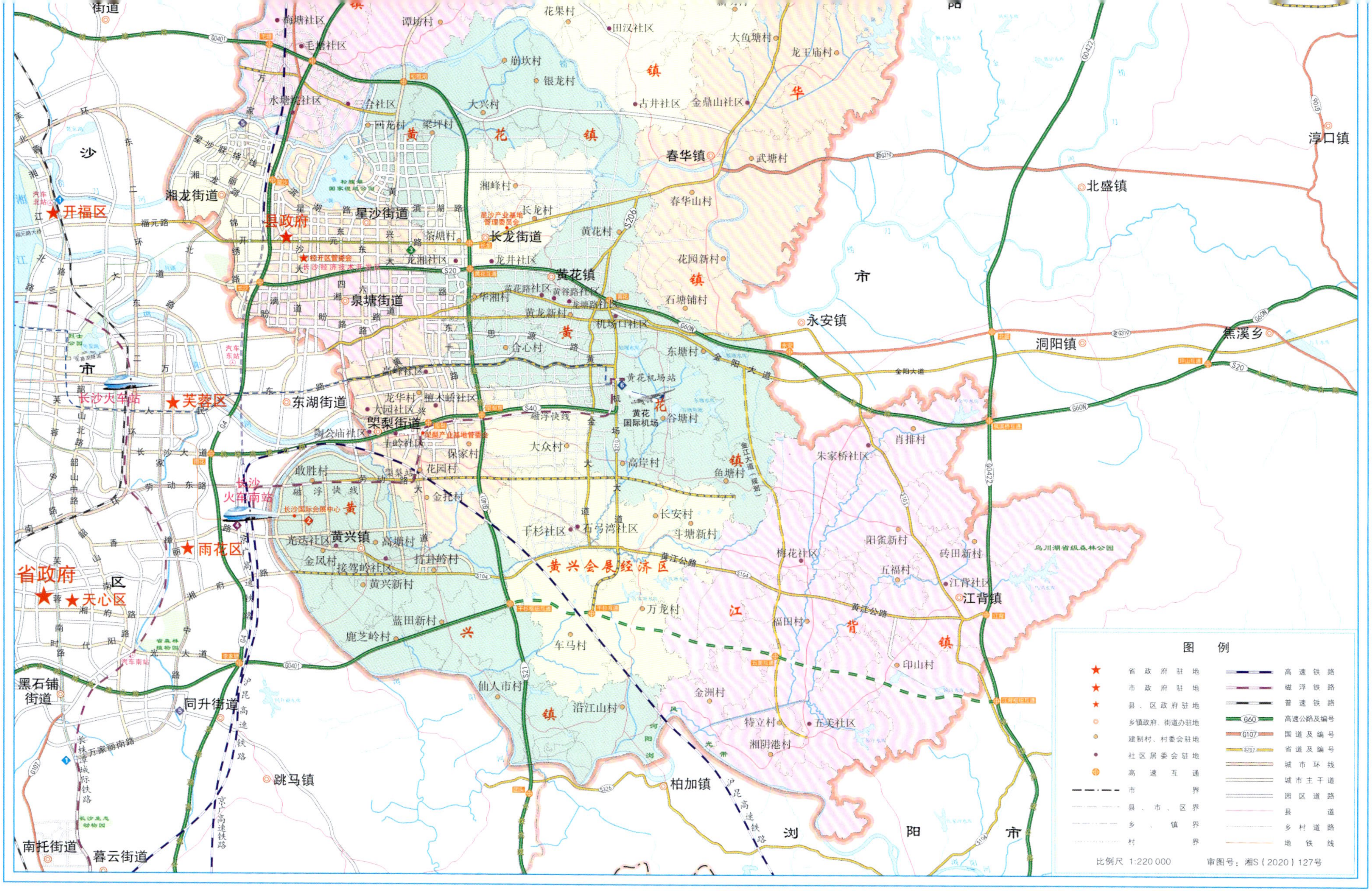

县政府
省政府
开福区
芙蓉区
雨花区
天心区
星沙街道
泉塘街道
湘龙街道
长龙街道
榔梨街道
东湖街道
黄花镇
黄兴镇
春华镇
江背镇
永安镇
洞阳镇
北盛镇
淳口镇
蕉溪乡
柏加镇
跳马镇
黑石铺街道
同升街道
南托街道
暮云街道
黄兴会展经济区
长沙火车站
长沙火车南站
黄花国际机场
黄花机场站
长沙国际会展中心
松雅湖国家湿地公园
乌川湖省级森林公园
梅塘社区
毛塘社区
谭坊村
水塘垅社区
三一合社区
四龙村
梨坪村
崩坎村
银龙村
大兴村
湘峰村
长龙村
茶塘村
龙井社区
龙湘社区
黄花村
花园新村
石塘铺村
春华山村
武塘村
古井社区
金鼎山社区
大鱼塘村
龙王庙村
花果村
田汉社区
华湘村
黄花路社区
黄谷路社区
龙塘路社区
黄龙新村
机场口社区
合心村
东塘村
谷塘村
高岭村社区
龙华村
大园社区
檀木岭社区
陶公庙社区
丰岭社区
保家村
大众村
高岸村
鱼塘村
敢胜村
花园村
金托村
光达社区
高塘村
金凤村
接驾岭社区
打卦岭村
黄兴新村
千杉社区
石弓湾社区
长安村
斗塘新村
万龙村
车马村
蓝田新村
鹿芝岭村
仙人市村
沿江山村
金洲村
特立村
五美社区
湘阴港村
福田村
梅花社区
阳雀新村
五福村
砖田新村
江背社区
印山村
朱家桥社区
肖排村
浏阳市
沙市
金阳大道
黄江公路
磁浮快线
沪昆高速铁路
京广高速铁路
长株潭城际铁路
图例
省政府驻地
市政府驻地
县、区政府驻地
乡镇政府、街道办驻地
建制村、村委会驻地
社区居委会驻地
高速互通
市界
县、市、区界
乡、镇界
村界
高速铁路
磁浮铁路
普速铁路
高速公路及编号
国道及编号
省道及编号
城市环线
城市主干道
园区道路
县道
乡村道路
地铁线
比例尺 1:220 000
审图号：湘S（2020）127号

率先现代化

2019年

区域位置

长株潭“两型社会”综合配套改革试验区核心地带

土地面积

1756平方千米

常住人口

110.94万人

综合实力

- 第十九届全国县域经济与县域综合发展百强县第四位、全国县域经济基本竞争力第五位
- 中国中小城市综合实力百强排名第五位

追赶前三强

荣誉选录

1月 ● 长沙县人民法院被评为“全国优秀法院”

3月 ● 长沙县被评为“国家卫生县城”

● 长沙县入选《全国第一批革命文物保护利用片区分县名单》

5月 ● 长沙县入选“中国县域旅游竞争力百强县”

7月 ● 长沙经济技术开发区入选“国家外贸转型升级基地（工程机械）”

9月 ● 长沙县“流动党员管理服务全链条机制”被评为“全国城市基层党建创新最佳案例”

10月 ● 长沙县被评为“2019中国茶业百强县”

● 长沙县被评为“全国乡村振兴农村创新创业优秀案例”

● 长沙县被评为“美丽中国行采风基地”

11月 ● 长沙县被评为“中国最具幸福感城市(县级)”

● 长沙经济技术开发区管理委员会被评为“2019年互联网+政务服务先进单位”

12月 ● 长沙县文化馆被评为“第八届全国服务农民、服务基层文化建设先进集体”

● 长沙县探索乡村振兴新模式被评为“2019中国改革年度案例”

● 长沙县被评为全国农村创新创业典型县

数说2019

1

面积：**1756**平方千米

户籍人口：**81.8**万人

年末常住人口：**110.94**万人

地区生产总值：**1709.96**亿元

第一产业增加值：**74.16**亿元

第二产业增加值：**879.03**亿元

第三产业增加值：**756.77**亿元

农林牧渔业总产值：**123.3**亿元

农业机械化水平：**80.3%**

新型农村合作经济组织：**2201**家

规模以上工业增加值：比上年增长**10%**

建筑业总产值：**487.4**亿元

房屋建筑施工面积：**3087**万平方米

房屋建筑竣工面积：**683.4**万平方米

固定资产投资：比上年增长**11%**

2

房地产开发投资：**245.9**亿元

商品房销售面积：**323.2**万平方米

社会消费品零售总额：**570.8**亿元

进出口总额：**111.8**亿美元

到位外资：**9.3**亿美元

引进省外境内资金：**116.1**亿元

旅游总收入：**168**亿元

AAA以上（含）旅游景区：**9**处

公路通车里程：**6250.9**千米

公路客运量：**5191.1**万人

旅客周转量：**20308**万人千米

公路货运量：**2539.5**万吨

货物周转量：**509066.5**万吨千米

3

邮电通信业务总量：**16.2**亿元

财政总收入：**406.1**亿元

地方一般公共预算收入：**111.23**亿元

公共财政预算支出：**186.3**亿元

金融机构人民币存款：**1353.8**亿元

居民储蓄存款：**623.2**亿元

全社会研究与发展活动经费：**70.5**亿元

国家高新技术企业：**407**家

专利申请量：**5754**件

专利授权量：**3392**件

全日制学校（不含幼儿园）：**205**所

免除学生杂费：**11.8**万人次

资助贫困学生金额：**1631**万元

文化设施面积：**154.5**万平方米

体育设施面积：**183.4**万平方米

4

卫生机构：**561**个

环境污染治理投资额：**11**亿元

城市建成区绿化率：**39**%

城市建成区绿化覆盖率：**39.9**%

城镇化率：**68.66**%

城乡居民人均可支配收入：**43920**元

城乡居民人均消费支出：**29761**元

企业职工基本养老保险人数：**51.7**万人

城镇职工基本医疗保险人数：**23**万人

失业保险参保人数：**17.6**万人

养老机构：**26**个

▲ 2019年2月11日，长沙经开区、长沙县举行“营商环境优化年”动员会暨项目签约仪式

（长沙经开区志办 提供）

▲ 2019年3月19日，长沙县、长沙经开区2019年重大产业项目集中开工活动在顶立科技举行

（长沙经开区志办 提供）

▲ 2019年4月10日，长沙市人民政府主办、长沙经开区承办的汽车零部件供应商投资说明会在日本名古屋举行

（长沙经开区志办 提供）

▲ 2019年5月8日，索恩格新能源汽车技术全球研发中心、索恩格工业园二期项目签约暨开工活动
（长沙经开区志办 提供）

▲ 2019年5月15日，中国工程机械学会举办，长沙经开区承办的2019长沙国际工程机械展览会在长沙经开区开幕
（长沙经开区志办 提供）

▲ 2019年5月18日，中国工业与应用数学学会总部办公基地在长沙经开区揭牌

（长沙经开区志办 提供）

▲ 2019年6月22日，中国信息通信研究院中南基地揭牌成立　（长沙经开区志办 提供）

▲ 2019年6月30日，中南源品干细胞科技园开园　　（长沙经开区志办 提供）

▲ 2019年8月28日，三一云谷项目签约　　（长沙经开区志办 提供）

▲ 2019年9月20日，长沙县与永旺梦乐城（中国）投资有限公司签署项目投资意向书

（县商务局 提供）

▲ 2019年9月28日，三一智联重卡项目开工暨道依茨发动机项目签约开工动员

（长沙经开区志办 提供）

▲ 2019年10月11日，上汽大众长沙工厂100万辆车下线

▲ 2019年11月4日，长沙康礼·克雷格公学签约仪式举行 （长沙经开区志办 提供）

（长沙经开区志办 提供）

▲ 2019年10月30日，长沙经开区金融集市新场地启用仪式及上市服务工作站揭牌活动在长沙科技新城举行 （长沙经开区志办 提供）

▲ 2019年11月11日，长沙经开区、长沙市会展办、长沙工程机械协会联合主办，高峰产业新城承办的2019长沙国际工程机械、商用车后市场博览会在长沙开幕 （长沙经开区志办 提供）

绿色星沙

▲ 松雅湖　　　　（春泥志愿　提供）

▲ 省级森林公园——影珠山森林公园　　（县融媒体中心 提供）

▲ 省级森林公园——北山森林公园　　（县融媒体中心 提供）

▲ 省级森林公园——大山冲森林公园　　（县融媒体中心 提供）

▲ 高桥金桥老街

▲ 青山铺镇响水坝水库　　（县委网信办 提供）

▲ 高桥镇白鹭湖

（高桥镇 提供）

▲ 金井石壁湖

（县委网信办 提供）

（章帝 摄）

▲ 高桥——郭桥

（高桥镇提供）

▲ 金井镇新时代文明实践所 （金井镇 提供）

▲ 路口镇新时代文明实践所 （路口镇 提供）

▲大明湖生态湿地公园 （锡湖村 提供）

▲锡湖村村居 （县委网信办 提供）

▲ 2019年6月29日上午，长沙县、长沙经开区理论学习中心组第五次会议在福临镇举行，图为会前在镇文化公园举行重温入党誓词活动，并向陈树湘烈士塑像敬献花篮　　　　（县委办　提供）

▲ 2019年9月27日，陈树湘故居对外开放，长沙经开区党工委书记、中共长沙县委书记（右），杨开慧纪念馆馆长彭春华共同揭牌 （福临镇 提供）

▲ 2019年9月27日，陈树湘故居对外开放 （福临镇 提供）

▲ 全国文物保护单位——徐特立故居　　（徐特立故居　提供）

▲ 湖南省爱国主义教育基地——李维汉故居　　（县文物局 提供）

▲ 湖南省文物保护单位——田汉故居　　（田汉文化园 提供）

▲ 湖南省爱国主义教育基地——许光达故居　　（黄兴故居纪念馆 提供）

▲ 2019年9月27日，重新修缮后的缪伯英故居对外开放，故居于2011年被公布为“湖南省文物保护单位”（杨开慧纪念馆 提供）

▲ 2019年9月27日，杨立三故居对外开放（金井镇 提供）

▲ 长沙经开区党工委书记、中共长沙县委书记沈裕谋（右），县委副书记周虔为杨立三故居揭牌

（金井镇 提供）

▲ 2019年9月16日，杨开慧故居入选“全国爱国主义教育示范基地” （杨开慧纪念馆 提供）

▲ 长沙市党员教育培训示范基地——刘少奇天华调查纪念馆　　（刘少奇天华调查纪念馆　提供）

◀柳直荀故居（李旭　摄）

2019年，修缮后的 ▶
陈康白回乡旧居
（路口镇　提供）

▲ 长沙县金井红色文化展览馆 （金井红色文化展览馆 提供）

▲ 飘峰山庄内的红色女杰生平陈列 （彭峥嵘 摄）

▲ 2019年6月14日，长沙县“陈树湘断肠明志精神宣讲团”成立并举行首场宣讲（县委宣传部 提供）

▲ 2019年7月1日，“天地英雄气·千秋尚凛然”红军传人“相约福临”专场文艺晚会在福临镇举行（杨素琼 摄）

▲ 2019年7月1日，中国工农红军湖南长沙陈树湘红军小学授旗授牌仪式在该校举行　（杨素琼 摄）

▲ 2019年9月27日，缪伯英思想学术研讨会举行　（中共长沙市委党史研究室 提供）

▲ 2019年10月15日，江背镇首届红色文化艺术节暨"党建+'五零'"建设文艺晚会举行

（江背镇 提供）

▲ 2019年11月28日，"不忘初心 牢记使命"板仓红色故事宣讲暨红色读物《板仓红》新书首发仪式在杨开慧纪念馆举行

（范志远 摄）

总　目

Main Contents

目　录

长沙县人民代表大会

长沙县人民政府

中国人民政治协商会议长沙县委员会

农业·水利

科学技术·教育

文 化

卫生·体育

社会生活

镇·街道

人　物

附　录

人文拾萃

索　引

中华人民共和国成立 70 周年长沙县经济社会发展报告

综合实力显著增强

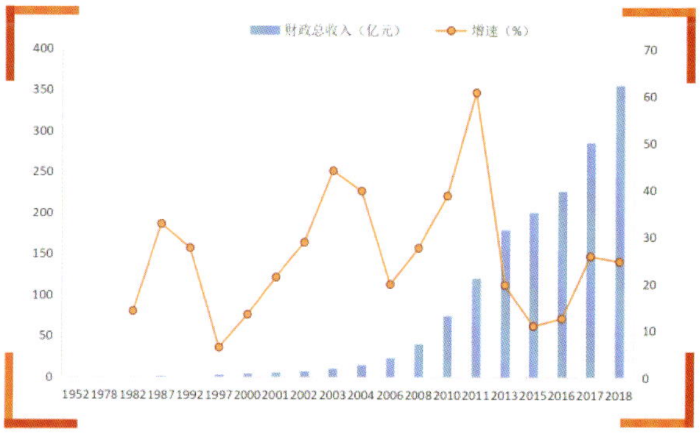

【1952—2018 年长沙县财政总收入】

中华人民共和国成立 70 年来，长沙县致力于发展经济，特别是 1978 年改革开放以来，全县经济持续较快增长，经济总量不断扩大，综合经济实力显著提升。

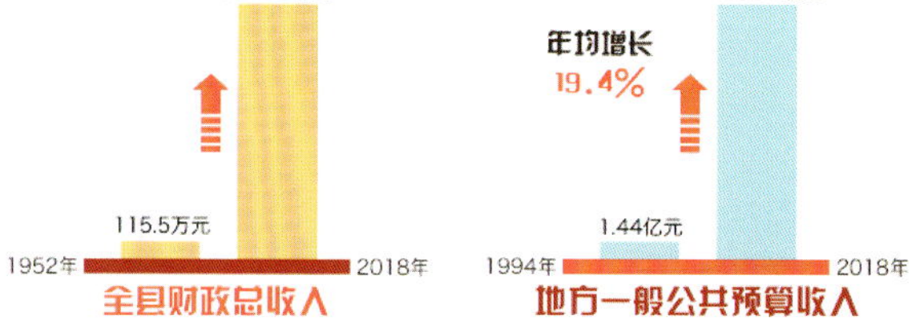

创造了从“三湘第一县”到“中部第一县”再到“中西部第一县”的荣誉与辉煌，在全国县域经济基本竞争力排名中，由 2001 年第一届的第 73 位跃升至 2018 年第十八届的第五位，开创了独具特色的“长沙县现象”，成为中西部县域经济的发展标杆。

产业结构持续优化

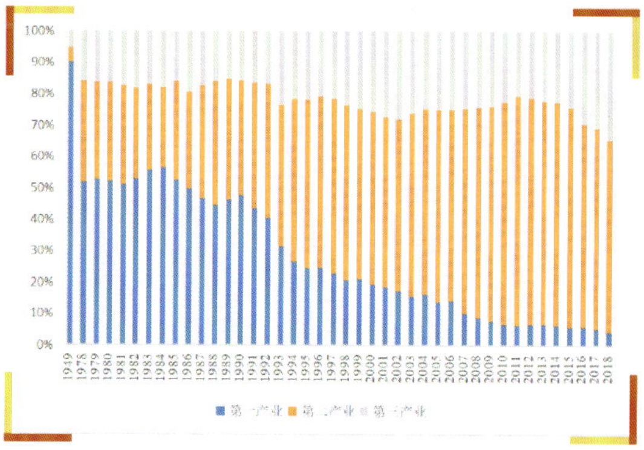

【1949—2018 年长沙县产业结构】

70 年来，特别是改革开放以来，长沙县积极推进经济发展方式转变，优化产业结构。通过实施兴工强县战略，积极提升现代服务业，促进传统农业向现代农业的转变，三次产业结构不断优化。全县三次产业结构由“一二三”型产业发展格局转变为“二三一”型。

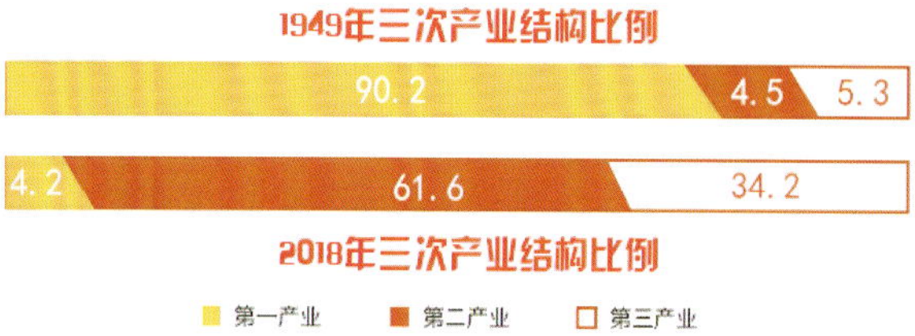

与 1949 年相比，第一产业增加值占 GDP 比重下降 86 个百分点，第二产业比重提高 57.1 个百分点，第三产业比重提高 28.9 个百分点。

农业篇

农业经济稳步发展

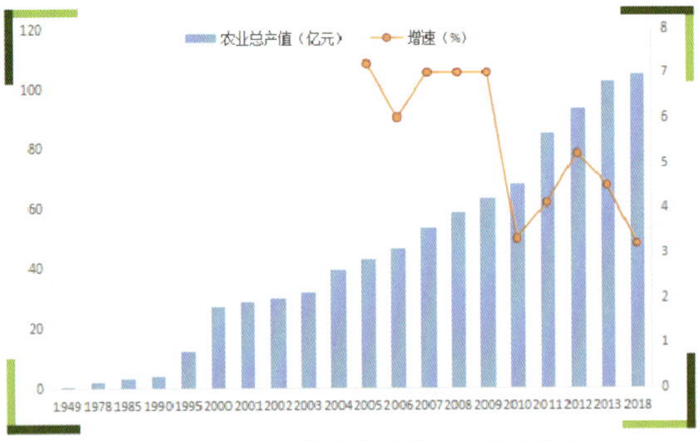

【1949—2018 年长沙县农林牧渔总产值】

中华人民共和国成立 70 年来，长沙县县委、县政府始终重视农业的基础产业地位，不断增强对农业的扶持力度，农业已由过去形式单一的传统农业向“三高”农业、商品农业、休闲农业方向发展，农业生产逐步迈向现代化。

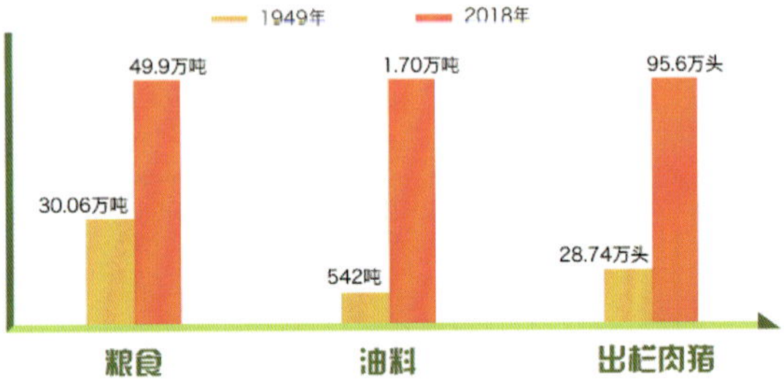

全县有规模以上农产品加工企业 47 家，新型农村合作经济组织 2055 家。全县高标准农田累计 2.16 万公顷，农业机械化水平 79.3%。全县农业的稳步增长，为全县经济较快发展提供强有力的保障。

工业篇

工业不断升级与腾飞

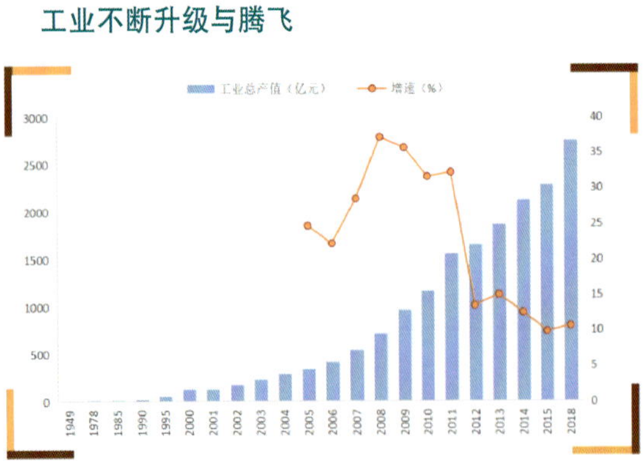

【1949—2018 年长沙县工业总产值】

70 年来，特别是改革开放以来，全县以蓬勃发展的乡镇企业为突破口，以 20 世纪 90 年代初建立长沙经济技术开发区为载体，同时全力推进七个乡镇工业园区为其配套的发展策略，突出做好做大工程机械、汽车制造、电子信息三大产业，全县工业经济从弱到强，不断发展壮大。

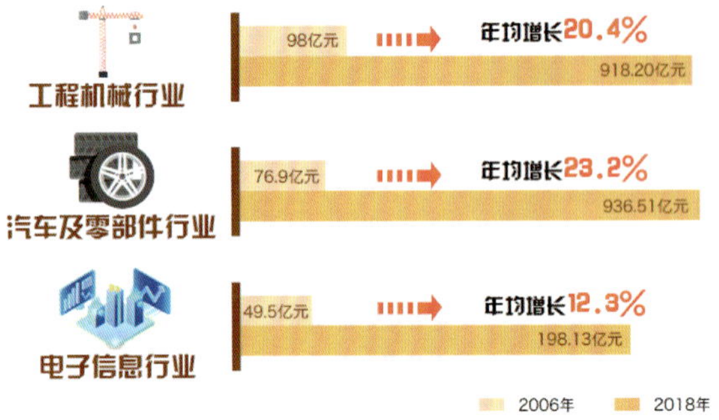

全县基本形成工程机械、汽车及零部件、电子信息等三大产业集群，三大行业 2018 年实现规模工业总产值 2047.44 亿元，是 2006 年 224.40 亿元的 9.1 倍，年均增长 20.2%，占全部规模工业总产值的比重 75.6%，比 2006 年提高 21.3 个百分点。

财政篇

财政金融不断壮大

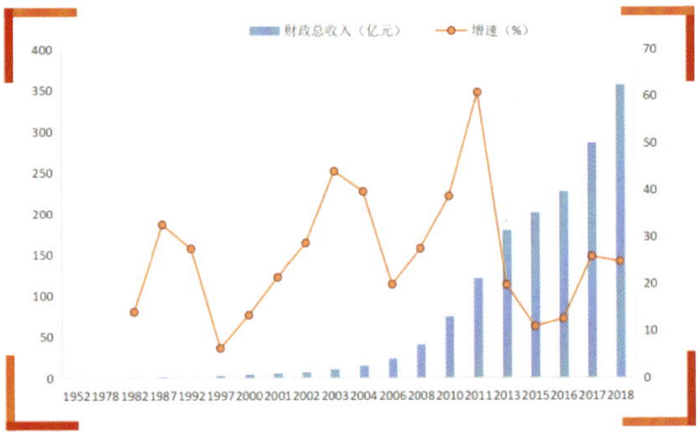

【1952—2018 年长沙县财政总收入】

中华人民共和国成立以来，随着经济社会形势的快速发展，财政和金融也取得显著的发展成绩，在支持经济发展中发挥了重要作用。

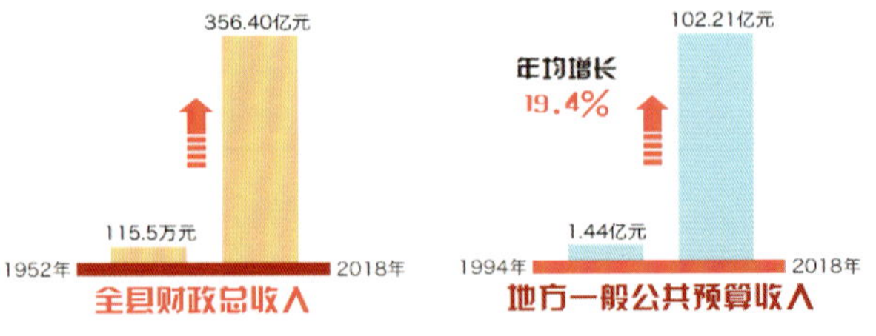

金融业快速发展。1990 年末，全县金融机构各项存款余额 6.45 亿元，到 2018 年末达到 1183. 67 亿元，年均增长 20.5%；全县金融机构贷款余额由 1990 年的

4 亿元增加至 1160.52 亿元，年均增长 22.4%，极大地支持了地方经济的发展。

固定资产投资不断加大

中华人民共和国成立以来，特别是改革开放以来，通过财政投资、招商引资、PPP 融资等多种渠道筹集建设资金，不断加大基础设施建设力度，加快城乡经济社会一体化进程，全县固定资产投资保持快速增长，投资规模不断扩大，投资结构逐步优化，投资质量持续提高，对全县经济社会持续健康发展和人民生活水平提高发挥了关键作用。1995—2018 年，长沙县固定资产投资 6919.92 亿元，年均增长 20.7%，在交通、电力、通信、文化旅游、片区改造、水利等重点基础设施建设方面，取得重大突破和重要进展。

幸福篇

消费市场繁荣活跃

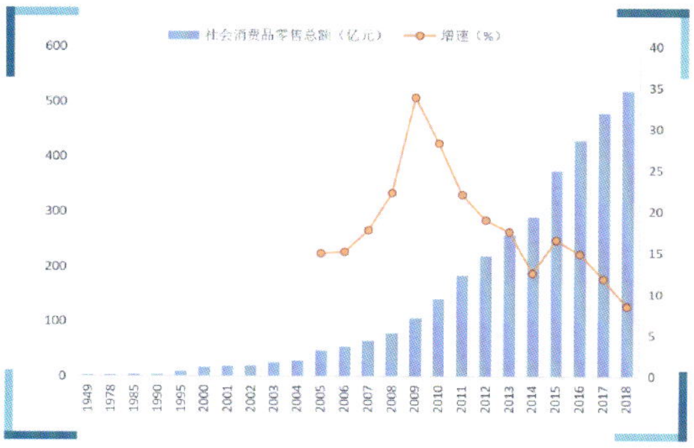

【1949—2018 年长沙社会消费品零售总额】

中华人民共和国成立以来，特别是改革开放以来，长沙县商贸业发展突飞猛进，农村消费结构逐步升级，城乡市场发展差距逐步缩小。随着市场由单一经济成分向多种经济成分的转变，经营方式也从以百货商店、供销社、集市贸易为主转变为以专营、专卖、连锁经营为主体辅之以各类专业市场等多种方式并存的格局，市场上商品琳琅满目，告别了计划经济时期商品短缺的卖方市场，转变为买方市场，市场呈现一片繁荣的景象。

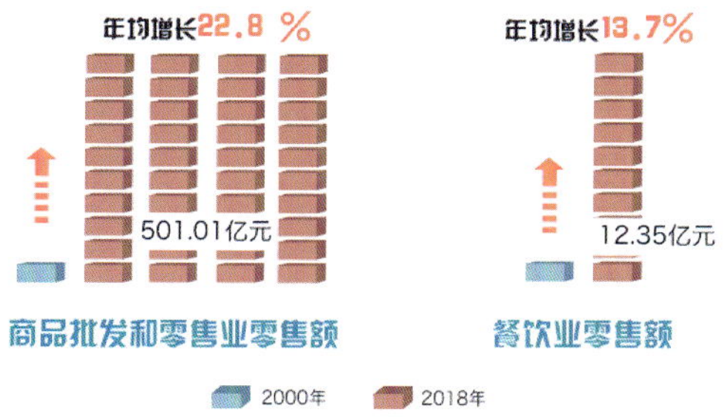

城乡居民收入显著提高

70 年后的今天，长沙县经济取得巨大成就，城乡居民生活水平大幅度提高。特别是近年来，县委、县政府坚持民生立县，千方百计增加居民收入，坚持将每年新增财力 80% 用于民生，努力实现居民收入增长和经济增长同步，全面实施精准扶贫，全面提高社会保障水平，人民生活得到改善。

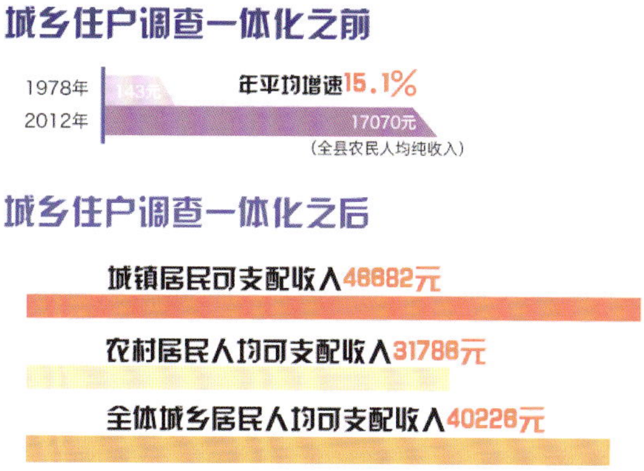

社会事业篇

社会事副业繁荣发展

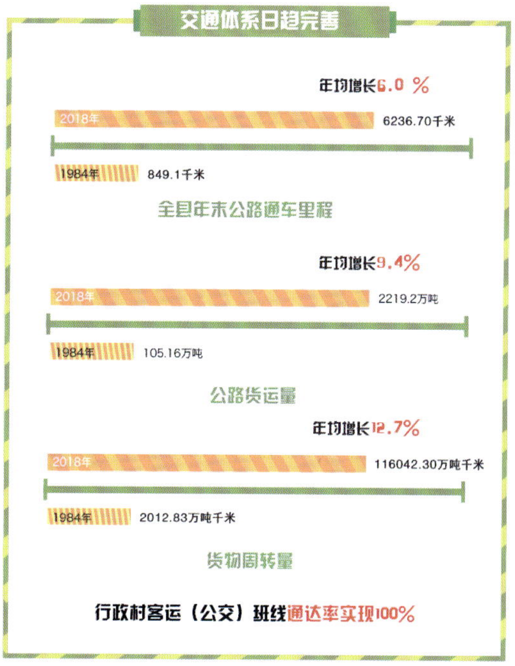

邮电通信

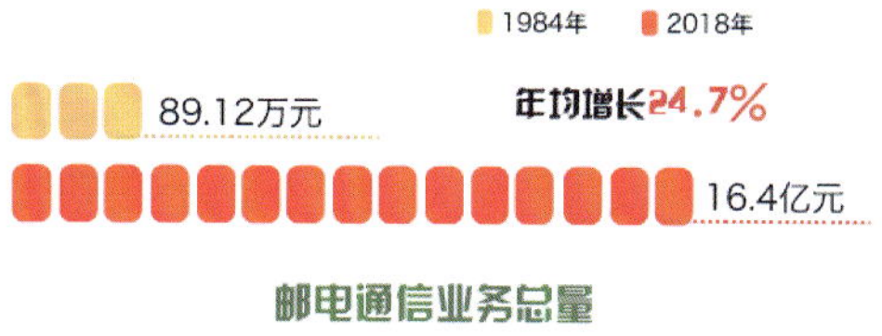

2018 年，全县移动电话用户 146.30 万户，是 1997 年 17511 户的 83.5 倍；本地电话用户 14.50 万户（不含移动公司）；互联网络用户 34.60 万户。

社保水平不断提高

社会保险从无到有，医疗保险实现全覆盖。2018 年，全县城镇职工参保 19.2 万人，城乡居民参保 63.8 万人；居民养老保险应保尽保，城乡居民参保 41.5 万人，企业职工参保 19.5 万人。

教育事业蓬勃发展

中华人民共和国成立以来，全县不断推动学前教育普惠发展、义务教育均衡发展、高中教育特色发展。2018 年年末，全县共有全日制学校 214 所，在校中小学生数 152275 人，初中入学率和巩固率均为 100%，小学学龄人口入学率、巩固率均为 100%，免除 11.4 万人次学生杂费，义务教育阶段学生杂费免除率 100%。

卫生事业长足发展

全县医疗机构数和床位数稳步增加，卫生技术人员队伍不断壮大，整体医疗水平有了很大提高。

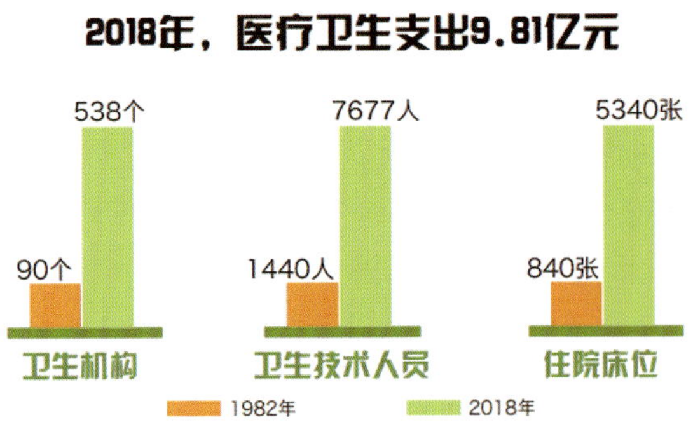

回顾中华人民共和国成立 70 年来，时光如梭，岁月如歌，全县经济社会发展取得辉煌成就。迈入新时代，全县将继续不忘初心、牢记使命，坚定以习近平新时代中国特色社会主义思想为指导，在党中央和省、市各级政府的坚强领导下，紧紧抓住各种机遇，充分利用各种优势，坚决打好防范化解重大风险、精准脱贫、污染防治三大攻坚战，不断增强人民群众获得感、幸福感、安全感，推动经济可持续高质量发展，长沙县的明天一定会更加辉煌！（县委网信办、县统计局）

长沙县“不忘初心、牢记使命”主题教育综述

“不忘初心、牢记使命”主题教育开展以来，长沙县坚持以习近平新时代中国特色社会主义思想为指导，严格按照中央和省委、市委部署要求，在市委主题教育第三指导组的悉心指导下，聚焦主题主线，紧扣目标任务，全面对标对表，周密组织安排，以高质量的主题教育推动全县经济社会高质量发展，取得实在成效。中央、省、市主题教育简报和市级以上媒体宣传推介长沙县主题教育工作 486 次，中组部、《人民日报》、中央电视台《新闻联播》等先后 16 次专题推介长沙县“把工作做实、解群众所困”等经验做法。

坚持学思践悟，滋养初心、锤炼品格。准确把握学习贯彻习近平新时代中国特色社会主义思想这一根本任务，在学深悟透践行上用实功、出实招、见实效。原原本本深学。县委常委率先垂范，带头通读精读学习清单规定书目，推动读原著、学原文、悟原理。分 3 个批次对 1742 名基层党支部书记全覆盖集中“充电”，组织开展 10 期党员轮训班，培训 3100 名机关党员。星沙街道开设“三原”课堂、北山镇开办“党员夜校读书班”、县水利局定期举行理论竞赛、县住建局等部门在项目工地设立临时党支部组织“班前会”专题学习，党员干部在读原著中悟原理、在学理论中滋养初心。及时跟进促学。建立学习制度，坚持每次常委会由常委班子相关成员领学必读书目，周工作会上印发习近平总书记最新重要讲话精神开展自学。及时跟进学习十九届四中全会精神，邀请中央宣讲团深入长沙县与党员干部群众面对面互动交流，让党的十九届四中全会精神“飞入寻常百姓家”。丰富载体活学。紧扣“四项教育”，创新开展“五个一”系列活动，串联县内红色资源发布 2 条“初心·使

命”党性教育精品线路，3.5万余名党员开展党性体验。县委宣传部在县级媒体开设专栏报道“初心故事”560篇，果园镇、路口镇、青山铺镇、春华镇、长龙街道等结合工作实际，开展丰富多样的学习，推动主题教育全覆盖。

坚持奋勇争先，彰显担当、展现作为。坚持主题教育和中心工作两不误、两促进，党员干部聚焦抓经济、稳增长、促改革、惠民生，把党的创新理论转化为推动高质量发展的强大动力。把助推经济发展作为主题教育的“练兵场”。将主题教育和经济社会发展有机结合、统筹推进，县域经济呈现稳中有升、稳中有进、稳中向好的积极态势。抽调47名优秀年轻干部积极投身重大项目拆迁，集中攻坚三一智联重卡项目，实现7天签约、42天开工、90天腾地333.33公顷，刷新“湖南速度”“长沙效率”“星沙质量”，示范带动大陆集团中央电子工厂、蓝思科技黄花生产基地等一批重点项目加快建设。跻身县域经济与县域综合发展百强第4位，稳居县域经济基本竞争力、中国中小城市综合实力百强排名第5位，首次入围中国工业百强县（市）、全国制造业百强县（市）前十强，均位居第8位。把提升治理能力作为主题教育的“试金石”。深入贯彻省委“1+5”文件精神，推动自治、法治、德治相结合，深入推进“党建+‘五零’村（社区）”建设，积极探索新时代城乡基层治理新路径被《人民日报》推介。创新推行村级组织向村党组织报告工作机制，健全村（社区）干部备案管理、年度考核、村党组织书记后备人选队伍建设等制度。深化行政执法体制改革，经验被《改革内参》专题推介。县委组织部构建“流动党员管理服务全链条机制”，被评为全国城市基层党建创新最佳案例。黄兴镇、黄花镇探索构建小区治理“一核五会”新机制，着力破解城乡接合部治理难题。把抓好中心工作作为主题教育的“基本盘”。聚力打好“三大攻坚战”“三个年”建设、提升城乡品质、改善民生福祉等中心工作，结合主题教育持续下大力气抓紧抓实重点、难点问题整改整治。建档立卡贫困户存量危房全部清零，12个省级贫困村全部出列，松雅湖被评为长江经济带美丽河流（湖泊），成功打造“中小河流治理全国样板”。扎实推进农村“五治”和村庄清洁行动，建立农村全域垃圾分类减量体系，全县连续13年蝉联中国最具幸福感城市（县级）。

坚持立行立改，服务民生、赢得民心。坚持开门搞主题教育，从老百姓最急最盼的愁事难事入手，集中解决一批老百姓牵肠挂肚的“急难杂症”，以微小事撬动大民生。畅通渠道听民意。县委常委会采取基层访谈、专题座谈、设立意见箱、发放征求意见表等方式，征集意见建议650余条。依托长沙县网上群众工作部云平台，整合“12345”市民热线、百姓呼声、党建O2O、县城管数字化管理系统等平台，累计受理办理群众诉求4.82万件。金井镇“初心驿站”、福临镇“福临夜话”、安沙镇“党员大走访”深入群众听民声、察民情、问民计。即知即改解民忧。坚持边学边查边改，通过台账管理，动态调整问题清单、整改清单，挂图作战、限期整改、对账销号，确保一批群众反映强烈的问题件件有着落、事事有回音。党员干部通过常态化开展“点亮微心愿、服务微民生”系列活动，帮助实现心愿1869条。泉塘街道开通“便民订单”，江背镇取缔“马路市场”，榔梨街道打破区域隔阂，将芙蓉区韶光社区一带的道路进行提质改造；县公安局成功侦破全市首起“三货三霸”案件；县教育局有效化解义务教育超大班额、城区小学“三点半”、公办学校空调配置等突出问题；县医保局彻底解决异地就医结算难问题；县卫健局深入推进医养结合试点和“互联网+医疗”模式，切实推动群众关心的“看病难”“看病贵”问题整改落实。“三个一批”惠民生。建立“三个一批”工作机制，全县党员干部为群众办实事好事1.26万件。启动《长沙县国土空间总体规划（2019－2035年）》编制，完成星沙海绵城市、“15分钟示范生活圈”等专项规划编制，“一圈两场三道”

2019年6月29日，长沙县、长沙经济技术开发区理论学习中心组第五次会议在福临镇举行，图为集中研讨环节 （县委办 提供）

建设再获实效，1～6区旧城改造全面完成，建设绿色城市31.13公顷，三一路、锦绣路等10条城区道路全面提质，生态公园二期以及龙塘水体公园对外开放，城市面貌焕然一新。

坚持专项整治，解决难题、攻克顽疾。严格对标中央明确的8个方面专项整治要求，坚持“小切口、实措施、准发力”，专项整治查摆问题143个，已整改到位138个，其余5个正在持续整改之中。狠抓上级部署反馈问题的整治。围绕习近平总书记重要指示和党中央决策部署，持续深化巡视整改、环保督察、统计整改、扫黑除恶督导和专项督查成果，对习近平总书记重要批示的农村饮水、通村通组公路等民生工程及时开展自查自改，对危房改造、“一圈两场三道”等项目发现的个案问题，迅速整改到位；中央、省环保督察及“回头看”反馈的问题整改到位，交办件全部办结；中央扫黑除恶专项斗争督导组交办的问题线索全部“清零”；省委巡视长沙市反馈涉及长沙县5个方面的17个具体问题、市委巡察办专项检查反馈长沙县4个方面的14个具体问题，均已整改到位。狠抓基层反映强烈问题的整治。以“钉钉子”精神持续整治形式主义、官僚主义问题，实行收发文、会议、督查检查考核“负面清单”管理制度，县委、县政府发文精简32%，各镇街发文精简30.1%，全县性会议同比精简32.5%，“督检考”事项减少84%。推进“网络减负”，对原有“工作微信群”、政务APP进行清理整合，停更、注销政务网络平台130余个，占全县政务新媒体账号数量的80%以上，精简优化微信、QQ工作群超50%。实行“一村一策”，23个软弱涣散村（社区）党组织整顿“摘帽”。狠抓相关领域突出问题的整治。按照中央和省委、市委要求，开展为期1个月的农民工“根治欠薪”专项行动，排查在建项目116家，涉及农民工11536人，由财政安排相关专项应急资金。集中整治“景观亮化工程”过度化等“政绩工程”“面子工程”问题，对近五年政府投资建设的夜景建设工程全面排查，并纳入专题民主生活会检视剖析内容和问题整改清单。聚焦营商环境堵点痛点难点问题，开展营商环境“双对标”优化整改活动，在全省首推“开户即开业、交房即交证、拿地即开工、开工即开建”试点，营商环境位列全国第12位。

坚持自我革命，树立清风、净化生态。全县各级党组织和党员干部，对照党章党规党纪自查自省，持之以恒正风肃纪，深入推进反腐败斗争，维护和巩固全县良好的政治生态。驰而不息抓作风建设。巩固拓展落实中央八项规定精神成果，聚焦“四风”突出问题，持续对公款吃喝、违规配备使用办公用房等问题进行重点治理，县纪委监委组织开展明察暗访110余组次，查处相关问题17起，党纪政务处分17人。驰而不息抓反腐倡廉。始终保持高压态势，持续深化违规收送红包礼金歼灭战，坚持露头即打、一案双查，2019年以来收缴红包礼金95.13万元，2019年8月按要求撤销“5910”廉政账户，坚决让红包礼金无处遁形。对全县65名处级以上干部，开展防止利用领导干部“提篮子”“打牌子”有关情况自查，并集中整治领导干部利用名贵特产特殊资源，谋取私利问题，严肃查处3起违规收送高档烟酒典型案例，处分3人。驰而不息抓警示教育。深刻汲取“向力力案”“李晓宏案”教训，将近年违法违纪案例拍摄成《信仰之殇》警示片，组织党员干部集中开展专题警示教育965场，教育引导党员干部进一步增强纪律规矩意识，知敬畏、存戒惧、守底线，营造风清气正的政治生态。

（县委办）

2019 年长沙县大事记

1 月

4 日 长沙县委十三届五次全体（扩大）会议暨经济工作会议召开，县委副书记、县长张作林向全会作工作报告。全会听取县委常委会工作报告，审议《长沙县机构改革方案（送审稿）》。

16—18 日 中国人民政治协商会议湖南省长沙县第九届委员会第四次会议召开。会议听取和审议政协长沙县第九届委员会常务委员会工作报告、政协长沙县第九届委员会第三次会议以来提案工作报告，通过《中国人民政治协商会议湖南省长沙县第九届委员会第四次会议政治决议》等决议。

17—18 日 长沙县召开第十七届人民代表大会第四次会议。会议审议通过《政府工作报告》《计划工作报告》《财政工作报告》《县十七届人大一、二、三次会议所立议案和代表所提批评、意见、建议办理情况的报告》《2018 年环境状况和环境目标完成情况的报告》《人大常委会工作报告》《法院工作报告》《检察院工作报告》《人大法制委工作报告》《人大财经委工作报告》。

19 日 长沙县人民法院被评为“全国优秀法院”。

24 日 广汽三菱第 50 万辆整车下线，长沙市委副书记、市长，湖南湘江新区党工委书记胡忠雄宣布广汽三菱第 50 万辆整车下线。

2 月

1 日 凯天环保和南华大学联合承担的“高温工业烟气高效综合治理关键技术”项目获全省科技进步奖一等奖。

11 日 长沙县、长沙经开区举行“营商环境优化年”动员会暨项目签约仪式。现场签约 20 余个项目，涉及智能制造、医疗器械、智慧物流、电子信息、航空服务、跨境电商等多个领域。

13 日 省委副书记、省长许达哲率队到长沙经开区调研产业项目建设，实地调研湖南国科微电子，听取企业业务板块介绍，了解当前国际贸易背景下集成电路产业的发展趋势和行业竞争形势，并参观产品展厅、研发部等地。

是日 省委常委、常务副省长陈向群率队深入华天光电、三一重卡、索恩格、山河智能 4 家园区企业调研，详细了解节后复工、生产经营、技术研发、稳岗就业等情况。

15 日 长沙县召开城市管理工作会议，确定 2019 年为“城市管理提质年”。

27 日 铁建重工董事长刘飞香被评为第十一届“湖南光召科技奖”。

3 月

6 日 湖南全路通网络科技有限公司揭牌仪式在星沙区块链产业园举行。该公司拟在湖南推行高速公路不停车手机移动支付系统项目，项目总投资 3.53 亿元。

是日 由长沙经开区管委会、深圳市和信中欧金融科技研究院、湖南和信安华区块链科技有限公司共建的湖南和信区块链研究院签约落户长沙经开区，拟筹建三大区块链实验室。

7 日 中国共产党长沙县第十三届纪律检查委员会第四次全体会议举行，张作林主持会议并讲话，县委常委、县纪委书记胡维龙代表县纪委常委会作《保持战略定力，主动担当作为，在新的起点上开创全面从严治党新局面》的工作报告。

8 日 长沙县召开深化机构改革动员大会。根据中共长沙市委、长沙市人民政府印发的《长沙县机构改革方案》，本轮机构改革后，长沙县设置党政机构 37 个。其中，县委机构 9 个（纪检监察机关 1 个，工作机关 8 个），县政府工作部门 28 个。

12 日 湖南省委常委、市委书记胡衡华率市委、市人大常委会、市政府、市政协、长沙警备区的班子成员，到长沙临空经济示范区与当地干部群众一道参加义务植树活动。

18 日 长沙县入选《全国第一批革命文物保护利用片区分县名单》。

19 日 长沙县、长沙经开区举行重大产业项目集中开工动员活动。顶立科技智能热工装备及特种复合材料产业化项目等 15 个县区项目集中开工，总投资约 60 亿元。

20 日 国家卫健委官微公布 2018 年国家卫生城市名单，长沙县再次被评为“国家卫生县城（乡镇）”。

是日 长沙县应急管理局（长沙县防汛抗旱指挥部办公室）、长沙县医疗保障局、长沙县行政审批服务局、长沙县新闻出版局（长沙县版权局）、长沙县融媒体中心、长沙县接待服务中心、长沙县文化旅游广电体育局、长沙县卫生健康局、长沙县司法局、长沙县自然资源局、长沙县住房和城乡建设局（长沙县人民防空办公室）、长沙县重点建设项目事务中心、长沙县农业农村局、长沙县水利局、长沙县退役军人事务局、长沙县现代服务业发展中心、长沙县市场监督管理局挂牌成立。

21 日 省委常委、省委统战部部长黄兰香一行到长沙经开区内的湖南湘联节能科技股份有限公司、广汽三菱汽车有限公司、星沙区块链安全技术检测中心、湖南青澄控股有限公司、湖南天河国云科技有限公司、开源·浏阳河集团等企业进行调研，长沙市委常委、市委统战部部长谭小平参加调研。

23 日 “湖湘有约·才聚星沙”——长沙经开区智能制造中高端人才招聘会在郑州举办，三一重工、铁建重工、山河智能、广汽三菱、猎豹汽车等 20 家知名企业参加招聘会。

26 日 长沙县召开“城市管理提质年”动员会。

28 日 长沙县、长沙经开区召开负责干部会议，宣布省委、市委有关干部调整决定：沈裕谋任长沙经开区党工委书记，中共长沙县县委委员、常委、书记，免去其中共长沙市开福区委书记、常委、委员职务。

4 月

3 日 中国首台中低速磁浮智能巡检车在铁建重工第二产业园下线。

5 日 省委书记杜家毫到长沙县泉塘派出所，看望慰问节日期间仍坚守岗位的公安干警和基层干部，调研指导扫黑除恶专项斗争工作。

8 日 “壮丽 70 年·奋斗新时代”大型主题采访活动在田汉文化园启动。

15—16 日 2019 年湖南—粤港澳大湾区投资贸易洽谈周在深圳、香港、澳门及珠三角地区同步举行。长沙县在深圳参与跨境电商合作对接会、举行加工贸易招商推介会，12 个优质加工贸易项目签约落户长沙黄花综合保税区。

21 日 汉硕板仓书院基地揭牌仪式在开慧镇举行。

23 日 第 24 个世界读书日暨长沙市“传承先烈精神·培育时代新人”主题读书活动在杨开慧故居举行。

是日 工业互联网产业联盟第十次工作组全会第一次会议在长沙经开区召开。沈裕谋出席并致辞。

29 日 中宣部组织的“壮丽 70 年 奋斗新时代——推动高质量发展调研行”主题采访活动走进长沙经开区。《人民日报》、新华社、中央电视台、《光明日报》等 10 多家中央和省市主流媒体记者参观园区展示馆，到博世长沙、广汽三菱专题采访园区高质量发展成果。

30 日 长沙县举行“星耀青春”纪念五四运动 100 周年文艺晚会，同时成立湖南省首个共青团校地联盟——长沙县共青团校地联盟。

5 月

7 日 长沙市红十字会、长沙市应急管理局和长沙县人民政府在松雅湖联合举办首届大型应急救援综合演练暨“5·8”世界红十字日活动周启动仪式。

是日　长沙县农村人居环境整治工作获国务院督查激励并获2000万元资金支持。

8日　索恩格新能源汽车技术全球研发中心和索恩格工业园二期项目在长沙经开区开建，总投资4.2亿元，全面达产后可实现工业产值10亿元以上。省委常委、市委书记胡衡华宣布项目开工。

14日　沈裕谋接受人民网、新华网、《中国交通报》等中央和省内近30家主流媒体集中采访，全面介绍长沙县“四好农村路”的做法、经验及未来规划。

15日　2019长沙国际工程机械展览会在长沙国际会展中心开幕。省委书记、省人大常委会主任杜家毫宣布展览会开幕，省委副书记、省长许达哲在开幕式上致辞。展览会由中国工程机械学会、亚太总裁协会、省工信厅、省商务厅、省商贸促进会、市政府主办，市会展办、工信局、长沙高新区、长沙经开区联合承办，以“智能化新一代工程机械”为主题，总展示面积21.3万平方米，设混凝土机械、起重机械、海洋工程机械等14个不同类别展区，国际标准展位约6000个，1150家中外工程机械企业参展，国际展商比重超过22%，举办全球高端制造业大会等30多项配套活动。

是日　黄花镇王小艳家庭当选2019年度全国“最美家庭”。

17日　2019年湖南省基层高血压专病门诊和监测点建设启动仪式暨“世界家庭医生日”主题宣传活动在长沙县举行。

18日　中国工业与应用数学学会总部办公基地落户长沙经开区星沙区块链产业园。省委常委、市委书记胡衡华，中国科学院院士、中国工业与应用数学学会理事长张平文共同为总部基地揭牌。中国科学院院士袁亚湘、谭蔚泓、江松、龚新高、汤涛，中国工程院院士桂卫华，市区县领导夏建平、沈裕谋、张庆红、张作林等出席。

19日　《2018中国县域旅游竞争力报告》发布，长沙县入选“中国县域旅游竞争力百强县”。

23日　部分全国人大代表、政协委员视察长沙县人民法院工作。最高人民法院审判委员会副部级专职委员、第一巡回法庭分党组书记、庭长裴显鼎，湖南省高级人民法院常务副院长陈雪楚，长沙市中级人民法院院长肖新平参加视察。

28日　长沙经开区举行2019年二季度重大产业项目集中开工活动，英维特、礼恩派、华天光电、海鸿建设、湘江电缆、未来智汇港6个重大产业项目开工。市人大常委会主任程水泉宣布项目开工。

29日　广汽三菱入选2019年省级工业旅游示范点。

31日　沈裕谋主持召开县委常委会会议，传达学习习近平有关重要讲话精神，研究县融媒体中心建设相关工作，审议《关于推进“党建+‘五零’村（社区）建设”的实施方案（送审稿）》、县委全面深化改革相关工作，研究全县形式主义官僚主义专项整治工作。

6月

1日　长沙县2019年“安全生产月”启动仪式暨安全培训体验基地授牌仪式在黄兴镇举行。

12日　湖南省委党校第90期厅干班学员到长沙县果园镇浔龙河生态艺术小镇，就人居环境整治、生态文明建设以及乡村振兴工作进行调研。

14日“不忘初心、牢记使命——陈树湘‘断肠明志’精神宣讲团”成立。

22日　中国信息通信研究院中南基地在长沙经开区揭牌成立。工信部总经济师王新哲，省委常委、市委书记胡衡华共同揭牌。

26日　住房和城乡建设部、文化和旅游部、国家文物局、财政部、自然资源部、农业农村部6部联合公布《第五批列入中国传统村落名录的村落名单》，开慧镇开慧村入选中国传统村落。

30日　中南源品干细胞科技园开园，标志着湖南首个干细胞与再生医学科技园正式启用。省委常委、市委书记胡衡华宣布开园，副省长吴桂英为湖南省细胞组织库、湖南省细胞制备中心授牌。中国科学院院士、国际干细胞与精准医疗产业联盟主席、同济大学原校长裴钢，中国科学院院士、中国医药生物技术协会理事长魏于全，诺贝尔奖得主、美国科学院院士Thomas C.Südhof（托马斯·祖德霍夫）专家学者等出席。

7月

1日　长沙县召开庆祝建党98周年基层党组织书记座谈会，沈裕谋出席会议并讲话。

是日　以革命烈士陈树湘命名的中国工农红军湖南长沙陈树湘红军小学授旗授牌仪式在长沙县福临镇举行。中国关心下一代工作委员会主任、全国红军小学建设工程理事会荣誉理事长顾秀莲，省关心下一代工作委员会主任杨泰波，市人大常委会主任程水泉等领导以及部分红军后代和家属出席仪式。

9日 根据水文预报和汛情发展趋势，长沙县启动防汛III级应急响应。

10日 2019长沙金融服务节开幕式暨长沙县金融服务"两个年"活动月启动式在长沙县举办。长沙市委常委、市委秘书长、常务副市长夏建平宣布活动开幕。

15日 长沙经济技术开发区被商务部定为"国家外贸转型升级基地（工程机械）"。

24—26日 2019中国地理信息产业大会在珠海举办，数字长沙县地理空间框架建设项目被评为"2019年地理信息产业优秀工程"金奖，全国排名第九，为全市唯一入选项目。

26日 2019首届"清湘产业创新峰会"暨"清湘科创行"活动在三一云谷举行。智能制造领域的10余名院士专家、32个优质项目、500余名企业家参加论坛。中国工程院院士、国家高效零件轧制研究与推广中心主任胡正寰，市政协主席、市工程机械产业链链长文树勋等领导及嘉宾出席活动。

28日 果园镇浔龙河村入选文化和旅游部公布的第一批全国乡村旅游重点村名单。

8月

9日 长沙市委副书记、市长、湖南湘江新区党工委书记胡忠雄到长沙经开区内的长沙麦格纳、广汽菲克、湖南中车时代、长沙亿美博智能和湖南杰希重工等企业，专题调研汽车、工程机械、先进轨道交通装备三条产业链工作。

20日 由中共长沙县委统一战线工作部、长沙县教育局主办，湖南省育邦集团公司、长沙县教育基金会承办，福临镇协办的"关爱学子，育才兴邦"爱心捐赠活动在福临镇陈树湘红军小学举行。

21日 《2019年全国经开区营商环境指数报告》发布，长沙经开区营商环境指数位居中部第一、全国第八。

22日 蓝思科技、三一集团入选2019年中国民营企业500强榜单。

27日 湖南申湘汽车集团"一辆车 一份爱"慈善助学活动在金井镇举行。

28日 长沙经开区与三一集团举行三一云谷项目签约仪式。项目总投资180亿元，计划到2030年聚集3万名高新创意人才，拓展近100万平方米新型研发区域，产值超过1000亿元。

29日 "数字驱动 开放崛起"第三届湖南省跨境电商行业峰会在湖南长沙拉开帷幕，湖南省商务厅副厅长周越出席活动。

是日 山河智能董事长何清华被评为"优秀中国特色社会主义事业建设者"，铁建重工董事长刘飞香被评为2019年湖南"最美科技工作者"。

31日 福临镇福临铺社区被评为2019年省级"扫黄打非"进基层示范点。

9月

3日 2019全球工程机械产业大会在北京召开，会上发布2019年全球工程机械制造商50强榜单，长沙经开区3家企业上榜。其中，三一重工全球排名第七、中国排名第二，铁建重工排名第32位，山河智能排名第40位。

6日 长沙经开区与三一集团举行三一智联重卡项目签约仪式。该项目总投资220亿元，预计年产能30万台智联重卡、30万套驾驶室、60万套柴油发动机，年产值超1500亿元，辐射产值突破6000亿元。省委常委、市委书记胡衡华等参加签约仪式。

6—8日 首届国际（长沙）农田生态种养发展论坛在路口镇举行，中国工程院院士官春云，全国各地的生态种养专家，尼日利亚、越南等多国生态种养学者等200余人参加。

8日 沈裕谋率区县领导赴刘少奇天华调查纪念馆接受革命传统教育，县区"不忘初心、牢记使命"主题教育启动。

10日 以"聚焦质量提升，建设质量强省"为主题的2019年湖南省"质量月"活动启动仪式暨长沙市服务质量提升活动在长沙县举行。湖南省副省长何报翔出席并宣布"质量月"活动启动。

15日 湖南省人社厅、财政厅公布首批联湘创新创业人才服务工作站名单，长沙经济技术开发区管理委员会获批成为湖南首批联湘创新创业人才服务工作站。

16日 杨开慧故居被评为"全国爱国主义教育示范基地"。

17日 李维汉故居被授予"中国民主同盟传统教育基地"。

18 日 2019 年国家长江中下游（长沙）水稻新品种展示示范观摩会在路口镇隆平稻作公园举办。农业农村部各级领导、专家、长江中下游 9 省种子管理部门、水稻品种试验单位、种子企业、水稻种植大户代表等 800 余人参加。

20 日 全国城市基层党建创新案例评选结果公布，长沙县参评的《构建“全链条”机制让外来流动党员在城市“安家”》被评为最佳案例。

24 日 阳高社区入选全国“书香社区”，为全省唯一入选社区。

26—27 日 陈树湘故居、杨立三故居、缪伯英故居经修缮后正式对外免费开放。原中共党史研究室副主任张树军出席缪伯英故居开放仪式，湖南省委原副书记文选德宣布重新修复后的缪伯英故居正式对外开放，中共党史人物研究会秘书长张琦、省委党史研究院院长胡振荣、省妇联主席姜欣以及缪伯英亲属出席缪伯英故居开放仪式。

27 日 “我爱你，中国”——长沙县、长沙经开区庆祝中华人民共和国成立 70 周年暨首届“十行状元 百优工匠”颁奖晚会举行。

28 日 三一智联重卡项目开工暨道依茨发动机项目签约开工动员活动在三一智联重卡产业园举行。省委书记、省人大常委会主任杜家亳宣布项目开工，省委副书记、省长许达哲致辞。省领导胡衡华、谢建辉、张剑飞、陈飞，德国道依茨股份公司全球首席执行官兼董事长弗兰克·席勒，三一集团有限公司董事长梁稳根，市领导胡忠雄等出席活动。

是月 在湖南郴州举办的 2019 年湖南国际文化旅游节开幕式上，“湖南省首批十大特色文旅小镇”名单发布，果园镇被评为“湖南省特色文旅小镇”。

10 月

8 日 《人民日报》发布《2019 年中国中小城市高质量发展指数研究成果》，长沙县位居全国综合实力百强县市第 5 名，2019 年度全国绿色发展百强县市第 6 名、全国投资潜力百强县市第 4 名、全国科技创新百强县市第 8 名。

10 日 胡润研究院发布“2019 胡润百富榜”，长沙经开区三一集团梁稳根以 350 亿元财富值排行榜单 81 位，蓝思科技周群飞、郑俊龙夫妇以 345 亿元财富值排行榜单 85 位。

18 日 由长沙市文化旅游广电局、长沙县人民政府主办，长沙县文化旅游广电体育局承办的长沙县文旅推介会举行，长沙县被评为“美丽中国行采风基地”。

是日 2019AIIA 杯人工智能巡回赛“Sophon”赛站全国总决赛在星沙开幕。

19 日 涵盖中低速磁悬浮、跨座式单轨、悬挂式单轨、齿轨于一体的试验基地在长沙经开区铁建重工第二产业园建成投用，多款新型交通维保检测产品同时问世，成为全球首个集跨座式单轨、悬挂式单轨、磁悬浮、齿轨等新型轨道交通装备研制试验于一体的综合型产业基地。

21 日 以“新时代·新文旅·新民宿”为主题的 2019 中国·长沙民宿产业发展大会在长沙县开幕。全国文化和旅游行业领导、专家学者以及国内外民宿大咖等 300 余人参会。

22 日 长沙县作为湖南省唯一代表，被评为全国乡村振兴农村创新创业优秀案例，并于 10 月 22—23 日举办的中国杨凌农高会上作典型推介。

24 日 长沙经开区“一档两库一平台”项目被评为中国开发区协会“2019 智慧开发区建设十佳案例”。

是日 湖南地球仓科技有限公司入选文化和旅游部科技教育司评选的“2019 年文化和旅游装备技术提升优秀案例名单”。

26 日 浔龙河生态艺术小镇入选“2019 乡村振兴与特色小镇十大案例”。

31 日 三一智联重卡项目举行“奋战 100 天，腾地 5000 亩”征拆工作总结汇报会。三一智联重卡项目在 90 天内完成 333.33 公顷（5000 亩）腾地任务，刷新“湖南速度”，展现“长沙效率”和“星沙质量”。

是月 长沙县被中国茶叶流通协会授予“2019 中国茶业百强县”。

11 月

8 日 中国首批洞内互换式双模盾构机在长沙经开区中铁山河下线。

12 日 中央宣讲团成员、中央编办副主任吴知论一行到开慧镇锡福村宣讲中共十九届四中全会精神。省委常委、省委组织部部长王少峰，省委组织部副部长、省编办主任刘越高，市委常委、市委组织部部长张宏益参加互动交流活动。

13 日 国务委员、公安部党委书记、部长赵克志到长沙县公安局泉塘派出所考察调研“枫桥式派出所”创建、派出所建设三年行动、执法规范化建设等基层基础工作。

是日 以“发展节能与新能源汽车 引领高端制造转型升级”为主题的福田汽车长沙工厂超级中轻卡生产线改扩建项目启动式在长沙经开区举行。

18 日 长沙高铁新城召开负责干部会议，宣布市委任命决定：沈裕谋兼任长沙高铁新城党工委委员、书记，邹刚任长沙高铁新城党工委委员、副书记（挂职三年）。市委常委、市委组织部部长张宏益，副市长廖建华出席会议并讲话。

18—23 日，2019 年全国政府网站精品栏目建设和管理经验交流大会在浙江温州召开。会上，长沙经开区管理委员会被电子政务理事会授予“2019‘互联网 + 政务服务’先进单位”荣誉称号，长沙经开区门户网站被评为“2019 年政府网站政民互动类精品栏目”。

25 日 “2019 年中国幸福城市论坛”在广州市举行，论坛揭晓第十三届中国最具幸福感城市调查推选活动结果，长沙县再次被评为“中国最具幸福感城市（县级）”。张作林出席论坛并作《大美星沙 一路幸福》主旨演讲。

26 日 铁建重工高端地下装备制造一期项目被评为 2018—2019 年度第二批中国建设工程鲁班奖（国家优质工程）。

27 日 山河智能“液压静力压桩机”，远大空调“溴化锂吸收式冷（温）水机组”被评为国家制造业单项冠军产品。

12 月

3 日 原长沙县星沙产业基地管理办公室成建制划转长沙经开区管委会管理交接仪式举行，沈裕谋、张作林出席仪式并共同为长沙经济技术开发区星沙产业基地管理中心揭牌。

11 日 蓝思科技、国科微电子被评为“2019 国家知识产权示范企业”。

16 日 第十九届全国县域经济基本竞争力前 100 名和全国县域经济与县域综合发展前 100 名县（市）名单揭晓，长沙县在县域经济与县域综合发展排名中从 2018 年的第五位晋升至第四位，同时连续两年稳居全国县域经济基本竞争力排名第五位。

是日 长沙县探索乡村振兴新模式被评为“2019 中国改革年度案例”。

18 日 “和信云链 · 长沙经济技术开发区——智慧党建”平台上线。

是日 长沙县文化馆被评为“第八届全国服务农民、服务基层文化建设先进集体”。

21—22 日 “不忘改革初心、牢记改革使命——中国改革（2019）年会”在长春举行，发布“2019 中国改革年度案例”名单，长沙县“探索乡村振兴新模式”被评为全国十佳案例。

23 日 中国共产党长沙县第十三届代表大会第三次会议召开，沈裕谋代表中共长沙县第十三届委员会向大会作工作报告，张作林主持开幕式。

23—24 日 全国档案工作暨表彰先进会议在北京召开，长沙县档案馆被授予“全国档案系统先进集体”荣誉称号。

25 日 全省外贸高质量发展推进工作电视电话会议召开，会议公布 2019 年湖南省外贸先进单位名单，长沙县被评为“2019 年度外贸先进县市区”，长沙黄花综合保税区、长沙经济技术开发区被评为“2019 年度外贸十强园区”。

27 日 长沙县召开送干部到位会议，宣布市委对长沙县有关干部任免决定：周虔任长沙县委统战部部长；刘重任长沙县委常委、县纪委书记，提名长沙县监察委员会主任候选人；王永军任长沙县委常委。

是日 湖南慧润农业科技有限公司被评为 2019 年中国旅游产业影响力年度双创企业。

31 日 长沙县被农业农村部定为全国农村创业创新典型县。

是日 长沙县政务微博“@ 长沙县发布”被评为全国基层优秀政务微博。

是月 田汉文化园被评为“国家 AAAA 级旅游景区”，长沙紫竹山旅游区被评为“国家 AAA 级旅游景区”。

责任编辑 周进银

自然地理

【区域位置】 长沙县位于湖南省东部偏北，湘江下游东岸，湖南省会长沙市近郊。东邻浏阳市，南接长沙市雨花区，西毗长沙市芙蓉区、开福区、望城区，北靠岳阳市。地处北纬28° 02′ 04″ ~ 28° 39′ 51″，东经112° 58′ 23″ ~ 113° 30′ 09″之间。2019年，全县总面积1756平方千米。

【地质地貌】 长沙县属长衡丘陵盆地的北部，地处幕阜山、连云山与大龙山余脉的南端，株洲隆起带的北缘。龙华、乌川诸山雄峙于东，陶家排、炭盆坡横亘于南，影珠、明月两座大山蜿蜒于西北，兴云、飘峰两山耸立于北。北山镇域内的明月山为县内最高峰，海拔659米。地势由北、东、南三面逐渐向中西部倾斜，呈不规则“畚箕”形状。域内有变质岩、沙砾岩、灰岩、红岩、红土、砂页岩、花岗岩七种岩层及岗地、平原、山地、丘陵、水面五类地貌，以岗地平原为主。

【水文·气候】 长沙县地处湘江东岸，域内河流众多，属于长江流域，洞庭湖水系，录入水利普查名录河流51条，总长704.21千米。其中县内流域面积200平方千米以上河流4条：浏阳河、捞刀河、金井河、白沙河，全长169.292千米；县域内流域面积100 ~ 200平方千米以上河流4条：榨山港、三叉河、麻林河和双江口河，全长92.49千米；县内流域面积50 ~ 100平方千米河流4条：草塘勘河、浔龙河、金脱河、青山河，全长80.9千米；流域面积10 ~ 50平方千米的河流37条，湖泊、水库145座，其中人工湖泊1座（松雅湖），中型水库4座。长沙县地表多年平均水资源量12.89亿立方米，其中浏阳河过境长沙县的多年平均水资源总量约25.71亿立方米，多年平均本地产水加入境水量46.2亿立方米。地下水资源量3.23亿立方米，地下水径流模数18.37万立方米/平方千米。经推算，长沙县多年平均水资源总量（地表径流量与降水入渗补给量之和）12.89亿立方米。

长沙县地处东亚季风区，属亚热带湿润气候。由于位居盆地内部，距海较远，受冬夏季风转换，地势向西北倾斜等因素影响，全县气候春温变化大，夏初雨水多，伏秋高温久，冬季严寒少。具有两个主要特征：一是水热充足，生长期长。年均气温17.6℃，全年无霜期260天，日照时数1510.9小时，热量充足。年均降水量1472.9毫米，在省内居中等略偏少，降水集中在春夏两季。多雨期与高温期一致，生长期长，对农业生产有利。但降水年际变化大。二是气候温和，四季分明，夏冬季长，春秋季短。春季从3月中旬到5月中下旬，为期70天左右，其间气温升高很快。春季天气阴雨潮湿，降水量占全年40%以上。夏季从5月中、下旬至9月下旬，约132天，季节长、气温高为夏季突出特点。秋季从9月下旬至11月中旬，近60天，是全年最短季节。冬季从11月下旬到次年3月上旬，期约3个半月。冬季为全年降水最少季节。县年际降水量变幅大，最大、最小年降水量比值一般在2 ~ 3

倍之间；年内分配不均，以4—6月降水最多，占全年降水量的40%以上，最大月雨量一般出现在5月。3—6月占全年水量的55%以上，枯水期的1月占全年水量的1.7%。历年最大24小时暴雨236.2毫米，最大3天暴雨307.4毫米。

2019年，全县年均气温8.1℃，年内最高气温39.1℃，最低气温-1.4℃，年降水量1339.2毫米。平均日照时数1485.8小时，较历年平均偏少77.7小时；大雾日数84天。年内主要天气气候事件有重度冬酣、连阴雨、雷暴大风、低温、暴雨、高温热害、干旱、寒潮、冰冻、霜冻、大雾等。5月18—19日，长沙县北部大暴雨最大1小时雨量70.6毫米（开慧镇枫林市村），过程最大累积雨量96.2毫米（开慧镇枫林市村）。6月21—23日，全县普降暴雨，部分大暴雨，最大1小时雨量77.0毫米（江背镇特立村），最大累积雨量125.5毫米（黄兴新建村）。

（县水利局、县自然资源局、县农业农村局、县气象局）

【自然资源】 矿产资源较丰富，经探查发现钨、锡、镍、铍、铌、钽、钴、钼、铜、铅锌、金、硅、煤、高岭土、石灰石、萤石、花岗岩、独居石砂等20余个矿种。已发现矿产地113处，其中大型矿床1处、中型4处、小型62处、矿（化）46处。已被开采利用的主要与建筑材料有关的砖瓦用页岩、硅石、石英砂、建筑石料等非金属矿种，占全部矿产地的80%，其余大多数矿种因产地规模小尚未开发利用。域内矿产资源总体特征以花岗岩、高岭土、砖瓦用页岩等非金属矿产主，金属矿产地多小型、矿化点。县境西北部北山—青山铺—福临镇一带广泛发育花岗岩，是全县花岗岩矿的重要产出地；鼎功、福临一带高岭土资源较丰富；中部春华山、黄花、黄兴、干杉至江背的广大地区砂、页岩发育区，域内主要砖瓦用页岩矿开采区；东南部江背镇河田一带产石灰岩；北部与平江县交界的中低山区，分布有钨、金及多金属矿；路口镇麻林桥有地下热水资源。野生动物有兽类10种，鸟类48种，蛇类10多种。药用植物120余种，木本植物80多种；“罗代黑猪”“北山梅”为国家地理标志保护产品。

（县自然资源局）

历史文化

【传统文化】 截至2019年年底，长沙县入选非物质文化遗产名录20个。其中，“长沙陶公庙庙会”“长沙绿茶制作技艺”“长沙县山歌”3个为省级非物质文化遗产，“长沙快板”“长沙县双江滚灯车”“长沙县双江锣鼓亭子”“腊八豆制作技艺”“北山布龙”“春华皮影”“青山竹编”7个为市级非物质文化遗产，“龙舟赛”“龙舟制作技艺”“麻林桥豆腐制作技艺”“江背镇糯米黄酒制作技艺”“小花片制作技艺”等10个为县级非物质文化遗产，市级传承人8位，县级传承人8位，非物质文化遗产传习所3个。全县有8人入选市级非物质文化遗产项目代表性传承人，另有13人入选县级非物质文化遗产项目代表性传承人。

长沙县是湘绣生产的传统基地，有“绣乡”之称。清代嘉庆年间，境内便有很多妇女从事刺绣。清嘉庆庚午年（1810）《长沙县志》卷十四“风俗”条记载：“省会之区，妇女工刺绣者多，事纺织者少，大家巨族，以细锦相侈尚；乡间妇女，荆钗裙布，勤纺绩，主中馈。”魏氏（1842—1914），嫁夫袁理安，人称袁魏氏，长沙县袁家坪人（今开福区青竹湖），被公认为湘绣艺术的鼻祖。袁魏氏先后在袁家坪及沙坪一带授徒100余人，以后又及于长沙西乡的渔湾市、㮾湾镇、三汉矶一带，使这些地方刺绣日趋发展，涌现不少刺绣高手，成为湘绣生产的中心地带。清光绪二十五年（1899），名绣工胡莲仙之子吴汉臣在长沙开设湖南首家销售绣品的绣庄——吴彩霞绣坊。次年，袁魏氏之子袁瑾荪在长沙八角亭开设锦云绣馆。清末民初，长沙绣庄增至26家，绣工逾1万人，年产绣品2万余件。之后湘绣几度兴衰，中华人民共和国成立后得以恢复发展。1950年，经中共湖南省委批准，长沙县湘绣厂接办长沙锦华丽绣庄，后为地方国营红星湘绣厂，继为湖南省湘绣厂（省湘绣研究所）、长沙市湘绣总厂、长沙县湘绣厂、望城县湘绣厂。1972年至1992年是长沙湘绣业的鼎盛时期，长沙县湘绣销售额逾1000万元；1992年以后湘绣业逐步衰落。1995年，长沙县湘绣厂宣告破产。此后，湘绣产业改制和全面调整，民营湘绣企业应运而生。2006年，湘绣入选首批国家非物质文化遗产保护名录。位于长沙县湘龙街道的湖南湘绣城是全国最大的刺绣生产基地。

陶公庙，旧称“临湘山”。称“庙”为“山”，是道家独有的文化。1947年版庙志称《临湘山志》而不作陶公庙志。因庙中主祀为晋代大司马长沙郡公陶侃的后人陶淡和陶烜叔侄，因此民间俗称“陶公庙”。《晋书》《临湘山志》《长沙县志》载，陶公庙建于505年（南朝梁天监四年），有1500余年历史，系当地士民景仰陶淡和陶烜的清名盛德而兴建。陶淡和陶烜是叔侄，两人弃家修道，结庐修炼于榔梨临湘山，后羽化成仙，成为体恤民生、有求必应的肉身菩萨，陶公庙因此闻名。陶公庙始为茅庵一椽，后经历朝修葺扩建，形成占地5300余平方米，建筑面积2000平方米的庙宇。旧时，陶公庙会是湖南规模大、影响远的庙会之一。清代著名文人王昌年作陶公庙戏台联云：“四百八十寺都付劫灰，香火接前缘，只留得两晋衣冠，隐逸神仙堪合传；三万六千场无非戏局，春秋多佳日，好演出历朝人物，忠奸邪佞看分明。”按当地民俗：每逢两位陶公菩萨生日——农历正月十三日和八月十七日，都要举行盛大庙会庆祝陶公菩萨寿诞，成千上万的香客以“朝肉香”（将小香炉用线吊于手肘皮下）的形式对陶公菩萨顶礼膜拜。每逢庙会，陶公庙内古戏楼上好戏连台，连唱10天，带动地方戏曲、曲艺繁荣。白天10台戏，由庙会开支，晚上9台戏由当地行会开销。《湖南地方剧种志》载，清乾隆年间的著名戏班子如同庆班、清华班、仁和班、五云班、老泰益班等，都在庙会时到陶公庙演出。湘剧名伶吴绍芝、欧元霞、刘春泉、廖升翥、李少臣、张梅生均到庙会演出。庙会由此成为百艺汇集之所。民间舞龙、舞狮、高跷、采莲船、罗汉舞、竹马灯、地花鼓、故事会等竞相上场。人们因为庙会结庐成市，首先形成“三仙街”，之后渐成榔梨镇（今榔梨街道）。因此，榔梨镇与陶公庙的关系为“因庙成集，因集成市”。民谣“榔梨街上不作田，两个生期吃一年”，说明庙会期间生意红火、商业繁荣。1997年起，长沙县人民政府将陶公“生期庙会”定为“陶公庙文化庙会”，引导成为传播先进技术和先进文化的群众性节日。2011年，陶公庙会入选第二批省级非物质文化遗产名录，是长沙县首个省级非物质文化遗产。

长沙县境内的节日均与汉族传统节日一致，传统大节有春节、端午节、中秋节。几千年来，熬腊八粥、插梅迎春、送灶王爷、吃团圆饭、出天行、闹元宵等春节习俗在民间代代相传。其他节俗有元宵节、中和节、上巳节、清明节、七巧节、中元节、重阳节等。

长沙县境内手艺人所从事的行业统称九佬十八匠。旧时有“三缸”“九佬”“十八匠”之说，“三缸”指染缸、酱缸、酒缸；“九佬”指剃头佬、修脚佬、阉猪佬、补锅佬、錾磨佬、渡船佬、杀猪佬、打鱼佬、打铳佬；十八匠指金匠、银匠、铜匠、铁匠、锡匠、木匠、瓦匠、窑匠，石匠、漆匠、弹匠、篾匠、染匠、画匠、雕匠、砌匠、箍匠、皮匠。十八匠依序编成歌诀：“金银铜铁锡，木瓦窑石漆，弹篾染画雕，砌箍皮。”

【遗址遗迹】长沙县文物古迹较多，域内有距今4000年前的黄兴镇鹿芝岭遗址，有新石器时代至商周时期遗址9处，有宋元时期的南阳城遗址和明代的俄阳遗址（城址），有始建于南朝梁代的陶公庙，建于唐代的铁炉寺，有建于清代的河图观。至2019年年底，全县有不可移动文物点250处，其中古遗址41处，古墓葬72处，古建筑42处，近现代重要史迹及代表性建筑84处，石窟寺及石刻11处。全国重点文物保护单位（黄兴镇黄兴故居、江背镇徐特立故居）2个，杨开慧故居、缪伯英故居、李维汉故居、柳直荀故居、许光达故居、田汉故居等省级文物保护单位12个，市级文物保护单位26个，县级文物保护单位16个。2019年9月26日，陈树湘故居、杨立三故居修缮一新后免费对外开放；9月27日，缪伯英故居重新修缮后免费对外开放。

【风景名胜】2019年，新增1个AAAA级旅游景区——田汉文化园和2个AAA级旅游景区——影珠山景区、紫竹山旅游区。年末全县有AAAA级旅游景区2个：杨开慧纪念馆、田汉文化园，其中杨开慧纪念馆还是中国百家红色旅游经典景区之一、湖南省文明旅游景区、湖南省“两型”景区等；AAA旅游景区7个：黄兴故居纪念馆、锦绣江南生态农庄、浔龙河生态艺术小镇、湘丰茶博园、影珠山景区、天华山景区、紫竹山旅游区；国家级湿地公园1个：松雅湖；省级森林公园3个：影珠山森林公园、大山冲森林公园、北山森林公园，其中影珠山是长沙县首个省级风景名胜区。另有长沙市开发最早的旅游度假区之一——乌川湖风景区以及依托桐仁桥水库建成的白鹭湖风景区等。

（县年鉴编辑部）

建置区划

【建置沿革】秦王嬴政二十六年（前221），析黔中郡南部部分地区置长沙郡，湘县为郡治。西汉高祖五年（前202），徙封衡山王吴芮为长沙王，建长沙国，改湘县为临湘县，为长沙国国都。新朝始建国二年（10），改长沙国为填蛮郡，临湘县为抚睦县，为填蛮郡治。东汉光武帝建武元年（25），废填蛮郡，复置长沙国，不久又废长沙国，改为长沙郡，隶属荆州；同时废抚睦县，复置临湘县，为长沙郡治。东汉末年，析临湘县东部之地置浏阳县，此为浏阳置县之始。西晋怀帝永嘉元年（307），析荆州的长沙、建昌等8郡置湘州，临湘县为州、郡治所。东晋义熙十二年（416），撤湘州并入荆州。南北朝宋武帝永初三年（422），析荆州的长沙、衡阳、湘东、邵陵、零陵、营阳、佳阳、始兴、临贺、始安10郡新设湘州，仍以临湘为治所。隋文帝开皇九年（589），改长沙郡为潭州，改临湘县为长沙县，为州治，地域包括今长沙市6区、长沙县及宁乡市东南部部分地区。隋炀帝大业三年（607），改潭州为长沙郡，长沙县为郡治，又将浏阳、醴陵两县并入长沙县。唐高祖武德四年（621），再废长沙郡，复置潭州，长沙县为州治；析长沙县东部部分地区复置醴陵县。中宗景龙二年（708），又析长沙县东部部分地区复置浏阳县。玄宗天宝年间（742—756）初，改潭州为长沙郡，长沙县为郡治。肃宗乾元年间（758—760）初，复改长沙郡为潭州，长沙县仍为州治。僖宗中和三年（883），长沙县隶属钦化军节度使。僖宗光启元年（885），长沙县改隶武安军节度使。光启二年（886），长沙县又改隶潭州，为州治。五代后梁太祖开平元年（907），楚王马殷在湖湘地区建国，都长沙县。五代后唐明宗天成二年（927），马殷改潭州为长沙府，治所设长沙县。五代后汉隐帝乾祐三年（950），析长沙县东南部部分地区设龙喜县。五代后周太祖广顺元年（951），马楚灭亡，长沙县并入南唐。宋太祖建隆元年（960年），废长沙府，复置潭州，长沙县为州治。宋太祖乾德元年（963年），裁龙喜县入长沙县，置常丰县。开宝六年（973年），裁常丰县入长沙县。太宗太平兴国二年（977），析长沙县西北部部分地区入宁乡县。哲宗元符元年（1098），析长沙县东南部分地区置善化县。元世祖至元十四年（1277），改潭州为潭州路；文宗天历二年（1329），改潭州路为天临路；元顺帝至正二十四年（1364），朱元璋占领湖湘地区，改天临路为潭州路，以上路治皆设长沙县。明太祖洪武二年（1369），改潭州路为潭州府；洪武五年（1372），改潭州府为长沙府，以上府治皆设长沙县。清圣祖康熙三年（1664），分湖广右布政使司驻长沙县，为湖南省治。同年，移偏沅巡抚驻长沙县。世宗雍正二年（1724），设湖南巡抚，长沙县为巡抚驻地及长沙府治。1912年4月，裁善化县入长沙县，并入长沙府。1912年废长沙府；此时湖南分4道，长沙县初属长宝道，后改属湘江道，省、道、县同治，地域包括今长沙市6区，长沙县及湘潭、株洲两县西北部部分地区。1916年，湖南改分3道，长沙县仍属湘江道，省、道、县同治。1920年，设省辖长沙市政厅，主管省会市政规划建设，但行政区划仍归长沙县。1922年，湖南道治撤销，改为省、县两级，省、县同治，亦为省会；省辖长沙市政厅改为长沙市政公所，仍只管省会市政规划建设。1933年8月，析长沙县城区及东屯渡等城郊之地，置长沙市，长沙县隶属长沙市，县治亦设长沙市。1934年，又增析原长沙县捞刀河口等城郊之地入长沙市。1937年12月，湖南划为9个行政督察区，设置行政督察专员公署，以专员兼任驻地县长，长沙市及所辖长沙县等4县属第一行政督察区，行政督察专员公署住浏阳县。1939年12月，长沙市并入长沙县。1942年2月，复置长沙市。1950年4月，长沙县隶属长沙专区（1952年9月改名湘潭专区）。1951年5月26日，经中华人民共和国政务院批准析长沙县部分地域置望城县。1959年3月22日，经国务院批准，望城县、长沙市郊区并入长沙县，长沙县改隶长沙市管辖。1977年12月21日，国务院批准析长沙县部分地域复置望城县。至2019年年底，长沙县一直隶属长沙市管辖。

【行政区划】清初，沿袭明代区划，长沙县辖15里3厢。道光二十四年（1844年），并为10都、4坊、1厢。坊厢下设甲，都、坊以地名、地物命名。1914年，废都甲，设乡镇，全县辖万寿、尊阳等11镇。1930年，全县设10个区。乡镇下设都，全县有71都。都下设团，全县设658团。1933年，设长沙市，市、县分治，长沙县下辖区、乡、镇未变。1934年，全县设36个区，区下仍设都团。1935年，废都团，实行保甲制度，全县36个区并为10个区，扩18个乡镇为64个乡镇；下设1087个保，11699个甲。1938年，撤区并乡，全县辖花果、庆华等34乡及靖港镇。1939年，长沙市并入长沙县，辖38个乡、6个镇。1942年恢复长沙市。1949年8月，长沙县全境解放，分为6个行政管理区，原乡、保、甲未变。1950年3月，废除保甲制度，全县划为15个区、181个乡、1个镇。1951年，划出县境内湘江以西的第十、十一、十二、十三、十四区及湘江以东第九区的青驿、鹅隐、治安3乡设望城县。1952年，全县行政区划调整为16个区、1个区级镇、247个乡、3个乡级镇。1956年，撤区并乡后，全县辖45个乡及榔梨镇。1958年，成立农村人民公社，全县45个乡并为15个人民公社及榔梨镇。1959年，望城县和长沙市郊区并入长沙县，龙头铺公社划入株洲县。1962年1月，全县设13个区，扩26个公社及5个镇为64个公社；11月，长沙市郊区8社1镇并入长沙县，全县辖17个区，有74社、5镇。1977年，划出望城县后，全县辖41个公社及榔梨镇。1984年5月，撤销公社，建立乡镇，全县辖41个乡、1个镇。1986年，榔梨乡并入榔梨镇。1988年，高塘乡改为黄兴镇，高岭乡改为捞刀河镇，黄花乡改为黄花镇。1996年7月，捞刀河镇划入开福区，全县辖13镇7乡。2004年9月，全县494个行政村合为238个行政村，38个居委会调整36个社区居委会。2009年，跳马乡、开慧乡分别改为跳马镇、开慧镇；撤销星沙镇，析分星沙、湘龙、泉塘3个街道。2012年，将黄花镇茶塘村、长龙村、湘峰村三个整村和华湘村在长（沙）永（安）高速以北区域析置长龙街道；榔梨镇改榔梨街道。2013年12月，撤销暮云镇，设暮云街道、南托街道。2015年1月，暮云街道、南托街道划入长沙市天心区，跳马镇划入长沙市雨花区；2015年11月，金井镇、双江镇合设金井镇，开慧镇、白沙镇合设开慧镇，黄兴镇、干杉镇合设黄兴镇。至2019年年底，全县辖5个街道和13个镇。

（县年鉴编辑部）

人　口

【人口】2019年年末，全县户籍户数27.7万户，户籍人口81.8万人，比上年增加12056人。全年出生10750人，人口出生率13.2‰；死亡6127人，人口死亡率7.5‰；人口自然增长率5.7‰，出生人口性别比112.7。年末常住人口110.94万人，其中，城镇人口76.17万人，城镇化率68.66%，比上年提高0.26个百分点。　（县统计局）

【长沙县方言】长沙县属湘方言区长益片，与省会长沙市方言大体一致。因地形狭长，南北相距远，东西相距近，相邻市县方言差别较大。随着经济社会发展、人口流动，逐渐形成以“黄花话”为代表，“金井话”“福临话”“江背话”“北山话”并存的长沙县方言，有20个声母（包括零声母）、40个韵母、6个声调。长沙县方言在词汇方面差异极小，只有少数名词和代词呈现地域差异；语法上具同一性，与普通话大体一致。（县年鉴编辑部）

经济社会发展

【概况】2019年，长沙县地区生产总值（GDP）1709.96亿元，比上年增长8.2%。其中，第一产业增加值74.16亿元，增长3.8%；第二产业增加值879.03亿元，增长8.3%；第三产业增加值756.77亿元，增长8.5%。第一、二、三次产业分别拉动GDP增长0.2个、4.5个、3.5个百分点，三次产业对GDP增长的贡献率分别为1.9%、55.8%、42.4%。全县三次产业结构调整为4.3∶51.4∶44.3。城镇新增就业17221人，各类城镇下岗失业人员实现就业再就业4300人，帮助就业困难人员再就业1449人。年末城镇登记失业率3%。

【农业】农林牧渔业增加值77.84亿元，比上年增长4.0%，其中农业增加值56.87亿元，增长4.7%；林业增加值2.83亿元，增长6.0%；畜牧业增加值12.84亿元，下降1.0%；渔业增加值1.62亿元，增长3.0%；农林牧渔服务业增加值3.67亿元，增长7.0%。农作物总播种面积12.33万公顷，比上年增长0.3%。其中粮食产量49.7万吨，下降0.4%；蔬菜产量100.5万吨，增长0.2%；水果产量7.4万吨，增长3.9%；肉类总产量6.4万吨，下降16.2%；水产品产量1.4万吨，增长0.5%。全年新建高标准农田3600公顷，高标准农田累计25200公顷，农业机械化水平80.3%。新增1家国家级龙头企业，全县各类新型农村合作经济组织2201家。

【工业和建筑业】 2019年，全年规模以上工业增加值比上年增长10%，其中经开区规模工业增加值增长9.8%。全年工程机械、汽车及零部件、电子信息三大支柱行业规模工业总产值比上年增长9.4%。其中，汽车及零部件产业产值下降20.6%；电子信息产业产值增长37.4%；工程机械产业产值增长29.7%。全年规模以上工业企业营业收入比上年增长2.6%，营业成本下降0.9%，利润总额增长40.6%。全县有资质以上建筑业企业158家，建筑业总产值487.4亿元，比上年增长1.8%。竣工产值228.9亿元，增长3.2%。房屋建筑施工面积3087万平方米，房屋建筑竣工面积683.4万平方米。

【固定资产投资】 2019年，全年固定资产投资比上年增长11%。其中第一产业完成投资占全社会固定资产投资的比重1.6%；第二产业完成投资占全社会固定资产投资的37.5%；第三产业完成投资占全社会固定资产投资的60.9%。全年1亿元以上投资项目306个，完成投资占固定资产投资总额的69.7%。全年房地产开发投资245.9亿元，比上年增长38.6%。商品房销售面积323.2万平方米，增长5.2%；商品房销售额222.5亿元，增长24.6%。

【国内贸易】 2019年，社会消费品零售总额570.8亿元，比上年增长9.8%。按行业统计，批发行业45.2亿元，增长8.5%；零售行业504.4亿元，增长9.8%；住宿行业7.2亿元，增长10.2%；餐饮行业14.0亿元，增长13.4%。全年限额以上单位商品零售额比上年增长10.2%。其中中西药品类比上年增长18.1%；日用品类增长20.2%；机电产品及设备类下降49.3%；粮油、食品类增长12.3%；服装、鞋帽、针纺织品类增长163.2%；汽车类增长11.1%；石油及制品类增长3.0%；烟酒类增长62.9%。

【对外贸易和旅游】 2019年，全县进出口总额111.8亿美元，比上年增长56.2%，占全省的比重17.8%，占全市的比重38.6%。其中进口总额42.7亿美元，增长33.7%；出口总额69亿美元，增长74.4%。在进口总额中，机电产品207.3亿元，增长23%；汽车零件18.1亿元，下降40.0%；高新技术产品49.1亿元，增长6.5%；在出口总额中，机电产品300.3亿元，增长71.5%；高新技术产品116.9亿元，增长103.4%。全年实现到位外资9.3亿美元，比上年增长10.7%；引进省外境内资金116.1亿元，增长16.9%。全年实现旅游总收入168亿元，比上年增长18.7%。接待游客1600万人次，增长22.4%。全县有星级酒店3家，其中五星级1家；新增2家AAA级旅游景区，年末AAAA级旅游景区2处、AAA旅游景区7处。

【交通和邮电】 年末公路通车里程6250.9千米。全年公路客运量5191.1万人，旅客周转量20308万人千米；公路货运量2539.5万吨，货物周转量509066.5万吨千米；行政村客运（公交）班线通达率100%。全年邮电通信业务总量16.2亿元，比上年下降1.2%。年末全县移动电话用户158.8万户，增长8.5%；本地电话用户16.1万户（不含移动公司），增长11%。互联网络用户44.3万户，增长28.1%。

【财政和金融业】 2019年，全县财政总收入406.1亿元，比上年增长13.9%。公共财政预算支出186.3亿元，增长9.2%。其中教育支出23.34亿元，增长6.5%；医疗卫生支出11.1亿元，增长13.3%，社会保障和就业支出9.2亿元，下降35.1%。年末金融机构人民币存款1353.8亿元，比上年增长14.4%；居民储蓄623.2亿元，增长14.1%；各项贷款余额1261.1亿元，增长8.7%。金融机构网点数288个，职工总人数6774人。

【科学技术和教育】 2019年，全社会研究与发展活动经费70.5亿元，比上年增长1.1%。新增国家高新技术企业128家，年末总数407家。

全县专利申请量5754件，授权量3392件。其中，发明专利申请量1616件，比上年下降24%；发明专利授权量406件，下降15.2%。各类全日制学校205所(不含幼儿园)，其中职业中专8所、普通高中10所、乡镇农校3所、初级中学38所、小学144所、特殊教育学校1所。幼儿园325所，其中公办幼儿园57所。全县在校中小学生166927人，在园幼儿53129人。其中：普通高中15544人，职业高中26757人，初中31813人，小学92694人，特校119人。初中入学率、初中巩固率、小学学龄人口入学率、巩固率均100%；免除11.8万人次学生杂费，义务教育阶段学生杂费免除率100%。对各级各类贫困学生资助金额1631万元。

【文化、体育和卫生】2019年，全县文化设施面积154.5万平方米，比上年增长7.3%。拥有文化站20个、文化馆1个，公共图书馆1个，电影院17个，档案馆1个。全年送戏下乡95场、电影3603场。开展广播电视户户通等文化惠民工程，广播综合人口覆盖率和电视综合人口覆盖率均100%。有线电视用户3.9万户，有线电视入户率10.1%。体育设施面积183.4万平方米，比上年增长3%。拥有各类体育场地2247个，其中：标准体育馆4座，标准运动场90个，标准游泳池4个，各种训练综合用房203个。开展大型群众体育活动20次，全民健身运动参加人数42万人次。各类卫生机构561个，其中医院和卫生院40个，卫生防疫和防治机构1个，妇幼卫生保健机构1个，社区服务中心（站）8个。卫生人员8723人，其中执业医师、执业助理医师2741人，注册护士4632人，卫生防疫和防治机构卫生技术人员79人，妇幼卫生机构卫生技术人员620人。各类卫生机构拥有病床5811张，每千人拥有病床数6张，每千人拥有卫生技术人员数9人。

【环境、节能和安全生产】2019年，环境污染治理投资额11亿元，比上年增长22%。全县城镇生活垃圾无害化处理率100%、污水处理率98.6%。全年环境空气质量二级以上天数316天。城市建成区绿化率39%，城市建成区绿化覆盖率9.9%。初步核算，全年规模以上工业综合能源消费量64.9万吨标准煤，比上年增长1.2%。全年发生各类生产经营性事故（不含火灾事故）11起；亿元GDP事故失亡率0.006人；道路交通事故万车死亡率0.555人；其他领域安全生产死亡事故8起。

【人民生活和社会保障】2019年，城乡居民人均可支配收入43920元，比上年增长9.2%，其中，工资性收入29619元，经营净收入5920元，财产净收入6084元，转移净收入2298元。城乡居民人均消费支出29761元，比上年增长8.0%，食品烟酒支出占比25.8%。其中，城镇居民人均生活消费支出34856元，增长6.8%，食品烟酒支出占比26%；农村居民人均生活消费支出22803元，增长9.0%，食品烟酒支出占比24.7%。城乡居民文教娱占比18.7%，比上年同期增加0.1个百分点。年末参加全县劳动保障部门企业职工基本养老保险人数51.7万人，参加城镇职工基本医疗保险人数23万人，参加失业保险参保人数17.6万人。各类养老机构26个，社会福利收养性单位床位数5115张，收养1795人。全县全年救助困难群体19万人次，累计发放低保13.6万人次。其中，城镇低保对象4878户次、8012人次；农村低保对象62095户次、128376人次。

（县统计局）

责任编辑　周进银

中国共产党长沙县委员会

Changsha County Committee of the CPC

综 述

【概况】 2019年，县委以“三个年”为抓手，做好“六稳”工作，推动县区高质量发展，经济社会呈现稳中有升、稳中有进、稳中向好的积极态势。全年地区生产总值同比增长8.2%；规模工业增加值同比增长10%；固定资产投资增长11%，其中工业投资352.8亿元，同比增长10%；地方一般公共预算收入110.43亿元，同比增长8.04%，税占比80.89%；社会消费品零售总额570.8亿元，同比增长9.8%；R&D经费投入占GDP的比重4.6%；城乡居民人均可支配收入43920元，同比增长9.2%。

“不忘初心、牢记使命”主题教育。“把工作做实、解群众所困”等做法被中组部、中央电视台《新闻联播》以及《人民日报》专题推介。连续13年蝉联中国最具幸福感城市（县级）。跻身县域经济与县域综合发展百强第四位，稳居县域经济基本竞争力、中国中小城市综合实力百强排名第五位，首次入围中国工业百强县（市）前十强、位居第八位；长沙经开区营商环境指数位居全国经开区第八位，长沙县上升至全国营商环境百强县第12位，均位居中部第一。三一集团装备板块终端销售额突破1000亿元，三一重工跻身全球工程机械三强。总投资220亿元、预计年产值超1500亿元、辐射产值突破6000亿元的三一智联重卡项目，实现7天签约、42天开工、90天腾地333公顷。推动强园富县改革，行政执法体制改革经验获《改革内参》专题推介，乡村振兴新模式被评为“2019中国改革年度案例”。“一核三城、两轴四区”城市发展格局全面拉开。北部生态服务城管委会（筹）成立运行，陈树湘、杨立三和缪伯英故居修缮完成并对外开放，杨开慧纪念馆被评为“全国爱国主义教育示范基地”，果园镇被评为省特色文旅小镇；南部高铁会展新城体制机制逐步理顺，举办“国际工程机械展”“轨道交通展”“一乡一品”等重大展会，展览面积140万平方米，被评为省级现代服务业集聚区。壮大临空经济，黄花综合保税区进出口额50亿美元以上，同比实现翻番，在全国综保区排名上升至第13位；全县外贸进出口额突破100亿美元，占全省近1/5。“党建+‘五零’村（社区）”建设全面推开，为“中国之治”贡献长沙县力量。入选全国“开展农村人居环境整治成效明显的地方”，为全省唯一上榜县，农村垃圾治理经验被全国性会议典型推介。区块链产业园入园企业61家，科创平台5家，中国工业与应用数学学会总部办公基地揭牌成立，和信区块链研究院入驻。

壮大实体经济。围绕长沙经开区、临空经济区、黄花综保区、会展经济区等重大平台，铺排市级以上重大项目194个，预计投资517.03亿元，其中产业项目134个，投资410.54亿元；新建项目91个，开工率100%，投资216.33亿元。三一智联重卡、大陆集团中央电子工厂、铁建重工第三产业园、索恩格新能源汽车技术全球研发中心、蓝思科技黄花生产基地等项目加快推进；中南源品干细胞科技园、圆通速递华中管理区总部基地、顺丰电商产业园等项目投产运营；引进永旺梦乐城、7.0T超高场核磁共振、广东商会、宝湾物流等重大项目92个（其中长沙县26个，长沙经开区66个），总投资846.89亿元（其中长沙县146.89亿元，长沙经开区700亿元）。区块链安全监测中心、“星沙指数”、数字关防工程等项目获批“湖南省大数据产业园”。

全面深化改革。68项改革项目推进，13项重点攻坚完成，31项自主改革取得成效。强园富县改革实质性推进，星沙产业基地成建制纳入长沙经开区，“两水”IPO上市全面启动；率先推广“区块链+政务协同办公平台”系统，“星政链”全面启用，基层减负取得实效；农村集体产权制度改革基本完成，农村土地“三权”分置有序实施，新型供销体系不断完善，服务乡村振兴作用日益凸显。机构改革全面完成，改革经验被《湖南机构编制》推介；创新理顺黄兴镇管理体制，黄兴会展经济区全面托管干杉片区；全面深化行政执法体制改革，执法力量下沉、效率提高。落实减税降费政策，为企业减免税费26亿元；深化放管服改革，“就近办”体系进一步完善，在全省首推开户即开业、交房即交证、拿地即开工、开工即开建改革试点；坚持对标先进、争创一流，推出优化营商环境“1+4+4”工作方案，全年新增“四上”企业230余家，商事主体总量12.89万户，同比增长21%。

打好“三大攻坚战”。推进防控化债，提升财政资金质效，减支出、降成本，县级压减一般性支出15%，债务风险指标维持在警戒线以下。坚持脱贫攻坚与全面小康、乡村振兴同步谋划、同步实施、同步推进，聚焦“两不愁三保障”，紧盯产业扶贫、政策落实、对口帮扶等工作，建档立卡贫困户存量危房全部清零，12个省级贫困村全部出列。中央、省环保督察及“回头看”反馈问题整改到位，交办件全部办结。推进“两河七口”截污提质，新改扩建城西、浔龙河、临空等污水处理厂23座，浏阳河、捞刀河长沙县段水质达到地表Ⅲ类以上。松雅湖被评为长江经济带美丽河流（湖泊），打造“中小河流治理全国样板”。全县空气质量优良天数同比提高4.6个百分点，空气质量改善率居全市第一。

提升城乡品质。启动编制“一核三城、两轴四区”空间规划，推进全国（县级）文明城市创建，实施“城市管理提质年”行动，“一圈两场三道”全面推进，1～6区旧城改造完成；坚持“九位一体”推进主次干道U形提质改造，拉通断头路、整治病害点、拓宽人行道、完善绿化带、配套停车场；开展“五乱”专项治理行动，拆除不规范标识标牌1万余块；打造“区块链+垃圾分类”蓝色体系，城市社区垃圾分类基本全覆盖。推进农村“五治”和村庄清洁行动，建立农村全域垃圾分类减量体系，金井镇、果园镇创建国家卫生镇，路口镇、高桥镇创建省级卫生镇；新型村级集体经济不断壮大，探索形成集体经济发展六大模式；推动“一县一特”茶产业发展，长沙绿茶被评为国家地理标志产品；发展民宿产业，建成“慧润星工厂”“慧生活”民宿展示体验店，浔龙河村被评为全国乡村旅游重点村。

改善民生福祉。致力“两富”星沙建设，坚持将新增财力的80%用于民生，全年民生支出140亿元。学校建设三年行动计划持续推进，新增学位4000余个，22所农村义务教育标准化学校全部完工，超大班额全部化解，榔梨街道社区学校被评为“全国第二批城乡社区教育特色学校”。医疗卫生服务水平不断提高，县人民医院主体工程开建，省基层高血压医防融合试点项目、市“智慧医疗”试点县建设推进。刘少奇天华调查纪念馆、陈康白科教报国陈列室、田汉文化园等红色文化影响力提升，泉塘街道阳高社区被评为全国“书香社区”。在全省率先出台建设领域农民工工资支付监督管理办法，城乡居民养老保险业务实现“全县通办”，退役军人管理服务三级保障体系全面建成。扫黑除恶专项斗争取得阶段性成果，“十大平安”创建工作推进，网上群众工作经验被中央网信办《网信动态》推介，金井镇司法所被评为全国先进司法所。县档案馆被评为全国档案系统先进集体，县统计局被评为第四次全国经济普查省级先进集体，县人社局被评为全省先进集体。

全面从严治党。推进“党建+‘五零’村（社区）建设”，探索小区治理“三五模式”，开设机关党员大课堂，“流动党员管理服务全链条机制”被评为全国城市基层党建创新最佳案例。县融媒体中心成立运行，涉县舆论安全可控。

首次开展“90后”副科级领导干部、行政执法局中层正副科职干部竞争性选拔，干部队伍结构进一步优化。落实人才新政22条，全县高层次人才292人，占全市1/4。推进县委巡察全覆盖，突出整治民生领域不正之风，查处民生资金、征地拆迁、教育医疗、生态环保等领域腐败问题。成立全省首个共青团校地联盟，县委统战部被评为中国统一战线宣传工作先进单位。

（罗眺辉 文星灿）

重要会议

【县委常委会会议】2019年，长沙县召开30次县委常委会会议（含县委常委扩大会议）。县委常委会会议以习近平新时代中国特色社会主义思想为指引，坚定维护以习近平同志为核心的党中央权威和集中统一领导，深入贯彻落实中央和省委、市委有关会议、文件精神和工作部署要求，及时认真传达学习习近平总书记重要讲话精神，着重研究落实“三大攻坚战”、乡村振兴、安全生产、扫黑除恶专项斗争、“五零”建设、巡视巡察、党的建设、党风廉政建设、意识形态、全面深化改革、优化营商环境和民营经济等工作。每次常委会会议的第一个议题固定为传达学习习近平总书记重要讲话精神和上级有关会议、文件精神，全年县委常委会会议研究“三大攻坚战”相关事项5次，研究扫黑除恶工作5次、主题教育工作3次、实施乡村振兴战略工作3次，多次研究党建和意识形态工作。

（龙石河）

【长沙县委十三届五次全体（扩大）会议暨经济工作会议】2019年1月3日，长沙县委十三届五次全体（扩大）会议暨经济工作会议召开。全会听取县委常委会工作报告，审议《长沙县机构改革方案（送审稿）》；传达学习中央和省委、市委经济工作会议精神，总结回顾2018年工作，安排部署2019年工作任务。会议明确，2019年全县发展的总体思路是：高举习近平新时代中国特色社会主义思想伟大旗帜，紧扣新时代社会主要矛盾变化，全面贯彻落实中央和省委、市委经济工作会议精神，按照中央“五个必须”要求和省委“创新引领、开放崛起”、市委全面建设现代化长沙等系列战略部署，坚持稳中求进工作总基调，坚持“六个稳”的工作方向，坚持“县区一体”的工作理念和“强南富北、民生立县、挺进五强”的发展主线不动摇，持之以恒全面深化“二次创业”，坚持不懈打好“三大攻坚战”，更加突出供给侧结构性改革，更加突出高质量发展，为建设气质更好、活力更足、特色更优的高颜值现代化强县而努力奋斗，以新的优异成绩向中华人民共和国成立70周年献礼。

【长沙县第十三届委员会第六次全体会议】2019年12月13日，长沙经开区党工委书记、长沙县委书记、长沙高铁新城党工委书记沈裕谋主持召开中共长沙县第十三届委员会第六次全体会议，审议召开中共长沙县第十三届代表大会第三次会议的相关工作。会议就《县第十三届三次党代会报告（草案）》起草情况、中共长沙县第十三届代表大会第三次会议筹备情况进行说明。会议审议并通过《县第十三届三次党代会工作报告（草案）》《中共长沙县第十三届代表大会第三次会议议程和日程（草案）》《中共长沙县第十三届代表大会代表资格审查报告（草案）》《中共长沙县第十三届代表大会第三次会议代表分团调整建议名单》《中共长沙县第十三届代表大会第三次会议各代表团团长建议名单》《中共长沙县第十三届代表大会第三次会议列席人员建议名单》《中共长沙县第十三届代表大会第三次会议特邀来宾建议名单》等文件。全体在家县委委员、候补委员参加会议。

【中国共产党长沙县第十三届代表大会第三次会议】2019年12月23日上午，中国共产党长沙县第十三届代表大会第三次会议召开，长沙县委副书记、县长张作林主持大会并宣布开幕。沈裕谋代表中国共产党长沙县第十三届委员会向大会作《率先现代化 追赶前三强 奋力争当新时代中国特色社会主义先行示范》的工作报告。长沙经开区党工委、县人大常委会、县政协、县法院、县检察院、镇街有关负责人参加开幕式。

（鲁专娟）

体制改革

【概况】2019年，长沙县推进改革项目68项（承接国家、省、市级改革37项，自主改革31项），其中重点攻坚改革13项，统筹实施改革37项，镇街微改革18项，乡村振兴新模式被评为“2019 中国改革年度十佳案例”，“流动党员管理服务全链条机制”被评为全国城市基层党建创新最佳案例，农村人居环境整治改革获国务院督查激励支持，“中非经贸论坛”将隆平稻作公园定为永久展示基地，垃圾分类改革工作在全国农村生活垃圾治理工作推进现场会上作为典型推介，食品安全监管改革经验在人民日报社《民生周刊》上宣传推介，企业养老军地转移工作被《中国社会保障》杂志专题报道，行政综合执法改革经验在《改革内参》上推介，重点领域和关键环节改革取得新突破。

重点领域改革。坚持问题导向，围绕强园富县、优化营商环境等县委中心工作，探索适合本地经济社会发展需要的改革新路，改革实现新突破。出台《关于深化园区改革创新加快推进强园富县的实施意见》，星沙产业基地成建制纳入长沙经开区，强园富县改革取得实质性进展；力推“党建＋‘五零’村（社区）建设”，探索基层党建改革新模式；不断优化营商环境，“最多跑一次”改革改出新速度，被评为营商环境百强县第 12 名；创新六种壮大新型村级集体经济的实现形式，优化人居环境体制机制；提高执法效率，打造行政综合执法改革新样板；创新“政务＋区块链”新模式，全年督查检查考核事项同比减少 84%，县委县政府发文同比精简 32%，镇街发文总数精简 30.1%，会议同比精简 32.5%。

承接中央、省委、市委统筹部署的各项改革任务，重点聚焦九大改革领域，以改革新突破释放发展新动力。推进行政体制改革，长沙县机构改革工作经验被“湖南机构编制”推介，黄兴会展经济区托管干杉片区，《长沙县黄花镇行政管理体制改革实施方案》由省委编办答复，街道管理体制改革不断深化，事业单位公务用车改革全面完成。经济体制改革取得成效。严格落实减税降费政策，激发市场活力；完善跨境电商生态圈，黄花综保区跨境电子商务园区被定为“中国（长沙）跨境电子商务综合试验区重点园区”；深化数据资源管理体制机制改革，星沙区块链产业园获批“湖南省大数据产业园”；深化国资国企改革，全面完成平台公司清理整合转型工作；深化民营经济服务改革，建立健全企业安全保障、经济管理预警和风险防范警示机制。推进农业农村改革，农村集体产权制度改革基本完成，农村土地“三权”分置有序实施，召开全省农村综合改革“两项试点”推进会，举办全国民宿产业发展大会。

城建城管体制改革，《长沙县一核三城空间发展战略规划》编制工作取得初步成果，构建城市市政排水专项规划和常态监管体制。生态文明体制改革走在前列，查处全省首例成品油专项整治涉刑案件，全年空气质量优良率、改善率全市排名第一，全面完成 4 个市级小微水体示范片区村创建，创建样板河湖 17 条。推进民主与司法体制改革。深化司法体制综合配套改革，推广“捕诉一体”办案机制；深化司法行政信息化改革，建成法律服务工作点 18 个，建成率 100%，金井司法所被评为全国先进司法所。

社会体制改革，依托“智慧医疗”体系，建立县域内医疗共同体和县乡村医疗协作网；创新养老服务体系建设，县城乡居民养老保险业务实现“全县通办”；开展儿童友好型试点建设，完善普惠型儿童社会保障制度；深化市场监管体制机制改革，校地“安全联盟”等新模式得到推广，国务院督查组对长沙县双随机工作给予肯定；推进应急管理体系改革；“微建设·微民生”三年行动计划实施项目 87 个。

文化体制改革，县级新时代文明实践中心建成并挂牌，“星沙时报融媒体技术平台”项目被评为“中国报业媒体融合、信息化和网络安全项目优秀奖”，提质改造 20 个村（社区）综合文化服务中心，泉塘街道阳高社区入选全国“书香社区”发现名单，㮾梨街道社区学校被评为全国第二批城乡社区教育特色学校。党的建设和党的纪检监察改革稳步实施。落实“三个区分开来”，健全落实正向激励、容错纠错、澄清关怀机制；坚持“三重三用”选人用人导向，干部队伍结构进一步优化；深化派驻机构改革，推动监察职能向基层延伸。

【机构改革】 2019 年，对标省市建立机构改革组织领导体制机制，成立以县委书记任组长，县长、县委副书记、县委组织部部长任副组长，相关单位负责人为成员的县委深化机构改革领导小组，领导小组下设办公室，县委组织部部长兼任办公室主任。办公室下设综合协调组、机构改革方案起草及“三定”

规定指导组、人员划转组、资产移交和审计组、档案移交组、改革督察组、后勤保障组7个工作组，具体负责机构改革各项工作。按照省、市统一部署，全县设置党政机构37个，其中县委机构9个，县政府工作部门28个。调整优化党政机构设置和职能配置。按照省、市批复方案，全县设立9个县委领导的委员会和领导小组，并印发成立文件，对照省、市相应的委员会、领导小组制定工作规则，建立健全并优化县委对重大工作的领导体制机制。严格对标上级设置机构，加强县委职能部门的统一归口协调管理职能，统筹优化县政府机构设置和职能配置，设立33个上下对应的机构，组建县退役军人事务局、县医疗保障局、县市场监督管理局、县农业农村局等机构，实现一类事情原则上由一个部门统筹、一件事情原则上由一个部门负责。明确县委网信办作为县委工作机关，组建县行政审批服务局，县水务局更名为县水利局，保留县行政执法局。建立重大工作统筹协同机制。对一些重要工作或可能存在职能交叉的事项，在“三定”规定主要职责中专门明确分工，县农业农村局与县市场监督管理局就农产品质量监管进行分工，并明确两部门建立食品安全产地准出、市场准入和追溯机制。

严格控编减编基数，全县行政编制（含政法专项编制）2173名、事业编制11243名。在机构改革编制调整中，按照“编随事走”、划转职责的单位相应划转编制的原则进行编制优化、调整，划转行政编制54名、事业编制336名，同时收回21名行政编制、59名事业编制用于新组建机构和职能加强的单位。按照省、市批复设置合署办公机构、挂牌机构、派出机构，不在批复范围外设置机构，也未将合署办公机构、挂牌机构作实体机构设置。清理不规范设置机构，将原副县级的县委党校回归到正科级，撤并县司法局原直接管理的行政机构县148法律服务中心、县法律援助中心，核销县文学艺术界联合会、县空港城管委会社会事务部、县对外宣传工作领导小组办公室等机构的机构级别或领导职数。

深化综合行政执法改革。在2015年率先组建全省首个县级综合行政执法局等工作基础上，按照“1+X”的模式，优化机构设置，按块在18个镇（街道）设置属地执法队，实现执法网络全县全覆盖。深化镇（街道）机构改革，乡镇（街道）机构设置采取“6+3+1”模式，改革后各镇（街道）设置党政机构6个、事业单位4个，其中在城区3个街道和黄花镇，探索设立行政审批办公室，实行“一枚印章管审批（服务）”。改革后，将退役军人服务站在社会事业综合服务中心挂牌设置。新成立县应急事务中心，作为县应急管理局所属事业单位，为县应急管理局新增6名行政编制、3名事业编制。深化事业单位改革。年内设置县委、县政府直属事业单位。改革后，全县设置县委党校、县融媒体中心、县现代服务业发展中心等8个县委政府直属事业单位，不再保留县旅游局、县政务服务中心、县民宗局。将承担行政职能事业单位改革纳入党政机构改革同步推进。根据摸排和县法制部门认定，全县承担行政职能的事业单位62个（其中正科级11个、副科级15个、副科级以下36个），在制定部门“三定”规定中，将承担的行政职能全部剥离至行政机关，并在行政机关的有关内设机构职责中予以明确。撤并承担行政职能的正科级事业单位2个、副科级事业单位4个，同时副科级以下事业单位进行优化整合。改革后，全县除行政执法机构外，不再保留承担行政职能的事业单位。

改革后，长沙县县本级设置党政机构37个，其中县委机构9个（纪检监察机关1个，工作机关8个）、县政府工作部门28个。建立健全和优化县委对重大工作的领导体制机制，新组建和调整优化一批县委议事协调机构；加强县委职能部门的统一归口协调管理职能，统筹设置县委机构。对应中央、省级党政机构改革，新组建县自然资源局、县文化旅游广电体育局、县卫生健康局等，重新组建县司法局，优化县审计局、县发展和改革局、县科学技术局等部门职责。中共长沙县委设置纪检监察机关1个，计入机构限额的工作机关8个（设在相关部门的议事协调机构的办事机构不计入机构限额）。其中，纪律检查委员会与监察委员会合署办公，实行一套工作机构、两个机关名称；办公室加挂直属机关工作委员会、档案局牌子；组织部加挂非公有制经济组织和社会组织工作委员会、老干部局、公务员局牌子；宣传部加挂新闻出版局（版权局）、精神文明建设指导委员会

2019年9月，县区“不忘初心 牢记使命”主题教育在刘少奇天华调查纪念馆拉开帷幕 （县委组织部 提供）

办公室牌子；统战部加挂民族宗教事务局牌子；网络安全和信息化委员会办公室加挂互联网信息办公室牌子。 （罗铁慧）

组织工作

【概况】 2019年，中央、省、市媒体和组工内刊宣传推介长沙县组织工作150余次，“党建+‘五零’村（社区）”建设经验被《人民日报》推介，“构建‘全链条’机制，让外来流动党员在城市‘安家’”获2019年度全国城市基层党建创新最佳案例。

【党组织及党员队伍情况】 2019年全县有基层党组织1900个。其中党（工）委51个〔县直单位党（工）委11个、镇党委13个、街道党工委5个、机关党委5个、国企党委4个、“两新”组织党委6个、学校党委3个、医院党委1个、流动党员党委3个〕，党总支273个，党支部1576个。全县党员44655人，男性党员30805人，女性党员13850人；其中农村党员25552人。

【基层党建】 2019年“不忘初心、牢记使命”主题教育成果丰硕，“把工作做实、解群众所困”等做法被中组部、中央电视台《新闻联播》《人民日报》专题推介，主题教育评估测评满意率99.3%。贯彻落实省委全面加强基层建设“1+5”文件精神，制定加强基层建设“八条措施”，建立健全村（社区）党组织书记备案管理、年度考核等制度。深化党支部“五化”建设，85%的党支部达标，建成“五化五星”党支部100个，分层全覆盖培训党员3.5万人次，“流动党员管理服务全链条机制”被评为全国城市基层党建创新最佳案例。全市率先探索成立农村青年人才党支部，探索建立开展村（社区）各类组织向村（社区）党组织报告工作制度。在“两新”党组织持续开展“两争一创”和“百企联百村”行动，发挥5个楼宇商圈党群服务中心作用，推动融入“建设厚德星沙 打造好人之城”建设，相关做法被人民网、《新湖南》等媒体推介。整顿转化软弱涣散村（社区）党组织23个，推进扫黑除恶专项斗争工作。推进长沙县农村集体经济产业指导服务中心（长沙县有机农业文创园）项目建设，探索发展壮大新型农村集体经济有机产业融合发展模式，以党建促脱贫攻坚、促乡村振兴。改扩建6个村级组织活动场所和社区办公服务场地，强化村级组织运转保障。持续优化党建O2O服务模式，受理事项2.43万项，办结率99.13%。全面推行“党建+‘五零’村（社区）建设”，打造“党建+‘五零’建设”先进村（社区）60个，被市改革办、省委组织部“红星云”专题推介。探索小区治理“一核五会”模式，打造城郊接合部基层治理样板。

2019年10月9日，沈裕谋（左二）在果园镇调研“党建+‘五零’村（社区）建设” （县委组织部 提供）

【干部管理】2019年出台《关于坚持正确选人用人导向建立知事识人体系和选拔任用体系的实施意见》，将“好干部”标准和“三重三用”选人用人导向贯穿选任全过程。出台《长沙县领导班子和领导干部政治建设考察办法（试行）》，对全县18个镇街党政正职进行政治体检，并合理运用考察成果。出台《关于适应新时代要求大力发现培养优秀年轻干部的实施办法》，提拔重用37名35岁以下年轻干部，面向大学生村干部、村（社区）党组织书记、事业单位人员、选调生和“90后”年轻干部选拔副科职领导干部19名，竞争性选拔行政执法局正副科职干部21名。落实《关于进一步激励广大干部新时代新担当新作为的意见》，为4名干部澄清不实举报。2019年县委研究讨论干部7批次，调整干部500人次，其中提拔重用154人次，落实干部交流134人次。以服务经济社会发展和干部健康成长为目标，以提升干部政治素养和专业能力为重点，全年直接调训干部3172人次，其中县委党校主体班24期，调训干部2422人次；异地培训班10期，调训干部650人次。举办第四期青年干部训练营，不脱产调训青年干部100人次。注重深挖本地红色资源，《国歌的力量》《许光达大将的让衔精神》被评为全省党性教育精品课程，《墙缝里的永恒忠贞》被评为全市“初心与使命”党性教育优秀课程。统筹用好绩效考核“指挥棒”，激发干事创业正能量。统筹做好省市绩效考核工作，市对县考核排名四县市区第一名。突出抓好绩效考核分析预警，建立“红、橙、黄、绿”四级预警机制，密切监测指标运行动态。坚持“精准、科学、有效”，改进优化县内考核体系，激发党员干部干事创业热情。镇街考核指标由2018年的25项缩至21项，县直单位其他考核指标由2018年的18项缩至12项。完成任前档案审核10批次319人次（其中提拔重用人员任前档案审核6个批次134人次；县法院、县检察院等级晋升任前档案审核1个批次2人；新选调、转业、录用公务员的入职任前档案审核3个批次183次）。按月整理干部监督负面清单，提醒谈话11人，收集负面信息361条。畅通“12380”举报渠道，受理办结群众信访案件4起。率先在省内县级层面启动干部管理大数据综合应用平台开发工作，将信息化技术支撑落实到干部工作的选、育、管、用全过程。完成机构改革人员转隶工作，理顺公务员管理机制，推进职务职级并行套转，县乡机关及参公单位完成首次套转1376人（其中二级调研员26人，四级调研员175人，二级主任科员258人，四级主任科员599人，一级科员317人，二级科员1人）。

【人才工作】2019年，长沙县坚持党管人才原则，抓实人才引进、培养、使用、服务等，县区人才洼地持续巩固。全面落实省、市人才政策，全年为高校毕业生、归国人员发放租房和生活补贴1771万元，为技能人才发放职业技能晋级补贴417万元。新增入选省级及以上人才计划10人、市级高层次人才143人。新增市级人才新政高层次人才127名，县区高层次人才占全市26%以上。开展“智汇星沙”“才聚星沙”“成就梦想—园区企业校园行”“优化营商环境专项招聘”等引才活动73场，引进各类人才1.5万人。畅通服务高层次人才的“绿色通道”，帮助解决人才购房及子女就学、配偶就业等问题。加强名师名医建设，新增13个中小学（幼儿园）名师工作室，1名县级名医确认为市级名中医传承工作室指导老师。打造“星沙工匠”品牌，举办首届长沙县“十行状元 百优工匠”职工职业技能竞赛，选拔优秀技能人才参加市竞赛，被评为市级“状元”5名、“工匠”41名。成立科技特派员服务团，选派109名科技特派员深入基层开展服务，有关经验被《湖湘人才周刊》专题推介。

（周彦俊雄）

宣传工作

【概况】2019年，长沙县委宣传部增强意识形态引领，建立《县区专题学习习近平总书记系列重要讲话精神制度》，出台《县委常委班子带头加强党的政治建设的十条措施》，3次承办中央宣讲团到县宣讲；推进“学习强国”平台的学习使用；推动理论进基层，成立陈树湘“断肠明志”精神追思宣讲团、红色故事宣讲团，在全县开展宣教活动1000余场次；实行县委常委班子成员意识形态工作责任清单制，明确“一岗双责”任务；制定《长沙县县直有关部门意识形态工作职能责任清单》《长沙县意识形态风险防控工作预案》等，定期召开意识形态工作联席会议；建立舆情引导系列制度，打造“1+X”网上群众工作统筹制度体系，经验做法被中央网信办刊登；《长沙县传承陈树湘烈士“断肠明志”精神》在中宣部刊物登载。清理整顿规范全县政务类网络平台；制定《长沙县印刷经营活动监督检查管理办法》，福临铺社区获“扫黄打非”进基层省级示范点；成立长沙县电影人协会。

全年在各级各类媒体刊发报道近9000篇次；承办“壮丽70年·奋斗新时代”大型主题采访活动湖南省启动式，组织中央、省、市主流媒体蹲点调研15天，立体化展示长沙县70年来的发展历程；中央电视台《新闻联播》以及《人民日报》等主流媒体报道长沙县主题教育的开展；《新闻联播》《焦点访谈》报道中共十九届四中全会宣讲团到长沙县开展宣讲情况。全年围绕“扫黑除恶专项斗争”“中非经贸博览会”“垃圾分类”“庆祝中华人民共和国成立70周年”“一乡一品博览会”“打击传销”等主题开展社会宣传；制定《长沙县新闻管理办法》《长沙县规范社会宣传管理实施方案》，打造“视觉星沙”网站，设计发布社会宣传标准图集，清理拆除旧的标识、标牌，统一工地围挡设置，规范社会宣传行为。完成县级融媒体中心改革，将融媒体中心与新时代文明实践中心功能结合。

建设5个“悦读空间”，提质改造20个村（社区）综合文化服务中心，县文化馆被评为第八届全国服务农民、服务基层文化建设先进集体；泉塘街道阳高社区被评为2019年全国“书香社区”；打造“田汉大舞台”群众文化品牌，围绕庆祝中华人民共和国成立70周年，开展群众文化活动260场，送戏下乡90场，放映公益电影3600场；原创节目《血红的名册》《以人民为中心》分获全省“欢乐潇湘”群众文艺会演特等奖、一等奖。完成缪伯英、陈树湘、杨立三故居修缮和陈列布展，全部对外开放；组建红色故事宣讲团队，收集英烈资料并开展研究，围绕红色题材进行一系列文艺创作。推动文化与旅游产业融合，开发2条红色精品旅游线路。果园镇被评为“湖南省特色文旅小镇”；推广和复制慧润模式，打造长沙浔龙河生态艺术小镇和AAAA级景区，并入选“2019乡村振兴与特色小镇十大案例”。深化全国（县级）文明城市创建力度。重点开展环境卫生、交通、流动摊贩等专项整治行动，提升城市品质；学习宣传贯彻《长沙市文明行为促进条例》，推进文明村镇、文明单位、文明家庭、文明校园创建，蝉联“中国最具幸福感城市”。出台《长沙县“建设厚德星沙 打造好人之城”三年行动方案》；金井镇朱豫刚被评为“中国好人”，黄花镇谷塘村王小艳家庭被评为全国“五好家庭”。

推进新时代文明实践中心建设。编制《长沙县新时代文明实践中心发展规划》，打造县级文明实践中心，建设完成镇级文明实践站所12所。开展文明实践中心和融媒体中心融合，推出“N+18”志愿服务云。组织全体党员干部认领“微心愿”活动，帮助16个贫困家庭实现“微心愿”。

宣传干部队伍建设，开展理论宣讲骨干培训、文明创建专干培训、“扫黄打非”业务培训班等，培训300余人次；组织全县各镇（街道）和新闻发布重点部门单位新闻发言人到北京大学开展业务培训；在全县宣传思想战线开展“主动锤炼‘四力’，勇担湖南新时代中国特色社会主义先行示范使命”党课学习，举办“践行‘四力’走好新时代的长征路”主题征文活动等。11月15日，长沙市“不忘初心、牢记使命”主题教育先进典型巡回报告会（长沙县专场）报告在星沙市民会议中心开讲，400余名党员干部现场聆听。11月22日，中央宣讲团成员、中央编办副主任吴知论一行到开慧镇宣讲中共十九届四中全会精神。作为全省唯一的县，长沙县连续三次承办中宣部宣讲。中央电视台《新闻联播》《焦点访谈》予以报道。

【第24个世界读书日活动】2019年4月23日，第24个世界读书日暨长沙市“传承先烈精神·培育时代新人”主题读书活动在杨开慧故居启动，旨在推动更多的人享受阅读乐趣，把红色资源利用好、把红色传统发扬好、把红色基因传承好，让红色精神绽放新的时代光芒。活动现场表演经典诵读《读中国》《我爱你中国》，合唱《我和我的祖国》、歌舞《我们都是追梦人》以及音诗画《一封未寄出的家信》等。

【长沙县、长沙经开区庆祝中华人民共和国成立70周年晚会】2019年9月27日，长沙县、长沙经开区举行“我爱你，中国——长沙县、长沙经开区庆祝中华人民共和国成立70周年”暨首届“十行状元 百优工匠”颁奖晚会，现场揭晓中餐宴会摆台状元明城国际大酒店西餐厅主管林雅琴等10名行业状元名单并为其颁奖，晚会通过“人民至上”“爱我家园”“不忘初心”三大篇章展现长沙县风土人情与精神风貌，表演歌伴舞节目《以人民为中心》、原创舞蹈《血红的名册》、情景歌舞《田汉眼中的中国》、歌舞节目《长沙绿茶》、音诗画《人民之光》、舞蹈《花鼓情》等。

（王艺斯）

统战工作

【概况】2019年，长沙县委统战部深入学习贯彻习近平总书记关于加强和改进统一战线工作的重要论述，推进“不忘初心、牢记使命”主题教育工作，强化思想政治引领，组织各民主党派及党外代表人士集中学习习近平新时代中国特色社会主义思想和中共十九大精神；8月，开展党外代表人士暑期谈心谈话活动；组织召开新的社会阶层人士座谈会和党外知识分子联谊会成员座谈会；加强教育培训，在深圳大学、广西大学分别举办中小微企业领军人才综合素质提升班、统一战线理论学习实践培训班；组织开办民族宗教政策法规培训班2期。鼓励民主党派融入县区发展，支持民革长沙市委在田汉文化园举行庆祝中华人民共和国成立70周年演讲比赛；协助致公党长沙市委走访调研麦都网络科技公司、林放农业公司；引导“民进名师同心讲坛”文化惠民活动走进长沙县回龙文武学校。引导参政议政，民主党派、无党派人大代表和政协委员分别提出人大建议59条、政协提案90条、微建议94条。启动县委常委与党外代表人士的联谊工作，对涉侨企业负责人、新的社会阶层、非公经济代表人士等统战对象开展走访近百次，帮助解决一些实际困难和问题；开展侨情走访调查，掌握新侨、海归等统战对象情况。支持党外代表人士开展调研活动，全年被三湘统战网、和网及省、市统战杂志采用信息、文章200条（篇）。

开展异地商会总部招商，4家商会达成初步合作意向；举办首届星沙海外高层次人才创新创业论坛，与县籍海外知名人士和县区海外高层次人才建立更加紧密的联系，远大P8星球众创空间获湖南省首个“新侨创新创业基地”授牌。对县委县政府交办的32个企业问题进行走访调研并加以解决。开展“新官不理旧账”专项整治，摸底排查43件问题，年度内解决历史遗留问题21件。2次召开民营企业家座谈会，政府职能部门与民营企业面对面交流；建立县领导及县直有关单位联系商（协）会制度、非公经济代表人士列席县委经济工作会议和县政府常务会议制度；发挥民营企业投诉处理中心作用，受理并协助解决金诚信房屋租赁纠纷等事件数起。2019年，县工商联被评为全国工商联全省“五好”县级工商联、全市工商联系统服务营商环境优化年工作先进单位、长沙市百家商会千户企业招商行动先进单位，黄兴商会、湘龙商会分别被评为全国和全省工商联“四好”基层商会。

召开长沙县民族宗教工作分析研判会议，联合职能部门对县内高校进行调研。开展少数民族考生高考加分民族成分审核认定工作；举办消防知识培训和集中演练，对宗教活动场所实施安全生产巡查100余次；支持宗教活动场所危房改造项目39个。加强民族宗教事务管理，开展民族团结进步行和宗教场所“五进五好”创建活动，引导宗教界开展公益慈善活动，细化少数民族流动人口管理，2名少数民族个人和2家门店被评为市级先进。在果园镇开展中日文化艺术交流活动，协助做好“湘台学子黄埔情缘行”活动；全年接待英、美、日等国家和地区的华人华侨10余次100余人到长沙县参观考察。推荐县内5名优秀新阶层人士加入市“百人会”，3人获得市级“同心人物”，4人被评为“70年70人·同心耀星城”代表人物。开慧镇锡福村、路口镇上杉市村创建市级同心美丽乡村，金龙智造地下管网项目创建市级同心项目，长沙县黄兴海峡两岸青年农创基地创建市级同心基地。支持各民主党派、无党派人士赴陈树湘纪念广场、李维汉故居、陈康白纪念馆等地开展“不忘合作初心、继续携手前进”主题教育活动；举办长沙县统一战线“不忘初心 一路同行”庆祝中华人民共和国成立70周年文艺晚会等系列活动。

【营商环境座谈会】2019年10月10日，长沙县工商联（商会）第十三届七次常委会暨优化营商环境座谈会召开。座谈会上，企业家代表们结合自身实际，围绕新媒体行业发展、企业用地、夜间经济、减税降费、汽车商贸流通、建筑业发展、政策红利落地等问题提出建议和意见；各职能部门结合各自职能职责，针对民营经济发展有关问题，与企业家们进行交流，提出解决方案和举措。

【出台两项联系制度】2019年11月29日，长沙县印发《关于县委常委与党委代表人士联谊交友和县领导及县直有关单位联系商（协）会工作的通知》，明确长沙县委常委与33名党外代表人士联谊交友联系名单，30名县委、县人大、县政府、县政协班子成员和61家县直有关单位联系28家商（协）会安排名单。文件要求，县委常委应通过与党外代表人士谈心交心、开展节庆慰问和深入党外代表人士所属党派团体或所在单位调研走访等方式，了解党外代表人士的思想动态，沟通思想，统一认识，增进共识，帮助党外代表人士始终保持政治上的清醒和坚定，帮助解决其存在的实际困难；各有关县领导和县直单位应加强对商（协）会企业的走访调研，解决商（协）会、民营经济在发展中存在的困难和问题，指导和帮助全县商（协）会有序开展工作。（王　昊）

机关党建

【概况】2019年，长沙县机关工委组织召开书记述职评议会，举办书记培训班；指导12个单位科学设置党支部和党小组，到5个机构改革单位现场协调工作，举办3期专业知识培训，1期党务工作者团建活动，2期党建交流分享，2期互学互评互助，48期周工作提示，推进党务干部激励机制，开展庆祝中华人民共和国成立70周年活动、组织第一批26名预备党员集中宣誓、评选20个优秀“主题党日”案例，征集“攻坚克难”典型案例，组织县直单位实现872份微心愿，举办“我与祖国共奋进——心中的优秀共产党员”主题演讲比赛。

抓实主题教育。通过对61个单位分类指导、组织开展主题教育知识集中测试和现场抢答竞赛活动，参与专项问题整治，严格专题组织生活会。抓党员教育。举办10期“机关党员大课堂”，培训2900余名在职党员，推进“学习强国”学习，将党员参与“主题党日”、志愿服务、“三务”积分、集中学习等工作量化，纳入党员日常考核。完成122份党组织换届（改选、补选）批复，发展32名党员，转正34名预备党员，春节和“七一”分两批次慰问党员152人，慰问金额15.2万元，认定63个“五化五星”党支部，138个“五化”党支部，转接组织关系1900余人次，排查2014年5月以来发展党员254人违规违纪情况。

【“三心”课堂】2019年，打造“初心”“事心”“称心”的机关党员大课堂。“初心”课堂：始终把党性教育和政治理论教育作为党员教育的重中之重，结合“不忘初心、牢记使命”主题教育，突出习近平新时代中国特色社会主义思想、党史、意识形态、党纪条例、党性修养等方面，安排《重温党的历史，不忘初心使命》《坚定不移推进全面从严治党向纵深发展》《中国共产党人的初心与使命》等课程，引导广大党员在学习中深入思考“入党为什么、在党干什么、为党做什么”，在学思践悟中锤炼初心使命。“事心”课堂：年初开始谋划“机关党员大课堂”，用心用情做好每一个细节，事前重谋划，印发《2019年“机关党员大课堂”党员轮训活动实施方案》，事中重管理，事后重总结。“称心”课堂：突出“新”，注重教育时效性，中共十九届四中全会召开以后即安排《筑牢中国长治久安的制度根基——十九届四中全会精神解读》课程。突出“特”，结合长沙县实际，安排《点赞我的国——腾飞的星沙》《国歌的力量》等一批特色课程。突出“全”，全年举办机关党员大课堂10期，轮训涵盖县直机关所属61个党组织、2900余名党员，基本实现在职党员教育管理全覆盖。（裴　航）

机构编制

【概况】2019年，县委编办行政编制13人，后勤编制人员1人。领导班子3名，其中主任1名，副主任2名。县委编办设4个内设机构：综合科、机构编制科、事业单位登记管理科、改革和政策法规科（监督检查科）。县委编办所属事业单位2个，长沙县机构编制电政政务中心和长沙县机构编制事务中心，核定事业编制4名。

以县委名义印发《长沙县黄兴镇管理体制改革实施方案》，黄兴会展经济区党工委、管委会受黄兴镇党委、政府委托，在法律范围内最大限度独立履行黄兴镇原干杉片区党的建设和经济社会管理职能。10月1日起，黄兴会展经济区在干杉片区开展工作。

推进黄花镇改革工作。以县委、县政府名义印发《长沙县黄花镇行政管理体制改革实施方案》。制定《中共黄花镇委员会黄花镇人民政府主要职责机构设置和人员编制规定》。县委编办与黄花镇多次召开改革部署会议，推进黄花镇机构改革，完成职能配置和人员配备，做好上级下放权限的承接工作，全面推进改革工作。

拟定《长沙县进一步深化综合行政执法改革方案》，经市委编办批复，改革坚持“归口一门、以块为主、全域覆盖、立体监管”原则，采取“1+X”模式，优化机构设置，减少执法层级，实行扁平化管理，撤销局属6个专业执法分局及执法督查大队，在全县18镇（街道）设立属地行政执法队，执法网络全覆盖。执法人员全部下沉到位，基层一线执法人员882名，占全局总人数92.2%。

加强编制日常管理。办理入编及划转人员2700余人次（含机构改革人员划转），销编人员350余人。加强机构编制政策法规宣传及监督检查，通过实地抽查、书面督查等方式开展机构编制监督检查3次。

政府序列议事协调机构清理后，保留县级议事协调机构149个，建议撤销或已撤销34个，调整177个。县委序列的议事协调清理后，保留县级议事协调机构87个，建议撤销或已撤销26个、调整90个。

根据《事业单位登记管理暂行条例》的要求，完成全县509家事业单位年度报告工作，做好事业单位法人公示工作。做好事业单位日常登记管理及机关、群团赋码工作。2019年办理事业单位设立登记12家、变更登记239事项、注销登记12家，机关、群团变更14家、赋码2家。对新设立单位，采取“一对一”服务的模式，辅导其网上登记操作流程。配合做好承担行政职能事业单位改革工作。采取实地核查的方式检查19家事业单位登记事项、年度报告等公示信息，并督促相关单位限期整改到位。

将长沙县空港城管委会成建制并入长沙临空产业集聚区管委会；配合园区体制改革工作，将县星沙产业基地管理办公室成建制移交至经开区管委会管理；推进市生态环境局长沙县分局和县水利局职能移交工作；配合“公务员职务职级并行套改”及“事业单位公务用车制度改革”、住房补贴改革等相关工作；理顺卫生系统编制到单位不到人管理体制；开展长沙县市场监管综合执法改革、县直派驻机构与镇街关系的体制改革等调研。机构改革后，完成行政审批制度改革工作移交。

【机构改革】 2019年，长沙县设置党政机构37个，其中县委机构9个，县政府工作部门28个。设立9个县委领导的委员会和领导小组，并印发成立文件，对照省、市相应的委员会、领导小组制定工作规则，建立健全并优化县委对重大工作的领导体制机制。严格对标上级设置机构，加强县委职能部门的统一归口协调管理职能，统筹优化县政府机构设置和职能配置，设立33个上下对应的机构，组建县退役军人事务局、县医疗保障局、县市场监督管理局、县农业农村局等机构。因地制宜设置县委网信办、县行政审批服务局，县水务局更名为县水利局，保留县行政执法局。长沙县机构改革工作经验被“湖南机构编制”刊登。（何　彩）

2019年3月8日，长沙县深化机构改革动员大会召开　（何　彩）

党校教育

【概况】2019年，长沙县委党校举办各类培训班103期次，培训1.08万人次，其中主体班19期。接待宁乡市委党校、新县县委党校、浏阳市委党校等来校考察交流。组织骨干教师深入各机关和企事业单位、乡镇街道、农村社区，重点突出中共十九大精神、十九届四中全会精神、习近平总书记在“不忘初心、牢记使命”主题教育工作会议上的重要讲话精神及政策文件宣讲，基层宣讲190余场次，实现党员教育培训全覆盖。创新推动干部培训工作，深度阐释最新政策精神，深刻挖掘身边先进典型，开发县域红色资源，在党性教育、改革创新、美丽乡村建设等方面开展特色培训。举办中组部“全国党员教育培训示范基地业务工作研讨班”。县委党校“1+8”办班流程的典型经验介绍得到中组部和各基地的肯定。被中组部重新授牌“全国党员教育培训示范基地”。

县委主要领导定期到党校调研和指导工作。主持中组部“全国党员教育培训示范基地业务能力研讨班”结业仪式、参加春秋季主体班开班仪式，安排党校教师参加县委各类异地培训班学习，带头到党校讲课，推动领导干部到党校讲课常态化。加大人才引进力度，引进教师6名，其中新增哲学、法学研究方向的专职教师2名，优化人才队伍结构。投入200万余元更新报告厅多媒体音频视频设备，投资30万余元建成党性教育展馆，丰富党校校园文化，增强党员党性教育意识。预算党校建设投资5000万元，并进行调研论证。

全年举办长沙县科级领导干部培训班、青年干部培训班等25期主体班。按照县委干部教育培训计划，完成春季、秋季集中入学的科干班、女干班、团干班、沅陵班及其他主体班。围绕中共十九大精神、习近平新时代中国特色社会主义思想、“三大攻坚战”等精心设计培训内容。先后组织科干班、女干班开展异地教学培训等。突出把理论教育和党性教育作为主体班培训重点，加强马克思主义中国化最新理论成果的学习。开展学员微论坛、微信群分享、演讲赛、趣味运动会、毕业成果汇报等系列主题活动。举办全省贫困村党组织书记抓党建促脱贫攻坚专题培训班，接待来自长沙、湘潭等地400余名支部书记。聚焦“抓党建促脱贫攻坚”的教学目标，采取“书记讲给书记听”的方法为书记们释疑解惑，形成独具特色的培训品牌。

探索“党校＋培训中心”“两条腿”走路模式。新设二级机构长沙县干部培训中心，配备全额事业编制3名。利用基地影响力承接外来培训，提升办学空间、拓宽教育途径。拟计划以“规范流程管理、开发智慧平台、研究培训数据”“三步走”为战略目标，通过实践探索，形成培训班“1+8”流程管理体系。联合县内区块链产业园，开发智慧党校“线上”管理平台。举办基地授牌仪式，确定长沙马王堆农产品股份有限公司（海吉星）、远大科技集团、湘丰茶叶集团有限公司、湖南金龙智造科技股份有限公司等4家公司为第一批现场教学基地。

全建业获“时代新人说——我和祖国共成长改革前沿”主题演讲湖南省选拔赛一等奖。采取集体备课的方式，打磨“国歌的力量”“墙缝里的忠贞”“断肠明志陈树湘”等5堂红色精品党课，其中3堂入选省市党性教育精品课程，受邀到厅干班、市、县委读书班和市委组织部机关讲课。协同县委组织部精心设计两条党性教育精品路线。组织教师参加市党校系统教学比赛，《功名利禄淡如水——许光达的让衔精神》《弘扬国歌精神 汲取前进力量》均获二等奖，被评为市级精品课程。完成县级调研课题6个，举办第七届调研成果汇报会，所有课题力争为县域经济发展提供参考。论文《传统家训在党员干部教育培训中的价值启示》获全省党校系统理论研讨会二等奖，《增强长沙县农村党员教育管理有效性的对策研究》获全省党校系统理论研讨会三等奖。成立专项调研小组开展调查研究，常务副校长罗静良主笔的《中共长沙县委党校建设发展的思考》被评为县委优秀调研课题。

【全国党员教育培训示范基地业务工作研讨班开班】2019年10月28—30日，由中组部主办，湖南省委组织部、长沙市委组织部、长沙县委党校联合承办的全国党员教育培训示范基地业务工作研讨班在长沙县委党校开班。23家全国党员教育培训示范基地及特邀单位的65名领导和专家参与研讨。参加研讨班的单位23家，其中全国党员教育培训示范基地17家。经验交流采取“宣传片+PPT+交流稿”的模式，多方面展示各基地的特色和优势。研讨班发挥现场优势，将学习搬出课堂，组织到韶山干部学院开展现场教学，听取党课《学习伟人风范，牢记初心使命》。（李 婕）

对台事务

【概况】2019年，长沙县对台工作贯彻落实中央惠台31条和湖南省惠台59条相关政策，推进海峡两岸关系和平发展。通过调研会、座谈会、工作部署会等形式，多次向对台干部传达贯彻中央大政方针及上级对台工作会议精神。习近平总书记在《告台湾同胞书》发表40周年纪念会上的重要讲话发表后，组织台胞、台属、民革等党派代表、侨联负责人及对台工作相关单位负责人召开专题会议，传达学习讲话精神，明确长沙县当前阶段对台工作任务，发放《告台湾同胞书》及湖南省《关于深化湘台经济文化交流合作的实施意见》（湘版惠台59条）50余份。年底，长沙县有黄兴故居、黄兴中学和星沙街道牛角冲社区3个市级涉台教育基地。经请示市委台办同意，新增星沙盼盼二小为涉台教育基地培育对象，县委台办在政策、资金方面给予支持，购置涉台教育书籍开展活动。影珠山抗战遗址文化公园和黄兴海峡两岸青年农创基地于12月和10月分别创建为“湖南省对台交流基地”和“长沙市对台交流基地”。黄兴故居发挥既是涉台教育基地又是对台交流基地优势，主动走出去开展涉台教育进机关、进单位、进学校、进社区、进企业的“五进”流动巡展活动10场次，受众约8000人。

优化环境，加强服务。全县有台资企业16家，涉及汽车零部件制造、高科技电池、模具生产、食品加工、房地产开发、教育、农业以及服务等行业。台资企业注册资金1.4亿美元，总投资4.3亿美元。走访广汽东阳、阿斯铁亚伍享、和锐镭射、镁镁科技、统力兴业、冠廷教育、皓欣工业等台资企业。了解企业困难与问题，研究落实解决措施。协调县自然资源局、县住建局等部门开设绿色通道，缩短办证时间。常住台胞154人，办理台湾居民居住证116人，办证率75%。办理3名台胞子女入学、转学等手续。春节前夕，走访慰问台胞台属51户、台企8个，发放慰问金8万元。

【对台宣传】2019年，在《璀璨星城 魅力长沙》等媒体发表多篇涉台活动信息，其中“台北长沙同乡会返乡话乡情”“不忘初心·牢记使命主题教育台企在行动”等信息同时被省、市台办采用，全年被省、市台办官网采用信息62篇。2019年被中央台办评为年度“两刊”对台宣传工作先进单位。每年平均接待台湾参访团10批次，接待台胞约50人次。组织19个镇（街）对台工作负责人、专干及涉台教育基地负责人参加报告会及业务培训，宣讲台海形势和对台政策。

【对台交流】2019年，全年接待台湾地区黄埔同学会退役将领团、台湾地区退役将军团、台湾经贸农业文化考察团、台湾中华泛蓝协会参访团、高雄市议会议员团、台北湖南同乡会等台湾知名人士及考察团，接待12批次425人。影珠山抗战遗址文化公园和黄兴故居联合湖南省文史研究馆、湖南省黄兴研究会和台湾中华湖湘文化发展协会，组织开展海峡两岸书画展及学术研讨会等一系列文化交流活动。组织开展“两岸一家亲，共圆中国梦”长沙县海峡两岸家庭亲子联谊活动，25名学生及家长参加。12月30日举办首届湘台教育发展论坛，大陆及台湾嘉宾80余人参加。在湘台教育对话环节，海峡两岸教育界人士就启蒙教育、民办教育、职业教育等方面进行交流与探讨。

（余 浪）

老干部工作

【概况】截至2019年年底，长沙县有离休干部31人（含外地易地安置在长沙县的离休干部1人）；副县级以上退休干部143人。全县建立离退休干部党支部74个，所属党员3100余名。2019年机构改革后，长沙县老干部局整体并入中共长沙县委组织部，组织部专门成立老干部科和老干部服务中心内设科室负责老干部工作。

打造“银领星沙·助力发展”正能量品牌。19支“五老”志愿服务团队开展各类志愿服务活动，黄兴镇鹿芝村、北山镇牌楼村、黄兴镇黄兴新村、果园镇4支“五老”团队得到市级支持。县“五老”讲师团组建6支“银发之声”小分队开展“五进”宣讲300余场，听众7万余人次；开展“不忘初心、牢记使命”暨“腾飞中国我见证，辉煌七十我点赞”巡讲活动，相关经验做法被《中国老年报》头版报道。县关工委向湘雅博爱康复医院57名脑瘫儿童捐赠价值2万元故事学习机和益智类玩具，举办“大学带小学 家乡学子情”暑假免费培训，镇街70个村（社区）办班121个，学员5000人。中国关工委主任顾秀莲到长沙县调研“大学带小学 家乡学子情”特色品牌并给予肯定。全县各涉老单位将主题教育与庆祝中华人民共和国成立70周年有机结合，引导离退休干部永葆初心、发挥余热。县老年书画协会开展“悦艺星沙，翰墨丹青颂中华”书画展，县老科协、老年保健协会开展“激情颂祖国、红红永向党”演讲比赛。9月17日，市老干部书画协会“迎国庆、颂党恩”星沙笔会在长沙县举办。

加强离退休干部政治建设、思想建设、组织建设。开展“不忘初心、牢记使命”主题教育，加强离退休干部党支部“五化”建设，夯实基层基础。黄花、果园、星沙街道金茂路社区、县妇幼保健院离退休支部被评为市级示范性“五化”离退支部，星沙街道金茂路社区、果园镇机关等离退休支部被评为市级先进党支部。中央、省、市各级领导及周边兄弟单位多次到县考察、交流离退休党建工作经验。

【离退休干部待遇落实】2019年，落实老干部各项政治和生活待遇。组织老干部参观江背金洲村发展变化、中华人民共和国70周年书画展等。建立离退休干部共享改革成果分享、春节慰问费的长效机制。用心用情做好服务工作，春节、重阳节上门走访慰问老干部300余人次；看望住院老干部60余人次；协助12名病故离退休干部的家属处理善后事宜。帮扶特困离退休干部和无固定收入离休干部遗孀，协调解决离休干部住院转院、医药费报销等问题。

【文化养老】2019年，县老干部（老年）大学开设5个系、20个专业、41个班和4个艺术团队，学员3784人、6680人次；举办庆祝中华人民共和国成立70周年“祖国在我心中”文艺演出、书画展览、征文等系列活动。打造老年朋友“10分钟学习圈”，在18个镇街建立65个老年教育网络课堂站点，开课1600余次，5万余名老年朋友集中收看，星沙街道望仙桥社区、泉塘街道泉塘路社区、小塘路社区、青山铺镇天华村奇美大课堂、春华镇龙王庙村、福临镇双起村等站点每期听众80余人。8个老年教育网络课堂示范点得到市级支持。（周金霞）

精神文明建设

【概况】2019年，长沙县精神文明建设指导委员会办公室（以下简称县文明办）着力精神文明建设和文明城市创建，着力推进新时代文明实践中心、站（点）建设，抓好移风易俗、乡风文明建设工作，深化青少年思想道德建设，广泛开展志愿服务活动，加强网络文明建设，组织道德模范评选和学习宣传，努力提高公民思想道德素质。

践行社会主义核心价值观。以中华人民共和国成立70周年为契机，开展“我们的节日”红红火火闹元宵、集体婚礼等主题文化活动。制作以社会主义核心价值观、排队礼让、移风易俗等为重点的公益广告1000余块，开展中国特色社会主义和中国梦宣传教育。参与“我和我的祖国”群众性主题教育活动。开展“户帮户亲帮亲，互助脱贫奔小康”活动，出台《长沙县“户帮户亲帮亲 互助脱贫奔小康”工作方案》《关于组织开展“户帮户亲帮亲 互助脱贫奔小康”爱心注册对接工作的通知》，惠及特殊贫困人口。贯彻落实《全国文明城市测评体系》，2019年度迎省检和全国（县级）文明城市创建完成。

深化群众性精神文明建设。以“五零”社区建设为重点，开展“我们的节日·元宵”主题舞狮比赛活动，第24个世界读书日暨长沙市“传承先烈精神·培育时代新人”主题读书活动，“献礼中华人民共和国70华诞，千人唱响《我和我的祖国》”快闪活动等群众性精神文明建设活动在“学习强国”、《人民日报》《湖南日报》等中央、省、市媒体上报道。推进文明村镇、文明单位、文明家庭、文明校园创建。组织开展县级文明单位的集中复查，对文明单位进行1次关于车辆停放、国旗悬挂的专项督查。2019年，长沙县再次被评为“全国县级文明城市提名城市”，连续13年被评为“中国最具幸福感城市”。黄花镇谷塘村王小艳家庭被评为全国“最美家庭”，宋波、王帅、王磊、刘金文被评为“湖南好人”，宋波、易炼辉、赵育英、杨卓进、唐林被评为“长沙好人·身边雷锋”。组织开展长沙县第三届道德模范评选表彰活动。

推进学雷锋志愿服务活动。组织开展“春天，我与雷锋有个约会”、长沙县第四届“践行雷锋精神 共建文明家园”公益展评活动、长沙县第二届最美志愿者评选活动及“雷锋传人 长沙榜样”先进事迹巡回报告会（长沙县专场）。围绕“用爱心播撒阳光，用高尚践行文明”活动，实施“三关爱”主题志愿服务项目。加强志愿服务信息化建设，完善志愿服务信息注册，全县注册志愿者人数7万余人。开展“文明，从排队礼让开始”市民素质提升行动，在全县范围内组织形式多样的排队礼让主题教育实践活动，在每月礼让日（1日、2日、11日、22日）进行交通劝导，宣传文明出行、排队礼让理念，并将排队礼让作为文明单位、文明校园、文明家庭等评选的重要内容。

加强未成年人思想道德建设。全县乡村少年宫实现全覆盖，为农村孩子提供最佳活动场所，并组织开展“文化志愿服务团队走进乡村学校少年宫活动”，为未成年人营造健康成长的良好环境。组织各学校以“扣好人生第一粒扣子”的主题开展形式多样的学习教育实践活动250余次。在清明、“七一”、国庆期间开展“传承红色基因”系列教育活动68次；组织中小学校开展中华经典诵读和戏曲、书法、国画、中华武术进校园等活动50次，选送盼盼小学节目参加经典美文诵读市赛被评为第一名。开展“童心向党，红领巾追梦新时代”美育展演暨“争做新时代好队员”主题队日活动、“新时代好少年”评选活动、优秀榜样评选活动，与红十字协会联合举办“关爱儿童 关注环保”志愿服务捐赠活动。以“我的中国梦”为主题，开展“我们的节日”系列活动，常态开展“新时代好少年”评选等优秀榜样评选活动，在未成年人中树立一批身边学习榜样。深入学校周边开展社会文化环境专项整治行动14次，加强学校、社区心理健康咨询室、家庭教育指导服务站、未成年人活动室等阵地建设。

营造文明创建宣传氛围。召开全县学习宣传贯彻《长沙市文明行为促进条例》工作会议，发放《长沙市文明行为促进条例》8万余册。在公益广告刊播方面突出社会主义核心价值观、讲文明树新风、廉洁奉公、勤俭节约、保护环境、节约用水、防火防灾等内容，在广播、报纸、电视及新媒体刊播公益广告2745条，循环刊播2轮/次。开展公益广告集中整治行动，文明创建公益广告合格率100%。长沙县文明网推选文明创建工作稿件在省文明网发布167条、中国文明网发布15条。组织召开网络文明创建培训会议，举办“我和田汉有个约会”网络文明传播活动，开展“春天，我与雷锋有个约会”网络公益活动。利用长沙县微信公众号和长沙县微博，每日及时更新文明创建工作动态。加强社会信用体系建设，开展诚信缺失突出问题专项治理，开展诚信行业、诚信单位、诚信示范街区、诚信经营示范店、诚信网店等评选活动，巩固“红黑榜”发布制度，加强个人诚信体系建设。

移风易俗乡风文明建设。成立整治婚丧喜庆陋习联席办公室，下发《长沙县开展整治婚丧陋习推进移风易俗的实施方案》，全年组织召开移风易俗专题调度会4次，县级领导组织开展专项督查14次，编发督查通报12期，督办各类问题300余起。县纪委全年通报曝光典型案件6起，受党纪处分7人，通报人数6人。按照“抓点示范、逐步推广”原则，开展“十一”移风易俗特色活动、移风易俗大讨论活动，举办移风易俗文艺活动60余场，自创移风易俗文艺节目100余个，拍摄10余部移风易俗微电影。各镇村探索出台移风易俗奖惩办法，开慧镇“孝道文化节”、果园镇“升学宴”、北山镇“睦邻公益节”等有力引导村民摒弃俗风陋习，培育文明新风。

【新时代文明实践中心建设】 2019年，推进新时代文明实践中心（所、站）建设。强化体系建设，出台《长沙县建设新时代文明实践中心（所、站）工作方案》及《长沙县新时代文明实践中心（所、站）、融媒体中心建设考核管理办法》，编制《长沙县新时代文明实践中心发展规划》（以下简称《规划》），明确“六个有”的建设标准和“六讲六传”实践内容，福临镇、金井镇、安沙镇等10个镇（街）建成镇级文明实践所，其他镇（街道）实践所均启动建设。新时代文明实践中心和融媒体中心深度融合，打造“N+19”志愿服务云，探索建立志愿服务积分管理、嘉奖、礼遇帮扶等制度，实施“群众点单、中心派单、部门接单”志愿服务新模式。

（刘　婕）

责任编辑　周进银

综 述

【概况】 2019年，长沙县十七届人大常委会举行人大常委会会议8次、主任会议16次，听取和审议“一府两院”及其部门专项工作26次，对3个部门的全面或专项工作开展评议，对乡村产业振兴工作进行专题询问，对代表建议办理等五大类工作进行满意度测评。将县人大工作置于县委领导下，全年向县委请示、报告重大事项15件次。落实中央和省委关于健全人大讨论决定重大事项制度、各级政府重大决策出台前向本级人大报告的文件精神，列出县人民政府应当向人民代表大会及其常务委员会报告的28项工作清单，指导路口镇等实施民生实事项目人大代表票决制。三次听取审议2019年计划、预算执行情况，审查批准2018年财政决算和2019年计划、预算调整方案，推动县域经济高质量发展。实施《镇人大预算审查监督指导意见》《街道财政预算审查监督暂行办法》，授权街道人大工委对街道预算初步方案进行初审。创新“互联网+大数据”监督模式，预算联网监督系统建成并投入使用。开展政府投资项目实施情况督查，选取部分项目调整数量较多、金额调整总额较大的单位到常委会上作情况说明。听取审议同级审工作报告，跟踪监督审计整改落实情况，对5个单位的整改落实情况开展满意度测评，促进部门预算执行和专项资金使用规范。专题调研国有资产管理工作，监督政府盘活闲散资产，推动国有资产保值增值。听取审议财政资金绩效评价工作情况，支持政府改进绩效评价方式，加强评价结果运用。重点关注和监督政府性债务及平台公司债务情况，督促政府摸清债务底数，严控债务规模。

深化规范性文件备案审查，落实法制委初审、咨询专家协审、其他委室联审和法制委全体会议会审的“四审”机制，保障法制统一。专题调研公安机关扫黑除恶专项行动开展情况，开展“司法公正长沙行”、走进警营、走进法庭、检察开放日等系列活动，监督和支持司

2019年12月9日，长沙经开区党工委书记、长沙县委书记、长沙高铁新城党工委书记沈裕谋专题调研县人大常委会工作 （杨银磊 摄）

法机关打通实现公平正义的“最后一公里”。坚持以良法促善治的理念，配合省人大常委会开展家庭教育促进条例立法可行性调研，配合市人大常委会开展湿地管理条例立法意见征集，为地方立法建言献策。紧盯法律贯彻实施的难点，协助市人大常委会就大气污染防治法等法律法规实施情况开展执法检查，维护法律尊严。将人大信访工作作为密切联系群众的重要渠道，县乡两级人大接待群众来访1605人次，收集意见、建议346条，促成248个信访问题息访息诉，公众合法诉求得到及时解决。坚持把人民的期盼作为人大的履职方向，组织主任会议成员视察中小学校布局发展“两个规划”的执行情况，促进城乡教育均衡发展。专题调研城区停车管理工作，监督有关部门加快解决停车难题。集中视察现代服务业招商引资工作，推动第三产业招商项目加快落地。跟踪监督国土用地工作审议意见的办理情况，督促政府加大土地供应力度，加强批后监管。视察调研退役军人服务管理、养老院建设、医疗保障工作情况，推动机构改革后有关部门加快力量整合。听取审议2018年城乡规划实施情况，监督“多规合一”工作加快推进，促进城市品质逐步提升。听取审议社区卫生服务中心建设管理工作情况，促进基层公共卫生服务水平提升，缓解群众看病难题。开展“三湘环保世纪行”“三湘农民健康行”“农产品质量安全行”“民族团结进步行”等活动，回应群众关切。紧扣“强园富县、优二兴三、转型升级、融合发展”四大战略，围绕财源建设、政府投资计划执行、北部生态服务城建设、城市规划管理、现代农庄发展等主题，深入调查研究，为县委决策当好参谋。紧扣“产业项目建设年”工作目标，落实县领导联系重点项目制度，及时协调解决拆迁安置、要素保障等制约项目推进的突出问题，促进县人民医院、龙喜水乡等6个重大项目加快建设。紧扣“城市管理提质年”工作重点，进行专题调研，形成工作建议，为“对标上海、提质星沙”提供支持。紧扣“三大攻坚战”、安全生产、文明创建等中心工作开展监督，在落实县委重大决策部署上有行动、有成果。

坚持党管干部和人大依法任免相结合，全年依法任免“一府一委两院”工作人员66人次，任命人民陪审员84名，补选县人大代表21名，实现组织意图和人民意愿高度统一。落实中央和省、市、县委关于深化国家机构改革的决策部署，严格依程序精心筹备代表大会补选人大常委会委员、决定县人大有关专门委员会的设立及其成员人选，确保全县机构改革顺利完成。修订《长沙县人大常委会人事任免办法》，加强任前审查，严把主任会议初审、任前法律考试、任前陈词、投票表决和向宪法宣誓等关口，选举和任免程序更为规范。

重要会议

【概况】 2019年，召开长沙县第十七届人民代表大会第四次会议，举行人大常委会会议8次、主任会议16次，审议批准政府工作报告、长沙县人大常委会工作报告、长沙县人民法院工作报告、长沙县人民检察院工作报告等，听取和初审长沙县人大常委会工作报告、2018年国民经济和社会发展计划执行情况、2019年国民经济和社会发展计划及政府投资项目计划执行情况以及2018年、2019年财政预算执行情况等，听取和审议有关人事任免事项等。

【长沙县第十七届人民代表大会第四次会议】2019年1月17—18日，长沙县第十七届人民代表大会第四次会议在明城国际大酒店凯旋宫召开，全县262名代表参加会议。大会审议批准长沙县人民政府工作报告、长沙县人民政府关于2018年环境状况和环境保护目标完成情况的报告、长沙县人大常委会工作报告、长沙县人民法院工作报告、长沙县人民检察院工作报告，书面审查长沙县人民政府计划、财政工作报告、长沙县人民政府关于县十七届人大一次会议以来所立议案和代表所提批评、意见、建议办理情况的报告和长沙县人大法制、财政经济专门委员会工作报告。

【长沙县第十七届人大常委会第二十二次到第二十九次会议综述】2019年1月4日，第二十二次会议召开，会议听取和初审长沙县人大常委会工作报告、长沙县人大常委会2019年工作要点，听取和审议县十七届人大四次会议主席团成员及秘书长建议名单、邀请上主席台就座的非主席团成员建议名单、

2019年1月17日，长沙县第十七届人民代表大会第四次会议开幕
（曾诗怡 摄）

县十七届人大四次会议列席人员名单；听取和审议补选部分县人大代表的代表资格审查报告、县人民法院关于确定选任人民陪审员名额数的议案；听取和初审2018年国民经济和社会发展计划执行情况及2019年国民经济和社会发展计划初步方案、2018年财政预算执行情况及2019年财政预算初步方案；会议书面审议2018年预算绩效管理工作情况报告。第二十三次会议于3月19日召开，会议听取和审议有关人事任免议案；听取关于个别县十七届人大代表资格情况的说明，听取和审议关于个别县十七届人大代表辞职的议案。第二十四次会议于5月31日召开，会议听取和审议县人民政府2018年度县人大常委会审议意见办理情况的报告、县人民政府2018年度城乡规划实施情况的报告；听取和审议关于个别县十七届人大代表辞职的议案和补选部分县十七届人大代表的资格审查报告；听取和审议有关人事任免议案。第二十五会议于7月15日召开，会议听取和审议关于2019年上半年经济运行及政府投资项目推进情况的报告；听取和审议2018年度县本级财政预算执行和其他财政收支情况的审计报告、2018年决算执行情况和2019年1—6月预算执行情况的报告，表决通过关于批准2018年财政决算的决议。第二十六次会议于10月31日召开，会议听取和审议2019年国民经济和社会发展计划及政府投资项目计划调整方案（草案）的报告，批准政府投资项目计划调整方案；听取和审议2019年1—9月财政预算执行情况及2019年财政收支预算调整情况（草案）的报告，批准2019年财政收支预算调整方案；听取和审议《长沙县人大常委会关于镇人大预算审查监督工作的指导意见（草案）》《长沙县人大常委会关于街道预算审查监督暂行办法（草案）》《长沙县人大常委会人事任免办法（草案）》；听取和审议有关人事任命议案，以及个别市、县人大代表辞补选的议案。第二十七次会议于11月14日召开，会议对县人民政府乡村振兴战略的产业振兴情况进行专题询问。第二十八次会议于11月27日召开，会议听取和审议关于县十七届人大五次会议筹备工作情况的报告，作出召开县十七届人大五次会议的决定；听取和初审县十七届人大一次会议以来所立议案和代表所提建议、批评和意见办理情况的报告；听取和审议2018年度审计整改情况及被审计单位整改情况的报告并进行满意度测评；听取和审议县人民法院关于确定选任人民陪审员名额数的议案；听取和审议关于个别县十七届人大代表资格情况的说明，以及个别县十七届人大代表辞职的议案。第二十九次会议于12月20日召开，会议听取和初审长沙县人大常委会工作报告，2019年国民经济和社会发展计划及政府投资项目、县属投资公司项目计划执行情况与2020年国民经济和社会发展计划及政府投资项目计划初步方案，2019年财政预算执行情况及2020年财政预算初步方案；听取和审议长沙县人大常委会2020年工作要点；书面审议2020年县管国企投资项目计划初步方案、2019年财政绩效评价工作情况的报告；听取和审议长沙县社区卫生服务中心建设管理工作情况汇报；听取和审议县十七届人大五次会议主席团成员及秘书长建议名单、邀请上主席台就座的非主席团成员建议名单，县十七届人大五次会议列席人员名单；听取和审议关于个别市人大代表辞补的议案，补选个别长沙市十五届人大代表；听取和审议补选部分县人大代表的

代表资格审查报告；会议还听取和审议有关人事任免事项。

主要工作

【代表服务管理】2019年，长沙县扩大代表对县人大常委会工作的参与，组织参加市、县“一府两院”半年度工作通报会，轮流安排代表列席县人大常委会会议120余人次，邀请代表参加常委会调研、视察和监督活动90余人次，代表知情知政的权利得到保障。实施《长沙县人大代表履职经费使用暂行规定》，落实代表履职管理积分制和不称职代表退出机制，代表履职保障更为健全。加强履职经验交流，对履职成效突出的代表进行深度宣传报道，代表风采得到全面展现。将代表活动阵地从县、镇（街道）延伸到村（社区），从线下拓展到线上，代表线上培训学习、提交建议、履职登记成为新常态。持续开展“12345”主题活动，县人大代表全年进行311次审议发言，提出623条合理化建议，参与903次公益行动，参加107次代表小组活动，走访14196户选民，代表履职尽责、服务社会的担当意识不断增强。坚持“对人民负责、受人民监督”的原则，县人大代表向选民现场口头述职50人次，代表与选民的联系更加密切。

【议案建议督办】2019年，长沙县坚持把解决议案建议提出的问题摆在首位，完善督办工作机制，加强督办全过程协调、沟通和反馈，县十七届人大四次会议以来代表提出的建议、批评和意见得到及时办理，部门负责、代表满意、群众受益的办理目标进一步实现。重点建议主任牵头督办、所有建议委室分线督办、往年B类建议跟踪回访督办，推动44件建议“积案”得到化解，促进“打通东二路”“保护和开发金井杨立三故居”等群众诉求有效解决。

【工作评议】2019年4月29日，县人大常委会2019年组织人大代表评议部门工作动员会召开，组织代表对县商务局、县城管局的全面工作和县住建局的城乡污水处理专项工作开展评议。8月1日，县人大常委会2019年组织代表评议部门工作集中评议会议召开，152名县人大代表对县商务局、县城管局以及县住建局城乡污水处理专项工作进行集中评议和测评。长沙经开区党工委书记、长沙县委书记沈裕谋对县人大及其常委会工作作出指示。12月6日，县人大常委会2019年组织代表评议部门工作整改落实测评会议召开，督促政府有效解决群众反映强烈的问题142个，在促进全县营商环境优化、城市管理提质和生态文明建设方面有效发挥人大监督作用。

【专题询问】2019年，长沙县高度关注乡村振兴战略中产业振兴的情况，6月12日，县人大常委会组成人员及部分长沙市人大代表专题调研长沙县乡村振兴战略“产业振兴”情况。11月14日下午，长沙县第十七届人大常委会第二十七次会议召开，围绕解决耕地抛荒、生猪养殖、特色农副产品流通、农产品精深加工园建设、农业企业融资难和用地难等事关长沙县乡村振兴战略产业振兴的问题，对政府及其职能部门开展专题询问，相关副县长和部门单位主要负责人到场应询，为加快实施乡村振兴战略凝聚智慧力量。（张瑞波）

2019年4月29日，长沙县人大常委会组织人大代表评议部门工作动员会召开（杨银磊 摄）

责任编辑 周进银

综 述

【概况】2019 年，长沙县聚焦经济抓项目、抓产业、抓城市、抓民生，逆势前行、精准施策，经济社会稳中有进、稳中向好。

经济建设。地区生产总值 1709.96 亿元，增长 8.2%；地方一般公共预算收入 111.18 亿元、增长 8.83%，税占比 81.91%；固定资产投资增长 11%；社会消费品零售总额 570.8 亿元，增长 9.8%；全社会研发投入占比 4.6%；居民人均可支配收入 4.39 万元（43920 元），增长 9.2%；外贸进出口额 100 余亿美元，增长 47.6%，占全省 1/5。跃居县域经济与县域综合发展百强第 4 位，稳居县域经济基本竞争力、中国中小城市综合实力百强第 5 位。

三大攻坚战。铺排产业扶贫项目 213 个，带动 4223 户次贫困户参与产业扶贫。落实中央、省级环保督察及“回头看”反馈问题整改。全年空气质量优良天数比 88.6%。清理河湖“四乱”问题 103 个，创建样板河湖 17 条。完成双桥港、花园港、土桥撇洪渠等排口截污以及梨江港、画田撇洪渠、板仓湖湿地等水体整治。提标扩建城南、星沙以及 8 座乡镇污水处理厂，污水日处理能力扩至 76 万吨，城镇污水集中处理率 98.2%。浏阳河、捞刀河长沙县段总体水环境质量达到地表Ⅲ类水质以上，县级以上集中式饮用水水源地水质达标率 100%。

产业发展。三一集团成为全国机械重工行业销售收入首破千亿元企业，铁建重工第三产业园、索恩格新能源汽车技术全球研发中心、中国信通院中南基地等项目相继落地，推进蓝思科技黄花基地、大陆集团中央电子工厂等重大项目，中南源品干细胞科技园开园投产。长沙县跃居中国工业百强县（市）第 8 位，长沙经开区位居全国 20 强。出台总部经济、楼宇经济、商贸流通扶持政策和夜间经济发展方案，服务业增加值增长 9.4%。房地产市场量升价稳，全县商品房预售许可总面积 446.8 万平米，增长 69.8%。举办大型展会 10 余场。实现农产品加工产值 172.2 亿元，蔬菜、小水果、花卉苗木等特色产业扩面提质。发展“民宿 +”产业，慧润民宿模式获得好评，举办全国民宿产业发展大会，入选中国县域旅游竞争力百强县榜单。新改扩建茶园基地 1333.33 公顷，茶产业综合产值 35.6 亿元，“长沙绿茶”被评为国家地理标志产品，湘丰集团跻身国家级农业龙头企业，入选为中国茶业百强县第 11 位。长沙县探索乡村振兴新模式入围“2019 中国改革年度案例”。

改革创新。推进 68 项改革项目，完成 13 项重点攻坚，31 项自主改革成效显著，高质量发展、优化营商环境、落实制造强省等 7 项工作获授湖南省“2019 年度真抓实干成效明显地区”通报表扬激励。财税体制改革、农村集体产权制度改革取得突破，农村土地“三权分置”有序实施。推进智能制造试点示范项目建设，新增国家级工业互联网专项 2 个、省级试点示范企业 1 家、省级“上云”“上平台”标杆企业 2 家、市级试点示范企业 37 家。星沙产业基地成建制划转至经开区管理，黄兴会展经济区全面托管干杉片区。进境水果指定口岸、药品进口口岸投入运营，黄花综合保税区新增注册企业170家，注册企业496家，外贸进出口额52.5亿美元，增长196%。黄花综合保税区在全国97个综保区中位列第13位。推动区块链技术和产业创新发展，星沙区块链产业园入驻企业60家，获批“湖南省大数据产业园”。

社会建设。启动《长沙县国土空间总体规划（2019—2035年）》编制，完成星沙海绵城市等专项规划编制。推进“一圈两场三道”建设，建成“15分钟生活圈”11个，新增停车泊位720个，新建农贸市场3处，建成人行道38千米、自行车道22千米、健身和历史文化步道9.5千米。完成水塘垸（一期）防洪大堤提质改造，治理白沙河、金井河（青山段）、蒲塘河。新增农村通自来水人口2.2万人，全县供水水质合格率100%。创建省级乡村振兴示范村2个、市级示范镇1个、市级示范村16个。对标上海、提质星沙，整治城区主次干道、出入口、公园景观等区域斑点乱象，拆除各类违规户外广告与招牌1.25万处，城管环保网格化平台、智慧渣土管理平台投入运行。依法拆迁腾地1066.67公顷，确保三一智联重卡及道依茨发动机、国防科大二期、国际会议中心、地铁5号线等重大项目开工开建。农村“五治”取得成效，城乡垃圾分类减量全覆盖，农村垃圾分类工作经验在全国典型推介，入选全国“开展人居环境整治成效明显的地方”，再获“国家卫生县城”称号。

民生建设。城镇登记失业率控制在3.2%以内。城乡居民基础养老金200余元。低保标准提高至650元，特困供养标准提高至845元。新增学位4050个，22所义务教育标准化学校创建达标，超大班额全部化解。投资24.4亿元的县人民医院主体动工，村卫生室标准化建设实现全覆盖。陈树湘、缪伯英、杨立三故居完成修缮并对外开放，长沙县入选国家第一批革命文物保护利用片区。打击贩毒吸毒、非法金融、通信网络诈骗、传销等违法犯罪行为，打击食品安全违法行为。

完善“就近办”体系，压缩办理事项472个，减少承诺时限1606个工作日，全省首推“开户即开业”“交房即交证”“拿地即开工”“开工即开建”改革试点，新增“四上”企业230家，商事登记主体增幅连续5年保持在20%以上，位列全国县域营商环境第12位。总投资220亿元的三一智联重卡及道依茨发动机项目实现7天签约、42天开工、90天腾地333.33公顷。一般性支出压减15%；开展财政预算执行、政府投资、民生保障和领导干部经济责任等审计监督，全年审计项目303个，挽回经济损失2000万余元。

（龙世华　唐新宇　王　蓉）

重要会议

【概况】2019年，县人民政府召开政府全会2次、政府常务会议19次（190个议题）、县政府党组会议8次（25个议题），对需要由县人民政府决策和实施的全县重大问题进行研究，作出相应决议。

【县政府全体会议研究事项】2019年1月12日，县政府召开长沙县第十七届人民政府第四次全体（扩大）会议，通报2018年政府相关工作情况，讨论通过《2019年政府工作报告（草案）》；12月26日，县政府召开长沙县第十七届人民政府第五次全体（扩大）会议，组织县人民政府任命的国家工作人员宪法宣誓，传达中央、省、市委经济工作会议及中央农村工作会议精神，通报2019年政府相关工作情况，审议《2020年政府工作报告（草案）》。

【县政府常务会议研究事项】2019年1月9日至2019年12月19日，县政府召开常务会议19次190个议题。

1月9日，召开长沙县第十七届人民政府第43次常务会议，听取关于怡海星城相关事项的情况汇报。

1月31日，召开长沙县第十七届人民政府第44次常务会议，传达市委相关会议精神；研究审议《长沙县（经开区）贯彻落实湖南省第一环境保护督察组督察反馈意见整改方案（送审稿）》；研究审议《长沙县征收农村集体土地地上附着物及青苗补偿标准调整方案（送审稿）》；听取关于安全生产工作情况的汇报；听取关于全县统计工作情况的汇报；研究审议《长沙县农村集体经济组织成员资格界定指导意见（送审稿）》；传达省市领导对“大棚房”问题清理整治工作批示精神；听取关于全县“大棚房”问题清理整治工作的情况汇报；听取关于建立健全县管国有企业相关管理制度的情况汇报；听取关于开展供应链金融服务工作有关问题的情况汇报；研究审议《长沙县电瓷厂棚户区改造项目实施方案（草案）》；听取关于榔梨街道“新城公司”继续履行限价商品房供应协议的情况汇报；听取关于处理湖南康平养老服务有限责任公司要求归还原螺丝中学用地并投资建设养老服务项目事项的情况汇报；听取关于返还东升印务土地处置收益的情况汇报；听取关于2018年镇（街）分成及转移支付拟安排的情况汇报。

2月23日，召开长沙县第十七届人民政府第45次常务会议，听取关于全县禁毒工作的情况汇报；听取关于全县2018年度扫黑除恶专项斗争工作的情况汇报；研究审议《长沙县农村集体土地按期倒房腾地奖和按期腾地奖及住房货币补贴的实施细则（送审稿）》；听取关于全面实施智慧停车管理工作的情况汇报；听取关于7.0T超高场核磁共振 & 脑科学研究中心（1.5T高性能MRI量产）项目招商引资合同及补充协议的情况汇报；听取关于湘域国际广场项目酒店品牌更换的情况汇报；听取关于长沙县2018年度审计工作的情况汇报；传达学习《关于大力提倡求真务实真抓实干集中整治形式主义官僚主义的意见》；传达学习《关于统筹规范督查检查考核工作的若干措施》。

3月16日，召开长沙县第十七届人民政府第46次常务会议，研究审议《长沙县2019年大气、水、土壤和噪声污染防治工作方案（送审稿）》；听取关于长沙县蓝天保卫战工作的情况汇报；研究审议《长沙县“营商环境优化年”相关工作方案（送审稿）》《关于深入推进“产业项目建设年”活动通知（送审稿）》《长沙县2019年重大项目投资计划（送审稿）》；听取关于县区安全生产巡查工作的情况汇报；听取关于长沙县城市管理提质年相关工作的情况汇报；研究审议《长沙县深化“放管服”改革转变政府职能重点任务分工方案（送审稿）》；研究审议《2019年长沙县镇（街）政务服务工作考核方案（试行）（送审稿）》；研究审议《长沙县污染地块（疑似污染地块）再开发利用环境管理工作实施方案（试行）（送审稿）》；研究审议《长沙县农村人居环境整治工作分工方案（送审稿）》《长沙县农村人居环境整治村庄清洁行动方案（送审稿）》；研究审议《关于拨付驻县海关2018年绩效考核奖金方案（送审稿）》；听取关于为星城发展集团发行公司债出具股东决议的情况汇报；听取关于湖南科技职业学院申请返还土地价款的情况汇报。

3月30日，召开长沙县第十七届人民政府第47次常务会议，研究审议《长沙县党政领导干部安全生产责任制实施办法（送审稿）》《关于加强安全生产责任保险工作的工作方案（送审稿）》《长沙县安全生产委员会关于调整组成人员的通知（送审稿）》；研究审议《长沙县统计工作有关问题整改方案（送审稿）》；研究审议《关于省委巡视反馈意见有关问题的整改实施方案（送审稿）》；研究审议《长沙县加快茶产业发展五年行动方案（2018—2022年）（送审稿）》；听取关于长沙县农贸市场建设新三年行动计划实施情况的汇报；听取关于长沙河田白石建材有限公司申请投资建设环保混凝土搅拌场的情况汇报；听取长沙县生活垃圾中转处理费相关事宜的情况汇报；听取关于黄花综保区突破招商引资普惠政策500万元以上“一事一议”项目相关事项的情况汇报；听取关于园区企业、先进个人61万元奖励资金的情况汇报；听取关于湖南安全技术职业学院请求土地置换的情况汇报；传达学习中华人民共和国国务院令第708号《生产安全事故应急条例》；传达学习《关于进一步健全信访工作长效机制推动解决群众信访问题的意见》。

4月13日，召开长沙县第十七届人民政府第48次常务会议，研究审议《长沙县农民工工资支付监督管理办法（试行）（送审稿）》；研究审议《长沙县关于做好促进就业工作的实施意见（送审稿）》；听取关于万家丽路快速化改造北延线（含电力隧道）工程——电力隧道篇可研报告评估结果的汇报；听取关于万家丽路快速化改造北延线（含电力隧道）工程建造方式等工作的情况汇报；听取关于长沙县城区扩容提质基础设施PPP项目实施情况的汇报；听取关于转让通途公司所持星通公司部分股权的情况汇报；听取关于县法院两库两平台建设采购项目变更合同金额问题的情况汇报；审议长沙县国有建设用地监管领导小组会议暨2019年长沙县第一次国土会审会议有关事项。

5月12日，召开长沙县第十七届人民政府第49次常务会议，研究审议《长沙县安全生产奖励办法（送审稿）》；研究审议《长沙县基层医疗卫生机构规范化建设三年行动方案（2019—2021年）（送审稿）》；研究审议《长沙县村级工程建设管理办法（送审稿）》；听取关于回龙垸堤防达标加固工程设计方案的情况汇报；听取关于白石洞水库移民安置区及分散安置户办理不动产登记权证的情况汇报；听取关于申请国道107调规项目红线外房屋部分群众申请自愿搬迁的情况汇报；听取关于新城悦隽项目停车位配比问题的情况汇报；研究审议《长沙县公办幼儿园编外教职工管理办法（送审稿）》；听取关于长沙县行政事业单位经营性（未自用）资产处置工作的情况汇报；传达学习《习近平总书记在中央机构编制委员会第一次会议上的讲话》；传达学习《吴玉良、马瑞民、杜家毫在中央扫黑除恶第16督导组督导湖南省工作动员会上的讲话》；传达学习《杜家毫同志在省委扶贫工作会议上的讲话》。

5月27日，召开长沙县第十七届人民政府第50次常务会议，听取关于长沙县禁毒工作的情况汇报；研究审议《长江保护修复攻坚战八大重点专项行动长沙县落实方案（送审稿）》《长沙县贯彻落实中央生态环境保护督察“回头看”反馈意见整改方案（送审稿）》；研究审议《长沙县城乡公交一体化工作实施办法（送审稿）》《长沙县城乡公交补贴资金管理办法（送审稿）》；研究审议《长沙县2019年农村危房改造工作实施方案（送审稿）》；研究审议《关于长沙县工程建设项目审批制度改革工作的实施方案（送审稿）》；听取关于涉农资金统筹整合工作的情况汇报；听取关于县管国有企业2018年第四季度绩效考核工作的情况汇报；听取关于龙峰大道项目部分住户申请自愿搬迁的情况汇报；听取关于临空经济发展基金设立的情况汇报；听取关于空港城项目用地调规情况的汇报；听取关于长沙县华翰建材销售有限公司拟置换土地使用权相关情况的汇报；听取关于东六线下穿长永高速通道工程项目增加调头匝道建设的情况汇报。

6月24日，召开长沙县第十七届人民政府第51次常务会议，听取关于食品安全及创建国家食品安全示范城市工作的情况汇报；研究审议《长沙县新建住宅供水设施建设和管理办法（送审稿）》；研究审议《关于加快长沙县工程建设项目开工开建的改革方案（试行）（送审稿）》；研究审议《长沙县社会福利中心兜底保障办法（送审稿）》；研究审议《长沙县黄兴镇管理体制改革实施方案（送审稿）》；听取关于明确长龙街道社区卫生服务中心相关运营方式的情况汇报；听取关于万家丽路快速化改造北延线（含电力隧道）项目的情况汇报；研究审议《长沙县政府投资建设项目工程总承包（EPC）实施细则（试行）（送审稿）》；听取关于中央环保督察生态绿心问题整改工作的情况汇报；研究审议《关于加快商贸流通创新发展促进消费升级的若干激励政策（送审稿）》；研究审议《2019年长沙县农村“五治”专项行动方案（送审稿）》；听取关于长沙县学校安防工作的情况汇报；审议长沙县国有建设用地监管领导小组会议暨2019年长沙县第二次国土会审会议有关事项；听取关于金驰置业公司停车位设计标准选择方案的情况汇报；听取关于青山铺镇有关地块用地调规情况的汇报。

7月6日，召开长沙县第十七届人民政府第52次常务会议，研究审议《长沙县关于国务院安委会对湖南省2018年度安全生产和消防工作考核巡查反馈意见的整改方案》；研究审议《长沙县落实2019年湖南省防震减灾重点工作任务分解方案（送审稿）》；研究审议《关于印发〈2019年长沙县农村“厕所革命”攻坚项目实施方案〉》和《〈2019年长沙县农村生活垃圾分类减量提升行动实施方案〉的通知（送审稿）》；研究审议《长沙县湘江支流（捞刀河、浏阳河）入河排污口排查整治专项行动方案（送审稿）》；研究审议《长沙县高质量发展监测评价指标体系（试行）（送审稿）》；听取关于长沙县人民医院项目建设相关事宜的情况汇报；听取关于开通长沙—荷兰马斯特里赫特国际全货机定期航线及航线补贴相关情况的汇报；听取关于华润湖南双舟医药有限公司申请政府奖励的情况汇报；传达学习《习近平总书记在“不忘初心、牢记使命”主题教育工作会议上的讲话》。

7月31日，召开长沙县第十七届人民政府第53次常务会议，传达学习中央领导及省长许达哲指示批示精神及全县安全生产工作汇报；听取关于智慧供应链及宝能物流华中区域总部项目相关情况的汇报；听取关于全县民政工作的情况汇报；传达学习省市关于违建别墅问题清查整治专项行动工作精神并研究长沙县工作；传达学习《谢建辉同志在全省减税降费工作专题会议上的讲话》《省委办公厅、省政府办公厅关于做好当前财政收支预算管理支持落实减税降费政策若干措施的通知》并研究长沙县工作；传达学习省政府办公厅《关于防范化解融资平台公司到期存量地方政府隐性债务风险的通知》并研究长沙县工作；研究审议《长沙县已建住宅小区供电设施“专改公”工作实施方案（试行）（送审稿）》；研究审议《长沙县事业单位公务用车制度改革实施意见（送审稿）》；听取关于2019年高尔夫球场清理整治“回头看”工作的情况汇报；研究审议《长沙县人民医院建设项目（建筑工程）施工招标方案（送审稿）》；听取关于荣盛三期项目沿线部分居民申请自愿搬迁的情况汇报；听取关于养天和总部基地及医药物流园项目招商引资合同的情况汇报；传达学习《习近平总书记在中央政治局第十五次集体学习时的讲话》；传达学习省委办公厅、省政府办公厅《关于坚决抵制和严肃查处利用领导干部名义“打牌子”办事的规定》的通知；传达学习省委办公厅、省政府办公厅关于印发《规范乡镇（街道）职责权限实施方案》等五个方案的通知。

8月18日，召开长沙县第十七届人民政府第54次常务会议，研究审议《给予三一集团项目的支持政策（送审稿）》；听取关于农村自来水普及与2019年重点民生实事农村饮水安全巩固提升项目考核工作的情况汇报；听取关于4号、5号令涉拆群体信访问题的情况汇报；听取关于调增长沙县县城初期征地拆迁生活困难失地农民基本生活费的情况汇报；听取关于约21.27公顷房源用地及配套道路项目部分居民申请自愿搬迁的情况汇报；听取关于星城发展集团“两河七口”项目工作的情况汇报；传达学习《减税降费相关政策》。

8月31日，召开长沙县第十七届人民政府第55次常务会议，听取关于清理政府序列议事协调机构工作的情况汇报；听取关于2019年上半年县区安全生产巡查工作的情况汇报；听取关于全县扫黑除恶专项斗争工作的情况汇报；研究审议《长沙县行政审批主动服务重大产业项目的实施意见（送审稿）》；传达学习国家、省市禁毒委相关文件精神并听取关于长沙县禁毒工作的情况汇报；听取关于调整征收部分镇村农村集体土地安置方式工作的情况汇报；研究审议《长沙黄花综合保税区跨境电商专项资金管理办法（送审稿）》；听取关于政府投资项目电力管线迁改相关问题的情况汇报；研究审议《长沙县机关事业单位编外人员管理办法（试行）（送审稿）》；研究审议《长沙县公办中小学校校聘教师管理办法（试行）（送审稿）》；研究审议《长沙县卫健系统编外人员管理办法（试行）（送审稿）》；听取关于安沙国际建材城二期项目9户居民申请自愿搬迁的情况汇报；听取关于黄兴镇龙峰小学与空港城安置区项目规划用地选址的情况汇报；审议长沙县国有建设用地监管领导小组会议暨2019年长沙县第三次国土会审会议有关事项；听取关于长沙县人民医院建设项目（一期）设计概算批复的情况汇报；听取关于湖南壹驰公司落户长沙县优惠政策的情况汇报。

9月21日，召开长沙县第十七届人民政府第56次常务会议，审议长沙县国有建设用地监管领导小组会议暨2019年长沙县第三次国土会审会议有关事项；研究审议《长沙县镇（街）专职消防队建设管理方案（送审稿）》；听取关于住建部门行业主管部门“两河七口”项目资金计划调整及项目增补情况的汇报；研究审议《关于加快推进楼宇经济发展的实施意见（送审稿）》；研究审议《长沙县2019年对口帮扶沅陵县补充方案（送审稿）》；研究审议《长沙县依法没收的非法占用土地上建筑物及其他不动设施处置实施细则（送审稿）》；研究审议《长沙县2019年道路命名方案（送审稿）》；研究审议《长沙县非煤矿山依法有序退出关闭工作方案（送审稿）》；听取关于原60号令生产留用地项目部分住户申请自愿搬迁的情况汇报；听取关于调整星沙联络线等5个项目可研、概算批复的情况汇报；听取关于给予长沙佳胜置业有限公司奖励的情况汇报；听取关于万家丽路快速化改造北延线（含电力隧道）工程——高架桥篇可研报告评估结果的情况汇报。

10月24日，召开长沙县第十七届人民政府第57次常务会议，听取关于“路长制”工作的情况汇报；研究审议《长沙县工矿商贸企业财政资金项目申报安全联审管理办法（送审稿）》；研究审议《关于建立企业帮扶长效工作机制的通知（送审稿）》；听取关于进一步加强农村地区道路交通安全管理工作的情况汇报；听取关于被征地农民社保安置纳入社会保障时点的情况汇报；听取关于长沙县养犬管理工作的情况汇报；研究审议《关于鼓励总部经济发展的若干政策和措施（送审稿）》；听取关于总部经济项目地价优惠建议的情况汇报；听取关于绿野路（万家丽北路—南王北路）道路工程变更的情况汇报；研究审议《关于振兴长沙县工业实体经济的实施意见（修订稿）》；听取关于国道107调规项目（青山铺段）部分居民申请自愿搬迁的情况汇报；听取关于福中福遗留问题拟处理方案的情况汇报；研究审议《创聚家居建材商业中心项目招商引资合同（送审稿）》。

10月29日，召开长沙县第十七届人民政府第58次常务会议，研究审议《长沙县2019年国民经济和社会发展计划、政府投资项目及县属投资公司项目计划执行及调整方案（草案）》；听取关于2019年1—9月预算执行情况及2019年财政收支预算调整方案（草案）的汇报；听取关于调增畜禽养殖退出扶助项目预算与调整畜禽养殖区域划分情况的汇报。

11月23日，召开长沙县第十七届人民政府第59次常务会议，研究审议《长沙县加快推进夜间经济发展实施方案（送审稿）》；听取关于长沙县马路市场安全隐患专项整治工作的情况汇报；听取关于打击传销工作的情况汇报；研究审议《关于〈长沙县政府投资建设项目工程总承包实施细则（试行）〉的补充规定（送审稿）》；听取关于长沙县小区配套幼儿园专项治理相关工作的情况汇报；研究审议《长沙县2020—2024年新一轮城市维护物业外包方案（送审稿）》；听取关于长沙县普通建筑材料用砂石土矿专项整治工作的情况汇报；听取关于现有校园保安解聘工作的情况汇报；听取关于星城发展集团清产核资暨重组合并工作的情况汇报。

12月14日，召开长沙县第十七届人民政府第60次常务会议，研究审议《长沙县突发事件总体应急预案（送审稿）》；研究审议《长沙县综合应急救援队伍建设方案（送审稿）》；听取关于三叉河、浔龙河等十条河流及松雅湖管理范围划定方案的情况汇报；研究审议《长沙县人民政府关于调整一批行政权力事项的通知（送审稿）》；研究审议《政府工作报告（送审稿）》；听取关于星沙联络线项目勘察设计费和监理费等三个项目变更的情况汇报；听取关于新设立社区工作的情况汇报；听取关于星沙供水公司购买廖家祠堂水厂和榘梨水厂净水申请补贴的情况汇报；听取关于经开集团申请污水处理服务费补贴相关工作的情况汇报；听取关于将城区环卫及消防公益用水纳入财政预算和相关结算工作的情况汇报；研究审议《2020年中央补助支持城镇老旧小区改造计划表（送审稿）》《2020年城镇棚户区改造项目信息备案表（送审稿）》；听取关于请求调整湘龙街道两宗团购房源用地容积率的情况汇报；听取关于万家丽路快速化改造北延线（含电力隧道）项目建设资金来源地块的情况汇报；审议长沙县国有建设用地监管领导小组会议暨2019年长沙县第四次国土会审会议有关事项；听取关于黄花镇财政政策改革工作的情况汇报。

12月19日，召开长沙县第十七届人民政府第61次常务会议，研究审议《长沙县2019年国民经济和社会发展计划及政府投资项目计划执行情况与2020年指标计划及政府投资项目计划初步方案（送审稿）》；研究审议《关于印发〈捞刀河、浏阳河（长沙县段）流域管理办法〉的通知（送审稿）》；研究审议《长沙县2020年县管国企投资项目计划初步方案（送审稿）》；研究审议《关于长沙县2019年财政预算执行情况及2020年财政预算初步方案的报告（送审稿）》。

【县政府党组会议研究事项】 2019年3月16日至2019年11月29日，县政府召开县政府党组会议8次25个议题。

3月16日，召开第15次党组会议，研究有关干部人事任免事项。

3月30日，召开第16次党组会议，传达学习《关于坚持农业农村优先发展做好“三农”工作的若干意见》；传达学习省委《关于树牢“四个意识”坚决做到“两个维护”

进一步加强党的政治建设的意见》；传达学习《杜家毫在省委十一届七次全体会议上的讲话》；传达学习《杜家毫、傅奎在省第十一届纪委第四次全会上的讲话》；传达学习市委《关于加强党的政治建设十条措施》；听取关于2018年度县政府领导班子民主生活会情况通报。

5月24日，召开第17次党组会议，传达学习《胡衡华在全市党员领导干部廉洁从政警示教育大会上的讲话：“以‘赶考’精神推动作风建设一抓到底”》并开展“五个有没有”学习研讨活动；传达学习《习近平总书记在中央政治局第十四次集体学习时的讲话》《习近平总书记在解决“两不愁三保障”突出问题座谈会上的讲话》；研究有关干部人事任免事项；通报相关人员违纪问题。

8月18日，召开第18次党组会议，传达学习《习近平总书记在深化党和国家机构改革总结会议上的讲话》；传达学习《习近平、丁薛祥在中央和国家机关党的建设工作会议上的讲话》。

9月28日，召开第19次党组会议，传达学习《习近平总书记在“不忘初心、牢记使命”主题教育工作会议上的讲话》；传达学习中共中央、省委、市委、县委“不忘初心、牢记使命”主题教育有关文件精神；研究审议《中共长沙县人民政府党组开展“不忘初心、牢记使命”主题教育实施方案(送审稿)》并安排部署相关工作；研究有关干部人事任免事项。

10月22日，召开第20次党组会议，召开县政府党组“不忘初心、牢记使命”主题教育第二次学习研讨交流暨对照党章党规找差距专题会议。

11月14日，召开第21次党组会议，召开县政府党组“不忘初心、牢记使命”主题教育第三次学习研讨交流会议。

11月29日，召开第22次党组会议，研究审议《县政府领导班子“不忘初心、牢记使命”专题民主生活会检视剖析材料》《县政府领导班子“不忘初心、牢记使命”专题民主生活会检视问题清单、整改清单等内容》；传达学习《习近平总书记在中央政治局第十七次集体学习时的讲话》；传达学习《习近平总书记在中央政治局第十八次集体学习时的讲话》；传达学习《李克强总理在研究分析当前经济形势和部署下一步经济工作时的讲话》；研究有关干部人事任免事项。

（王　浩　刘修德）

人事人才

【概况】2019年，组织15场次选调招聘机关事业单位工作人员招录工作，选调招聘1071人。出台《长沙县机关事业单位编外人员管理办法（试行）》，从人员分类、计划申报及审批、招聘条件及程序、工资待遇及经费保障、管理与考核等方面规范管理编外人员管理。出台机构改革人员划转方案，落实2019年机构改革和人事编制划转工作，完成划转事业编制人员713人、编外人员200余人。制定《长沙县事业单位公务用车制度改革司勤人员安置操作办法》，明确公车改革适用范围、司勤人员安置方式以及解除劳动关系的经济补偿对象及标准。完成全县13860名机关事业单位工作人员2019年晋级晋档晋薪工作，出台《关于2019年度全县机关事业单位工勤技能岗位考试合格人员工资兑现的工作通知》，完成437名考试合格人员的工资审批。全年初级职称认定534人次，中级认定27人次。新认定高层次人才143人，全县认定高层次人才308人，占全市总量的27%。为3098人发放高校毕业生租房和生活补贴3175万元；为84人发放留学归国人员租房和生活补贴约120万元；为2053位技能人才发放职业技能晋级补贴约570万元。选拔优秀技能人才参加长沙市“十行状元、百优工匠”职工职业技能竞赛，县区被评为“状元”5名、“工匠”41名。

（王婵娟）

行政审批服务

【概况】2019年3月20日，长沙县行政审批服务局挂牌，将县机构编制委员办公室的行政审批制度改革工作职责、县政务服务中心的职责以及县直其他有关单位的政务服务职责整合，为县政府工作部门。是年，清理公布县本级权力清单4231项、“四办”清单1037项、中介服务事项清单74项、“特别程序”清单54项，政务服务事项网办率98%、一次办比例97%。推动实体大厅“多门”变“一门”改革，按照“应进必进”原则深入推进政务服务“只进一扇门”。实行“一窗受理”集成服务，推进“工程建设项目审批、市场准入、不动产登记、税收登记、人社”等领域综合窗改革，实现70%以上政务服务事项分类“一窗受理”；工程建设项目涉及的咨询服务项目审批、技术审查、中介服务、备案评估，市政公用基础设施报装等基本实现报建审批“一站”办结。深化“减证办”，取消证明事项54项，全县证明材料再精简30%以上。开展“帮代办”，在县级政务大厅、园区重点推行企业投资建设项目全程代办制度，为企业全生命周期提供帮代办全方位服务。7月，长沙县行政审批服务局被国家电子政务理事会评为“互联网+政务服务”先进单位。

出台《政务大厅一体化管理制度》《工作人员廉洁自律规定》等制度，开展月度考核和季度评先评优工作。举办窗口人员应急救护培训，对政务大厅窗口工作人员分批开展素质提升培训。投诉处理及时，收到群众赠送锦旗34面，感谢信8封，接待国内外参观调研10次，被县级以上媒体报道130多次。政务大厅智能化改造投入360万元。

发挥“12345”市民服务热线职能，接收市级派发工单42220件，办理工单40839件，满意率99.06%；诉求事项排名前八的依次为社区工作、环境污染、消费维权、市场监管、劳动维权、交通管理、施工噪音和市政园林。1—12月，现场督办工单30件。不定期约谈办单流程、办单质量、回访情况不理想的承办单位，综合考核成绩在长望浏宁名列第一。12月，“12345”市民服务热线中心被评为市级优化营商环境“群众满意青年文明号”。

政务公开。督促各相关单位做好2018年本单位的政府信息公开工作年报编制及公示工作，印发《长沙县2019年度政务公开考核细则的通知》。长沙县人民政府网全年发布信息总数量43148条。收到依申请公开491件，未发生因信息公开答复不及时或者不规范而引发的行政复议和行政诉讼败诉。

【“三即”改革】 2019年，推行“开户即开业”“交房即交证”“拿地即开工”改革。“开户即开业”推行之前，营业执照和食品经营许可证都拿到至少要3-4天，经过改革，预包装食品销售、电影放映单位设立审批、印刷经营活动企业审批、旅馆业特种行业许可证核发、公共场所卫生许可在内的六项事项，实现“开户即开业”，“开户即开业”办理805户。“拿地即开工”2个试点项目正在推进。不动产登记中心通过优化办理流程，压缩办结时限、完善相关审批体系，督促开发建设单位主动作为，实现开发企业向购房业主交房时即办理好户证的目标，星湖湾、深业喜汇等楼盘交房即交证工作有序推进。

【推进“就近办”】 2019年，出台《长沙县第一批镇（街）、村（社区）“就近办”政务服务目录（2019版）》279项。制定《长沙县深入推进政务服务就近办实施方案》等，以及12项配套制度。聘用46名劳务派遣人员作为镇（街）综合窗口前台受理人员，打通政策落实“最后一公里”。明晰服务事项，“就近办”事项占全县依申请类政务服务事项的比例由22.4%提升至33.5%。针对长沙县园区企业众多、办事需求大的特点，开创性地将“就近办”服务事项向园区下放，对园区事项“就近办”的要素、流程等进行标准化设计，建成三一云谷“就近办”综合服务窗口，为园区企业及员工提供社保缴费明细查询、户口迁移、高层次人才引进生活补贴等咨询和业务办理服务。

【“一件事一次办”】 2019年，长沙县围绕第一批100件主题服务事项线上线下“一次办”，不断扩大并联服务套餐，通过设置“一件事一次办”综合窗，扩大“跑零次”“网上办”覆盖范围。提前告知，一次办成，由群众跑腿变成专职人员统一协调，将“一件事”涉及的分散在各部门、各窗口的审批服务事项归集为一个窗口受理，在政务大厅内分门别类设置多个“一件事一次办”综合受理窗口，按照“前台综合受理、后台分类审批、综合窗口出件”的模式，综合窗口工作人员统一受理办事申请，专职人员负责在规定时限内完成“一件事”集成审批咨询、受理、协调、证照免费邮寄等。7—12月，全县各部门办理“一件事一次办”事项15万余件。（张　颖）

信息化建设

【概况】 2019年，长沙县大数据中心上线虚拟服务器209台，对县财政局等40余个部门、150余项业务系统实行平台集约化建设和统一运维管理，节约建设运维费用。政务网络接入点800余个，接入电脑终端20000余台，出口带宽4.4G，基本建成覆盖所有县直部门、镇（街道）、村（社区）、学校、医院、站所（中队）的电子政务网络。建设完善信息资源基础平台。规范县政务云平台建设管理，拟定《长沙县政务云平台管理办法》和《长沙县公共信息平台服务考核细则》。

是年，长沙县政府门户网站访问量338万次，发布信息43148条，收到来信1842封，办结率100%，执行三级审核制，完成机构改革后网站调整，规范域名管理，加强安全防护，被评为全国“中国政府网站领先奖”，在全市政府网站年度绩效评估中被评为第一名。视频监控平台共建共享。在县公安局电子防控视频资源基础上，与县公安局建成全县统一的视频监控共享平台，整合接入各类视频监控8000余路，实现县公安局、县交通局、县行政执法局等部门的共建共用。推进“互联网+政务服务”一体化平台“工程建设项目审批平台”建设；推进政务服务“网上办”，提升政府服务水平，为群众和企业提供政务服务和便民服务。制定《长沙县“互联网+政务服务”一体化平台推进工作方案》，完成16万存量证照数据收集上报和86个电子印章申报。联合县行政审批局进行督促审核，对政务服务网上办事大厅事项逐条梳理，完成“一网通办”平台“一件事一次办”及六类依申请类事项账号及流程配置。加强与市级相关部门、腾讯公司各项目组的对接，做好需求和问题反馈。组织相关单位进行“一网通办”“多规合一”平台业务技能培训。推行“不见面审批”服务和营商环境优化主题式服务。受理政务服务事项106685件，县、镇（街）、村（社区）三级使用率100%。

梳理各部门信息资源目录和数据共享交换情况，建立政务数据采集更新机制，以政务应用需求为导向制定数据资源规划。构建全县统一的数据共享交换平台，扩展政务数据应用范围，打通各类条线业务系统数据接口。推进信息系统实时接入和数据共享，减少办事材料，提高群众办事效率。完成10余个部门业务系统数据源的采集、对接、清理。对重点部门调研摸底，编制《长沙县新型智慧城市5年行动计划》，明确全县新型智慧城市建设的目标原则、重点内容、建设模式、保障措施等，构建未来5年新型智慧城市建设的发展战略。联合县财政局、县发改局拟定《长沙县信息化（智慧城市）专项资金管理办法》。

【视频会议系统建设】 2019年11月，全县视频会议系统开始建设，系统依托于县级电子政务外网，由多点控制单元MCU服务器、视频会议管理平台服务器、录播服务器、5个主会场（县委7楼会议室、县委4楼会议室、县政府6楼会议室、县政务中心连廊会议室1、县政务中心连廊会议室4）、20个分会场（18个镇街、黄兴会展、临空区综保区）、50个移动软终端构成。整套视频会议系统全部采用全高清规格系列产品，主会场与分会场可进行切换，主会场可向分会场统一分发视频会议信号，同时支持各分会场作为主会场单独召开会议，也支持分会场之间召开会议、协同会商等功能。（喻恬沁）

责任编辑　周进银

综 述

【政协委员构成】 2019年，长沙县政协第九届委员会有委员245人，设13个界别，委员的界别分布为：中共界12人，特邀界8人，经济界委员一组29人，经济界委员二组29人，农业界委员一组21人，农业界委员二组19人，工商联界11人，教育界39人，卫生界15人，工青妇、社会福利界23人，科技、科协界16人，少数民族、宗教、台侨联界12人，文艺、新闻出版界11人。委员的学历构成分别为：博士2人、研究生32人、大学本科122人、专科59人、高中及以下30人。委员年龄构成分别为：小于35岁35人、35～45岁78人、45～54岁101人、54～60岁30人、60～69岁1人。

【服务中心工作】 2019年，长沙县政协领导班子成员联系帮促“田汉国际艺术小镇一期”等6个重大项目，协调解决重点项目建设中存在的矛盾和问题；班子成员带队进行9轮蓝天保卫战巡查，对巡查发现的问题进行整改指导，助推环境空气质量改善；开展精准扶贫、清理闲置土地、联系点指导等多项重点工作。

【履职实践活动】 2019年，长沙县围绕庆祝中华人民共和国成立70周年，以《长沙县历史文化丛书》为蓝本，联合县融媒体中心制作《星城往事》第一季《红色经典永流传》历史专题片，演绎县域红色经典人物故事，缅怀革命先烈丰功伟绩，专题片由“学习强国”收录作为视频学习资料。围绕纪念五四运动100周年，召开青年委员座谈会，展现青年委员履职风采。主动加强与各级媒体的联系，向外推介政协工作及委员履职情怀。编印《履职前行》画册，展现政协及广大政协委员的履职成效。各镇街委员小组、县直机关委员小组积极扩大委员履职的参与面，推进政协工作扎根界别、服务群众。县直机关委员一组围绕长沙师范附属第二幼儿园的校园环境安全问题，与县直相关部门开展基层协商，促进校园环境安全问题解决。县直机关委员二组、三组、四组、五组、六组，星沙街道、安沙镇、果园镇、春华镇委员小组，组织广大政协委员开展协商、视察以及扶贫助困活动，让委员贴近群众、倾听民生、服务社会。

【“政协云”平台应用】 2019年，长沙县政协发挥社区智慧委员工作室根植基层、服务群众的桥梁纽带优势，依托省、市、县政协委员进驻社区智慧委员工作室，广泛听取民意，开展基层协商，服务驻地经济社会发展；2019年，受理群众反映问题110件、办复98件。11月21日，《人民日报》报道长沙县通过“政协云”与社区智慧政协委员工作室线上线下互动联系解决群众实际问题的工作情况。组织委员依托“政协云”的委员“微建议”传递民意，借助“政协云”的委员“微建议”与县“12345”市民热线的全对接，通过“12345”市民热线转交办理委员“微建议”。为确保“微建议”办理效果，由县委办、政府办、政协办联合印发《政协长沙县委员会微建议工作办法（实行）》，组织召开政协委员微建议办理工作座谈会，指导规范微建议提交、审核、办理和考核。全年受理委员“微建议”126件、办复72件，推动一批民生问题解决。通过引导，委员迅速领办落实，探索微建议办理新途径。政协委员孟湘“延长县妇幼保健院前红绿灯时间”的微建议经县交警大队办理后，由《人民日报》进行报道。

【政协宣传】 2019年，长沙县政协加强对外宣传，对重要会议和活动进行宣传报道。全年在传统媒体和新媒体上刊载120余篇反映县政协工作的各类稿件。其中，政协委员吴顾撰写的“乡村振兴应充分发挥村民小组的积极作用”被《农民日报》全文刊载。宣传长沙县社区智慧政协委员工作室的报道被《湘声报》、省“政协云”、长沙县电视台、《星沙时报》等主流媒体报道，全面展示政协委员的时代风采。整理编辑《长沙县政协》杂志4期和《履职前行》画册，展现政协及广大委员的履职成效。

重要会议

【政协全体会议】2019年1月16—18日，政协长沙县第九届委员会第四次会议召开。会议期间，长沙经济技术开发区党工委书记、县委书记曾超群在会上讲话，县委、县政府主要领导和联系政协的县委、县政府领导出席委员联组讨论，与委员们共商大计。会议协商县政府工作报告、县政协常委会工作报告、提案工作报告、县人民法院、县人民检察院工作报告以及其他报告。大会通过《政协长沙县第九届委员会第四次会议关于县政协九届常务委员会工作报告的决议》《政协长沙县第九届委员会第四次会议关于县政协九届三次会议以来提案工作情况报告的决议》《政协长沙县第九届委员会第四次会议政治决议》，听取政协长沙县第九届委员会第四次会议提案审查情况的报告。委员们针对长沙县经济、政治、文化、社会和生态文明建设中的重大问题协商议政，提出建设性意见和建议。

【政协常委会会议】 2019年1月4日，长沙县政协九届十二次常委会会议召开。会议分别听取喻名团代表县人民政府所作的关于2018年政情工作通报；县人民政府办公室关于县政协委员提案办理工作情况通报。会议审议通过委员辞免及增补人选名单，2018年度优秀政协委员、先进集体以及优秀提案、先进提案承办单位建议名单，县政协九届四次会议有关事项，全会召开的日期以及政协常委会工作报告、提案工作报告、县政协2019年工作要点。县委副书记、统战部部长杨莉，县政协主席王益枝，副县长喻名团，县政协副主席李楚屏、郭艳红、陈沃辉、张小春参加会议。

1月18日，长沙县政协九届十三次常委会（扩大）会议召开。会议听取各组讨论情况汇报，书面审议《政协长沙县第九届委员会提案委员会关于县政协九届四次会议提案审查情况的报告（草案）》，审议通过大会政治决议（草案）、常委会工作报告决议（草案）和提案工作报告决议（草案）以及其他有关工作。长沙县政协主席王益枝，副主席李楚屏、郭艳红、陈沃辉、张小春参加会议。

4月11日，长沙县政协九届十四次常委会暨专题议政会议召开。会议通报县政协机构改革有关情况，提请会议审议通过县委提名的有关人事任免，通报《政协长沙

2019年1月15—18日，中国人民政治协商会议湖南省长沙县第九届委员会第四次会议召开 （唐 剑 摄）

县委员会2019年度协商与监督工作计划》，讨论通过《政协长沙县委员会2019年度委员、镇（街）政协委员小组、县直机关委员小组履职考评细则》。随后，县政协常委围绕优化民营企业营商环境进行协商议政发言。县政协主席王益枝，县委常委、常务副县长杨应龙，县政协副主席李楚屏、陈沃辉、张小春参加会议。

7月9日，长沙县政协九届十五次常委会会议召开。会议听取县人民政府关于2019年上半年政情工作通报和县政协2019年上半年工作情况通报；增补县政协委员；县政协常委进行协商讨论发言。县委副书记周度，县政协主席王益枝，县委常委、常务副县长杨应龙，县政协副主席李楚屏、郭艳红、陈沃辉参加会议。

10月10日，长沙县政协九届十六次常委会会议暨红色文化旅游调研活动举行。县政协主席王益枝，县政协副主席李楚屏、郭艳红、陈沃辉参加。

12月17日，长沙县政协九届十七次常委会会议召开。会议听取县人民政府关于2019年政情工作通报，听取县人民政府办公室关于2019年县政协委员提案办理工作情况通报。会议审议通过有关人事任命、政协常委正式候选人增补人选、委员辞免及增补人选名单，并审议通过县政协九届五次会议有关事项，全会召开的日期以及政协常委会工作报告（草案）、提案工作报告（草案）、县政协2020年工作要点（征求意见稿）。县委副书记、县委党校校长周度，县政协主席王益枝，县委常委、常务副县长杨应龙，副主席李楚屏、郭艳红、陈沃辉、张小春参加会议。

政治协商

【专题协商】2019年，长沙县政协围绕“优化民营企业营商环境”开展政协常委会专题协商，分别从政策落地、政务服务、配套服务等方面建言献策，针对协商报告中的相关建议，优化办召开专题会议进行分解交办。围绕“加快县域大交通”“松雅湖后续开发建设”开展专题调研，县委召开县政协专题调研成果汇报会，为县委领导科学决策提供有益参考。围绕“乡村产业振兴”开展政协常委会重点课题调研，总结六种新型农村经济模式，提出创建“乡村产业振兴创新示范区”“借鉴六种经济模式、提升六大传统产业、培优六大特色产业、做强六大新兴产业”的建议，为乡村振兴贡献政协智慧。

【对口协商】2019年，长沙县政协发挥对口协商议题集中、组织灵活的特点，围绕“传统饮食文化旅游资源开发、高质量发展学前教育、创新推进医疗信息化”等议题与县直相关部门面对面协商，广泛协商建言。文旅局围绕“传统饮食文化旅游资源开发”的协商报告，结合全国“文化和自然遗产日”宣传暨县非遗项目展演活动，向外推介江背黄酒、金井绿茶以及腊八豆、小花片等传统美食。教育局吸纳“高质量发展学前教育”的协商建议，探索民办幼儿园集团化发展，让幼儿充分享受降费不降质的学前教育。卫健局围绕“创新推进医疗信息化”的协商报告，创新医疗健康数据整合、交互、共享应用，优化医疗资源配置，为人民群众提供优质高效的健康服务。

民主监督

【委员谈民生】2019年，长沙县围绕群众关注热点话题，采用民主监督与舆论监督相结合的方式，联合县电视台、《星沙时报》开设“委员谈民生”专栏，借助新闻媒体传递委员的意见建议，助力群众关切得到回应。针对“车辆违停、车窗抛物”话题，行政执法局启动机动车人行道违停抄牌执法工作，交警大队开展车窗抛物不文明行为专项整治。针对“破解楼盘小区治理难题”话题，县住建局探索“党建+小区”模式，发挥小区业主党员的引领示范作用。针对“白沙河流域水环境综合治理”话题，县水利局加强排口截污治理，推进农业面源污染治理和畜禽养殖污染治理，促进白沙河流域综合治理得到长久实施。

【社情民意信息工作】2019年，长沙县政协通过完善领导机制、评价机制、活动机制以及激励机制，推动反映社情民意信息工作提质增效。全年收到信息稿件100篇，整理上报30篇，其中县政协采用2篇，市政协采用6篇，省政协采用4篇，全国政协采用4篇，累计批示9件，采用率、批示率位居全市先进行列。其中《关于做好当前防汛工作的意见和建议》得到国务院领导批示。

建言献策

【概况】 2019年，县政协九届四次会议以来，广大政协委员围绕县委、县政府中心工作和人民群众普遍关注的问题深入调查研究，通过多种形式参政议政，为长沙县经济发展、社会和谐、民生改善建言献策。提出提案146件，纳入提案范围101件，经审查立案74件（未立案的提案转作社情民意或委员来信处理）。对立案提案，按照“分级负责、归口办理”的原则，分别提交县委、县政府27家部门和单位主办，办结答复率为100%。从办复情况看，提案所提问题已经解决或正在实施、列入计划准备解决的72件，占办理的97%；因受现行政策、客观条件等限制暂时不能解决的2件，占办理的3%。从反馈意见情况看，委员满意率90.5%，基本满意率6.8%，理解2.7%。开展调研视察，为推动长沙县经济社会发展提出务实之策。5名委员作大会参政议政发言，8名委员作联组讨论发言，提出许多建设性的意见建议，发挥人民政协“智囊团”作用。

【重点提案办理】 2019年，长沙县政协坚持把协商贯穿于提案办理全过程，坚持县委、县政府主要领导领办重点提案制度，遴选确定5件重点提案。围绕县委书记领办的“将临空经济示范区打造成全省对外开放崛起高地”的重点提案，依托省、市、县三级政协进行联合办理协商，形成省、市、县党政共同关注、省市县三级政协共同助力的浓厚氛围。围绕县长领办的“让普惠幼儿园真正普惠百姓”的重点提案，教育局回收小区配套幼儿园，按照区域布局，开办为公办或委托开办为普惠性幼儿园。推行一般提案办前个别协商、办中沟通协商、办后回访协商的工作机制，统筹一般提案全面办理，实现提案办复率100%、满意率90.5%，县发改局、县交通局、县经信局、县文旅局等单位积极办理政协提案，促进解决一批人民群众最关心、最直接、最现实的利益问题。

【调研视察】 2019年，县政协将“乡村产业振兴”作为常委会重点调研课题，课题组通过实地考察和召开相关专题座谈会，开展调研，提出要创新经营理念、培育新兴业态、以产业兴旺全面引领乡村振兴等建议，为助推全县乡村产业振兴提供政协智慧。县政协围绕“加快县域大交通建设”“松雅湖项目建设情况”等主题开展调研，分别形成专题调研报告呈报县委决策参考。各专委会结合工作实际，围绕“长沙县饮用水资源的现状”“长沙县农村垃圾分类处理的现状与建议”“特色项目+旅游民宿实现全域旅游促进乡村振兴”“以体育赛事促进县域经济发展”等开展调研，为推动长沙县经济社会发展提出务实之策。围绕全县行政执法工作、特色农业项目、重点工程建设工作等主题开展政协主席会议成员视察，助力党政工作，提出有见地、有深度的建议。

【参政议政发言】 2019年，县政协九届四次会议期间，5名委员围绕“运用区块链技术创新行政管理、民宿旅游助力乡村振兴、全面推行县域生活垃圾分类”等方面作参政议政发言，为县委、县政府科学决策提供重要参考；8名委员围绕“化解中小微企业融资难题、精准扶贫更需思想脱贫、加快星沙城区交通建设”等方面作联组发言，县经信局、县农业农村局、县城管局等单位广泛吸纳相关建议，实现委员声音转化为民生举措。围绕行政执法、特色农业项目、重点工程建设等民生议题开展政协主席会议成员视察，提出建设性意见，发挥人民政协“智囊团”作用。

（周　思）

责任编辑　周进银

长沙县纪律检查委员会·长沙县监察委员会

Changsha County Commission for Discipline Inspection.
Changsha County supervisory committee

综　述

【概况】 2019年，长沙县各级纪检监察组织坚决把“两个维护”落实到纪检监察工作全过程，聚焦“三大攻坚战”、机构改革及“产业项目建设年”“营商环境优化年”“城市管理提质年”等党中央和省、市、县委重大决策部署，严明政治纪律和政治规矩。党风廉政意见回复中出具结论性意见487人次，审查外出学习考察34批次。加大“两个责任”不力和不担当不作为问题的追责问责力度，问责处理1个党组织、142名党员干部。聘请党风政风监督员47名，吸纳社会各方面力量参与纪委监委的监督工作。

紧盯“四风”顽疾，开展“红包礼金”“提篮子”“打牌子”等专项整治。查处违反中央八项规定精神问题25人。按照省市纪委要求，及时撤销廉政账户。落实“基层减负年”要求，清理注销政务网络平台130个。纠正督查考核过多过频、过度留痕现象，以县委、县政府名义召开的会议、下发的文件分别减少32.51%、31.53%，县级层面督查检查考核事项精简84.03%。查处联系服务群众方面消极应付、冷硬横推等形式主义官僚主义突出问题，党纪政务处分33人，组织处理46人。

完善线索分办管理程序，处置问题线索1615件。规范初信初访办理工作，受理信访举报件422件，同比下降29.10%；其中越级访重复访134件，同比下降44.17%。立案查处党员干部违纪违法案件282件，其中副科级以上干部32人，向司法机关移送问题线索13件。办理上级纪委监委指定管辖留置案件9件。针对审查调查中发现的执行法律法规政策有偏差、日常管理不严格不到位、不认真履行职责等问题，下发监察建议书17份。开展“清风星沙·重焕激情温暖工程”，做好受处分人员回访教育工作。开展党员干部廉洁从政警示教育活动、“清廉家风”等系列主题活动。

推进“互联网+监督”工作，优化整合“清风星沙·综合平台”，全县所有村（社区）的村级财务结算情况和14个县直单位86项惠农惠民资金落实情况，实现平台实时

2019年7月8日，聘请第一届特约监察员　（长沙县纪委 提供）

录入。紧盯工程项目建设、资金拨付监管等关键环节，查处“雁过拔毛”式腐败问题39起68人，追缴清退资金1100万余元。统筹推进“一季一专题”集中治理，查处扶贫领域腐败和作风问题19起，给予党纪政务处分19人，组织处理48人，追缴违纪资金33.7万元。查处涉黑涉恶腐败及“保护伞”问题97起，给予党纪政务处分24人，组织处理58人，移送司法机关5人。

组织开展3轮常规巡察，巡察5个镇（街道）、14个县直单位，反馈问题607个，移交问题线索64件，常规巡察覆盖率58.75%。采取巡镇（街道）带村（社区）、专项巡察等方式，延伸巡察60个村（社区），村级巡察覆盖率80.79%。做好巡察整改“后半篇”文章，督促被巡察单位建立完善规章制度271个，运用第一种形态239人次，推动出台县级规范性文件18个，退缴资金440万余元。举办系统实务培训班5期，聘请县监委特约监察员10名。完善县管纪检监察干部个人廉政档案75份，受理反映纪检监察干部问题线索14件，澄清不实举报7件。

3月7日，中国共产党长沙县第十三届纪律检查委员会第四次全体会议召开，学习贯彻习近平新时代中国特色社会主义思想和中共十九大精神，落实中央纪委三次全会、省纪委四次全会、市纪委四次全会部署和县委要求，总结长沙县2018年纪检监察工作，部署2019年任务，长沙县委副书记、县长张作林主持会议并讲话。7月25日，长沙县纪检监察系统2019年上半年度工作讲评会暨业务培训会召开。长沙县委常委、县纪委书记、县监委主任胡维龙参加会议。会后开展以“如何做好派驻机构纪检监察工作”为主题的业务培训。

【特约监察员】2019年7月8日，长沙县监察委员会召开特约监察员聘请会，10名代表被聘请为第一届特约监察员，聘期至2023年1月。特约监察员对全县纪检监察干部实施监督。重点监督以下对象：县纪委监委机关干部；未在县纪检监察机关任职的县纪委委员；县委巡察机构干部；县纪委监委派驻纪检监察组干部；县纪委派出纪工委领导班子成员；镇（街）纪（工）委书记、副书记；干部管理权限内的县管国有企业纪检监察组织领导班子成员等。

【巡察情况通报暨警示教育大会】2019年7月30日，长沙县、长沙经开区召开巡察情况通报暨警示教育大会，280余人参加会议。长沙经开区党工委书记、长沙县委书记沈裕谋出席会议并讲话，长沙经开区党工委副书记、管委会主任张庆红主持会议，长沙县委副书记、县长张作林出席会议。会议通报十三届县委前6轮巡察工作情况和县纪委监委查处的典型案例。年内，常规巡察单位覆盖率48.75%，村级巡察单位覆盖率70.44%。前6轮巡察移交问题线索347件，办结216件，党纪政纪立案50人，问责及组织处理131人。县委巡察办整理分析巡察发现的普遍性、倾向性问题，提出意见建议46条，移交有关问题20个，推动出台县级规范性文件4个，在制度机制上堵塞漏洞，从源头上防控廉政风险。（田　甜）

巡视巡察

【概况】2019年4月，中共长沙县委办公室印发《中共长沙县委巡察工作领导小组办公室职能配置、内设机构和人员编制规定》，明确中共长沙县委巡察工作领导小组办

2019年3月7日，中国共产党长沙县第十三届纪律检查委员会第四次全体会议召开
（长沙县纪委 提供）

公室是中共长沙县委巡察工作领导小组的办事机构，设在中共长沙县纪律检查委员会，作为县委工作机关，机构规格为正科级，核定行政编制5名，县委巡察办下设内设机构综合科和业务科，9月新增办公室行政编制1名。全年开展3轮常规巡察和两批次村级专项巡察，巡察5个镇（街）和14个县直单位，常规巡察覆盖47个单位，覆盖率58.75%。采取以巡镇（街）带村（居）、专项巡察等方式，巡察60个村（社区），村级巡察覆盖163个村（社区），覆盖率80.3%。巡察移交问题线索298件，办结239件，线索办结率80.2%。办结问题线索中，党纪政务处分60人，问责及组织处理131人，巡察推动出台县级规范性文件18个，督促追回（退缴）资金440万余元。配合开展省委巡视整改工作，自查发现16个问题整改到位；落实市委巡察工作专项检查整改要求，制定整改措施31条，完成阶段性整改；参与市委提级交叉巡察工作，由巡察办主任带领6名干部参与巡察宁乡市灰汤镇；配合市委对黄花镇的提级交叉巡察。

开展3轮巡察，巡察组听取专题汇报33次，列席会议19次，开展座谈6次，谈话走访2000余人次，现场踏勘800余次，查阅有关资料1.2万余份，发现问题607个，移交立行立改问题82个，移交问题线索64件。4月、6月和11月，县委巡察组分别向第五至第七轮被巡察单位反馈巡察意见，督促整改措施到位。4月、8月巡察办分别组织人员对第四、第五轮巡察整改落实情况开展督查，制定《巡察整改督查办法》等。前五轮向被巡察单位反馈问题828个，整改完成788个，推动被巡察单位建立规章制度271个，运用第一种形态处理339人次。

7月30日，组织召开长沙县、长沙经开区巡察情况通报暨警示教育大会，会上通报前六轮巡察工作情况及巡察移送线索查处的典型案例。落实反馈公开要求，每轮反馈意见，均摘要发布在《星沙时报》。2019年湖南省纪委三湘风纪网、长沙市纪委廉洁长沙网发布县委巡察信息23条，《星沙时报》、县电视台等发布信息13条。

【对镇（街）党（工）委巡察全覆盖】 2019年4月上旬，长沙县委第一巡察组巡察湘龙街道党工委、第二巡察组巡察榔梨街道党工委动员会相继召开，十三届县委第六轮巡察进驻完成，长沙县委实现对全县18个镇（街）党（工）委巡察全覆盖。县委分六轮对41个单位党组织开展巡察，全覆盖任务完成近半，发现问题813个，向县纪委监委移交党员干部问题线索260件，向县委组织部移交有关问题9个，给予党纪政务处分56人，移送司法机关处理7人，问责及组织处理80余人，推动建立县一级规范性制度4个，发挥巡察政治监督、组织监督、纪律监督作用。（方　婷）

责任编辑　周进银

群众团体

Mass Organization

长沙县总工会

【概况】2019年，长沙县总工会基层工会3374家，工会会员11.68万人。2019年组建基层工会387家，净增会员14530人。对标全国先进，提升泉塘街道省级模范职工之家、福临镇省级“六好乡镇”工会示范点建设，培育市级模范职工之家3家，县级模范职工之家13家。致力服务乡村振兴，打造浔龙河“小三级”工会全国示范点。建设开源商圈楼宇工会，被评为市级商圈楼宇工会示范典型，开源商圈楼宇工会和泉塘街道工会联合会职工之家被作为全市工会工作经验交流活动示范现场。波隆集团工会被评为市总工会EAP员工“关怀行动”示范单位。举办首届“十行状元、百优工匠”职工职业技能竞赛，手工制茶、叉车工、砌筑工、焊工等10个行业、200家企业、近500名职工参加。该县参加长沙市“十行状元、百优工匠”技能竞赛获得优秀组织奖，曹珏芳被评为“护理状元”。

开展工人阶级宣传月活动,《星沙时报》对罗勇、沈娉婷等12位最美劳动者的事迹进行报道。创建市级创新劳模工作室3个，高技能领军人才和劳模工匠师徒“结对子”21对。全年举办焊工、电工、汽车维修工、育婴师等培训班8期，培训460人，培训人员就业率85%。牵头组织县应急管理局、县环保局等22家职能部门首次开展企业社会责任示范标杆劳动竞赛。探索“双联”帮扶工作新思路、新方法、新途径，推进帮扶工作，在全省“双联帮扶”经验交流会上做出典型经验发言。捐赠5万元支持水田坝镇建设“职工之家”。农山县水田坝镇举办1期56人初级育婴师培训班，安排就业40人。组织湖南星大建设集团有限公司、长沙汇一投资集团有限公司、湖南波隆投资集团股份有限公司3家爱心企业捐资6万元设立水田坝镇“爱心助学基金”。牵线津之源公司等采购龙山县扶贫产品65万元。开展消费扶贫，动员工会会员在中秋、国庆、元旦和春节期间，购买扶贫产品787万元。推进“和包支付”工作，为打造长沙“移动支付第三城”出力。全年签约单位175家，覆盖工会会员23444人，县总工会被评为“打造移动第三城”先进单位。联合县住建局、县城管

2019年9月27日，“我爱你，中国——长沙县·长沙经开区庆祝中华人民共和国成立70周年暨首届‘十行状元·百优工匠’颁奖晚会”举行

（湖南文明网 提供）

局开展全县2019年垃圾分类百日劳动竞赛活动，主动服务城市管理提质工作。全年开展“拒绝毒品零计划”“禁毒宣传进企业、近职工”等4场专题活动，发放宣传资料400余份。全年组织31834人参加医疗互助活动，1241名生病住院职工申请补助金92.28万元，其中最高补助8万元。2019年31834人参加医疗互助，15970人参加女职工特殊疾病。开展“春”送岗位、“夏”送清凉、金秋助学、“冬”送温暖系列活动，全年帮扶困难职工875人、115.2万元，24名建档立卡困难职工全部解困脱困。关爱青年职工婚恋难题，县总工会微信公众号开设“单身地图”线上交友栏目，举办“爱情运动会”“情感沙龙”等5场“缘定星沙”系列相亲联谊活动，促成90余对男女青年成功牵手。举办“庆三八”机关男女混合气排球赛，星城集团代表队获机关一组冠军，县教育局代表队获机关二组冠军，星沙街道代表队获镇街组冠军。开展“庆祝中华人民共和国成立70周年”第八届职工男子篮球赛，泉塘街道代表队获总决赛冠军，县教育局代表队获总决赛亚军。开展工间操展示月活动，县住建局、湘龙街道、黄兴镇等10家单位被评为工间操推广“优秀组织奖”。

7—10月，联合县卫健局开展23场健康知识巡回讲座活动，宣讲疾病防控、健康生活方式、心理健康等知识。率先建成“互联网+工会”智慧平台，2019年9月上线运行，实现会员入会申请、工作组建报批、职工帮扶救助、工资集体协商文本审核等10多个工会业务网上办理，简化工会业务办理工作流程。对县总本级工会经费预算执行、财务收支情况及15家涉及工会专项经费补助的基层工会的经费收支及管理使用情况进行全面审计。实行工会经费回拨制度和财政预算机制。

（李晶琳）

中国共产主义青年团长沙县委员会

【概况】 2019年，长沙县共青团开展“青年大学习”，组织主题团课17次，开展各类宣讲63场，累计覆盖团员青年4万余人次；举办“争做新时代好队员”等少先队建队70周年系列活动。开展“星耀青春”“同唱团歌”等主题团日活动32场，选树5名“向上向善星青年”，弘扬五四精神，并获得《中国青年报》专题报道。以微信、微博、“智慧团建”等平台为抓手，建成直接联系服务青年的网上工作体系；开展“五四精神·传承有我”微视频征集活动，抖音平台播放量160万余次。

【聚力行动】 2019年，长沙县共青团联合县域内16所高校建立省内首个共青团校地联盟，签署协议、完善章程、组建理事会，进一步整合资源，为长沙县发展汇聚更多青春力量。联合湖南省司法警官职业学院、湖南警察学院等院校，为青少年提供书法绘画、DIY手工、课后辅导等课程以及安全自护、法治知识讲座，让青少年在更多方面普及知识、拓宽视野、强化安全意识和法律意识。携手湖南大众传媒职业技术学院、湖南艺术职业学院等院校开展“艺术家进乡村”活动，

2019年4月30日，“星耀青春”长沙县纪念五四运动100周年文艺晚会举行 （刘致邦 摄）

通过人文连环画创作、摄影写生、美丽乡村主题墙绘、民间文化艺术调研等方式，浓厚乡村振兴文化氛围。联合湖南工程职业技术学院开展“保家护土·为梦护航”项目，提高群众的防灾减灾意识与应急救援能力；对接长沙师范学院、湖南信息科学职业学院、湖南水利水电职业技术学院等高校与楼宇商圈、街道社区开展长期志愿服务，形成志愿服务品牌，服务社会治理，助力青年学生成长。

【青益行动】2019年，长沙县共青团组织开展文明劝导、展会服务、垃圾分类等志愿服务活动100余场次，参与志愿者1万余人次，制作青年志愿者证书1万余本。举办长沙县第四届公益项目展评活动，支持引导18个公益项目落地长沙县，直接受益近2万人。实施“大爱初心·青益同行”等公益捐助项目，动员更多的社会群体参与到关爱留守儿童、帮扶弱势群体的公益事业中。筹集爱心资金51.19万元及2万册爱心书籍，帮扶292名贫困青少年。全年开展青少年普法、禁毒、安全自护活动32场，2019年未成年人犯罪率2.0%，低于前三年平均值。举办“大手拉小手，向毒品SAYNO”亲子活动由《中国禁毒报》宣传报道。

【星创行动】2019年，长沙县共青团指导创建6家市级、15家县级“青年文明号”，3家市级优化营商环境“群众满意青年文明号”，9名一线青年被评为市级“青年岗位能手”，选树一批推动产业发展的典型代表，发挥青年人才示范带动作用，助力产业发展。围绕产业发展，人才建设有突破。探索推进青年人才计划，与县人才办、县人社局深度合作，在人才政策宣传、青年就业服务、就业创业培训等方面构建良好的合作机制，并联合在工程职院、安全职院等高校举办6场进校园专场招聘会，提供就业岗位1万余个；举办“创业星城·筑梦青春”青年人才分享会，通过“青年公益大讲堂”等活动培训创业青年1000余人次，解决青年学生就业创业问题。围绕乡村振兴，凝心聚力有成效。承接协办省农村青年创新创业大赛和长沙市农民丰收节，组织开展“共青团与人大代表、政协委员面对面”农村青年人才座谈会，进一步凝聚、服务农村青年人才。

【筑基行动】2019年，在县委和团市委的领导下，召开共青团长沙县第十八次代表大会。回顾和总结过去6年长沙县共青团工作，擘绘今后5年长沙县共青团事业发展蓝图，并选举产生新一届团县委班子。实地走访调研35个基层团组织，综合研判、分类施策，夯实基层基础。出台《长沙县基层团组织规范化建设工作的实施方案》，清理整顿291个基层团支部，重点整顿51个团支部；发展“两新”团组织16家。推进直属33家团组织换届选举工作，按照专职、挂职、兼职相结合原则，选优配强各级团干队伍。开展为期1周的团干培训班，组织基层团组织规范化建设培训班、团支部书记培训班等业务培训班4场，参训500余人次。严控团学比例，规范入团程序，提高团员质量；规范“三会两制一课”等团内组织生活，推动团费和包支付与学社衔接；全年推优入党90名。“青年之家”活动常态开展，举办职业技能培训、公益课堂、歌手大赛等各类活动230场次。（刘致邦）

长沙县妇女联合会

【概况】2019年，长沙县妇女联合会（以下简称县妇联）编制5名，干部职工9名（含劳务派遣人员1人）；被评为省妇联舆论宣传阵地建设工作先进单位、长沙市妇联目标管理考核红旗单位。

是年，县妇联组建205支“县、镇、村”三级巾帼宣讲队，推进“百千万巾帼大宣讲”活动，开展宣讲316场次，评选“最美巾帼志愿宣讲队”10支。加强网评、网宣员队伍建设，加强舆情引导，运用“一网一微一群”等平台，将党的理论传递给妇女群众。开展“清廉家风”家庭助廉系列活动，号召领导干部家属当好“廉内助”“贤内助”。举办庆三八机关气排球比赛，“城乡牵手 守护童心”庆六一、献礼祖国70华诞快闪拍摄等系列活动。组织巾帼志愿者参与文明创建、蓝天保卫等志愿活动182场。开展“春蕾助学”“空军结对救助”“金秋助学·与爱同行”等系列活动，资助贫困学生254人43.14万元；牵头组织57个县直单位与内蒙古科右中旗113户家庭爱心结对，资助资金物资约12万元。举办“春蕾健康行动”，为700名初中女童赠送成长礼包；开展“儿童青少年近视防控科普妈妈行”讲座10场，营造爱眼护眼良好氛围。征集100个妇儿“微心愿”，动员各级执委、爱心人士认领。

年内，30044名女性接受“两癌”免费检查，71名“两癌”患者、100名乳腺切除患者获得救助34.5万元和义乳捐赠；举办“科学育儿 孕育新生”“乳此美丽 一路通行”公益活动3场，受益群众450人。深化妇联改革，村（社区）“会改联”工作完成，镇（街）区域化建设持续推进。新成立5个楼宇商圈妇联、在企事业单位、社会组织等领域新成立妇联组织50个；长龙街道长界社区等10个单位被评为市、县级示范“妇女儿童之家”。开设“幸福女人提升”课堂6期，听众1200人，举办女干部综合素质提升培训班1期、执委履职培训3期；郭为波、郑宇被评为“市级三八红旗手”称号，皮青被评为“全国三八红旗手”称号。开展“户帮户、亲帮亲 互助脱贫奔小康”活动，以“3名执委+1名贫困户”的方式进行结对帮扶，全县结对600对。曹宇、朱静波等执委带动当地妇女创业就业、增收致富；关爱女性健康，为776名建档立卡妇女免费赠送“湘女关爱保”。落实乡村振兴战略部署，在开慧、安沙、路口开展女红培训3期，培训200人，助推妇女居家就业；举办育婴师、美容美发美甲培训各1期，为60名妇女提供技能培训；引领广大妇女科技致富，地锦农场、春红花卉等单位被评为省、市级“巾帼现代农业科技示范基地”。聘请专业调解员、法律顾问为妇女儿童提供免费调解咨询，全年受理婚姻家庭纠纷2248起，深度调解301起，调和162起，调和率54%。接处来访来电工单98起，满意率100%。举办禁毒专题讲座3期，6241名“禁毒妈妈”组成“禁毒妈妈联盟”小分队405个，在各区域开展禁毒宣传近500场。

【家庭建设】 2019年，县妇联举办“反家暴”宣讲15堂，普法咨询活动3次；在湘龙街道中南社区试点建立4个互助家庭小组，24名小朋友充当“家庭小法官”，促使家长加强身教示范作用。加强家庭建设，推进“伴随成长”公益项目，开展100堂“科学家教·文明家风”知识讲座进社区、进学校，受众群众1.5万余名；在天华二小成立“家庭教育服务指导站”，开设“幸福家长课堂”16期，900名家长参与；开展“暑假安全行”安全知识讲座22场；评选出“文明家庭”“最美家庭”68户、“平安家庭”100户、“两型示范家庭”33户，黄花镇王小艳家庭被评为全国“最美家庭”。（汤 准）

长沙县科学技术协会

【概况】 2019年，县科协开展科普进农村、进社区、进学校等系列活动。举办农村实用栽培技术科普讲座4场，受益群众3000余人。开展心脑血管疾病防治，老年人白内障眼疾防治系列讲座2场，受益群众600余人。开展以“提升青少年科学素质，科学助力成长”为主题的科普电影进校园活动，全年在各中小学校播放科普电影35场次。与县教育局联合举办“长沙县中小学生科技创新大奖赛”，参赛作品1000多件，评奖作品300余件。举办2019年“全国科普日”长沙县主场活动，展出科普成就展板14块，发放科普宣传册3000余份。在县广播电视台开辟《科普大篷车》，打造长沙县科普杂志类电视栏目，全年播放100余场次。11月，联合县教育局在北部乡镇35所小学播放防灾避险、环保安全等内容的科普电影35场次。投资500万余元

2019年，县妇联、县人民法院共同开展“家庭小法官”走进法院社会实践活动
（汤 准 摄）

建成长龙、槩梨等5个科普场馆，全年吸引科普爱好者5000余人。在县内7所小学分别安装运行科普e屏，全县建有科普e站20个，实现镇（街）社区全覆盖。

成功申报湖南省星城明月生态农业科技发展有限公司等3个院士专家工作站，全年工作站建设投入120万元，星城明月公司获得2项发明专利，一项实用新型专利，研发产品10余款。采取以奖代投、吸纳社会投资参与等方式建成8个科普示范基地。组建100余人科技志愿者队伍，打造近百人的优秀科技工作者队伍，吸纳院士专家团队60余人。响应中国科协“礼赞共和国追梦新时代——科技志愿服务行动”的号召，组织县域内的科技工作者代表50多人到长沙经开区参观三一众创空间、铁建重工集团第二产业园等高新科技企业。经组织推荐，长沙县黄兴蔬菜协会、张莎分别被湖南省农村专业技术协会联合会授予“湖南省农村专业技术协会科普奖”先进单位及先进个人。深入青山铺社区开展精准扶贫和调研，聘请农业专家入户传授农村实用科技栽培技术，形成《关于科技创新引领蓝莓产业发展的调研与思考》《关于支持猕猴桃产业发展的建议》等调研报告。　　（夏　晶）

2019年9月20日，“礼赞共和国　智慧新生活”全国科普日活动在特立中学举办　　（熊艾迪　摄）

长沙县归侨侨眷联合会

【概况】2019年，长沙县归侨侨眷联合会走访调研长沙经开区涉侨企业，新掌握新侨、海归300多人情况。推荐部分侨界代表、归国留学人员参加在广西大学继续教育学院举办的长沙县统一战线理论学习实践培训班。全年接待英国、美国、日本、泰国等国家和地区的华人华侨200多人。3月24日，国歌词作者田汉侄女、日本东方艺术团团长田伟率日本湖南同乡会、日中樱花友谊林协会、东方文化艺术团的华人华侨和日本友人到果园镇开展中日文化艺术交流活动。6月10日，马来西亚总商会会长丁锦清夫妇、《星洲日报》国际新闻组前主任郑昭贤夫妇等一行到高桥镇（原“731”基地）参观访问。10月14日，中华语文学院院长兼泰中文化人联合会永远荣誉主席李自珉一行到县参观访问，并在农庄建设领域达成初步合作意向。11月30日，英国湖南同乡会会长吴莉莉率英国中华总商会一行10余人到金井镇考察交流。侨资企业湖南湘绣城董事长、第二代湘绣世家的传承人曾理为庆祝中华人民共和国成立70周年绣国旗；由潇湘电影集团和湖南湘绣城出品的电影《国礼》于国庆前夕在全国公映。涉侨企业长沙金龙铸造实业有限公司年内获批由工信部颁布的第一批专精特新“小巨人”企业名单，是长沙县唯一上榜企业。

开展侨界人士提名和推荐工作。其中，省侨商联合会推荐4位第三届会员；为侨商会第一届三次理事（扩大）会推荐4位会员；为省第八次侨代会推荐5位代表人选。组织侨界的人大代表、政协委员建言献策；动员重点华侨、归侨、侨眷建言献策。

【扶贫帮困】2019年，归侨侨眷、侨资企业自发向社会公益扶贫80万元。11月14日，县侨联“精准扶贫健康行”公益活动启动式暨侨资企业扶贫慰问活动在县侨联联系点金井镇团山村举行，湖南星怡康健康体检中心、长沙爱尔眼科医院各出资50万元，中国华侨公益基金会和湖南爱眼公益基金会给予支持，到全县18个镇街开展医疗健康活动。侨资企业现场捐赠3.6万元，用于购买物资慰问团山村建档立卡贫困户。　　（吴　琼）

长沙县残疾人联合会

【概况】2019年，长沙县残疾人联合会完成16342名残疾人数据动态更新工作，“三率”（完成率、入户率、APP采集率）均领先全省。3名优秀残疾人、爱心个人和1个集体获得市“新时代学雷锋扶残助残善行四十佳”表彰。长沙县残联被评为长沙市文明单位。在第十届全国残运会暨第七届特奥会上，长沙县获奖牌4金4银2铜。选送7件作品参加全省第六届残疾人文化周，获得1块金牌。选送3个文艺节目参加全市“与国同庆与爱同行”残障儿童康复成果汇报演出。长沙市残健融合乒乓球赛落户长沙县。2019年1月18日，长沙市第二届残健融合乒乓球赛在松雅湖中学举行，长沙县残联代表队获站立组、轮椅组团体冠军，李泽鑫获站立组个人冠军，包涛获轮椅组个人冠军，李力获精神组个人冠军。

【精准服务】2019年，县残联开展困难生活补贴80358人次，重残护理补贴71434人次，落实4类重点对象危房改造任务，对166户纳入住建部门危房改造范围的残疾人家庭应补尽补，推进残疾人证办理和扶残助学申请“最多跑一次”，将办证工作赋权下放，核发残疾人证1333本、注销残疾人证729本，扶残助学497人。福临镇金牛村开展“连千村帮万户”扶贫项目，扶持25户贫困残疾人养鸡脱贫，户均增收6000余元。开展“阳光增收”脱贫计划，为100名残疾人进行农村实用技术培训和发放生产资料。建成市县级残疾人就业扶贫基地各1个，发挥基地示范、辐射带动效应。解决“托养难”问题，发展农村残疾人托养服务，全县6家托养机构中有农村托养机构5家，年内新建1家。推开“1+1+1”托养服务，居家托养80人，机构托养225人。开展第三方监测评估，每月开展动态监测，整体满意率95%。在2019年度省残联托养机构评比中，1家评定为AAAA机构、4家评定AAA机构。为438名0—14岁残疾儿童进行免费康复救助。免费装配假肢54例，辅具适配1078人，为840名白内障患者、390名胬肉异型患者免费实施手术和130名低视力患者免费发放助视器并进行视力康复训练。有康复需求的持证残疾人精准康复服务率92.41%，辅具适配率96.99%。举办电子商务面授培训班和互联网创业远程培训班2期，免费培训46人。扶持12户残疾人成功创业，446名残疾人个体工商户申请自谋职业奖励44.6万元、173名企业稳定就业残疾人申请岗位就业奖励11.45万元。举办残疾人专场招聘会2场，超额完成新增城镇（任务9人，完成16人）和农村（任务78人，完成85人）就业年度任务。开展适龄残疾儿童入学调查320人，对未入学的36人进行入学安置，入学率100%。政府购买“手机手语在线翻译APP”服务。推进全国首批残疾预防综合试验区工作，开展10次“残疾预防进社区”专场活动和“残疾预防，从生命源头做起”为主题的第三次全国残疾预防日活动，发放宣传册2万余本。实施残疾预防重点干预项目，为1.8万人次（含早期）孕产妇进行筛查，产前诊断169人（确诊16人），救助贫困高危孕产妇15人；苯丙酮尿症筛查1.08万人，甲状腺功能减低筛查1.08万人，听力筛查1.02万人；出生缺陷干预人数160人；0—6岁儿童的残疾初筛1480人，复筛60人，诊断20人。

【融合发展】2019年，县残联以“五位一体”精准推动残疾人家庭无障碍改造，高标准、高质量完成60户贫困重度残疾人家庭的无障碍改造工作，长沙市贫困残疾人家庭无障碍改造现场会在长沙县召开。打造“最多跑一次”改革升级版，与邮政公司签订合作协议，将残疾证快递给残疾人，节约办证时长。为残疾人出行提供便利，41名残疾人获得机动燃油车补贴，办理残疾人爱心卡281张。接待来电来访来信20次，处理热线工单30件。

（黄丽玲）

长沙县文学艺术联合会

【概况】2019年，长沙县文学艺术联合会（以下简称县文联）开展“扎根生活沃土，服务基层群众，做新时代‘红色文艺轻骑兵’”文化进万家文艺惠民迎春送福活动，到各镇、村（社区）、敬老院和群众家中开展送春联、送“福”字、送年画等活动18场次，送出春联、“福”字9200余幅，文艺演出2场次。举办“歌颂许光达大将诗词楹联大赛活动”，收诗词联近3000首（幅），入围作品322首（幅），结集出版《英名天下》一书。举办“清风星沙·庆祝中华人民共和国成立70周年”廉洁文化主题征文大赛，收到参赛作品276篇。举办“庆祝中华人民共和国成立70周年‘追梦新时代，共铸民族魂’美术作品展”。举办“我和我的祖国·庆祝中华人民共和国成立70周年长沙县摄影展”。县文联与长沙县红十字会、长沙县作家协会联合举办“身边的故事”征文活动，收到征文稿件112篇，评出优秀作品10篇。县文联、县委宣传部和《星沙时报》等单位联合开展“我和我的祖国”大型征文征集活动，收到文学作品216篇（首），摄影（含视频）作品123幅（组），评出35篇优秀文学作品和22幅优秀摄影作品（其中视频1幅）并推送市委宣传部。4月30日，县文联和长沙县碧湖诗社组织文艺家到左宗棠墓、石燕湖等地开展采风创作活动。5月31日，县文联和长沙县诗词楹联协会在安沙镇三合村举办“诗词进乡村”传统诗词讲座，30余名诗词爱好者参加。6月15日，举办“纪念许光达大将110周年诞辰诗词楹联大赛颁奖典礼暨《英名天下》发行座谈会”。7月18日，举办“‘缅怀先辈，不忘初心’弘扬长征精神书法创作笔会”活动。11月4日，举行“庆祝中华人民共和国成立70周年湖湘好家风书法展开幕式暨书法创作笔会”，省、市、县书法家和泉塘街道居民代表300余人参加，现场向当地居民赠送600幅家风家训作品（其中现场创作400幅）。

【《绝对忠诚》完稿】2019年9月，长沙县文联组织创作讴歌陈树湘烈士的长篇报告文学《绝对忠诚》。邀请由李鹏飞社长带队的《长沙晚报》社采风团一行到长沙县进行以陈树湘为题材的长篇报告文学采风创作，通过1个月的创作，长篇报告文学《绝对忠诚》完稿，并在《湖南日报》《长沙晚报》等报刊和湖南在线、华声在线等网站主流媒体发表。（沈建波）

长沙县红十字会

【概况】2019年，长沙县红十字会弘扬“人道、博爱、奉献”的红十字精神，加强《中华人民共和国红十字会法》宣传，开展备灾救灾、应急救护培训、人道救助和生命救助等核心业务工作。推动红十字网络向纵深发展，创建市级红十字模范村（社区）、市级红十字救护培训模范学校及红十字特色高校等。

5月7日，承办长沙市红十字首届应急救援综合演练活动，县红十字水上救援志愿服务队参与水上救援演练。全年通过向上级申报和自筹为100户困难家庭发放救助款30万元。自购大米、植物油、棉被等各类慰问物资10万元，受益家庭300户。接受社会各界爱心人士捐款、爱心物资30万元。组织实施青山铺社区红十字人道传播博爱家园项目并通过验收。9月17日，举办“讲述人道故事，传播博爱声音”造血干细胞捐献者故事会，47个红十字理事会成员单位、各镇（街）红十字会专干、3000余名高校学子参加活动；开展造血干细胞捐献宣传巡讲活动9场次，3000余名高校学子参加活动；拍摄制作造干宣传微电影《明净的鱼缸》。是年，全县有5例志愿者捐献造血干细胞，湖南工程职院实现“三连捐”，中新网、中国红十字报、《博爱》等媒体进行报道，新闻稿《十万分之一的幸运》获湖南新闻奖市州好新闻一等奖；新增登记的遗体、器官捐献志愿者600余人；7名居民实现身故后遗体、眼角膜、器官捐献。针对青少年常见意外伤害多发现象，以多媒体教学和互动演练的形式开展寒、暑期青少年应急救护知识培训活动，近1000名青少年及家长参与。推荐湖南工程职业技术学院两名学生参加海峡两岸红十字青少年夏令营，加深青少年对红十字的认识和海峡两岸青年交流；湖南机电职业学院实施中国红十字青少年社会实践项目“四点半”博爱课堂，引导

2019年9月17日，长沙县校地红十字故事分享会举办，5名造血干细胞捐献者佩带绶带上台（徐 婷 摄）

红十字青少年用实际行动弘扬人道主义精神，勇担社会责任。湖南工程职业技术学院被评为“湖南红十字特色高校”，拍摄“让红十字浸润校园”主题宣传片，将红十字精神融入校园文化，该校每4名学生中有1人参与无偿献血，17人中就有1人登记成为造血干细胞捐献志愿者。首创“创新‘红十字志愿服务’育人模式，推动立德树人根本任务落地生根”案例被评为2019年度高等职业教育改革发展成果展“优秀案例奖”，入选“深改革·高赋能·强贡献”高等职业教育改革发展成果展；学校红十字专干作为湖南省唯一青年代表出席中国红十字会第十一次会员代表大会，《湖南日报》专题报道。

是年，县红十字会在《中国红十字报》《博爱》等各级报刊发表文章30余篇，公益片《中国红》在县电视台滚动播放，常务副会长夏声朝所撰《社区里的“三种人”》被评为中国红十字会总会报刊社“2019年度优秀新闻作品三等奖”。

2019年5月7日，承办长沙市红十字首届应急救援综合演练活动

（王海洪 摄）

【救护培训】2019年，长沙县首家红十字应急救护培训示范基地在县妇幼保健院挂牌启用。选派19名师资参加市红会组织的应急救护师资培训，均取得师资证书；开展应急救护知识普及72场次，1万余名群众参与；举办5期CPR+AED培训班，135人获证；举办3期救护员培训班，145人取得救护员证书。6月，选派队伍参加长沙市红十字应急救护大赛获“二等奖”，并代表湖南省参加第五届全国红十字应急救护大赛，两名队员分获创伤救护单项二、三等奖。长沙县救护培训和师资管理工作在全市红十字师资总结表彰大会上作典型发言。

【志愿服务】2019年新组建县红十字“三献”志愿服务队，助力关注生命健康。湖南工程职院红十字志愿服务队“保家护土，为梦护航”长沙县切坡建房地灾预警与志愿服务项目被评为长沙县第四届“践行雷锋精神，共建文明家园”公益项目展评活动二等奖、湖南省第四届青年志愿服务项目大赛金奖。志愿者彭美群、付春雷被评为长沙县第二届“最美志愿者”。组织志愿者开展“学雷锋社区陪伴服务”40余次，慰问关爱抗战老兵90余次，走访慰问困难家庭和县内敬老院100余次。（徐 婷）

长沙县工商业联合会（商会）

【概况】2019年，长沙县工商联下辖镇（街道）商会18个、行业商会12个和女企业家商会1个，会员2685人、执委210人、常委81人，兼职副主席5名，兼职副会长10名。10名干部职工，其中8名干部、1名职工、1名临聘人员。机关领导班子由1名主席（由县政协副主席兼任）、1名党组书记（由统战部副部长兼任）、2名副主席。

2019年，长沙县工商联被评为全国工商联系统宣传工作先进单位，全省“五好”县级工商联，全市工商联系统服务营商环境优化年工作先进单位，长沙县检查联络室、法律服务室进商会工作被评为全市工商联系统服务营商环境优化年工作创新举措；长沙县工商联、检察院、公安局联手解决长沙福田汽车科技有限公司被骗案被评为全市工商联系统服务营商环境优化年工作典型案例。强化基层商会党组织建设，在全市率先实现基层商（协）会三个全覆盖（建立党组织、完成注册、创建市级“四好”商会），黄兴商会被评为全国工商联“四好”基层商会，星沙汽配城汽配行业商会被评为2018“创新中国”工商联（商会）工作特别奖，湘龙商会被评为全省工商联“四好”基层商会。

在深圳大学举办第五期长沙县工商联中小企业领军人才提升班，县域内55名中小微企业家参加培训；组织举办《管理赋能·共赢未来》《预见未来、把握先机》等培训班，开展企业环保知识专题培训、“送法进企业”知识宣讲等活动。全年举办各类培训6期，1000余人次参加。与《中华工商时报》合作，开辟非公有制经济人士宣传专栏，将县工商联和基层商（协）会的活动及经验做法在全国进行推介。连续四年开展“夏日送清凉”活动，全年发放防暑降温物资400余份，金额近5万元；经县工商联推荐，路口物资供销有限公司董事长、路口商会会长黄晓钦等9人被评为长沙民营经济最美建设者；县工商联兼职副会长、长沙麦都网络科技有限公司董事长刘晓被评为长沙县第三届道德模范等。

组织召开长沙县民营经济简政减税降费政策效果企业座谈会，围绕“营商环境优化年”活动，专题组织召开民营企业家座谈会。县工商联深入各基层商（协）会、非公有制企业开展调研工作20余次。组织31家行业商（协）会负责人参加“检察护航民企发展”检察开放日活动。建立健全律师联系商（协）会制度，巩固完善检察联络室进商（协）会制度，健全“除虫护花，容错纠错”工作机制，为4家企业启动容错纠错机制，协调法律问题。推动商（协）会及会员聘请法律顾问，提供一对一的精准化法律服务；创新开展中小微企业打包法律服务制度，实行多家企业聘请1名法律顾问，解决小微企业法律服务难问题。联合法律服务机构开展“法律服务非公经济—防范法律风险，助力非公企业发展”主题活动。定期组织律师到商（协）会进行法律知识授课40余次，担任会员企业常年法律顾问50余家，提供法律咨询200余次，办理各类民事、经济诉讼案件460余件，非诉讼案件600余件，挽回（避免）经济损失近2亿元。

组织企业家到深圳湖南商会交流学习，考察借鉴深圳市民营经济改革发展的成功经验和典型做法，对长沙县进行宣传和推介。“长沙市汽车及零部件后市场产业走出去联盟”“长沙县星沙汽配城汽配行业商会”组织10多家企业，到肯尼亚、尼日利亚、埃及拜访和考察当地政府机构、商会协会和企业12家，召开座谈会11次，签订合作意向书2份、采购框架协议1份，当月意向性订单4000万余元。发挥商会优势以商招商，召开长沙县异地商会招商工作研究会议，探讨长沙县异地商会招商工作，推动总部经济和楼宇经济发展。与湖南省农业信贷担保有限公司长沙县办事处合作举办涉农企业融资对接会，45户涉农企业代表现场提出贷款申请，贷款意向金额4384万元。

2019年，长沙县工商联（商会）第十三届四次执委会议召开

（长沙县工商联　提　供）

【贫困帮扶】 安排2～3家商会对接全县12家省定贫困村和金井镇石井村，各基层商（协）会帮扶建档立卡户869户，帮扶项目23个，企业投入资金963万余元，安排就业1049人。长沙县星沙汽配城商会探索成立同心扶贫超市，利用无人超市销售贫困村农产品，超市自2018年9月试营业以后销售额83万余元。解决长沙县对口帮扶的龙山县、沅陵县的农产品销售问题。

【爱心捐赠】 组织在福临镇陈树湘红军小学举行“关爱学子·育才兴邦”爱心捐赠活动，陈树湘红军小学、开慧小学等11家学校现场受助。该活动由长沙县工商联副会长、湖南省育邦集团公司董事长徐超发起，以捐赠李宁校服等爱心物资形式进行，连续开展3年，预计总投入600万元；2019年捐赠160万元。引导商（协）会和非公企业参与抗冰除雪等急难险重任务。（胡　彦）

责任编辑　周进银

政法委及综治

【概况】2019年，长沙县被评为“全国‘七五’普法中期先进县”“全省综治工作先进县”“全省国家安全工作先进县”“扫黑除恶重点培育县”“市反邪教工作红旗单位”“市维稳和信访工作优秀单位”；长沙县人民法院被评为“全国模范法院”，长沙县人民检察院被评为“全国检察宣传先进单位”，长沙县公安局被评为“全省扫黑除恶专项斗争先进单位”，金井司法所被评为“全国先进司法所”。

妥善化解各类涉军、涉拆、非法集资等集访问题，处置各类突发群体性事件67起，成功化解不稳定问题241起，稳控重点人员285人。特护期间稳控黄兴涉拆群体、全县涉军群体以及一批老上访户。打掉涉黑犯罪组织3个、涉恶犯罪集团6个、恶势力犯罪团伙8个，刑事拘留226人，查封冻结扣押涉案资产731.66万元；提起公诉10件81人，判决12件121人，收集涉黑涉恶腐败和“保护伞”问题线索102件，查处违纪党员干部及其他公职人员78人。中央督导组反馈的意见和问题全部整改到位，中央督导组交办的40条线索按期办结率100%。围绕县委“党建+‘五零’村（社区）”建设为抓手，创建128个“互联网+群防群治”巡逻防控推广服务站，巡逻人数约4.8万人次，巡逻时长4.1万小时，巡逻里程12.5万千米，抢劫、抢夺发案同比下降61%和33%，“两抢一盗”刑事发案为零的村（社区）79个。排查调处各类矛盾纠纷2.4万件，调处率100%，成功率99%，未发生“民转刑”案件。破获各类刑事案件1500起，刑事拘留1439人，行政拘留3265人。连续7年命案全破。严打电信诈骗犯罪，打掉电信诈骗团伙47个，刑拘嫌疑人143人，同比分别上升27.03%、28.8%。推动“星城快警”“一村一辅警”和北部农村派出所“片区联勤制”建设，构建核心城区、城郊结合部、县区市交界“三道防控圈”。推进“雪亮工程”建设，“平安乡村”视频监控在多个村（社区）推广。智能门锁推广应用实现“以锁管人”。开展宪法“七进”、国家宪法月法治宣传等学习宣传活动。清理县本级权力清单事项4343项，推行“证照分离”“多证合一”，实现“开户即开业”改革试点，强化“四个一”改革，梳理4897项入驻平台事项清单，“一次办”比例98.12%，“网上办”比例98.03%。率先全省推行行政执法体制改革，实现执法权责统一；开展“律师进村（社区）担任法律顾问”工作，实行法律顾问线上管理模式。深化司法改革，落实顶层设计和充分发挥基层探索相结合，完善司法责任制综合配套改革，推广案件“繁简分流、事实分流、争点分流”的“三分式”审理模式改革，推进“捕诉一体”办案模式；深化公安改革，创建多警种合成作战机制。加强执法监督，健全案件协调工作机制，处理重大案件18件。核查督办案件44起，评查案件43起。开展企业家权益保护专项行动，出台11项任务26项措施。通过涉企案件速裁组“绿色通道”办理民事案件6867件、刑事案件120件，企业法律服务窗口答疑解惑202次。通过“除虫护花”机制保护企业445家，对7020件涉企案件适用“五个慎重”，通过集中审判案件18810件，开展“执行攻坚大会战”，执结案件4703件。出台《长沙县政法机关、长沙县工商业联合会协作维护民营企业权益联系机制》《长沙县非公有制经济领域维权联席会议制度》等，“检察联络站+商会”“商（协会）法律顾问团”进驻19家商会，400家企业实现“民警驻企”、领导包片联系。排查涉嫌非法集资企业32家、核实2家（公司已注销）；整治“保健”市场乱象、制假贩假、非法传销等，查封捣毁传销窝点110个，清查教育遣返475人，解救36人。严厉查处商标、专利、地理标志侵权假冒违法行动，查处商标侵权案件20余件，涉刑移送公安机关1件。调处涉诉涉产权纠纷116起。处理群众来信来访867批3749人次。县级领导接待来访群众52批248人次，解决各类问题20余件；推动化解信访积案23件；发放信访救助资金164万元，救助特困信访对象62人；通过8个重点领域工作组、7个专业矛调中心专项工作组处理各类问题和矛盾2500余件。开展信访突出问题“大排查、大化解、大整治”百日专项行动，逐人逐案落实136名重点人员、9件重点群体性问题的稳控化解责任；持续推行“党建+信访”工作模式、“村（居）民零上访”，以及“三无”镇（街道）、“三无”村（社区）创建工作。畅通信访表达渠道，强化湖南省信访信息系统应用；推进信访与12345热线、网上群工部对接。全年接收处理各类信件、网上建议投诉等1256件，及时受理和到期办结率100%。

（袁　伟）

法治政府建设

【概况】2019年，县法制部门办理县委、县政府交办件100余件，为县领导决策提供法律意见300余条。审查政府常务会议题130余个。对210余个会议纪要进行合法性审查。审查政府招商引资合同、项目合作协议等合同20件，涉及金额700余亿元，出具书面审查意见80余条。实时更新规范性文件数据库和网上检索系统信息，县内所有规范性文件均纳入系统管理。牵头清理全县政府合同履约情况，建立争议合同履行台账，并将争议问题交办具体责任单位，督促合同争议解决。参与长沙县第二机械厂拆违、绿心整改项目谈判、荣盛项目协议争议等遗留问题处理；参与万家丽高架桥（北延线）及电力隧道、长沙县人民医院等重大项目的法律把关；参与长沙县宝湾电商金融智慧物流产业园、7.0T超高场核磁共振项目等招商引资项目的法律把关。牵头清理全县政府合同履约情况，督促合同争议解决。审查政府规范性文件20余件，报备率100%。为机构改革涉改单位“三定”方案出具合法性审查意见。牵头组织全县2019年证明事项清理工作，取消证明事项54项。组织245人参加全省行政执法人员考试。办理各类行政复议应诉案件386件，办结368件。

【行政执法指导与监督】组织全县执法单位及镇（街）245人参加2019年全省行政执法人员通用法律知识网络考试；加强执法人员管理，为机构改革后全县所有执法单位的1500余名执法人员的行政执法证进行换发证；对全县执法单位的案件开展评查，抽取执法案卷80本。牵头清理全县2019年证明事项，取消证明事项54项，保留证明事项98项。对全县机构改革所涉的53个单位、12个镇及5个街道的三定规定出具合法性审查意见。

【行政复议应诉】2019年行政复议和应诉科办理案件数量386件（含上年结转168件），办结368件。其中办理行政复议案件42件（含上年结转13件），办结37件；行政应诉案件330件（含上年结转153件），办结318件；复议答复案件12件（含上年结转1件），办结11件；民事案件2件（含上年结转1件）办结，涉案诉讼标的额34.2亿元。行政负责人出庭应诉8次。

（王承志）

公　安

【概况】2019年，长沙县公安局开展专项打击和重点整治，全年“110”话务量36.8万起，有效警情13.9万起。立刑事案件4897起，破案1513起，破案率28.97%，刑事拘留1439人，提请批准逮捕903人，移诉1743人。查处行政案件3313起，行政处罚3265人，抓获逃犯224人。是年，长沙县被定为全市扫黑除恶专项斗争“重点培育县”。

2019 年 11 月，公安部部长赵克志（右四）在泉塘派出所调研
（文 坚 摄）

年内，推进执法规范化，制定《2019 年度长沙县公安局执法质量考评实施细则》，运用执法监管中心数据，推行网上考评，强化对执法办案程序和实体的监督考核。组织开展法制考评 8 次，考察案件 2413 卷，指出问题 2748 处。开展跟班轮训、送训到基层等活动。优化营商环境，制定出台《长沙县公安局营商环境优化年——保障和服务民营企业健康发展工作方案》，落实领导联点走访、警企联合巡防等工作。办理远大公司宋某涛涉嫌职务侵占案、蓝思科技洪某龙涉嫌侵犯商业秘密案等侵犯企业合法权益类案件 31 起，刑事拘留 87 人，保护受害企业 19 家。8 月，在辽宁抓获于 2012 年诈骗三一集团 4000 万余元的嫌疑人刘某春，为企业追回损失。

出台《长沙县公安局维护民警正当执法权益工作实施办法》《长沙县公安局民警维权案（事）件处置工作方案》，打击恶意诬告和网络炒作行为，办理侵害民辅警正当执法权益案件 8 起，为 1 名遭受恶意诽谤的民警维权正名，发放维权慰问金 1.1 万元。关注民（辅）警身心健康，设置心理咨询活动室，邀请湘雅附一医院心理咨询医生进行心理辅导和授课。推行系列惠警措施，开展节日慰问、困难家庭慰问，发放慰问金 26 万元。

【风险防控】 2019 年，长沙县收集掌握情报信息 2000 余条，调处纠纷 2.4 万起，稳妥处置突发群体性事件 76 起。依法惩处通过非访制造事端、煽动闹事的违法犯罪行为，成功侦办涉访案件 3 起，依法处罚 3 人。成功侦办“12·04”重大安全事故责任专案、中央扫黑督导组交办“9·06”组织卖淫案。完成中央领导、外国元首到长沙视察、中非经贸博览会活动安保和长沙国际会展中心工程机械展等大型活动安保 342 场次。

【扫黑除恶】 2019 年，长沙县以打击整治“三贷三霸”专项行动为载体，紧盯涉黄、涉赌、涉贷等领域涉恶涉黑违法，开展线索摸排和专案经营，侦破一批重大典型黑恶案件。打掉黑社会性质犯罪组织 2 起，恶势力犯罪集团 4 起，恶势力犯罪团伙 5 起，破案 102 起，刑事拘留团伙成员 133 人，扣押、冻结涉案资金 288.6 万余元。先后破获“12·23”“2·21”套路贷涉黑专案、“2·25”“4·5”涉恶案等一批有重大影响的黑恶案件。

【治安防控】 2019 年，长沙县以“五零”村（社区）创建为契机，全面完成“星城快警”“一村一辅警”建设，推广“星城园丁”群防群治平台，常态开展围城设卡行动，城乡治安防控体系提档升级。在节假日、重大活动期间开展设卡盘查行动 60 次，盘查可疑车辆 2.5 万余辆、人员 2.9 万余人，查获酒驾、毒驾、盗窃等违法犯罪行为 300 余起。动员社会力量参与“互联网 + 群防群治”“星城园丁”全县注册人数 25 万人，平台接单巡逻人数约 4.8 万人次，巡逻时长 4.1 万小时，巡逻里程 12.5 万千米。在全县各乡镇推广“平安乡村”视频建设，安装监控视频 4820 路，农村地区监控视频网络逐步完善。开展公安监管安全“铁桶工程”建设，安全羁押 5104 人次，协助市拘留所羁押 1078 人。

【优化服务】 2019 年，长沙县深化“放管服”“最多跑一次”改革，简化办事程序，优化办事流程，将入境、治安、网安、内保、禁毒等窗口业务集中入驻入境大厅，在全县设置21台24小时自助服务设备，依托“96111便民服务桥”等平台，上线身份证、居住证、车管驾管、事故处理、养犬登记等办事服务，其中网上全流程办理类21项，公安行政审批服务实现窗口“一站式”、网上“指尖式”、线下“家门口”办理，受理出国境申请8.8万人次，办理身份证6.6万张。

【交通管理】2019年，长沙县落实道路交通安全隐患“一月一排查，一月一治理”工作措施，排查道路安全隐患457处，整治451处。联合行政执法、镇街“两站两员”等力量，推行夜巡夜查机制，查处各类交通违法行为68.8万起。深化交通安全宣传服务外包机制，开展主题新闻报道、宣讲872场次，发放宣传资料10万余份，免费发放头盔2.1万顶。启用城区禁货区域和禁停路段的72处电子警察、闯禁电子围栏，精准查缉各类涉牌涉证等重点违法车辆2771台。

【社会治理】2019年，长沙县推进“一村一辅警”建设，全县114个自然村均配备驻村辅警，建成驻村警务室。驻村辅警采集基础信息3.8万条，协助调处治安纠纷4260起，协助破案170起。开展二维码地址建设，完成星沙城区道、路、街沿线门牌地址的清理核录，校验数据13.3万起，安装单元牌、户室牌6.46万个。全市率先试点推广建设“智能门锁”，在出租房屋安装智能门锁6818把，实名认证房东、租客3.5万人。投入600万元推进男性家族排查系统建设，图谱绘制完成60%，采集家族血样1.3万份。

（喻泽兰）

检 察

【概况】2019年，长沙县人民检察院受理各类案件936件1463人，与上年同期1105件1696人相比，案数下降15.29%，人数下降13.74%；审结案件871件1226人（含积案），与2018年同期1062件1634人相比，案数下降17.98%，人数下降24.97%。提起公诉767件1041人，起诉率88.06%，不起诉100件172人，不起诉率11.48%，同比上升4.79个百分点。依法打击危害社会公共安全、涉枪涉毒、多发性侵财犯罪等影响人民群众生命财产安全的犯罪，起诉侵犯公民人身权利犯罪74件93人，侵财犯罪215件287人，毒品犯罪73件106人。起诉组织领导传销活动、集资诈骗、非法吸收公众存款等经济犯罪案件6件14人。开展扫黑除恶专项斗争，受理提请逮捕案件20件106人，审结认定21件110人，批准逮捕21件110人；受理审查起诉案件19件148人，审结认定8件86人，其中提起公诉7件74人（认定“保护伞”1人），不起诉12人。提前介入6件，纠正漏捕5人，追诉漏犯2人，追诉遗漏犯罪事实31笔，发出检察建议书3份，抗诉1件，移送有关部门“保护伞”问题线索7条、其他问题线索2条。2019年以来（1—10月），审结案件871件1226人，适用认罪认罚从宽程序办理案件618件696人，案件数占70.95%，其中以危险驾驶罪罪名居多，如危险驾驶罪267件，占43.20%，盗窃罪145件，占23.46%。受理的职务犯罪案件11件13人，其中8件8人为长沙县监察机关移送，3件5人为天心区监察机关移送。办结移送起诉3件5人，不起诉1件1人。未检工作受理审查逮捕案件46件81人，批准逮捕34件59人，不逮捕12件22人；受理审查起诉案件38件69人，提起公诉26件33人，不起诉3件7人，附条件不起诉4件13人件。

【刑事检察】2019年，受案611件1006人，批捕483件802人，决

2019年，“聚焦营商环境优化年 助力企业迸发新动力”主题沙龙举行

（张 琴 摄）

定逮捕7件7人，批捕率80%，不捕113件185人，不捕率20%，其中存疑不捕16件39人，构罪不捕件97件146人，移送侦查机关撤回8件12人，发出要求说明不立案理由通知书15件19人，公安机关主动立案13件14人；移送犯罪线索9件61人，立案14人；发出要求说明立案理由通知书7件7人，公安机关主动撤案4件4人；追捕犯罪嫌疑人13人；提前介入案件14件。“扫黑除恶”专项斗争开展以来，办理涉黑涉恶案件21件127人，批准逮捕21件125人，提前介入涉黑涉恶案件6件，移送扫黑办线索1条，移送侦查机关线索2条，将寻衅滋事、敲诈勒索、非法高利贷等违法犯罪活动作为防范和打击重点，批捕寻衅滋事罪29人，非法高利贷类强迫卖淫罪27人，敲诈勒索罪5人，非法吸收公众存款1人，组织、领导、参加黑社会性质组织罪19人，开设赌场罪17人，故意伤害罪2人，非法拘禁罪4人，非法采矿罪9人。批捕破坏环境资源案件7件23人，开展“破坏环境资源犯罪”专项立案监督活动，监督行政执法局移送犯罪线索1件，提前介入破坏生态环境案1件。向公安机关发出要求说明不立案理由通知书15件19人，公安机关主动立案13件14人；发出要求说明立案理由通知书7件7人，公安机关主动撤案4件4人；移送犯罪线索9件61人，公安机关立案14人；受理当事人控告申诉案7件。

【监所检察】2019年，检察收押1475人，出所1337人，12月底看守所在押人员769人，其中留所服刑42人，监外执行罪犯476人。办理羁押必要性审查案件93件，其中立案60人，提出变更强制措施建议39人，办案单位采纳36人，看守所留所服刑减刑审查案件1件，成功减刑1人，收监执行审查案件13件，发出收监执行检察意见书13份，法院裁定收监13人，督促收监11人（现有2人网上追逃）。看守所在押人员控告申诉10件。指定居所监视居住检察监督4人。办理特赦案件16人。

【民事行政检察】2019年，长沙县人民检察院民事行政检察科受理各类案件148件，其中督促行政机关履职12件，对民事行政裁判生效判决监督12件，执行监督9件，审判活动中的违法行为监督1件，支持起诉11件。受理公益诉讼线索107件，公益诉讼立案103件（刑事附带民事公益诉讼5件，行政公益诉讼98件）。结案179件：其中督促行政机关履职2件，对民事行政裁判生效判决监督12件，执行监督7件（含存案1件），审判活动中的违法行为监督1件，支持起诉11件，公益诉讼案件146件（含存案144件）。

【控告申诉检察】2019年，长沙县人民检察院控告申诉科接待来访群众280余人，接听“12309”检察服务热线130余次。受理各类控告、申诉、举报及其他来信来访39件。受理控告类信访14件，分本院侦监科7件，公诉科2件，转长沙县监察委2件、长沙县公安局1件、星城地区检察院2件；审查受理民事诉讼监督案件21件，发出民事案件受理通知书21份，均分本院民行科办理。办理国家司法救助3件/3人，发放国家司法救助金4.5万元。办理国家赔偿案1件，发放赔偿金105358.84元。组织检察长接待日41次。

【案件管理】2019年，长沙县人民检察院案件管理科受理、分流各类案件1840件2888人，其中提请逮捕案件676件1116人；移送起诉（不诉）案件1164件1772人。扫描制作“六大类”案件电子卷宗1164件，案卷3593册。接待律师385人次，刻录电子卷宗光盘385盘，保障律师在刑事诉讼活动中的执业权利。接收外来文书2406份，其中判决书、裁定书1108份、其他文书1308份，均及时登记、扫描、录入系统，送达给各业务科室。公开案件信息704条，生效判决案件的法律文书及不起诉决定书783份，公开率89.9%。

【司法警察】2019年，履行司法警察各项职责816人次，其中执行提押、押解210人次；协助执行拘留22人次；执行传唤6人次；送达法律文书315人次；负责接待群众来访场所的秩序和安全263人次。所有出警均严格按法定程序用、派警，做到程序合法、手续完备、执法公正。（郑　杰）

法　院

【概况】2019年，长沙县人民法院（以下简称县法院）受理各类案件23582件，审执结案件22962件，同比分别上升22.96%和24.48%；

法官日均结案约2件、年均结案396件，最多结案763件。1月，县法院被评为“全国优秀法院”。3月4日，县法院被长沙市中级人民法院授予“2018年度全市优秀法院”荣誉称号。3月15日，湖南省高级人民法院党组副书记、副院长、机关党委书记张兰到县法院考察、调研党建工作及法院文化建设；3月26日，最高人民法院审判管理办公室副巡视员韩伟、湖南省高级人民法院审判管理办公室主任尹小立等到县法院专题调研审判管理工作与信息化建设工作；4月11日，湖南省高级人民法院民一庭副庭长曾志红、长沙市中级人民法院民一庭庭长丁念红等到县法院调研人民法庭工作；10月11日，湖南省高级人民法院党组成员、政治部主任董岚一行到县法院调研。

2019年5月22日、23日，内蒙古、河南等7个代表团的25位全国人大代表、全国政协委员视察长沙县人民法院及槊梨法庭工作　　　（周　君　摄）

是年，该院审结涉黑涉恶案件13件121人。抓好大要案审理，审结的被告人王某强等24人组织、领导、参加黑社会性质组织案系湖南省侦破的首例“套路贷”涉黑案件，组织领导者王某强被判处有期徒刑23年。12月24日，《人民日报》、中央广播电视总台、人民法院新闻传媒总社等60余家媒体同步在线直播县法院涉黑案件公开宣判，2400万网友在线观看。审结涉企商事案件7615件，涉案标的额487.66亿元。清算“僵尸企业”，在湖南波特科技发展有限公司破产案中，将关联企业湖南波特重工制造有限公司一并纳入破产清算范围，强化破产清算效果。注重知识产权保护，经最高人民法院批准，县法院集中管辖长沙县、开福区和浏阳市辖区内的知识产权案件，审理湖南广播电视台等省内知名媒体提起的知识产权纠纷案件1077件。延伸司法服务，走访三一重工、山河智能、上汽大众等6家园区企业，引导企业防范法律风险。审理涉拆迁腾地、非法用地、占地经营等行政案件和非诉审查案件256件。协调司法行政等部门，全面启动一站式多元解纷机制和“一站式”诉讼服务中心建设，探索“互联网+诉前调解”工作模式。创新多元解纷工作，成功调解案件近400件，调解率近30%。参与镇街矛盾纠纷协调，审结各类案件3169件，调解结案718件。

审结刑事案件895件，判处罪犯1160人。审结故意杀人、故意伤害、抢劫、强奸等案件81件108人。审结危险驾驶、重大责任事故等案件295件296人。审结制造、运输、贩卖毒品等案件81件122人。审结污染环境等案件11件16人。审结生产销售有毒有害食品、伪劣产品等案件5件6人，审结贪污、受贿、行贿等案件4件5人。审结民商事案件12118件，同比增长14.96%。审结金融借款、民间借贷等案件2087件。审结涉房屋、土地、建设工程等案件790件。审结买卖、服务等合同纠纷案件2909件。审结道路交通事故、医疗纠纷案件654件。审结婚姻、继承等家事纠纷案件711件。审结劳动争议等案件413件，在千山药机薪酬纠纷案件中，应劳动者申请，向企业发出300份支付令，企业兑现全部工资400多万元。审结涉及未成年人案件100余件。

全年受理执行案件5414件，同比增长71.43%，执结案件5105件，同比上升24.12%，执行到位金额8.63亿元。开展“冬日暖阳”“春雷行动”等涉民生案件专项执行，兑付农民工工资565.13万元。开展涉工程机械案件跨区域联合执行，派警分赴辽宁、海南等25个省，异地扣押设备164台，查封房屋121套，拆除搅拌台7套。公布失信被执行人539例，发布限制消费令3767例，司法拘留213人，移送公安机关立案9案12人，其中2案2人被判处拒不执行判决、裁定罪。开设法律咨询、诉调对接、材料收转等窗口，当事人办事更加便捷。制定诉讼保全、鉴定、评估、拍卖工作规则，规范司法服务。上线“移动微法院”，开展跨区域立案服务。档案电子化，当事人通过网络快捷查询诉讼档案。发放司法救助款63.42万元，40余名当事人拿到“暖心钱”。开展提升司法绩效“百日攻坚行动”，出台“八项措施”，当月结案数3757件，法官日均结案3件。开展“司法公正长沙行”和“千名代表委员走进法院零距离监督”活动；5月和8月，25位全国人大代表和政协委员、26位省人大代表分别视察县法院工作。

【长沙县人民法院被评为“全国优秀法院”】2019年，县法院探索繁简分流机制改革，推出“三分式”审理模式改革，推进司法责任制改革，以原有的财政预算、人员编制、硬件配置成功缓解“案多人少”难题，得到上级法院和各级领导肯定，改革经验在全省、全国推介。县法院多次作为基层法院代表在全国法院司法责任制改革推进会、全国法院案件繁简分流机制改革推进会等国家级会议上做经验介绍，全国各地300余家法院到院学习考察。2019年，该院受理各类案件19178件，审执结18446件，结案率96.18%；该院员额法官人均办案312件，法官个人结案数最多764件。2019年1月17日，县法院被评为“全国优秀法院”。（周　君）

司法行政

【概况】2019年，长沙县司法局与原政府法制办合并，新组建的司法行政机关是政治机关、政法机关、法治机关和行政机关，承担行政执法、刑事执行和公共法律服务等职能。全年开展革命烈士事迹教学、廉政警示实地教学、“我的初心故事”征集等研学活动10余次，组织干部职工集中学习12次，实地参观6次，大型学习培训2次。协调推进全面依法治县，提升法治长沙县建设水平。召开县委全面依法治县委员会第一次会议，审议通过“两规则一细则”；分别组织司法、执法、守法普法协调小组召开工作会议。由县委依法治县办联合县委组织部、县委宣传部、县司法局印发《关于加强领导干部学法用法工作的指导性意见》的通知，进一步落实各级党委（党组）中心组集体学法制度。配合省委依法治省委员会完成对全县开展食品药品安全执法司法专项督察以及“营造法治化营商环境，保护民营企业发展”专项督察工作。全年办理县委县政府交办件100余件，为县领导决策提供法律意见300余条。审查政府常务会议议题130余个，对210余个会议纪要进行合法性审查。审查政府招商引资合同、项目合作协议等合同20件，涉及金额700余亿元，出具书面审查意见80余条。牵头清理全县政府合同履约情况，督促合同争议解决。审查政府规范性文件20余件，报备的及时率、规范率、报备率100%。为机构改革涉改单位“三定”方案出具合法性审查意见。牵头组织全县2019年证明事项清理工作，取消证明事项54项。

是年，长沙县被评为“全国‘七五’普法中期先进县”；金井司法所被评为全国先进司法所；泉塘司法所被评为全省司法所工作表现突出单位；北山司法所所长董建伟被评为全省优秀司法所所长。

组织全县245人参加全省行政执法人员考试。开展全县执法案件评查工作，抽取执法案卷80本。

2019年12月4日，长沙县“12·4”国家宪法日宣传暨法治公交车首发仪式现场（县司法局 提供）

办理各类行政复议和应诉案件380余件（含2018年结转166件），办结279件，完成行政负责人出庭应诉8次。筑牢社区矫正监管防线，在管的500余名社区矫正人员未发生脱管、漏管和影响安全的群体事件。依法对16名符合条件的社区矫正人员宣布特赦。防范重大矛盾风险，加强矛盾纠纷排查，通过打造专家调解室、构建“边界联调联防”、合理利用人民调解救助金等方式努力化解矛盾。全年各级调解组织排查调处各类矛盾纠纷3350余件，调处率100%，成功率99%，未发生“民转刑”案件。县矛盾纠纷调处中心主持或参与调解重大矛盾纠纷案件40件，其中36件签订协议书，协议涉及金额1986.3万余元。全年开展法律咨询活动120余场，法治讲座180余场，接待群众咨询5万余人次，发放各类法律知识宣传资料25万余份。

组织开展全县国家工作人员年度学法考法工作，参学率、通过率均100%。全年73名法律顾问为203个村（社区）提供法律服务600余次，参与调解40余起，开展法治宣传20次，开展其他法律服务30次。受理援助案件400余件，落实刑事辩护全覆盖工作类型案件208件。刑事案件认罪认罚从宽制度试点工作为犯罪嫌疑人、被告人提供法律帮助1200余人次。推行预约服务、节假日上门服务等公证便民措施，全年办结公证案件7000余件。结对帮扶，助力白石源村脱贫攻坚，走访白石源村贫困户20余户，帮扶贫困对象15户，争取扶贫项目100万余元，帮助销售农副产品5万元，为村上儿童书屋捐赠1.1万元书籍。通过在公共法律服务中心设置“企业法律服务窗口”；明确星沙、泉塘、榔梨、长龙、黄花5个司法所对接辖区内企业；在县法院设立涉诉产权纠纷诉前调解室和县重大矛盾调处中心驻工商联调解室等方式，为有需要的企业提供法律咨询、法治宣传、调解等相关法律服务。将涉企领域矛盾纠纷作为重点，全年成功调处涉企业、涉项目、涉产业矛盾纠纷33起。办理涉及优化营商环境行政应诉案件7件，审查涉企规范性文件9件，办理153件保全证据公证，其中用于诉讼的保全证据公证40件。全年召开专题会议11次，组织全县法律服务从业人员进行专题学习培训。主动摸排社区矫正人员涉黑涉恶情况，并与其签订《扫黑除恶承诺书》。组织律师参与刑事辩护工作，全年收到县域内律师办理涉黑涉恶案件报备59起。

【法律服务老年人】 2019年，该局与长沙县老年协会联合开展“法律服务老年人”专项活动，通过听取专题讲座、法律咨询、纠纷调解等法律服务保障老年人合法权益、提升老年人幸福感。与县交通局联合承办长沙县“12·4”国家宪法日宣传暨法治公交车首发仪式，流动普法新阵地春风化雨开展宣传。

【边界联调联防】 2019年，在矛盾易发多发的边界地带构建“边界联调联防”工作机制，金井镇与平江县瓮江镇、春华镇、浏阳市沙市镇、永安镇，江背镇、浏阳市洞阳镇、永安镇，北山镇、开福区沙坪街道达成边界协作协议，调处6起边界纠纷。（谭丽娟）

责任编辑　周进银

军　事

Military

地方武装

【概况】 2019年，长沙县人民武装部以习近平新时代中国特色社会主义思想、强军思想和党的政治建设为主要内容，组织党委中心组4个专题理论学习，开展7次讨论交流，4次心得体会展评。邀请老兵典型帅光明、感动湖南人物朱豫刚作典型报告；组织观看《榜样4》《英雄本色：张富清》《时代楷模：王继才》视频。

落实战备。5次深入开展形势政策和战备教育。落实重大节假日和敏感时段战备值班制度，接受上级突击抽查值班情况30余次。完成年初抗冰、“两会”安保、“70大庆”维稳和雨季防讯、旱季防火等重要任务。坚持每月专题议战议训，研究各阶段训练工作安排。对表实战化要求，长沙县无人机侦察分队参加湖南省应急救灾演练被湖南卫视报道。组织7所高校、18个镇街全体专武干部参加省军区、警备区集训，1人被评为省军区“优秀学员”、4人被评为警备区“优秀学员”；组织民兵舟桥骨干、选派专武干部参加省军区比武，团体获全省第四名，金井镇专干周勋获“四会”教学比武全省第一名；落实首长机关训练计划，参加省军区组织的首长机关3个专题军事理论和法规学习，警备区年终军事训练考核，推进军事职业教育试点建设。传达省军区《关于加强新时代基层武装部、村级民兵营（连）建设的意见》，在路口镇武装部和浔龙河村民兵营抓典型引路、试点推进。安排班子成员分片包干，督导辖区18个镇街武装部按照《意见》要求和星级达标考核标准。

民兵调整改革。部党委5次专题分析民兵调整改革形势任务，协调县委县政府将调整改革任务落实情况纳入县绩效考核和督查范围，4次召开专题会部署。召开全县民兵整组工作任务部署会、潜力调查业务培训会、整组业务培训会。落实“三个一遍”：即由部领导带队组织分片包干到经开区规模企业上门走访一遍，与企业界人士座谈，宣讲政策、掌握底数、预征预储装备；成立军地联合领导小组，先后3次召开会议，与县政府联合印发整组通知，会同政府督查室对各镇街和编兵单位整组工作情况开展1次联合督查；组织各基层武装部、编兵单位开展业务培训1遍，印发学习培训资料、宣传挂图和上报表册。

兵员征集。承接兵役登记银行卡证办理和兵役登记录像片拍摄协调任务，先后与邮储银行、拍摄组对接，集中人力资源办公，6月20日，迎接军委国动部、军委改革办检查验收。创新征兵方式方法。利用扶贫时机和暑期上门走访，实施“一对一”“键对键”精准登记和逐个宣传；联合退役军人事务局上门为获三等功以上官兵送喜报和慰问金；在湖南信息学院组织“大学生入伍宣传周”活动启动仪式，统一制作大学生入伍宣传展板发放到高校巡展，发动县直单位利用户外大型公益广告、电子显示屏等投放征兵宣传标语广告，在人流密集地播放省军区征兵宣传片《军旅味道》。运用体检监测系统，上级全程网上监控，结果现场录入电脑，当日体检结束及时上报县人武部。集中预定新兵在训练基地开展为期9天的役前训练，通过体格复查和逐一思想摸底，淘汰23名身体和思想不合格兵员。在审批定兵阶段，运用系统数据，对体检、政考等重要信息，结合应征青年学历、特长、经历和役前训练现实表现，区分层次打分排名，统筹考量择优定兵。聘请76名廉洁征兵监督员，组织廉洁征兵监督员聘书发放仪式，通过电话、短信、微信等多种方式实时报告廉洁征兵情况，落实廉洁征兵每日“零报告”制度。给上站体检青年发放廉洁征兵监督卡和廉洁问题调查问卷，对所有新兵进行廉洁征兵线索排查，及时答复全国征兵网上的问题。在长沙电视台、《星沙时报》和手机短信中向社会公布县征兵办和全县征兵举报电话，设置举报信箱。

落实党管武装“十个纳入”制度。将国防教育纳入县委中心组理论学习计划并开展集中学习教育，提升各级领导干部国防意识。利用辖区国防教育资源，结合星级达标，提升各镇、街道国防教育室功能，协调投入50万元，提质更新浔龙河国防素质教育基地、大众传媒国防教育长廊。学生军训期间，开展以国防教育为主题的国家安全形势报告会、“爱我国防”主题演讲、国防法规知识图片展和国防军事技能竞赛等常态活动。针对军队调整改革后驻县部队建制变化情况，7月初组织驻县部队各单位召开军地联席会，对接双方需求，研究解决部队建设难题。协调解决随军家属安置、军人子女入学入托、退役军人安置等难题，解决转业干部随调家属就业2人，安排军人子女择校入学40余名。推进“双带双促”活动，投入167万元扶持28名退役军人自主创业项目。春节、“八一”期间开展“喜报送功臣”活动，投入400万元为部队立功受奖人员上门送喜报，二等功臣朱旭被各级媒体报道。

部队安全管理。落实一日工作生活制度，开展条令条例学习月、保密工作专项清查、军车管理专项整治、安全工作自查、百日安全等各项活动，无任何安全事故。把安全工作与巡视巡察反馈问题整改、主题教育专项整治以及年度各项重点、大项工作结合起来，利用早交班会统筹各项工作安排。落实党委理财和财经管理工作各项制度规定要求，按照预算使用经费。落实党委议装制度规定，加强对枪弹、车辆的日常检查和维护保养，协调县机关事务局投入90万元修缮饭堂、营房等生活设施。

2019年，民兵抗洪抢险分队集训　　（县人武部 提供）

扶贫工作。通过产业扶贫、教育补助、助学兴教、走访慰问等形式，向帮扶对象资助近8万元，协调政策经费帮扶基础设施建设45处、小学1所，定点帮扶的12户贫困户基本脱贫。精细化管理扶贫对象，摸清帮扶对象情况，综合考虑支出，动态跟踪监测，防止个别对象脱贫后隐瞒收入浑水摸鱼；推广种植市场热销的果蔬并帮助联系销售渠道，鼓励人武部干部职工以略高于市场价个人购买帮扶对象饲养的家禽，为有小鱼塘的对象提供鱼种等，多渠道增收；精准化扶持贫困对象，因人施策，除赠送“柴米油盐”外，协调银行为有创业意愿的对象提供贴息贷款，资助有条件的对象参加职业技能培训，并推荐到附近企业就业。

【民兵整组】 2019年，长沙县人武部召开全县民兵整组工作任务部署会、潜力调查业务培训会、整组业务培训会。推动编组向长沙经开区拓展、向新质力量延伸，落实“三个一遍”：即由部领导带队组织分片包干到长沙经开区规模企业上门走访一遍，与企业界人士座谈，宣讲政策、掌握底数、预征预储装备；成立军地联合领导小组，会同政府督查室对各镇街和编兵单位整组工作情况开展联合督查一遍；组织各基层武装部、编兵单位开展业务培

训一遍，印发学习培训资料、宣传挂图和上报表册，明确规范工作程序方法。（李　遂）

武装警察

【概况】2019 年，长沙县武警中队坚持把军事训练作为和平时期提高部队战斗力的主要途径，严格按照《军事训练大纲》科学组训，从难从严从实战需要出发锻炼部队，提高广大官兵军事技能。军事训练坚持以提高执勤和“处突”能力为目的，按纲实训，科技练兵，提高官兵军事训练素质；以干部为重点，以“五小”（小时间、小课堂、小教员、小测试、小讲评）练兵为主要辅导形式。以贯彻落实《军事训练大纲》为契机，紧盯战斗力标准，坚持一切工作向中心聚焦、向打胜仗用力。掀起群众性练兵热潮，刚性执行军事训练“八落实”，落实训练制度，创新训练方法手段，落实训练奖惩，力争内容训全、时间训够、人员训齐、效果训实，确保硬科目在“个数”“秒数”“环数”达到优秀标准，软科目在“力度”“准度”“速度”上锤炼部队精气神，夯实练兵备战主业主责，中队训练水平提升，中队参加支队勤训轮换，军事训练总评排名支队第四；全年中队军事训练成绩总评保持优秀水平。

加强基层管理建设，坚持依法治警，从严治警的方针，加强部队正规化建设。严格按照条令条例加强部队管理，坚持民主集中制原则，尊干爱兵，官兵一致，抓实经常性管理。落实《军队基层建设纲要》，加强班子建设。加持按纲建队，落实正规化管理，规范后装场所设置一日生活秩序。开展“条令年”活动，对照新颁发的三大条令，明确各级管理职责，细化任务分工。为庆祝中华人民共和国成立 70 周年，确保国庆期间社会面安全稳定，根据湖南省公安厅、武警湖南省总队联合下发的《湖南省公安武警联勤武装巡逻工作方案》要求，先后派兵 10 余次（30 名兵力）加强公安武警联勤武装巡逻，加强对长沙县内重要路段、重点区域、重要目标周边巡逻防控。着眼实战化训练和保障需求，提高后勤队伍能力素质和基层中队应急保障水平，实现“后勤变前勤”总体目标。（向剑锋）

人民防空

【概况】2019 年，全县人防工程和总建筑面积超过全省大部分地州市总量。在全省率先开展县级人防疏散地域和疏散基地建设，打造人防与乡村振兴融合发展新模式，在全省树立人防融合发展新标杆，建成人防疏散地域（基地）若干个。创新推进“智慧人防”建设，完成人防监视系统试点项目建设。推进人防宣传教育“五进”（进机关、进学校、进社区、进企业、进网络），建成松雅湖二小人防宣教示范学校；在“5·12”防灾减灾日开展人防、地震、防雷宣传活动，发放宣传资料 2000 余册，接受咨询 100 余次；开展“11·1”湖南防空警报试鸣活动，组织开展人防疏散地域防空袭疏散演练，通过电信运营商、报纸、网站、客户端等融媒体平台进行宣传，提高民众自我防护能力。

【防空警报试鸣活动】2019 年 11 月 1 日是防空警报试鸣日。当天上午 9 时 30 分至 9 时 49 分，长沙县准时鸣放“预先警报”“空袭警报”“解除警报”，全县所有警报器全部鸣响，防空警报鸣响率、覆盖率均为 100%。结合警报试鸣，全县各中小学校开展防空袭疏散演练和人防宣传教育活动，县级各媒体平台发布试鸣通告及人防宣传知识，全县 100 余台多媒体电子显示屏在试鸣前 5 天播出试鸣通告，全县 60 余万市民收到防空警报试鸣的手机短信提示。同时，县住建局人防办在全县中小学人防素质教育基地松雅湖二小开展防空袭疏散演练，在县政务中心一楼搭建宣传台，摆放宣传展板、发放人防宣传资料、开展政策咨询。（屈　倩）

责任编辑　周进银

工业·园区建设

Industry & Construction of parks

综　述

【概况】 2019年，长沙县规模以上工业产值2516.7亿元，同比增长8.5%，规模以上工业增加值601.8亿元，同比增长10%。工程机械、汽车及零部件、电子信息三大产业产值2177.7亿元，占全县规模以上工业产值的86.5%。汽车及零部件产业完成产值661.5亿元，同比下降20.6%。工程机械产业产值1256.2亿元，同比增长29.7%。电子信息产业产值260.6亿元，产值同比增长37.4%。工业投资345.1亿元，同比增长7.6%；工业技改投资102.23亿元，同比下降37.81%。全年有16家企业月度入规成功，另有55家企业在申报年度入规。

开展“营商环境优化年”实体经济降成本专项行动，7万余户次纳税人享受减免税，减免税额超过1亿元；为市场主体减税26亿元，降低社保成本2.29亿元，失业保险稳岗返还补贴1.6亿元；为养老保险费率过渡试点的参保企业减征2117万元，其他参保企业减征9768万元；为14家企业发放电费补贴140万元；电力高压业扩压缩至4个环节，低压压缩至2个环节，缩短业扩报装时间50%；开展23场招聘会，县内400余家企业参加，为求职者提供4.1万个岗位，4000余人次现场达成用工意向。为企业争取上级产业发展类扶持资金1.3亿元；推荐县内76家企业申报省制造强省、中小企业发展专项、新能源推广应用奖补等专项资金项目；组织企业申报2019年湖南省制造强省专项资金奖励项目，有8家企业获批，奖励资金155万元；组织企业申报2019长沙市智能制造专项项目，有25家企业获批，奖补资金1161.94万元；组织企业申报新材料企业申报长沙市新材料检验检测专项补贴项目和重点新材料首批次应用保险补偿资金。牵头完成《关于振兴长沙县工业实体经济的实施意见》政策修订，每年增加财政预算2000万元支持工业实体经济发展。组织通信运营商完成县内举办的农博会、轨交会、食博会、松雅湖无人机表演等10余场重点活动的通信保障工作。

出台《长沙县人民政府办公室关于建立企业帮扶长效工作机制的通知》，县工信局加挂长沙县企业帮扶工作办公室牌子，疏通企业帮扶渠道。清理全县各部门、镇街拖欠企业账款工作，进一步减轻企业负担。全县8个单位报送欠款台账，欠款总额1233.19万元，均属于政府部门及县属平台公司对民营企业欠款。2019年，全县欠款清偿完毕。组织9家企业参加长沙国际工程机械展，展位面积1073平方米，企业推广和签约效果良好。完成金井镇蒲塘村信号盲区建设工作。重新修订《长沙县中小企业发展专项资金管理办法》，进一步规范项目申报流程；长沙县中小企业发展专项资金2760万元。兑现2018年度《关于振兴长沙县工业实体经济的实施意见》，奖励500万元，涵盖企业电费补贴、台阶奖、创新奖、入规奖、军民融合奖5类奖项。

全年举办各类培训活动10期，参加企业280家，培训450人次。

服务中心联合相关单位对企业进行走访，了解企业的实际情况、基本经营状况、人员结构、管理等方面的信息。协同县蓝天办推进重点行业的挥发性有机物治理，推动建设集中式的挥发性有机物治理中心；推广使用低挥发性有机物含量的原辅材料，组织6家企业申报市级奖励项目；完善应急减排项目清单管理和错峰生产、停限产工作；联合各镇街、县直相关部门开展蓝天保卫战专项工作检查，检查企业100余家。县工信局作为县管河梨江港的联系部门牵头负责县级河长巡河工作。县级河长率队巡河调度14次、召开巡河调度会7次。2019年梨江港水质改观，根据市生态环境局水质自动监测站数据，梨江港入浏阳河口断面从4月6日至12月17日的256天监测中，达标天数192天，达标率75%。长沙县工业自愿性清洁生产审核目标任务数8家，有8家企业开展审核并提交报告参与集中评审；绿色制造体系创建方面，通达内饰等3家企业2019年湖南省绿色工厂创建公示，金龙铸造获批工业和信息化部第四批绿色工厂，帝亿生物列入2019年湖南省两型工业企业认证计划，正在实施认证。

制定《长沙县工业企业安全生产分级分类监管实施方案》，对全县规上、规下工业企业按级别、行业分类确定监管主体实施安全生产监督管理；实行安全生产服务外包，聘请专业机构开展工业企业安全生产监管工作；对38家企业开展安全生产检查，出动检查人员92人次，发现安全生产隐患82处，整改82处；开展工业和信息化领域安全生产“大排查、大体检、大整治”行动；组织县域规模以上工业企业安全生产主要负责人和各镇（街）经贸办安全生产工作负责人开展安全生产培训；抓好安全生产巡查问题整改，制定整改任务分解表，明确责任领导和责任人，确保问题、隐患整改到位。联合县质监局和镇街经贸办，对长沙梅花汽车制造有限公司等9家汽车生产企业进行《道路机动车辆生产企业及产品公告》内生产、销售道路机动车辆一致性进行检查。对县域两家水泥生产企业（河田白石、印山台水泥）进行源头监管，督促企业治超信息接入治超信息平台，每月对企业开展源头监管检查，未发现超限超载和非法改装车辆入场现象；配合省市做好水泥、建材企业错峰停产。

长沙县开展“打造长沙移动支付第三城”专项活动，推广和包支付在长沙县的应用；全年和包用户有效拓展人数583730人，实际使用人数524626人，和包商户拓展数11619家；同时通过和包交党费、交水电费、和包进商超、和包进酒店等场景推广，广泛普及和包支付软件应用。以5G网络建设为核心，协助三大运营商推动全县通信基础设施建设。2019年长沙县城区实现全光网覆盖，行政村光纤宽带全通达，城区全网宽带用户接入能力200Mbps，农村区域全网宽带用户接入能力100Mbps。全县分布有4G站点移动2124个，电信2900个，联通998个，城区4G网络实现全部覆盖，农村4G网络覆盖所有行政村；5G网络移动完成三一重工等重点区域覆盖，5G站点移动规划建设352个，建成105个；电信、联通规划共同建设420个，建成5个。

县工信局与长沙智能制造研究总院有限公司合作，为全县范围内26家企业提供免费智能制造体检服务，促进企业智能制造转型升级。全县新增37家（经开区23家，镇街14家）智能制造试点企业。县内（不含经开区）引进工业项目7个（长沙山太飞机工程、北京电子城大健康产业园、兆恒材料研发生产基地、7.0T超高场核磁共振 & 脑科学研究中心、印一印务高端电脑数字票据印刷、江背麻姑井酿酒基地和健康钛家居生活用品智能制造基地项目）。对佳一密封件、南方钽铌公司进行新材料证书换发申请工作，推荐佳一密封件、大禹建材公司申报造强省重点新材料产品首批次应用示范奖励项目，推荐金佰利汽车零部件公司申报制造强省“百项专利转化推进计划”重点专利技术转化项目，推荐同冈科技公司申报制造强省“百项重点新产品推进计划”重点新产品项目。（周正湘）

长沙经济技术开发区

【概况】2019年，长沙经济技术开发区（以下简称“长沙经开区”）技工贸总收入4000亿元，同比增长14.3%；规模以上工业总产值2426.1亿元，同比增长7%；规模以上工业增加值508亿元，同比增长9%；全社会固定资产投资290.4亿元，同比增长11.8%，其中工业及生产性服务业投资182.9亿元，同比下降10.2%，技术改造投入55.9亿元，同比下降6.7%；

财政总收入191.8亿元，同比增长11.4%，其中工商税收155.5亿元，同比增长6%；规模以上工业企业研究与开发经费支出90亿元，同比增长15%，占企业营业收入比重的3.6%；进出口总额49亿美元，同比增长23.4%，实际利用外资7.17亿美元，同比增长12.7%。主导产业稳中向好，工程机械产业产值1358亿元，同比增长30.6%，占全市75%。骨干企业发展势头良好，三一集团装备板块终端销售额突破1000亿元，跻身全球工程机械前三强；铁建重工成功研制国内首台中低速磁浮智能巡检车，获批“国家级工业设计中心”；山河智能液压静力压桩机被评为国家冠军产品。汽车产业产值677.2亿元，同比下降20.7%，三一智联重卡暨道依茨发动机、索恩格新能源汽车技术全球研发中心暨工业园二期等重大项目相继落地，上汽大众新能源、福田汽车超级中轻卡、奇瑞汽车新能源商用车、吉利汽车等重大项目洽谈推进。电子信息产业产值220.1亿元，同比增长12.7%。蓝思科技与全球知名企业达成重大产品配套协议，在显示材料领域领先优势持续扩大。推进国科集成电路产业园，国科微电子加快打造全国芯片设计领域“独角兽”企业，园区获批建设国家“芯火”双创基地。发展“四新”经济，星沙区块链产业园获批“湖南省大数据产业园”，引进中国工业与应用数学学会、区块链安全技术检测中心等5大高端平台，入园企业60家，开发科创项目20个。总投资180亿元的三一云谷项目签约落地，打造新的千亿级产业。湖南首个干细胞与再生医学产业园—中南源品干细胞科技园开园。加强商事主体培育，总量11276家，同比增长49.6%。新研发省、市首台（套）智能制造装备34件，申请专利3000件，授权2100件，获中国专利奖9项。推进创新创业，新建工业地产28万平方米，引进中小微创新企业448家，新增创新平台国家级3家、省级7家、市级1家，三一众创被评为国家级科技企业孵化器。

项目引建。引进投资额5000万元以上项目40个，总投资691.3亿元，其中世界500强投资项目3个，中国500强投资项目1个，投资额100亿元以上项目1个，投资额10亿元以上项目12个。三一智联重卡及道依茨发动机，比亚迪IGBT、铁建重工第三产业园、索恩格新能源汽车技术全球研发中心、夸特纳斯长沙产业园、华天光电激光陀螺等重大项目签约。重点在谈项目10个，总投资额187亿元。加大“走出去”招商，承办2019长沙国际工程机械展览会、中国国际轨道交通和装备制造产业博览会，举办中国（长沙）—日本（名古屋）汽车零部件供应商投资说明会、长沙市汽车产业链暨德系汽车零部件招商推介会，引进日系车零部件项目4个，投资10亿元。推行“三制度一梳理”工作机制，以全面压实责任倒逼项目建设进度，70个市重大项目投资178.4亿元，其中政府类投资项目25.1亿元，社会类投资项目153.4亿元。国科集成电路产业园、博世新能源汽车部件等33个新建项目开建，蓝思科技黄花生产基地、湘江电缆铜业总部基地等35个续建项目推进，广汽三菱发动机及二期扩建、广汽菲克K8等6个项目竣工投产，顶立科技、磐吉奥等7家绿心地区退出企业如期搬迁重建。铁建重工地下装备制造项目获住建部“鲁班奖”。创新方式夯实资金保障，拓展资金渠道，争取一般政府债券和土储专项债券12.83亿元；协调县财政提前结算税收分成收入和企业扶持资金5亿元；争取三一集团支付10亿元项目保证金；推进四个PPP项目建设，投资25亿元，第五个PPP项目由财政部公示。兑现政策资金，落实“减税降费”政策，1200余家企业纳税主体获得减税20亿元，500余家企业减缴社保费约8000万元；兑现工发资金28.5亿元。协助企业开展融资，创新推出“金融集市”，协助企业融资16亿元；园区直属金融机构为企业提供担保近10亿元、风险补偿增信贷款近4亿元、发放转贷及小额贷款5亿元，解决部分企业“融资难”“融资贵”问题。多管齐下破解土地瓶颈，实施“腾笼换鸟”，签订收回收购合同8家企业，收回土地91.67公顷；安置腾换企业2家，供地17.47公顷，引进投资16亿元。推进征拆工作，拆除房屋803栋，动迁2419人，腾地414.07公顷。清理整治闲置用地，盘活存量土地105.31公顷。申报新增建设用地，批回土地155.67公顷。开设“人才集市”，引进各类人才1.5万余人，251人入选市级及以上高层次人才。在全省率先提倡“企业技能人才入校”，技能人才培训及职称晋级申报人数领先全市，市级“十行状元、百优工匠”技能竞赛获奖人数位居全市第一，获批湖南首批联湘创新创业工作站。出台《技术工人购房贷款利息补贴实施办法》，兑现区本级人才政策扶持资金2200万元。新建公租房7736套，建设任务占全市85.7%。

智能制造。引进国家级智库中国信通院中南基地，143家区内外优秀服务商进入园区智能制造供给资源池。三一集团启动世界级智能制造“灯塔工厂”工程，蓝思科技“智慧车间”实现6.7万台设备互联互通。园区拥有9个国家级示范企业（含国家专项）、12个省级示范企业（车间）、93家市级示范企业，智能制造试点示范企业产值占园区规模工业总产值40%。完成企业市级智能制造“扩面”20家、“入规”43家、“升高”108家，15家企业纳入省市拟上市企业库，2家企业获省证监局备案批复。推进智慧园区建设，实施智慧园区中长期发展规划，“一档两库一平台”一期项目完成验收，评为“2019全国智慧开发区建设十大优秀案例”。二期项目重点建设信息仓、工业经济运行分析及企业服务管理系统。大陆集团智慧城市及智能出行示范5个子项目全面启动。工业互联网平台效益逐步释放，树根互联“根云”平台接入工业设备56万台，赋能61个细分行业。推动工业互联网赋能实体经济，通过树根互联“根云”平台改造，蓝思科技长晶炉省电6.2%、成本下降约1000万元；优力电驱研发“新能源智能车物联网云平台”，实现“卖产品”向“卖服务”转型，长沙市场占有率35%。三一集团、山河智能、长城金融被评为2019年国家级工业互联网企业（专项），长沙经开区被评为首批国家级工业互联网产业示范基地，被评为2019年全省“上云上平台”先进园区。

改革创新。提出改革创新20条举措。按照“派驻改内设、委托改授权、一枚印章管审批”原则，相对集中行政许可权改革试点和机构改革获省、市批准，市派出机构全部调整为内设机构，星沙产业基地和土地储备中心纳入园区管理。组织开展《优化营商环境条例》和“双对标”学习落实活动。在全省率先推出企业开办“七合一”套餐4小时内办结，推进水电气综合窗改革，工业项目报建承诺时限压缩至23个工作日，172项行政权力事项“一次办”“网上办”比例100%，全程网办率54.1%。工管委领导及相关职能部门包干联点、精准服务企业，践行“一线工作法”，解决企业诉求181个，办结率95.8%。推行土地弹性出让模式，项目拿地成本比同期全年限期土地降低近2/3。推进ISO9000贯标工作，管理及服务效能提升。完善公共配套，铺排基础设施项目108个，完成投资49.7亿元。落实市“一圈两场三道”、新三年造绿大行动，建成人行道23.1千米、自行车道30.2千米、停车场1个，新增绿地面积40万平方米。蓝田路下穿长永高速、长株高速榔梨东收费站项目完工，东十路下穿长永高速、东十一路上跨长永高速桥梁项目即将竣工，黄兴大道全线贯通。推进电力“630攻坚”，110千伏韶光变进线电缆通道建成，220千伏鼎黄线塔基即将全线交地，泉塘变电站启动建设。引进英国百年名校康礼·克雷格公学，湖南第一师范学院星沙实验学校开建，湘郡未来实验学校新校区、长沙师范学院附属幼儿园主体竣工。出台《长沙经开区穿梭巴士补贴管理办法》，新开通公交线路3条，大众公租房首末站、德普公交首末站投入使用。

环境营造。推进政府化债工作，拨付化债资金4.18亿元，调出关注类债务18.81亿元。对2018年度总预算36.8亿元的54个项目进行财政绩效评价，对区属独立核算单位进行财务检查。精准扶贫，帮扶龙山县召市镇项目1840万元、社会救助资金106.6万元；帮扶的开慧村脱贫率98%，入选住建部中国传统村落保护名录。打赢“蓝天保卫战”，工管委主要领导进行13次专题调度，建立主要领导月调度、工管委领导周巡查、“明察暗访”专项督查三项工作机制，对园区87个工地进行多轮全覆盖巡查；投入2200多万元提质环保设施、喷雾降尘等工作，指导福瑞印刷等4家企业投入2300万元完成VOC_s挥发性有机化合物治理项目，通过补助方式引导企业投入1500万元完成41台锅炉低氮改造并通过验收，全年空气质量优良天数267天，优良率73.6%。打好“碧水攻坚战”，统筹推进“黑臭水体”治理，城南污水处理厂扩容（二期）项目投入使用，星沙污水处理扩容（四期）提标项目有序推进，整改双桥港、梨江港流域（雨污分流区）错接、混接点385处，杨家湾撇洪渠综合治理、星沙污水厂扩容提质等项目推进，通过国家生态工业示范园区复查。安全生产推进，开展安全生产日常检查和专项行动，工管委领导带队检查企业（项目）435家次，发现问题隐患501个，完成整改463个；部门、单位检查企业2131家次，责令限期整改问题1046个，处罚57起。加强安全生产监管能力建设，区财政完成投入4634万元，同比增加244.8%，中心消防站投入使用。工贸、特种设备、消防等重点行业领域保持“零死亡”，安全生产形势总体平稳可控。2019年8月21日，《2019年全国经开区营商环境指数报告》发布，长沙经开区营商环境指数位居中部第一位、全国第八位。

【金融服务“两进两促”长沙经开行】 2019年1月8日，人民银行长沙中心支行、省工商业联合会、省工业和信息化厅到长沙经开区开展湖南省金融服务进园区、进企业、促融资、促发展（“两进两促”）活动。省工商联、省工信厅与交通银行湖南省分行签订战略合作框架协议。建设银行湖南省分行、浦发银行长沙分行等7家银行与山河智能等25家园区企业签约，金额23.18亿元。

【“营商环境优化年”动员会暨项目签约仪式】 2019年2月11日，长沙经开区、长沙县举行“营商环境优化年”动员会暨项目签约仪式。三一云谷、高端大型医疗设备、珠宝首饰精深加工等24个项目签约，投资297亿元。涉及智能制造、医疗器械、智慧物流、电子信息、航空服务、跨境电商等多个领域。

【区县重大产业项目集中开工活动】 2019年3月19日，长沙经开区、长沙县重大产业项目集中开工活动在顶立科技举行。15个区县项目集中开工，总投资约60亿元。长沙经开区项目8个，包括顶立科技智能热工装备及特种复合材料产业化项目，金岭机床年产500台数控机床建设项目，美美（长沙）食品沙茶酱、蛋糕及咖啡饮品加工生产项目，山河智能山河工业城二期项目，开阳科技智能制造产业园项目，长沙欧宝特电子工程中心、实验室及军民融合项目，新同州置业汽车零部件标准厂房项目，住友橡胶一期扩建项目。

【中国（长沙）—日本（名古屋）汽车零部件供应商投资说明会】 2019年4月10日，长沙市人民政府主办、长沙经开区承办的汽车零部件供应商投资说明会在日本名古屋举行。三菱汽车工业株式会社、广汽三菱、日本阿斯铁亚、林天连布、泰极爱思、荻原、电装、中央精机等23家汽车零部件供应商代表出席。日本林天连布、荻原、泰极爱思、福州六和4家企业与长沙经开区签约，成为首批进驻广汽三菱汽车零部件产业园的日资企业。

【索恩格研发中心、工业园二期项目签约】 2019年5月8日，索恩格新能源汽车技术全球研发中心、索恩格工业园二期项目签约暨开工动员仪式举行。总投资4.2亿元，全面达产后可实现工业产值10亿元以上。索恩格新能源汽车技术全球研发中心项目建筑面积15000平方米，研发人员80余人。建成后将成为索恩格全球研发中心、试制中心和性能测试中心，负责推进新能源汽车产业规模化生产，专注新能源汽车产业产学研工作。

【2019长沙国际工程机械展览会】 2019年5月15日，中国工程机械学会举办，长沙经开区承办的2019长沙国际工程机械展览会开幕。展会以“智能化新一代工程机械”为主题，举办全球高端制造业大会等30多项配套活动。总展示面积21.3万平方米，设混凝土机械、起重机械等14个不同类别展区，国际标准展位约6000个。1150家中外工程机械企业参展，包括美国卡特彼勒、约翰迪尔等24家全球工程机械50强主机企业，及埃克森美孚、易格斯等14家世界500强配套件企业，国际展商比重超过22%。三一集团等工程机械企业多项未来技术参展，参展面积居长沙各园区、区县（市）首位。

【中国工业与应用数学学会总部办公基地揭牌】 2019年5月18日，中国工业与应用数学学会总部办公基地在长沙经开区揭牌，中国工业与应用数学学会与长沙经开区签署合作协议。项目建设将推动应用数学研究的全方位落地，与当地企业开展深度合作，助力工业生产创新。

【中国信息通信研究院中南基地揭牌】 2019年6月22日，中国信息通信研究院中南基地揭牌。该基地位于长沙经开区东方智造港，将作为信通院业务发展的区域平台化载体和科研成果实践基地，深度导入电信、互联网、两化融合、信息化应用4大领域研究创新成果，为地方政府和企业提供工业互联网、智能制造、5G、车联网、人工智能、云计算等方面的专业服务。

【中南源品干细胞科技园开园】 2019年6月30日，中南源品干细胞科技园开园。该园总投资50亿元，一期打造以储存量500万份以上的“湖南省细胞组织库”和临床级“湖南省细胞制备中心”两大项目为核心，涵盖细胞质量管理控中心、干细胞与再生医学研究院、干细胞技术临床转化中心及生命科学体验馆配套体系的全产业链科技园区。现场签约9个项目，与中南大学湘雅三医院共建“干细胞与再生医学转化联合实验室”，与湖南师范大学共建“干细胞与再生医学研究中心”，与南华大学附属第二医院共建“细胞治疗临床研究与转化应用基地”。引进美国加州大学范国平等教授干细胞治疗技术研究项目，启动干细胞治疗老年黄斑病变、全方位肿瘤精准医疗决策支持系统科研项目。

【长沙市汽车产业链暨德系汽车零部件招商推介会】 2019年7月12日，由长沙市人民政府主办、长沙经开区承办的长沙市汽车产业链暨德系汽车零部件招商推介会在上海举行。上汽大众、博世汽车、大陆集团、德国博泽集团、安通林汽车配件、联合汽车电子、马勒热系统、法雷奥汽车电器系统、宁德时代、均胜电子、琥珀汽车、新吉奥等80余家国内外汽车企业的100余名高管出席推介会。

【三一云谷项目签约仪式】 2019年8月28日，三一云谷项目签约仪式在长沙经开区举行。该项目占地面积144公顷，总投资180亿元，为三一数字化、智能化转型升级的创新旗舰项目。三一云谷可共享三一全球化技术及资源体系，建成后将成为世界籍的智造高地、创新高地、人才高地。计划到2030年聚集3万名高新创意人才，拓展近100万平方米新型研发区域，产值超过1000亿元。

【三一智联重卡项目开工】 2019年9月28日，三一智联重卡项目开工暨道依茨发动机项目签约开工动员在长沙经开区举行。三一智联重卡项目9月6日签约，总投资220亿元，首期项目计划2020年底主体竣工，2021年上半年建成投产。全面达产后，可实现30万台智联重卡、30万套驾驶室、60万台柴油发动机和新一代工程机械规模生产，年产值过1500亿元，成为三一集团首个千亿元级单体园区。道依茨柴油发动机项目，由三一集团与道依茨公司合资共建，将致力打造成中国乃至全球最具竞争力柴油发动机生产基地。

【上汽大众长沙工厂第100万辆车下线】 2019年10月11日，上汽大众长沙工厂第100万辆车（红色柯迪亚克GT）下线。从首辆轿车全新朗逸下线，到五款车型（全新朗逸、全新途安L、柯迪亚克、全新朗逸Plus和柯迪亚克GT）共线生产，上汽大众长沙工厂生产实力和综合实力不断提升。

【金融集市新场地启用及上市服务工作站揭牌】 2019年10月30日，长沙经开区金融集市新场地启用仪式及上市服务工作站揭牌活动在长沙科技新城举行。长沙经开区与上海证券交易所、中金公司、国浩律师事务所等机构签订战略合作协议。设立上市服务工作站，为园区企业提供全天候、面对面服务。

【长沙康礼·克雷格公学落户】 2019年11月4日，长沙康礼·克雷格公学签约仪式举行。该校由湖南未来集团投资兴建，康德教育集团负责引入英国克雷格公学品牌并整体运营，选址长沙经开区东十路与红树坡路交会处。学校将由中方校长、外方专家顾问共同管理，学科中西融合，中外教1∶1配比，实施中英双语教育，提供6—18岁一贯制个性化教学。

【长沙工程机械、商用车后市场博览会】 2019年11月11日，长沙经开区、长沙市会展办、长沙工程机械协会联合主办，高峰产业新城承办的2019长沙国际工程机械、商用车后市场博览会在长沙开幕，国内外逾500家工程机械及汽车企业3000多名专业观众参会。涵盖工程机械和汽车产业全系列产品领域，聚焦产业后市场，深度探讨经营模式、线上线下融合、国际贸易、产业升级、新能源、未来趋势等热点话题。吸引卡特等国内外知名工程机械、商用车品牌及中国重汽等知名配套件商家共同参展。

（长沙经开区志办）

【星沙产业基地】2019年，星沙产业基地入驻企业280家，其中规模企业增加至34家、世界500强2家、上市公司8家。创税收7亿元；全年批回用地约19.6公顷，出让用地约24公顷，实现出让收入5.6亿元。承接长沙经开区的产业链发展，18个重点项目同步推进。山河智能总部、广汽三菱研发中心、顶立科技、磐吉奥等重大项目推进；百利威、开阳科技、星滔科技等科创平台基本建成；温德姆国际酒店、高端人才和产业工人安居工程加快实施。举办院士高峰论坛和国际区块链大会；引进中国工业与应用数学学会（张平文院士领衔）、院士专家工作站（陈晓红院士领衔）、区块链安全技术检测中心（与中央网信办合作的全国唯一一家）和信区块链研究院（牛津大学技术团队）4个高端平台，集聚顶尖人才与技术；区块链企业总数突破60家，开发20余个科创项目；推动区块链产业列入全市“大数据产业链”，获批“湖南省大数据产业园”。创新“联点入企—收集意见—集中交办—跟踪督查—及时反馈”“对企服务+安全生产、环境保护监管”“区块链办驻点办公”“定点稽查、流动巡查、重点守查”等精准服务工作机制。平整场地40.2公顷，批回用地约19.6公顷，出让用地约40.2公顷，出让收入5.6亿元；星沙产业基地茶塘片区（绕城线—东九路）万明渠（长龙街道范围）水系整治并实现污水自排；蓓蕾小学污水管道迁改完成；新建10千伏环网柜；正圆动力、星滔科技、灿众的10千伏电源安装完成；区块链产业园10千伏进线、低压及配电间建设完成。2019年12月3日，原长沙县星沙产业基地管理办公室成建制划转长沙经济技术开发区管委会管理交接仪式举行。星沙产业基地划转后，由长沙经开区管委会按“园中园”管理模式管理，相对独立运营，实行独立核算。（粟　华）

长沙临空经济示范区

【概况】2019年，长沙临空经济示范区省外境内资金形成固定资产投资218077.41万元；引进内资21.8亿元，引进外资2300万美元；获批6亿元债券资金额度。

计划投资建设项目26个，其中：续建项目8个、新建项目7个、预备项目11个，项目估算总投资约54.58亿元，全年计划投资22.13亿元（投资项目计划增补调减后），1—12月项目建设投资（含项目用地报批和征地拆迁）约23.09亿元。完成人民东路与盛祥路东北角地块环境整治和景观打造项目、原航空城市民服务中心改造项目、黄花综保区8号冷链仓库电力增容项目、黄花综保区交付区域消防维修、黄花综保区标准仓库6#栋首层地面漆化项目、黄金大道省道207（漓湘路—黄江公路段）交安设施改造工程、人民东路沿线雨水汇流接入污水系统项目等24个，建设投资804万元。

空港城通过招商引资和二次招商引进项目29个，通过招商引资领导小组会议审核项目3个。其中，养天和总部基地及医药物流园项目用地挂牌出让，即将启动项目建设；机场综合配套服务区项目启动拆迁，总投资约100亿元、用地规模近60公顷；出台《关于支持长沙临空经济示范区发展的若干意见（试行）》；突破长沙临空区工业地产发展限制，获长沙市人民政府批复允许发展工业地产；设立资金规模10亿元的长沙临空产业投资基金。引进内资218077.41万元；实际利用外资额2300万美元。发布《长沙临空经济示范区发展规划（2019—2035年）》《关于支持长沙临空经济示范区发展的若干意见（试行）实施办法》；赴广州参加2019年全国临空经济示范区建设现场调研活动；组织参加天津市湖南长沙商会成立大会，并举办长沙临空经济示范区招商推介会。10月23日，参加“2019‘一带一路’经济开发与自贸园区联盟年会”并做长沙临空经济示范区推介，成为联盟单位。11月8日，长沙市机场改扩建项目指挥部揭牌。

完成人民东路以北片区、大元东路以南片区、龙峰大道、临空北路、思源东路（黄金大道—机场大道）等已拆迁项目的清零扫尾工作；同时启动思源变电站、一师范置换用地、临空北路以北用地、长沙黄花国际机场航油长输管线改造项目等新增项目的征地拆迁工作，拆迁腾地面积约133.33公顷，房屋签约

74 户，拨付拆迁资金约 5.01 亿元。

【长沙临空经济示范区京企对接会】 2019 年 9 月 6 日，以“京湘携手，共舞临空”为主题的长沙临空经济示范区京企对接会在北京湖南大厦举行。对接会由北京市跨区域产业协作中心、中共长沙县委、长沙县人民政府、长沙临空经济示范区党工委筹备机构主办，长沙县空港城管委会、长沙黄花综合保税区管委会、湖南省智慧产城科技有限公司承办。200 余名企业代表参会，迪信通科技集团有限公司拟投资的惠普 5G 智能制造基地项目、飞行之翼（北京）科技有限公司拟投资的通用航空综合体项目、美国 GRS 健瑞仕集团拟投资的健康、医疗项目等 10 个重点项目签约，产业类型涵盖航空培训、航空运动、高端医疗、智能制造等类别。

【养天和总部及医药物流园项目开工】 2019 年 12 月 25 日，养天和总部基地及医药物流园在位于长沙临空经济示范区的项目现场开工，该项目于 9 月 19 日签约。项目总投资 7.2 亿元，用地规模 5.33 公顷，总建筑面积 10 万平方米，集总部大楼、科研培训中心、医药物流园综合楼、物流中心、电商楼等于一体，旨在打造一个强有力的药品供应链平台，搭建具有全国配送能力的现代化物流基地。　　（李海婷）

长沙黄花综合保税区

【概况】 2019 年，长沙黄花综合保税区（以下简称黄花综保区）外贸进出口额 56.48 亿美元，同比增长 110.51%，在湖南省 7 个海关特殊监管区域中保持第 1，全国综保区排名第 14 位。加工贸易进出口 38.66 亿美元；跨境电商交易额 3.84 亿美元。进口总额 24.68 亿美元，同比增长 223.39%；出口总额 31.8 亿美元，同比增长 65.64%。进出口额过 1 亿美元企业 19 家。规模工业总产值 69.21 亿元，同比增长 375%。引进省外境内资金 8 亿元，同比增长 47.3%。实际利用外资 5500 万美元，同比增长 10%。国内环节税收 2828 万元，同比增长 96.53%。海关入库税款 5.3 亿元，同比增长 6.3 倍。被评为 2019 年度全省外贸十强园区、全省商务工作先进园区。

出台《长沙黄花综保区招商引资“一事一议”程序（暂行）》《长沙黄花综合保税区引进跨境电商龙头企业政策实施细则》《长沙黄花综合保税区 SMT 生产线补贴办法（暂行）》《长沙黄花综合保税区招商引资项目操作规程》《长沙黄花综合保税区企业项目落地投产保障工作方案》等举措，促进外贸扩规模提质量。与长沙黄花机场海关建立联席会议制度，按照“国务院 21 条措施”对接落地简化进出区、四自一简、便利货物流转、分类监管等 7 项政策，推广实施自贸区改革试点经验。

铺排重大建设项目 6 个，固定资产投资 13.89 亿元（其中政府投资 9.98 亿元，社会资本投资 3.91 亿元）。建成标准厂房 5.52 万平方米、标准仓库 4.38 万平方米、冷链仓库 1.82 万平方米。总建筑面积 10 万平方米的进出口商品交易展示中心项目主体完工。总投资 5 亿元的宝能黄花智慧保税供应链中心及华中区域总部项目开工。

开展“招商引资质量提升年”行动，承办“2019 年湖南（长沙）—粤港澳大湾区加工贸易招商推介会”“第八届湖南省电子商务大会”，开展各类招商推介近 30 场次，分条线招商考察 70 余批次。签约落户宝能物流华中区域总部及智能制造产业中心项目、全球天然植物活性成分产业化与创新研究基地项目、宝瑞盈光纤模块 SMT 加工项目、汇艺珠宝黄金精深加工项目等 12 个优质加工贸易项目，涉及区域总部及智能制造、生物医药创新研究、SMT 加工贸易，黄金珠宝精深加工等。引进宝能物流、广州沁果、东莞斑鹿、宁波井贝、聚深电子等优质企业，新增注册企业 182 家，企业总数 465 家。中高端进口工业品分拨中心、SMT 产业园、跨境电商产业园等进一步壮大，“四园三中心”产业体系基本成型。蓝思科技高端电子产品国际分拨中心落地，为长沙经开区相关产业与综保区功能对接打造示范样板。对接“三类 500 强”，与正威集团签署合作协议，在有色金属等大宗商品领域开展代理进口业务合作，实现与 500 强企业合作上“零”的突破。

口岸功能不断完善，入选中国（长沙）跨境电子商务综合试验区重点园区，赋予园区企业增值税一般纳税人资格试点，进境食用水生动物指定监管场地验收完成。长沙药品进口口岸公共服务平台投入运营，跨境电商保税备货（1210）通关业务进入常态化运营。物流通道畅通，新开通长沙—智利圣地亚哥进口水果临时包机，长沙—北美、胡志明、达卡三条航线执飞315趟，纳统进出口额2.23亿美元。“区港一体”课题被纳入省自贸办先行先试重点试点课题，与机场国际货站三期一同建设。

推进“营商环境优化年”“运营管理质量提升年”工作。坚持“母亲式”服务理念，助力企业“提速度、降成本、增效益”。以帮代办服务中心为载体，推行“一件事一次办”，为新注册企业免费代办各类手续760余项，为16家企业配租22套公租房，为2家重点企业解决劳动用工260余个。“量身定制”金融服务和孵化服务，携手多家金融机构为园区企业提供金融授信服务。临空供应链公司取得银行授信8亿元，与国科微电子、环海渔业项目合作实现贸易额2125.6万美元，营业收入约1.08亿元，与洋葱头、麓客物流、正威集团等公司开展业务合作。定期兑现优惠政策、“一事一议”奖补、航线补贴等政策“红包”2亿余元，惠及108家企业。

园区管理工作“零举报、零投诉、零问责”目标。强化安全生产“一岗双责”，构建安全生产责任体系，严格落实安全措施，加大安全事故隐患排查整治，安全生产零事故。规范理顺园区管理体制和运行机制，逐步建立起权责明确、科学规范和专业化管理、社会化运作的园区运行模式，提升产业园区运营服务水平。

【长沙黄花综保区进境食用水生动物指定监管场地获批】2019年9月24日，海关总署公布进境食用水生动物指定监管场地名单，长沙黄花综保区进境食用水生动物指定监管场地验收合格，具备鱼类、甲壳类、软体类水生食用动物进境口岸资格，成为湖南第二个进境食用水生动物指定监管场地。

【宝能黄花智慧保税供应链中心及华中区域总部项目开工】2019年9月26日，长沙黄花综保区宝能黄花智慧保税供应链中心及华中区域总部项目（2019年“港洽周”加工贸易招商推介会签约项目）开工。项目总投资5亿元，由宝能物流集团采取购地自建方式进驻长沙黄花综合保税区。项目占地面积7.4公顷，分为6个子项目，分别是跨境电商供应链中心、进口生鲜食品运营及结算中心、双向跨贸综合服务平台、智能制造产业中心、平行进口车及新能源车商贸运营中心、智慧供应链金融服务平台和华中总部服务基地。项目建成投产后，主要开展进口生鲜、水果、食品和日用品等进口商品的保税仓储，跨境3C电子产品分拨，进口品牌汽车零配件保税仓储，以3C电子产品为主的跨境电商保税备货等。

【跨境电商“双十一”活动】2019年11月11日，黄花综合保税区首个跨境电商“双十一”活动开启。当天，跨境电商领域综合服务商井贝（云集）举行开仓仪式。湖南本土最大的跨境进口电商平台——友阿海外购通过开展“网红直播”，揭秘货品从下单、分拣、装货到出库的全过程，让消费者近距离接触“海淘”。当天跨境电商交易额近1亿元。（刘塑琪）

长沙县现代农业创新示范区

【概况】2019年，长沙县现代农业创新示范区管委会新增有机认证企业（包含检测中和转换期）20家，指导农业企业筹备成立长沙县有机农业协会，会员企业45家，所涉企业开发绿色、有机种植面积1266.67公顷。全县引入25家中小型农业招商项目，规划投资1.6亿元，3个续建重大现代农庄项目投资7300万余元。协办湖南省第三届农村创业创新大赛，长沙县农创街作为大赛分会场向全省推荐。长沙县先后被评为全国农村创新创业典型县、全国乡村振兴农村创新创业优秀案例等。完成果园镇新明村的长沙县新型农村集体经济产业指导服务中心（长沙县有机农业文创园）主体工程，项目规划面积4.6公顷，总投资1800万元，为长沙县集体经济组织提供全面化精细化服务，成为长沙县壮大新型农村集体经济的主阵地和示范点。推出“星沙印象”“百村优品”两大县内公共品牌，主推23个单品，产品在拼多多、盒马、叮咚等线上合作平台推广。完成雨花沃尔玛、未来漫城体验中心建设及高桥农科新城、影珠山基地、县委党校展示体验点建设，星沙城区、创客街区、现代农庄、乡村民宿等20个现场农产品销售点建设。开展“星沙产业园乡村会客厅开营暨长沙县农产品资源对接会”“慧润农场食堂发布暨长沙县产品主题推介会”两次大型宣传活动。指导帮扶初步构建现代农业产业园和农产品加工物流园循环体系。其中现代农业产业园蔬菜基地投产266.67公顷，年产蔬菜11000吨，产值约3000万元。湘蒙农产品加工物流园完成项目一期建设工作，投资1200万余元，蔬菜加工能力200吨/天，吸纳当地农牧民100余人就业。

【长沙县被评为全国乡村振兴农村创新创业优秀案例】2019年10月22日，长沙县被评为全国乡村振兴农村创新创业优秀案例，10月22—23日在中国杨凌农高会作典型推介。县现代农业示范区管委会构建“2县+10区+X企”三级服务平台体系，为农业创业者提供政策咨询、创业辅导、跟踪扶持等全要素便利化全方位服务。年末，全县有县级创新创业服务中心2个、农村创新创业特色产业园区10个、创新创业实训基地30余个、农村双创经营主体个数2.1万个、农村双创人员总数超3万人，培育农村双创主体5000余家，收录全县特色农产品800余种，重新定位包装50余种热门单品，吸纳返乡创业人员10000余人。（易　向）

黄兴会展经济区

【概况】2019年，黄兴会展经济区托管的干杉片区规模以上工业总产值6.9亿元，同比增长28.76%，固定资产投资11.2亿元，规模以上服务业营业收入5.3亿元，地方一般预算收入约2800万元。

实施管理体制改革前，持续强化磁浮绿带养护考核，与管养单位签订增补协议，全面完成磁浮绿带配套工程养护、死亡苗木清除和边界桩安装工作。对接长沙经开区、㮾梨街道等单位，协调处理磁浮绿带一期第三标段长期内涝、湖南天翊食品厂污水池外排一期绿化带等12起重大问题。抓好二期竣工验收后整改工作，推进园三路以东低洼地段改造、足球场入口改造等零星工程扫尾。牵头协调组织相关单位部门，完成第57届药机展、2019工程机械展等大型展会的社会公共服务保障工作。根据改革工作部署，将展会保障任务有序移交。10月1日托管黄兴镇干杉片区，全面履行党的建设和经济社会管理职能。

全年片区启动4个征地拆迁项目，需征地约45.41公顷，动迁86户，其中思胜智能项目全面倒房腾地，江杉高速项目（干杉片区）56户签约清零。11个扫尾清零项目中的机场北辅道、岳汝联络线等4个项目清零。推进龙峰大道项目，建成晟象智慧物流园一期。

对片区166户建档立卡户重新调整帮扶责任人，逐户走访到位，完成4户14人年度脱贫任务，落实小额信贷19户。建立健全河长制工作机制，科学铺排镇级水利建设资金50万元，现场勘查28个小农水项目。推进冬季农业生产，种植油菜近333.33公顷。发放稻种补贴资金568023.36元。防控非洲猪瘟，退养生猪养殖户52户。完成厕所改造855座。开展安置工作，5个在建安置区加快建设，上汽大众龙峰安置区61栋自建房竣工验收40栋，斗塘新村与干杉安置区（三期）完成主体建设，空港城安置区完成总平图初稿编制。在建团购房源项目云栖国际住宅小区主体完工，预留拆迁群众团购房494套，已选房144套。协调推进龙峰小学、干杉公墓报批建设用地调规，干杉敬老院新院启动用地报批。对“四类人员”住房安全进行全面鉴定，危房改造12户。城乡居民医疗保险缴费18677人，城乡居民养老保险参保缴费17193人。残疾人家庭无障碍改造44户，申报享受大病救助重症特困家庭83户。妇女“两癌”（乳腺癌和宫颈癌）检查、孕前免费优生健康检测、职业病防控监测、传染病预防控制检查等政策全面落实。干杉中学、干杉中心幼儿园提质改造完成，干杉中心小学被评为市级文明单位。

开展治安巡防、扫黑除恶专项斗争，化解重大矛盾纠纷8起，一般纠纷19起；印发扫黑除恶宣传手册1.5万份。对在建工地和涉扬尘污染企业巡查值守，规范渣土运输行为60余起，查扣渣土车36台，移交行政执法队8台，裸露黄土基本处理到位。联合检查涉气企业20余家，采样检测6批次，确保外排废气达标排放。严控露天油烟污染，整改流动摊贩86起、集镇店外经营47起。开展拆违控违工作，督促叫停6处，强制拆除6处。卫片图斑整改到位75处，阶段性到位48处。3个中央环保督察件办结销号。处理数字化平台案件310件。打击非法违法生产经营行为21起。组织专项整治行动，抓好燃气、液化气、有限空间、烟花爆竹、消防、道路交通、建筑施工等安全专项整治工作，开展安全生产检查100次，督促整改安全隐患244处，约谈19家生产经营单位，停产停业9家，取缔6家。开展道路交通安全联合整治行动10余次，发放摩托车头盔100余顶，在临水、临崖路段安装护栏400余米。收集群众意见建议106个，解决群众关心的交通、环境等问题97个。推进“党建+‘五零’村（社区）建设”，创建万龙村示范村（社区）。提升服务水平，推行“一网通办”平台，深化“最多跑一次”改革。回复市县领导信箱6封，办理“12345”市民热线工单201件，满意率99%。

【黄兴会展经济区全面托管干杉片区】 2019年9月5日，黄兴会展经济区迁至原干杉镇政府楼办公，9月16日举行揭牌仪式。根据《长沙县黄兴镇管理体制改革实施方案》，完成办公场所搬迁、固定资产清查交接、干部抽调、机构设置等各项工作，实现场地、资产、人员三到位，并与黄兴镇进行干杉片区各项事务的清单式分割和移交，明确班子成员分工，按乡镇一级党委政府设立内设机构，全面建章立制；10月1日托管干杉片区，全面履行党的建设和经济社会管理职能。

（寻　芳）

松雅湖商务经济区

【概况】 2019年，星沙松雅湖商务区范围包括湘龙街道、星沙街道，黄花镇的回龙村、梁坪村、龙湖村、崩塌村、银龙村、新江村、大兴村，安沙镇的龙华新村、杨梓冲村、谭坊新村、白塔村、毛塘社区、水塘垸村、三合村、梅塘村，区块总人口数258794人，占全县总人口比重25.9%；总面积166.21平方千米，占全县总面积比重8.3%；人口密度1557人/平方千米，地区生产总值193亿元，是全县第三产业的龙头区，占全县第三产业的65%以上，建筑业占到全县的三分之二。

星沙松雅湖商务区定位为以松雅湖片区的总部经济、现代服务业、创投产业和毛塘片区的现代物流业为支柱，以现有建成区的生活服务业和毛塘铺片区、东八线以东的教育科研产业为主导，同时加强文化、体育、公共服务、公共政策等软环境培育，加快提速松雅湖和毛塘铺片区开发，着力打造现代城市、气息浓厚、文化底蕴深厚、宜居、环保的新型城区。作为星沙松雅湖商务区的核心区域，松雅湖片区位于长沙县中心城区东北部，紧邻京港澳高速公路，距长沙火车站、长沙高铁站、黄花国际机场约10千米，规划总面积16.97平方千米。

松雅湖项目是集防洪调蓄、城市安全饮水、改善城市生态环境、完善城市功能配套布局、提升城市生活品位于一体的综合性工程，由松雅湖生态公园和松雅新都市两大板块组成，水域面积270.07公顷，由长沙县人民政府和北大青鸟集团共同投资建设，致力打造享誉国内外的顶级城市湿地生态湖泊，形成集商业金融中心、旅游休闲中心、居住中心等于一体的核心经济区域。松雅湖生态公园总占地面积489.67公顷，2011年获批国家湿地公园试点建设单位，规划建设八大功能区，其中游乐港口区、家庭探索冒险区、健康体验区率先发力，依次打造水系环绕的风情购物休闲街、大型综合性户外游乐基地及高端生态酒店。松雅新都市位于松雅湖生态公园东边，总用地面积470.33公顷，着力打造集写字楼、住宅、酒店、零售四大功能于一体的生态新城。

2019年，星沙松雅湖商务区提前完成淹没区以外所有用地报批，批回建设用地121.53公顷，完成全部陆域面积用地手续。

年内，松雅湖公园监控中心投

2019年5月22日，“保护穿山甲，我们在行动”濒危物种保护法制宣传活动启动仪式在松雅湖湿地公园举行（刘　思　摄）

入使用，新增巡逻无人机安防巡检。新建治安岗亭2个，初步形成全天候立体化监控网络，处理城管数字化案件417个。松雅湖公园7个健身驿站投入使用，第三轮公园自行车租赁经营权项目由湖南仕友公园管理有限公司中标。松雅湖湿地茶室验收并投入使用。推进松雅湖南部区域建设，完善南部区域9处台阶及园路建设；完成南部区域7处屋顶绿化施工，提质改造南部园林A、B区草坪灯，松雅湖环湖片区13条市政道路命名完成。督促湖建投公司对环湖片区裸露黄土覆绿，撒播草籽8万平方米、无纺布覆盖3万平方米。

是年，松雅湖公园举办各类活动186次，参与协办省田径协会主办的“湖南省第一届马拉松跑团挑战赛”、省体育局主办的“庆祝五四运动100周年纪念活动”，市林业局主办的“2019年国际生物多样性日主题宣传活动”等重要活动，配合县文旅局、县商务局举办庆国庆无人机灯光秀、县民宿文化旅游体验月启动式。湿地自然学校全年开设自然课堂50期，开办冬、夏令营4期，1500余名中小学生参与，分别举办“湿地与气候变化”世界湿地日活动、“关注候鸟迁徙，维护生命共同体”爱鸟周活动、“保护穿山甲，我们在行动”“抵制外来入侵物种、保护生物多样性”等主题宣传活动，发挥松雅湖国家湿地公园综合主题功能。

动态监测湿地公园内的鸟类资源。根据各类监测结果显示，松雅湖水质达到地表水Ⅲ类水标准及以上，监测到40多种鸟类，其中包括小天鹅、红隼、燕隼、小鸦鹃、鹰鸮等国家二级保护动物，湿地公园内常见凤头䴙䴘、骨顶鸡、绿头鸭、斑嘴鸭、罗纹鸭、红嘴鸥、崖沙燕等10余种候鸟。

【松雅湖被评为“长江经济带美丽湖泊”】 2019年3月25日，松雅湖被评为“长江经济带美丽河流（湖泊）”，成为湖南省唯一获此荣誉的湖泊。松雅湖最初是一处低洼湿地，经过围湖造田、退田还湖后，湖泊面临着农业面源污染、生活污水直排、水体发黄发浑、水质差等问题。通过实施松雅湖综合整治，开展水生态保护试点工程，水体自然生态净化能力大为提高。建立湖长制管理体系、设立县、镇、村三级湖长，同时明确县管理单位湖长，实施“双湖长制”；由县级湖长牵头，推进湖泊治理和管护工作，建立日常巡查、联合巡查、引水水源巡查等工作机制。对违规排放倾倒污染物、电鱼毒鱼、违规放生外来物种等问题，实行动态管控。推进湖泊综合治理。加强湖区水资源配置与调度，推进湖区生态岸线建设、湿地公园景观建设和水生生物保护区建设。实施松雅湖水生态保护试点工程，生态治理面积47公顷，约占水域总面积18%，透明度1.5米左右。开展湖区综合整治力度，采取生物净化、生态清淤和引水排水等措施，增强湖区水体的自净化能力，加快“河湖连通共治”研究，推进河湖联通、安全生态水系和水土保持建设，逐步恢复河湖水系的自然连通。建立“松雅湖综合管理部+物业安保+相关部门”三方联动的管护模式，打击破坏公园生态环境违规行为。成立松雅湖湿地自然学校，引导社会各界关心、支持、参与治水，基本实现水清、岸绿、景美的目标，成为长沙唯一的国家级湿地公园。2019年1月31日《人民日报》以《湿地的冬天不太冷》为题专题报道松雅湖国家湿地公园建设成效。 （谭　涛）

责任编辑　周进银

宏观经济管理

【概况】 2019年，长沙县地区生产总值1709.96亿元，同比增长8.2%；规模以上工业增加值601.8亿元，同比增长10%；固定资产投资同比增长11%；社会商品零售总额570.8亿元，同比增长9.8%；地方一般公共预算收入110.23亿元，同比增长8%；外贸进出口总额111.76亿美元，同比增长56.3%；实际利用外资9.33亿美元，同比增长11.2%；城乡居民可支配收入43920元，同比增长9.2%。赛迪顾问县域经济研究中心发布"2019年赛迪县域营商环境百强县研究成果"，长沙县位列全国第12位，较2018年上升6位，连续两年居中西部第一。稳居全国县域经济基本竞争力第5位，全国县域经济与县域综合发展排名第4位。

启动长沙县"十四五"规划编制工作，起草全县"十四五"规划编制工作实施方案。推进产业项目建设，长沙县2019年重大项目计划列入项目125个，计划总投资961.93亿元，年度计划总投资282.6亿元。浔龙河生态艺术小镇、长沙黄花综合保税区等列入湖南省"五个100"重大产业项目，项目总投资100亿元，年度计划投资14.8亿元。优化营商环境。推出"营商环境优化年1+4+4"整体工作方案，推进四大专项行动，打造全省领先的"2430"工程服务新速度和全省首个服务实体经济专窗和联合窗口，一次办比例97%，网上可办结率98%，"12345"市民热线满意率98.4%。率先全省首推预包装食品销售、电影放映单位，设立审批等6项涉企行政审批事项"开户即开业"，最快不到2小时即可领取"一照一证"。出台《长沙县工业投资项目"拿地即开工"实施方案》，"交房即交证"试点范围拓展至5个楼盘。推动水电气综合窗改革，实现水电气报装和外线工程行政审批"一窗受理、一网通办、并联审批"。总投资220亿元的三一智能重卡及道依茨发动机项目实现7天签约、42天开工、90天腾地333.33公顷。全县累计减免26亿元，降低企业社保成本2.3亿元。社会信用体系建设加速建成，"信用长沙县"上线运行并实现与市级平台互联互通。修改完善《长沙县村级工程建设管理办法》，起草《长沙县政府投资建设项目工程总承包（EPC）实施细则（试行）》。基本完成全县事业单位公车改革。对标落实，打好"三大攻坚战"。易地扶贫搬迁计划提前2年完成，拆迁涉及人口297人。完成5000户老旧小区居民家庭餐厨油烟净化工作。

【粮食和物资储备管理】2019年，新建仓容1.5万吨的县级粮食储备库、县粮油仓储物流配送中心投入使用，基本满足全县粮食收储、物流需要。推动粮库智能化升级改造和粮食管理平台建设，建设好的智慧化粮库路口县级储备库运行良好。政策性粮食业务信息化全覆盖，达到政策性粮食储备在线监管全覆盖；全县有4个粮食企业获得粮食产后服务体系建设项目，投入1415万元，全部建成使用，烘干粮食

14500 吨，产生效益 115 万元；县级储备粮 1 万吨、县级储备油 1000 吨均储备到位，并轮换 5333 吨县级储备粮，储备油常储常新。新增 1 家肉食储备企业，申报增加原有企业的储备数量，全年新增省、市级冻肉储备规模 1200 吨，全年投放省、市级肉食储备数量 20.4 吨。

【能源电力管理】2019 年，开展能源安全检查 15 次，排查各类隐患 21 处。开展防灾减灾宣传周、能源行业 2019 年“安全生产月”、能源行业宣传周等宣传。开展警示教育 4 场次，受众 400 余人；开展各类应急救援演练活动 3 场，参训 124 人。能耗总量和强度“双控”目标完成,单位 GDP 能耗下降 3.5%。开展电力“630 攻坚”和“专改公”工作，2019 年“630 攻坚”重点项目完成 44 个，实际投资 3.8 亿元。220 千伏杨高变、110 千伏盼盼变、110 千伏临空变投产，县域电网 110 千伏主变及以下设备重过载情况改善，城农网配电线路运行状况提升。“专改公”工作稳步实施，星兴佳园和星邮小区试点改造启动。

【价格收费管理】2019 年，执行上级各项普遍性降费政策，规范价格收费管理，清理行政事业性收费、经营服务性收费、涉企行政事业性收费，全县涉企收费项目降至 50 项。通过核准向市申报价格监制房地产项目 47 个，核准面积 363.8 万平方米。全县涉企收费项目 50 个。推进农业水价综合改革，提高节水效益，促进农业产业发展。实施临时用气价格、污水处理成本、公参民办学校办学成本等成本调查和成本监审工作，为制定乡镇天然气临时销售价格、污水处理费征收标准以及公参民办学校学费等商品和服务价格提供基础和依据。

【招标采购管理】2019 年，在工程招标监管方面，监督管理招投标项目 140 个，上限金额 89.92 亿元，通过招标节减建设资金 7.78 亿元，平均中标优惠率 8.6%。其中监督管理县属国有投资项目 116 个，上限金额 45.55 亿元，通过招标节减建设资金 4.08 亿元，平均中标优惠率 8.95%。在政府采购方面，办结政府采购项目 495 项，预算金额 8.60 亿元，合同金额 7.97 亿元，通过政府采购节减财政资金 0.63 亿元，平均节减率 7.33%。（唐雅妮）

国有资产管理

【概况】2019 年，长沙县国有资产管理中心调整为县财政局所属正科级公益类事业单位，并于 3 月 21 日整体迁址商务写字楼 8 楼办公。年内，出台《长沙县县管国有企业权责清单》《长沙县县管国有企业负责人经营业绩考核暂行办法》《长沙县县管国有企业负责人履职待遇、业务支出管理暂行办法》3 个县管国企管理制度，制定《县管国企 2019 年企业负责人经营业绩考核清单》。组织 2 家县管国企赴市轨道集团公司学习市场化转型工作，多次召开专题研讨会议，讨论平台公司转型发展路径，草拟《平台公司市场化转型方案》和《县管国有企业经营性项目管理办法》。完成星城发展集团对瑞农投公司的吸收（注销）合并；榔梨城建公司在工商部门办理注销登记；黄花城建完成税务和工商注销手续；指导和督促水建投和交建投两公司制定市场化转型方案，完善法人治理结构；剥离政府融资职能，不再新增政府隐性债务；水建投和交建投两公司与星城发展集团和政府隐性债务人签订三方协议，平移政府隐性债务。省债务办认定长沙县平台公司清理整合工作达标完成。

支持企业获得经营性停车场、加油加气站、充电桩、户外广告位、路内停车收费、垃圾处理等特许经营权，拓展盈利渠道。对于全县行政事业单位经营性（未自用）资产，支持平台公司参与拍卖，或采取直接注资方式注入平台公司，扩大企业资产规模。采取出售、转让、租赁、回租、招商合作等形式盘活、利用平台公司资产。引导平台公司进入产权交易市场，发挥产权交易市场价格发现、价值实现功能。鼓励企业整合内部资源，将与主业相关的资产整合清理后并入主业板块，提高存量资产利用水平，改善公司经营效益。支持企业以社会资本方身份参与公路养护、园林绿化、农贸市场、市政维修、物业管理、保障性住房后续经营及维护、城中村改造等政府购买服务项目。

落实中集湘野汽车改装厂职工家属区的全面移交和泰格林纸星沙总部小区物业分离维修改造工作。确定原中集湘野汽车改装厂为长沙县国企退休人员社会化管理试点企业，出台《长沙县推进国有企业退休人员社会化管理工作实施方案》，召开国有企业退休人员社会化管理工作动员部署会议，对接市企改办和各国企，推进国有企业退休人员移交管理协议签订和人员移交。接收驻县市企退休人员1098人，将相关退休人员分解到各街道（镇）社区（村），市财政拨付到县的市企退休人员移交管理经费94.86万元，下拨到各镇（街）。（蒋　华）

自然资源管理

【概况】 2019年，青山铺镇、福临镇、安沙镇、黄花镇、江背镇、黄兴镇、开慧镇7镇生态廊道建设完善43.85公顷，建立长沙县生态廊道基础调查数据库。对绿化示范道路251千米绿化项目工程进行常态养护，新建、提质公路绿化38.6千米；建成5个乡村公园；创建春华镇金鼎山、春华村2个市级美丽宜居村庄。办理市政道路工程规划设计要点和调查蓝线项目10个，沃家苑住宅小区、长沙县中医院、精神病医院等71个项目总图通过审批，核发81个项目的工程规划许可证。地铁5号线、长沙国际会议中心二期用地、黄兴镇21.26公顷房源用地、黄花综合保税区C区、荣盛三期、娄底总部经济一批重点项目的征拆腾地完成；获批统征储备用地211宗775.701公顷（不含长沙经开区）。办理委托挂牌出让手续用地39宗，面积183.07公顷。解缴长沙县财政各项土地收入和税费183.264亿元。其中，解缴土地收入154.07亿元；征收各项基金和税费29.194亿元。是年，该局被评为《湖南国土资源年鉴（2019）》编撰工作先进单位，数字长沙县地理空间框架建设地理空间数据获取和处理项目监理被评为湖南省测绘科技进步奖三等奖，长沙县地理空间框架建设项目被评为2019中国地理信息化产业优秀工程金奖。长沙县自然资源局不动产（房地）历史登记数据清理整合及档案整理被评为2019年湖南省地理信息产业优秀应用工程奖金奖。

行政审批事项梳理规范。原规划和国土的政务中心窗口优化整合，工程建设许可阶段项目审批设在一个专区受理。制定《工程建设许可阶段综合窗口运行规则和实施细则》，打造工程报建1份服务指南、1张表单、1套审查材料。合并不同审批事项的申请表单及申报材料目录清单，实现申请人只需提交1套申报材料，就可以在不同审批阶段共享，实现自然资源领域行政审批服务事项都可以在政务中心窗口办理，严格落实“一件事一次办”。机构改革后涉及城乡规划、工程报建、用地报批、林业保护等事项，按照受理、审核、批准、发证的流程，梳理各部门行政审批服务事项100余项。用地规划许可审批事项全面梳理，精简审批环节，缩短办理时间，限时办结，审批时间缩短至5个工作日。办理建设用地规划许可证63本、选址审查意见90本、选址意见书10本、建设用地预审意见105本、乡村建设规划许可证2本。村民建房办结1130户，建筑占地面积151458平方米。

闲置土地清理处置。下达《长沙县空闲土地盘活支帮促工作方案》，县域范围内空闲土地盘活57宗，盘活面积273.3公顷。下达《闲置土地通知书》107份、《闲置土地认定书》62份，其他文书32份。根据《长沙市闲置土地预防与处置操作规程》要求，规范案卷制作，制作闲置土地处置案卷近100份。落实闲置土地处置集体决策和上报请示制度，召开4次闲置土地处置会，上报6份处置方案。完善土地批后管理系统，将土地储备相关信息录入土地市场动态监测与监管系统。摸底调查闲置土地和存量土地，湖南格瑞特置业有限公司等3宗国有建设用地使用权进行收回，统一纳入政府储备，收回土地面积111.73公顷，收回补偿款1.2亿元。

林业有害生物防治。3—10月开展林业有害生物预测预报调查8次，按时向上级主管部门报告短期和中远期趋势预测，测报准确率100%；严格森林植物产地检疫，对12690万株花卉苗木进行产地检疫，花卉苗木总面积7912.5公顷，抽样检查面积451.6公顷，抽样率5.71%，产地检疫率100%；调运检疫企业备案245家，省内调运143份，花卉苗木750481株，出省调运737份，花卉苗木13644277株；开展松材线虫病秋季普查，普查发现松树枯死木118886株，实验室镜检各站送检样木样品185份。4—10月安装诱捕器600套，在开慧、福临、北山、安沙、金井、路口、春华、果园等镇对松褐天牛进行综合防治，防治面积2000公顷；在安沙镇、北山镇、福临镇、青山铺镇、开慧镇等进行飞防作业，Smal-007菌剂防治666.67公顷，绿色威雷飞防2次，控制松褐天牛虫口密度。

【国土空间规划编制】长沙县自然资源局以生态保护红线、永久基本农田、城镇开发边界是国土空间开发保护格局为基础，启动长沙县国土空间总体规划编制工作，牵头组织召开该县国土空间规划编制工作动员大会，印发国家、省、市国土空间规划文件汇编，进行国土空间规划业务培训，成立长沙县国土空间规划编制工作领导小组、制定并印发《长沙县国土空间总体规划（2019—2035年）编制工作方案》，明确各成员单位的职责分工和国土空间规划编制工作的总体要求、基本原则、目标任务等。通过公开招投标方式确定湖南省第一测绘院和长沙市规划勘测设计研究院两家实力雄厚的技术单位为该县国土空间总体规划编制单位。建立健全从总体规划到相关专项规划、详细规划，从县到乡镇的规划传导机制，完善规划实施措施和保障机制，建设以长沙县国土空间基础信息系统和长沙县国土空间规划监测评估预警管理系统"双系统"支撑的长沙县国土空间规划信息平台，形成全县国土空间规划"一本账、一张图"。编制"一核三城"空间发展战略规划，6月委托设计单位启动编制《长沙县一核三城空间发展战略规划》编制，初步成果于11月7日通过专家咨询会议评定，规划构建"一核三城，两轴四区"的整体发展格局。"一核三城"规划总面积450平方千米，包括星沙、泉塘、湘龙、榔梨、长龙5个街道，黄兴、黄花镇以及安沙水渡河镇区。9月，启动村庄分类与布局规划工作，推进村庄规划编制工作。各镇（街）"以点带面"推动该县"多规合一"村庄规划编制，更新完善已编村庄规划成果，有开慧镇飘峰山村、江背镇梅花社区、青山铺镇广福村、高桥镇高桥锦绣社区、范林村、安沙镇梅塘社区、黄桥村、果园镇田汉社区、金江新村、古井社区、杨泗庙社区村庄、路口镇明月村的村庄规划初步成果完成。12月，召开全县"镇、村国土空间规划"编制全覆盖工作动员大会，发动各职能部门、镇（街）、村支两委和村民广泛参与规划编制。完善土规、城规修改调整工作，梳理原土规、城规实施过程中涉及修改调整的项目，推进调规进度。受理镇域村镇布局规划调整申请54个，完成规划调整23个，因严重影响规划落实不建议调整3个，建议村庄规划落实2个，镇街未提交规划调整后续资料26个；受理控制性详细规划调整申请24个，通过土规、城规修改完善确保省市县各类重点项目三一智联重卡、永旺梦乐城、浔龙河艺术小镇、"西气东输""电力630"攻坚等落地。通过专项规划编制，星沙海绵城市、"15分钟示范生活圈"、星沙新城夜景亮化3个专项规划编制通过技术审查，启动长沙县城市地下空间开发利用专项规划编制工作。三一智联重卡、中央健康城、融城小镇、水利学院实训基地等多个重大项目选址论证完成，开展70余个建设项目和6个乡镇农民建房的选址、踏勘。（周　湘）

【不动产登记工作】2019年，县自然资源局利用新媒体，以群众需求为导向，加大登记数据"按需共享"力度。推出"长沙县不动产便民APP"，权利人可自助获取电子房屋证明，解决群众上学、贷款、落户、取公积金等需要提供房屋证明的问题；开通微信缴费服务。推出网上缴费功能，办事群众只需关注"长沙县自然资源局"微信公众号，输入业务受理单号后，即可一部手机随时随地进行自助缴费；推出"交房即交证"工作。出台《长沙县新建商品房交房交证改革试点工作方案（试行）》及其细则，加快"互联网+不动产登记"，集中推出"互联网+预告登记""互联网+期转现登记"，组织开发商工作人员培训，实现开发商业务"不见面审批"。推出抵押便民服务模式。设立全省首家不动产抵押登记便民服务点，群众办理抵押登记只需跑银行、无须跑登记中心，实现"抵押零跑腿"。推出电子证照，发布《长沙县人民政府关于启用长沙县不动产登记电子证明的通知》，规定自2019年10月8日起在全县启用不动产登记电子证明，对商品房预告登记及预抵押登记、现房抵押登记一般只出具不动产登记电子证明。推出宅基地登记"三零模式"，开展宅基地房地一体权籍调查和确权登记发证工作，全程上门对农村居民的身份证、户口门、建房证拍照，无须提供任何纸质材料，采取一站式服务，无需群众跑腿、送件，县财政配套5000万余元，免费为农村村民提供权籍调查服务，免收宅基地登记工本费。（邓　妍）

【自然资源领域安全生产工作】2019年，县自然资源局坚持自然资源领域安全巡查制度，组织开展矿山企业和自然保护地、苗圃自查，督促指导履行安全生产主体责任，发现隐患及时督促整改。江背国土资源所对所属区域矿山企业安全生产巡查28次，地质灾害隐患点巡查24次，发现地质灾害隐患点2处；开慧林业站配置专职安全员，明确责任分工，制订执法检查计划、宣传教育计划，召开专题会议，形成各类监管台账，检查辖区内涉木企业44家次，责令企业限期整改安全隐患和问题，按期复查。金井镇林业站日常林地安全巡查40余天，清理枯死松木4320株，松材线虫病秋季普查工作完成，主导检疫执法，移交执法分局疫木流失案件线索2条。其中果园国土资源所注重国防安全，由所长黄革红亲自筹划，开展问题地图巡查工作，将测绘、问题地图知识巡查并宣传到村、组及学校，群众国防安全意识加强。以保护人民群众和生命财产安全为目标，加强地质灾害联防联控，发挥群测群防作用，发布地质灾害预警信息，向群众发放“防灾避险明白卡”“防灾明白卡”，每个集镇、进山主路口、坟墓集中地、林区旅游景点及主要公路沿线设立统一、醒目的警示标志，发现的地质灾害隐患点设立统一、醒目的公告牌，标志危险区域、危险程度和撤离路线，备齐应急避险场所所需物资，全方位实行地质灾害隐患点动态管理，及时复核新排查出的地质灾害隐患点，消除险情或威胁对象已迁移隐患点的及时排除。金井国土资源所配合镇政府开展地质灾害防御应急演练1次，开展专项巡

2019年4月18日，长沙县自然资源局金井国土资源所配合金井镇政府等多部门联合开展防汛抢险暨地质灾害防御应急演练　（县自然资源局 提供）

查50余次、发放防灾明白卡90余份、发放地灾防治手册500余份、播放地灾防治广播稿300余次。北山国土资源所在防汛期间根据气象部门预报信息及时对村社区及时进行传达，告知人民群众增强防灾减灾意识，及时转移危险区域群众。对北山镇8个山洪地质灾害易发区域104户群众、其中经村（社区）劝导转移到安全区域59户，排查自家房屋安全无隐患24户，其余21户由于项目建设迁至移民安置区居住。结合“安全生产月”、《中华人民共和国安全生产法》宣传周，开展以“防风险、除隐患、遏事故”为重点的集中宣传和经常性宣传。森林防火倡议书到每户发放，利用宣传车、微信群、短信平台、户外电子显示屏等开展宣传。出动宣传车1100余台天、悬挂横幅900余条、设宣传警示牌1300余块、发放宣传资料20余万份。

【“空心房”整治】2019年“空心房”整治工作纳入长沙市对长沙县绩效考核指标，成立“空心房”整治工作领导小组，负责整治工作的指挥、调度、督导和问责工作，以耕地保护为主线，深化农村“空心房”整治。掌握存量“空心房”家底。长沙县自然资源局联合各镇（街）进行全县“空心房”摸底调查，根据专题调度会议精神，摸清家底。统计存量“空心房”1598户，面积约35公顷。起草《长沙县“空心房”整治工作方案》。根据增减挂钩有序推进“空心房”整治工作，落实2019年度1000户“空心房”整治任务，拆除1475户，房屋拆除面积34.14公顷，复垦面积104.48公顷；其中该局青山铺国土资源所推进增减挂钩项目，协助合作社完善制度，做好与设计技术单位沟通对接等前期指导工作。该镇5个村（社区）全部完成增减挂钩项目工程建设，新增旱土0.377公顷、其他土地（林地）0.443公顷。该局配合开展农村违章建筑、危房改造建新未拆旧、临时建筑整治，规范农村建房“拆一建一”行为。根据专题

调度会议，出台《长沙县城乡建设用地增减挂钩指标使用管理办法》《关于进一步推进城乡建设增减挂钩工作有关事项的通知》。

【野生动植物保护】2019年1—9月，长沙县自然资源局对辖区内经营加工、驯养繁殖许可证93户进行一次全面年检，执行核销制度。在规范管理上强化培训。组织野生动物人工驯养繁殖户、经营户培训，明确人工驯养繁殖野生动物取得合法经营所必须具备的条件和程序；规范指导经营业主依法经营，建台账，签订承诺书，严格申报程序，明确申请许可范围；加强与森林公安、执法局等部门的沟通协调，联动执法，巡查人工驯养繁殖野生动物经营单位；4月起，组织干部职工开展“爱鸟周”33周年宣传活动，悬挂横幅20条，出动宣传车10台次；开展野生动物救护行动。联合具有相关医疗救护经验的湖南嘉兆浔龙河畔文化旅游运营有限公司开展多次野生动物救助和救护，受理报案电话并救助野生动物9只(头)，其中国家二级保护动物猴面鹰1只，野生貉1头，其他以候鸟白鹭、池鹭为主。加强候鸟栖息地保护管理。9月，对全县候鸟栖息地进行调查，明确专人监测，及时掌握候鸟的疫源疫情情况。夯实野生植物管护责任，再次认定核实古树名木，以《长沙县人民政府办公室关于公布长沙县古树名木录的通知》公布。经统计，全县有古树名木760株（古树569株、名木191株），其中一级保护古树5株，二级保护古树17株，三级保护古树547株。（周　湘）

财　政

【概况】2019年，长沙县完成地方一般公共预算收入111.23亿元，同比增长8.83%；18个镇（街）完成基础税源地方一般公共预算收入12.12亿元，同比增长26.97%。超额完成化债任务，政府融资平台公司清理整合任务全面完成，获省级化债奖励资金3000万元。长沙县从二类风险预警地区降为风险提示地区。减税降费落地落实。全年为企业减税26亿元；牵头开展全县涉企补贴政策清理，发布县本级行政事业性收费和涉企行政事业性收费及政府性基金目录清单公告，推动政策入企惠企。做实镇（街）预算，做细国土基金预算，加快预算执行进度，强化预算刚性约束；执行暂付性款项清理工作“四年行动计划”，获省级奖励资金200万元；强化非税收入管理，被评为全省非税收入征收管理工作先进单位。加强绩效目标管理，首次实现预算和绩效目标同步批复；在全省率先根据资金性质设计6套绩效评价指标体系；首次对5家单位实施整体绩效评价，选取6个项目进行自主评价，全过程预算绩效管理闭环系统逐步建立；被评为全省财政系统预算绩效管理先进单位。国家级农村综合性改革5个试点村的村级集体经济收入平均突破125万元/村，全省现场会在该县召开；率先在全省建立涉农资金统筹整合管理平台，位居全省涉农资金统筹整合工作考核第一名，奖励资金500万元；政府采购云服务平台上线运行，采购透明度提升；财政评审流程优化，评审金额106亿元。清理规范全县财政专项资金管理办法，出台《长沙县专项资金管理办法汇编》（第一、二期），涵盖6大类119项；加强镇(街)财政监督力度，规范“双控”账户管理；每季开展内控制度执行情况督查。

【预算执行】2019年，全县地方一般公共预算收入111.24亿元，比上年预算执行数102.21亿元，增加9.02亿元，增长8.83%；上级返还性收入、一般性转移支付收入、专项转移支付收入、债券转贷收入、调入资金及上年结余等85.66亿元，收入合计196.9亿元。全县一般公共预算支出186.25亿元，同比上年170.5亿元增加15.75亿元，增长9.23%。上解支出等3.75亿元，支出合计190亿元，收支相抵，年终滚存结余结转6.9亿元。全县政府性基金预算收入完成160.47亿元，同比上年增加36.98亿元，增长29.94%，上级补助收入0.63亿元、专项债券收入22.57亿元、上年结余8.4亿元，收入合计192.07亿元。全县政府性基金预算支出完成164.78亿元，同比上年增加54.39亿元，增长49.27%，上解支出0.1亿元，调出资金15.9亿元，支出合计180.77亿元，收支相抵，年终滚存结余11.3亿元。全县国有资本经营收入完成0.14亿元；国有资本经营支出完成0.14亿元，收支平衡。全县社保基金预算收入完成24.67亿元，其中保险费收入16.82亿元、利息收入0.28亿元、财政补助收入7.46亿元、转移收入及其他收入0.11亿元。社保基金支出22.55亿元，当年结余2.12亿元，年终滚存结余46.59亿元

（因企业养老保险收归省级统筹，以上数据不含企业养老保险）。

【财源建设】2019年，长沙县坚持财税联席会议制度，强化部门协调联动。开展综合治税专项行动，开展税收“四清”及规范道路货运物流业税收管理等“五大”专项行动，加大对房地产、建筑业等重点行业以及重点企业的税源监管。调整规范非税收入项目，压实执收部门责任，做到“应收尽收、应缴尽缴”。出台“优化营商环境 深化纳税服务”活动考核办法及镇（街）促收奖励办法，调度镇（街）生财聚财积极性。优化营商环境，培育财税“潜力”。建立减税降费联席会议制度，通过出台减税降费工作方案及重点任务清单，编制《减税降费政策汇编集》，开展减税降费政策落实情况专项督查，听取纳税人代表的意见、建议等，了解掌握企业生产经营、减税降费政策落实情况等方面的第一手资料，确保政策落到实处。向上级争取工业发展专项资金6.15亿元，科技发展专项资金1.54亿元，外经外贸发展专项资金近2亿元。县委、县政府高度重视盘活“三资”工作，成立由县委书记任顾问、县长任组长的盘活“三资”工作领导小组，指导全县盘活“三资”工作。成立工作专班，印发《长沙县盘活存量“三资”工作方案》《长沙县公共资源有偿使用实施办法》《长沙县行政事业单位不动产处置实施办法》，督促责任部门加大盘活“三资”工作力度。全年通过处置行政事业单位经营性（未自用）资产，组织集中拍卖7次，成交金额4400万元；出让闲置土地9宗，形成收入26.79亿元；支持经开集团“两水”IPO上市以及平台公司建设经营性配套项目，增强其以市场主体身份参与竞争发展的能力和水平；清理收回结转结余资金7.46亿元用于支持万家丽高架、三一重卡、茶产业等重点项目和产业发展。

【民生投入】2019年，全县民生支出148.72亿元，同比增加13.85亿元，同比增长10.27%。实施养老保险费率过渡试点优惠和降费政策，减征2.29亿元。社会保障扩面提标，低保标准提高至650元/月，特困供养标准提高至845元/月；发放城乡低保资金、抚恤人员补助、特困医疗救助资金、残疾人补助等各类助扶资金2.3亿余元；安排就业专项资金支出约2300万元。支持教育均衡提质，投入23亿元用于教育事业发展，同比增长30.1%；率先在全市实行编外教师分阶段享受同工同酬政策，将公办幼儿园生均公用经费标准提高至与义务教育阶段小学生生均公用经费一致；超大班额全面消除。支持农业农村优先发展。探索统筹整合财政资金，在出台《关于探索建立涉农资金统筹整合长效机制的实施方案》的基础上，制定具体操作办法，对资金整合范围、具体整合步骤（包括成立工作机构、申报指南、项目申报、项目铺排、项目实施、项目验收、资金拨付）等进行明确，全县20个部门，53个专项5.22亿元纳入整合范围；率先在全省建立涉农资金统筹整合管理平台，统一全县部门之间同类型涉农项目的补助标准和验收办法。推进农村综合性改革工作，2017—2020年投入试点专项资金1.1亿元，探索村企合作、村级自主经营、抱团发展等多种集体经济发展模式，5个试点村村级集体经济收入由2016年试点时平均5.7万元/村增至2019年平均125万元/村。投入资金1746万元实施“一事一议”财政奖补项目127个；投入350万元将开慧镇石燕村打造成为省级美丽乡村示范点。通过“一折通”发放各项惠民补贴资金7140万元。投入资金1.12亿元，开通城乡公交线路74条，实现村村通公交，城乡公交与城市公交享受同等优惠待遇，残疾人及65岁以上老人免费乘车。统筹安排建设资金10亿元以上，支持“城市管理提质年”行动以及“一圈两场三道”，一、二、三、四、五、六区旧城改造完成；实施10条主干道“九位一体”综合提质改造，新改建人行道38千米。投入文化体育事业经费1.82亿元，缪伯英故居、陈树湘故居、杨立三故居修缮并对外开放，提质改造20个村（社区）综合文化服务中心，举办首届全民运动会；统筹安排2019年度省级财政专项彩票公益金用于春华、青山铺、高桥等镇片区文体广场建设。

【预算管理】2019年，长沙县做实镇（街）预算，做细国土基金预算，加快预算执行进度，强化预算刚性约束。2019年，在2018年决算数的基础上压减一般性支出10%以上，压减经费6600万元以上。执行暂付性款项清理工作“四年行动计划”，加大清理收回力度，获省级奖励资金200万元。强化非税收入管理，被评为全省非税收入征收管理工作先进单位。按照“一资金一办法”的原则，对全县专项资金进行清理检查，出台《长沙县专项资金管理办法汇编》（第一、二期），涵盖6大类119项，规范部门职能职责。加强行政事业单位“双控”账户管理，按照“统筹分类、盘活资金”的原则对安居工程、消防大队及土地整理中心等14个“双控”账户进行管理，涉及户内资金3.04亿元。

【政府债务管理】2019年，长沙县统筹安排、足额落实预算安排、土地出让、资产处置等方面的资金；设立防控化债风险周转资金池，归集资金2.17亿元；争取上级债券额度，全年争取债券额度97.68亿元。执行10年隐性债务化解方案，其中2018—2019年化债目标12.01亿元，实际化债33.93亿元，化债完成率282.51%。对政府融资平台公司进行清理整合，探索平台公司市场化转型，依托县区优势资源做大做强平台公司主营业务，开展“三补”（补资本、补资产、补营收）。加强PPP项目管理，完善PPP综合信息平台管理库，推动长沙经开区双创工场及配套设施PPP项目通过财政厅审核，全年长沙县通过省财政厅审核项目10个（含长沙经开区5个），金额270.46亿元。

【财政绩效管理】2019年，县财政局对33个部门单位实施重点评价，涉及专项资金161项23.83亿元，涵盖教育、医疗、卫生等重点支出和民生领域。其中优等项目21个，良等107个，中等12个，低等3个。加大绩效评价结果运用力度，在评价结果反馈、督促整改及县政府办发函通报重点评价结果的基础上，根据评价结果对部分延续性项目编制“预算建议书”，将绩效评价结果纳入县对单位绩效考核。

（唐天晴）

表1

长沙县2019年财政收支情况

指标名称	计量单位	2019年	2018年	为2018年的百分比%
财政总收入	万元	3730704	3563969	105
1.一般预算收入	万元	1112355	1022134	109
上划税收	万元	1095765	1381740	79
2.一般预算支出	万元	1862496	1705048	109
一般公共服务	万元	257973	192462	134
国防	万元	1614	2620	62
公共安全	万元	86987	79831	109
教育	万元	233357	219240	106
科学技术	万元	112226	39357	285
文化体育与传媒	万元	22001	20834	106
社会保障和就业	万元	92289	142342	65
医疗卫生	万元	111095	98115	113
节能环保	万元	155191	103701	150
城乡社区事务	万元	395641	328849	120
农林水事务	万元	179817	176299	102
交通运输	万元	49044	47379	104
资源勘探电力信息等事务	万元	35707	137726	26
其他支出	万元	129554	116293	111

税　务

【概况】 2019年，国家税务总局长沙县税务局完成市、县两级地方级纯税收97.26亿元，同比增收5.08亿元，增长5.22%；县级地方一般公共预算收入97.07亿元，同比增收7.22亿元，增长8.04%。

是年，成立减税降费领导小组。举办专题纳税人学堂19期41场，通过中国税务报、红网等社会媒体宣传减税降费45次，与机场、商会等社会各界多次合办大型宣传活动。辅导纳税人10万余户次，发放资料8.5万余份，一般纳税人宣传辅导面100%。帮扶企业发展，加强宣传辅导、下户入企，及时跟踪企业享受优惠政策情况。全县减免税收25.05亿元，覆盖纳税人99%以上。

税费治理提质。6月起在全县启动税收“四清”（清理欠税、漏税、小税、散税）工作。局领导带队到全县18个镇（街）督导调研指导，实行“内设科室与征收管理部门联点制”；利用镇（街）的人员、地域优势和税务部门的专业优势强强联合，通过电话、实地走访、与市监局信息对比等形式掌握纳税人真实情况；从企业租赁发票入手进行清理房产税；排查大企业签订合同缴纳印花税情况；依托税收台账，结合金三系统房屋土地采集信息，街道、社区分网格全面排查房产相关税收；加强执法刚性，打好为期6个月的欠税清理“攻坚战”；开展建安行业、物流运输行业、教育行业专项清理；将税收法治特别是税收违法后果作为税收宣传重点。通过税收“四清”清查入库6.93亿元，其中房产税、城镇土地使用税、印花税同比增长37.11%、23.07%、13.94%。个体零散税收在起征点提高后同比增加3471.53万元、增长31.45%。46个房地产项目、24个土地和在建工程项目的土地增值税清算完成，清算补缴19.78亿元，同比增收14.28亿元。风险应对评估入库税款及滞纳金3.72亿元。

税收改革。筹备社保费申报测算系统上线工作，组织召开城乡居民两险征缴大会，完成年度社保费工资基数年审等工作，社保非税工作平稳过渡。开展走访调研，上门辅导缴费人政策问题及系统操作，收集缴费人意见建议。举办社保费申报测算系统专题学堂，机关事业单位缴费人覆盖率100%。对接人社、医保、银行、国库等部门，协商退费、对账、政策口径等关键事项，建立“快速反应计算”的工作处理机制。建立“村（社区）—镇（街）—县”的三级反馈架构。入库各类社保费9.66亿元、非税收入6.79亿元。增值税改革推进，2.66万户纳税人减免税17.65亿元。做好数据清理、发票缴销工作，金税三期系统并库。

优化营商环境。针对减税降费、企业开办、注销等指标，落实“营商环境问题清单”，开展“整治‘最多跑一次’问题，规范办税服务厅管理”专项工作，优化办税服务厅配置，提升纳税人满意度。开展2018年度纳税信用等级评定及结果运用工作。走访企业653户，实地解决涉税问题86个。做好税收宣传，开展纳税人辅导专题培训40余场，培训8000余人次。发挥办税厅宣传“主阵地”作用，依托“互联网+税务”模式，利用网上纳税人学堂、微信、QQ群，利用镇街、商会、机场等深入宣传辅导。深化“放管服”改革，望仙路、东三路、政务服务中心办税厅“三厅合一”，通过升级大厅叫号程序、窗口分组、增设12台自助办税设备等举措优化服务。

3月25—27日，县税务局举办个体工商户减税降费专题培训6场，培训对象为月销售收入3万元以上的定期定额个体工商户（1024户），培训内容为个体户优惠政策和自主按期申报。（潘　芳）

【第28个税收宣传月】 2019年，县税务局围绕国家税务总局“落实减税降费 助力经济高质量发展”宣传主题和省委“湖南不靠海、不沿边，走向世界靠蓝天”的发展理念，筹备航空主题宣传活动，开展湖南首架“减税降费号”主题航班宣传和黄花国际机场线下宣传活动。联合长沙市税务局开展微信公众号“集五税、学好税”线上知识问答、新能源共享汽车宣传，落实更大规模减税降费政策。（方艺惟）

【“两险”征缴】 2019年11月4日，召开长沙县2019年城乡居民养老及医疗保险缴费工作推进会，县财政、人社、医保、税务、农商行、农行分管负责人、各镇（街）相关负责人参会，就“两险”工作中的疑难问题进行交流探讨。自“两险”征缴工作划转以后，县税务局多次联合县医保局召开征缴大会，通过掌上星沙、微星沙等公布缴费注意事项及缴费标准，印制海报和折页20135页，易拉宝102个，投放宣传视频18处。与当地农业银行合作，在各乡镇、街道布设260台智能POS机，拓宽缴费渠道，让缴费人缴费更方便。（王薇珺）

审　计

【概况】2019年，长沙县审计局审计项目303个，其中直接审计项目163个，指导监督审计项目140个，避免财政资金损失2000万余元。提出合理化审计建议257条，涉审单位采纳建议制定完善制度16项，移送问题线索16起。成立中共长沙县委审计委员会，并召开第一、二次县委审委会会议。

财政“同级审”。围绕县级财政预算执行管理、环境保护治理资金、卫计专项资金、行政审批制度改革推进、政府投资项目建设管理开展专项审计或审计调查。审计抽查审核资料622份，涉审金额29.20亿元，审计对象涉及11个镇（街）、14个部门，延伸调查48个村（社区）、20家企业，谈话对象涉及112人。发现环境保护治理项目管理不到位、部分医院住院和医疗废物管理不规范等问题。针对发现问题，相关镇（街）、部门完善管理办法和制度，建立长沙县财政专项资金项目申报管理平台，核减“松材线虫”治理外包公司防治费用，责令老旧小区油烟净化治理项目承包公司退回财政资金50万元，制定住院在床管理制度、医疗废物资金及处置管理制度。

领导干部经济责任审计。县审计局根据《党政主要领导干部和国有企事业单位主要领导人员经济责任审计规定》对经责项目审计内容、程序、报告进行修订和完善。对14个单位16名领导干部实施经济责任审计（其中内审审计3个单位），在春华镇同步开展自然资源资产审计。审计发现县水土保持补偿费征收不到位、执法暂扣物品及车辆管理不规范、“三重一大”集体决策制度执行不规范、专项资金管理不规范、自然资源资产管理和环境保护责任落实不到位、中小学校食堂食用油存在食品安全隐患等问题。针对发现的问题，健全水土保持补偿费征管机制，县水利局追回征收补偿费111.8万元，县教育局加强学校食品安全管理，县行政执法局建立暂扣罚没物品仓库管理制度、涉案车辆停车场管理制度等。针对审计指出的其他问题，督促被审计单位在90日内完成整改。

政府投资审计。对县投资评审中心结算评审完毕的500万元以上的政府投资项目进行全面审计，200万～500万元的抽审40%；200万元以下的抽审5%。完成政府投资审计项目146个，涉审总金额28.33亿元，在财政评审基础上再次核减工程造价1798万元，最高审减率7.49%。审计发现违反建设基本程序、违规支付工程款、监管不到位、多计工程款等问题，县审计局依法依规作出审计处理，建设单位工程款全部追回并整改到位。

政府委托审计。委托7家中介机构对140个村（社区）及二级机构开展财务收支审计。重点审计扶贫专项资金、农村集体“三资”管理、涉农专项资金、村级工程项目建设等关键领域，发现的主要问题有少数社区干部违规列支社保个人缴费部分、部分村级工程管理存在围标串标现象、中介机构结算审计取费依据错误、街道选取的造价评审机构在工程结算评审中适用税率错误导致发包方多支付工程款、学校食堂米油等大宗食品采购存在食品安全隐患，县审计局依法依规作出审计处理，并逐一督促整改。

【政府投资审计转型】2019年，长沙县探索开展全面投资审计。开展投评结算评审专项审计调查。每季度从县投资评审中心完成结算评审的项目中抽取40个左右的项目开展专项审计调查，每季度抽审项目集中统一出具专项审计调查报告。全面规范投资审计程序、文书和结果运用。严格执行《国家审计准则》规定的程序、要求，规范投资审计操作流程和审计处理处罚。对专项审计调查中发现结算不实的问题，责成县投资评审中心牵头督促各相关单位追回多结算工程款，限期内未追回的以及违法违纪、重大损失浪费等问题，依法移交县纪委、监委等有关部门处理。

【审计风险防范机制】2019年，县审计局建立以质量为核心的审计风险防范机制，明确审计方案制定、审计取证、报告撰写、审计归档的质量目标、质量标准和质量要求，做到审计问题查清，审计程序合法，审计行为规范。落实审计方案和审计报告集体审查制，实行审计组成员、主审、组长审计质量三级负责制和责任追究制，开展审计项目交叉质量检查，保障依法审计不漏项、查证问题不瞒报，处理问题不徇私。

（马小荃）

统　计

【概况】2019年，在全县机构改革中，明确长沙县统计局二级机构长沙县社情民意调查中心为副科级公益一类事业单位，核定全额拨款事业单位6名，其中主任（副科级）1名。该局结合“9·20中国统计开放日”，开展统计宣传活动，推进统计工作公开透明。完成第四次全国经济普查工作，被评为“湖南省第四次全国经济普查先进集体”。

统计服务。做好经济监测预警，分析研判，撰写统计分析30篇，其中8篇经县委、县政府主要领导批示。拟定《高铁会展新城（会展片区）统计工作方案》，为会展片区经济决策和发展规划提供统计数据；撰写《对临空经济示范区统计工作的思考》，为黄花综合保税区统计体制建设出谋划策。

统计基层基础。加强统计工作规范化管理，推进镇（街）统计基础建设，实现统计站“六化”工作目标，即统计工作法制化、统计手段现代化、统计管理制度化、统计资料档案化、统计服务优质化、统计培训规范化。稳定镇（街）统计人员队伍，建立镇（街）统计人员名册，并及时督促需调整统计人员的镇（街）严格按流程报请常务副县长批准。抓牢基层统计队伍培训。加强对全县报表单位统计人员培训，将培训重心放在一线企业统计员上，分专业、分批次轮训全县1069家“四上”企业统计员。开展“四上”单位（规模以上工业企业、资质等级建筑业企业、限额以上批零住餐企业、规模以上服务业企业）申报工作，新增“四上”单位267家。

统计法制建设。在县委常委会、县政府常务会汇报统计工作时，组织学习习总书记关于统计工作批示、指示精神，提高领导人依法统计意识。邀请市统计局法规处领导到县委党校作统计法律法规专题讲座。组织各专业对相关专业统计数据质量进行检查，排查规模工业企业402家，规模以上服务业159家，限额以上批发和零售业262家，500万元以上固定资产投资项目107个，及时发现问题，落实整改。

民意调查工作。开展包括禁毒、公众安全感、扫黑除恶、县绩效考核社会公认度评估等8个调查项目，12次调查，采集有效样本26757个，收集意见建议7011条。其中，禁毒、扫黑除恶、绩效考核社会公认度评估回访调查报告均由县委、县政府主要领导批示，为各项中心工作提供民意参考。禁毒民调结果在全省排名较2018年上半年上升26位，市对县绩效考核社会公认度评估民意调查居四区（县、市）第一。9月，组织拍摄民调宣传片，在县政务中心等处电子显示屏及相关媒体进行播放，民调中心成为省内区县级民调机构标杆。

【第四次全国经济普查工作】2019年，长沙县将第四次经济普查工作纳入2019年长沙县政府工作报告。县统计局在县委常委会和县政府常务会上专题汇报四经普工作，并多次承办全县经普工作推进会。在核实数据质量工作上，按照经济普查对象分为一套表单位、非一套表单位和个体经营户三块，分类对核准数据质量。一套表单位数据核实主要由县统计局负责，聘请注册会计师一起上门核实。非一套表单位分企业、民间非营利组织和行政事业单位三块分别进行。完成经济普查综合试点、单位清查、入户登记、事后质量抽查、数据汇总评估等各阶段工作，全面摸清全县二、三产业家底，县统计局被评为“第四次全国经济普查省级先进集体”。

【“四上”单位申报】2019年，县统计局启动“四上”单位申报。根据各行业申报特点，分月度申报和年度申报进行，全县月度申报单位数量连续10个月领先全市。联合市监、税务、住建等行业主管部门助力申报，加强引导督促。组织部门和镇（街）召开业务培训会议，确保及时掌握申报业务知识。全年新增“四上”单位267家（其中工业72家、商贸业75家、服务业24家、建筑业65家、房地产业31家），比上年增加43家。

【统计执法检查】2019年，县统计局坚持依法治统和依法行政，加强统计执法检查和统计违法案件查处。按照双随机要求抽取统计执法检查单位，将全县取得统计执法证的人员组成执法骨干库，根据执法检查任务抽调执法骨干库人员参加执法检查；通过聘请会计师事务所专业财务人员，借助第三方力量解决专业知识不强问题，提高检查效率和质量，落实重大执法决定法制审核制度；通过请专业科室人员参与检查，解决对指标认定不清问题。对21家企业开展统计执法检查，提高企业依法统计意识和能力。

（张　琛）

应急管理

【概况】2019年，长沙县应急管理局（含镇街）检查各类生产经营单位3707家（次），排查安全生产违法违规行为6903处，办理安全生产案件386起，罚款231万元。调整安全生产目标责任考核体系，修订《2019年度安全生产工作考核实施细则》。开展危险化学品、烟花爆竹、有限空间、涉爆粉尘、马路市场等专项整治行动。全年各安全生产监督管理职责部门检查企业9251家，排查隐患9251处，整改隐患11611处，实施经济处罚2189.78万元，挂牌督办2处，暂时停产停业整顿企业150家，主流媒体曝光134次，警示约谈410人。

挂牌督办一批安全生产重大事故隐患。县人民政府挂牌督办28处重大事故隐患，整改销号18处。县安委办挂牌16处重大事故隐患，整改销号10处。“一事一议”推进重大隐患整改，其中市级挂牌督办的原二机械厂隐患投入300万元完成治理。针对成品油、危化品整治难题，组建常态化联合执法队，建立现场处置、鉴定、转运、处罚工作机制。针对典型案件，邀请法院、检察院参加，实行一案一议，确保“行刑衔接”。查处危险货物及成品油领域违法行为92起，罚款255万元，处置油罐29个，取缔非法经营单位（个体）48起，安全转运成品油94吨，向公安机关移送案件6起，行政拘留7人，刑事拘留11人。

开展夯实企业主体责任年活动，抓好工贸行业安全监管，全省率先开发“一会三卡”智慧综合管理系统，该系统将安全班前会和风险管控、隐患排查治理、应急救援三项工作可视化、数字化，实现班前会在线留痕、隐患排查适时预警、危险作业流程可控、应急处置专业快捷，试点30家。将安全联审“合格”作为县级财政对企业奖金扶持的前置条件，倒逼企业落实主体责任。安全联审41次，审查企业1554家次，“一票否决”12家。

2019年，森林防火演习现场　（县应急管理局 提供）

开展第18个“安全生产月”活动，县安委办组织开展十大主题活动。开展“创省示范”系列宣传活动，印发《关于携手创建湖南省安全生产示范县的一封公开信》15万份，刊发《示范创建进行时》季刊3期，制作电梯宣传广告牌400块，推出微信公益宣传信息160万条。升级“星沙应急管理”微信公众号，编发信息660条。开展“防事故保安全”“12个防灾减灾周”“安全生产月”“安全生产法宣传周”集中活动。组织开展危险化学品、工贸行业负责人安全生产业务培训班14期，应急管理履职提升1期、新安监员培训班1期。推进公共安全宣教阵地建设，建成安全文化主题公园4个、安全警示教育基地1个、安全培训体验基地3个、涵盖安全体验项目的科普E站4个。

规范应急信息报送渠道和报送标准、整合各相关单位的应急信息资源，运用科技支撑，建成长沙县应急指挥大厅，构建一体化全覆盖的应急管理大数据应用平台。健全“1+N+X”（总体+专项+部门）预案体系。组织修订《长沙县突发事件总体应急预案》，县级应急预案体系由总体应急预案、37个专项应急预案、县直部门应急预案和镇街应急预案组成。组织和指导各单位专项应急预案演练30余场次，企业应急预案备案25家；构建以消防救援为主力，以驻地部队为后援，以专家为支撑，以社会应急救援机动力量为补充的“大应急”力量体系。依托22个相关企业的专业救援力量，建设综合应急、防汛抗旱、森林火灾、危货运输、危险化学品、油气管道、易燃易爆油品、民爆物品、城镇燃气、航空、水利工程抢险、建筑工程、工程机械、病媒生物监测消杀、心理危机干预等重点领域的29支专业应急救援队伍。

调查、评估全县各类突发事件的种类和损害规模，形成《长沙县突发事件风险评估报告》。与县发展和改革局（县粮食和物资储备局）联合拟订长沙县救灾物资使用管理联动机制，健全救灾物资保障。拟订《长沙县自然灾害救助资金管理办法》《长沙县防灾减灾备灾经费管理办法》《长沙县2019年因灾倒损农村居民住房恢复重建实施方案》，规范救灾资金使用。对5户因灾倒损农房进行恢复重建救助。推动综合减灾示范社区创建，高桥镇锦绣社区被评为“湖南省综合减灾示范社区”。

【“一会三卡”智慧综合管理平台上线】 2019年9月20日通过“一会三卡”（安全班前会、体检卡、动工卡、应急处置卡）智慧综合管理平台，以冶金、机械等行业企业安全生产主体责任落实为落脚点，紧扣“一会”仪式和“三卡”重要环节，将企业安全生产细化、具体化。依托平台，企业188个维度的安全档案、“一会三卡”的运营动态信息进入大数据中心。政府端通过大屏显示，随时动态掌握企业动工动态、隐患整改验收情况等，实时监管安全风险，排查风险目标企业。企业可以一键扫码，查看应急处理措施和方法，通过手机提报动工卡、体检卡、班前会，实现移动办公。（梁　婷）

【消防管理】 2019年，长沙县消防大队接警出动836余次，出动警力7289人次，出动消防车辆1376台次，抢救被困人员24人，挽回经济财产损失4300万余元。全县发生火灾335起，其中未成灾火警292起，已成灾火灾43起，死亡1人，受伤2人，直接财产损失约645万元，火灾数量同比下降51%，死亡人数同比下降67%，受伤人数持平，直接财产损失同比下降68%，火灾四项指标均下降，未发生较大以上和有影响的火灾。处置“2·15”湖南省道路运输发展有限公司仓库火灾扑救、“7·19”星沙产业园万容固体废物有限公司火灾扑救、抗洪抢险等任务，完成“两会”、2019国际工程机械展览会、第一届中非经贸博览会、中华人民共和国成立70周年大庆等重大消防安保活动68场次。

开展消防安全工作检查、督察、夜查60余次。全年承办消防工作会议5次，对成员单位、街镇开展督导巡查4次、工作考评4次。县消安委牵头组织公安、住建、安监等基层网格力量，开展群租房、三合一场所火灾隐患整治，对存在突出火灾隐患的单位，按照“一单四制”的方法制定隐患清单台账，下达隐患督办函。县消防大队开展居民住宅小区、电气电缆井火灾、高层建筑、春夏火灾防控、非法违法建筑等专项整治行动，针对劳动密集型企业、居民小区、仓储物流场所、非法违法建筑、人员密集场所等重点领域和单位，开展火灾隐患排查整治行动。全年检查社会单位2479家，发现火灾隐患3054处，督促整改3034处，下发《责令改正通知书》1475份，临时查封火灾危险部位36处，责令“三停”（停产、停业、停止施工）19家，罚款66.07万元，挂牌整治重大火灾隐患11家，督促2家重大火灾隐患单位整改销案。推行“网格化”“户籍化”管理和消防控制室达标创建，重点单位“户籍化”率100%，消控室达标创建率100%。改善全县基础消防设施，4个消防队站建成，营房改造完成，消防站建设经费总额2亿元。重型工程机械大队入驻执勤，安沙消防站建成，鹏盛消防站完成地勘、可研，长沙县消防中队营房改造立项。全县成立镇政府专职队12支，队员128人，车辆24辆（其中消防车5辆，洒水车改装7辆，消防摩托12辆）。投入300万元用于镇政府专职消防队的车辆器材装备采购，加大社区微型消防站和村志愿消防队的建设，确保所有社区、村均建立微型消防站和志愿消防队，实现消防队伍全覆盖。镇政府专职消防队出警121次，均将火灾控制在初期状态。新增市政消火栓150个，开展全县消防水源基础数据调查统计和消火栓维护保养工作，排查消火栓723个，排查率100%。开展全县消防队伍比武竞赛2次，提升消防队伍实战能力。开展长沙国际会展中心、长沙县妇幼保健院、恒广国际物流园、冰宇燃气站、山河智能等单位的大型灭火救援联合实战演练。分类别、分灾种、分等级制定12个应急预案和响应程序，完善供水供电供气、医疗急救、工程抢险等部门和社会救援的联动机制，按照消防救援专业队伍要求启动水域救援专业队建设，建成重型工程机械队，与三一重工、山河智能等企业加强合作交流，安排指战员到工地参加实训，到园区进行场地模拟训练。开展“5·12”防灾减灾和“119”消防宣传月等大型消防宣传活动6次，邀请省、市主流媒体对辖区重大隐患曝光12次，对外开放消防站31次；开展消防安全提示、播放消防公益广告3600余条次；运用微信公众号、移动QQ等发布工作信息和火灾隐患整改动态350余条。发挥第三方宣教服务机构“生力军”作用，通过集中培训、入户宣传、重点帮扶等培训20万余人。

（赵　薇）

市场监督管理

【概况】2019年，长沙县市场监督管理局（以下简称县市监局）构建科学规范的市场监管体系，被评为“湖南省优化营商环境试点单位”。

商事制度改革。推进“放管服”改革，推行“最多跑一次”“多证合一”“证照分离”等改革措施。编制《长沙县推进“一件事一次办”改革进一步提高行政审批服务效能实施方案》，49个单体事项实现一件事一次办。将12个市场监管所承接的“就近办”事项前移到18个镇（街）政务中心实现集中办理。推行印章免费刻制和免费快递服务，降低企业开办成本。县市监局行政审批窗口被评为市级“巾帼文明岗”。推行“企业开办全程网上办”“一件事一次办”“开户即开业”“就近办”等系列重要举措，实现企业开办2个工作日、个体开办1个工作日内完成，3638家企业开办全程网上办，34项事项“开户即开业”，通过“一件事一次办”申请办结5632户。新增商事主体22669户（含经开区），同比增长21%。办理动产抵押登记28笔，变更2笔，注销14笔，协助市场主体融资6.5亿元。推荐中南汽车世界、黄兴海吉星国际农产品物流园两大市场进入“中国商品市场综合百强”榜。推进知识产权工作，开展小微企业知识产权托管140家、专利预警分析1个。推进知识产权质押融资8300万元，办理专利行政案107件、商标行政案29件。

监管执法。立案查处各类违法案件445起。查封捣毁窝点150个，清查、教育、遣返涉传人员649人，解救44人，刑拘16人。开展食品安全、特种设备、价格检查等30多项专项整治。开展食品安全联合整治行动，重点整治县内“黑工厂”“黑作坊”“黑窝点”“黑外卖”，查处食品安全案件625起，清理“黑作坊”56家。检查特种设备使用单位484家，排查处置安全隐患207起。开展长沙县市场监管领域“夯实企业安全生产主体责任年”活动，与全县200余家特种设备使用单位签订《长沙县特种设备安全生产责任书》，督促企业全面落实主体责任。修订《特种设备事故应急预案》，组织筑梦园、湘绣苑、艾美潇湘等21个小区开展客梯困人事故应急救援演练。推进市场监管部门“双随机、一公开”监管全覆盖、常态化，完成检查并公示2852户；探索部门联合“双随机、一公开”监管模式，完成人力资源市场和转供电环节电价“双随机、一公开”联合检查。

消费维权。修订《投诉举报工作制度》，规范“五线合一”投诉举报流程，提升诉求渠道顺畅便利，保障社会公众消费者利益。开展以“信用让消费更放心”为主题的庆祝“3·15”国际消费者权益日系列活动，长沙县63家企业被评为“2018年度食品安全示范创建单位”。开展2019年度网络市场监管专项行动（网剑行动），与第三方服务商360奇虎公司合作进行网上专项监测，监测全县电商经营户涉嫌违法线索69条，均已依法调查处置。组织“12345”热线疑难工单会商会诊35余次，解决诉求矛盾15起，受理消费维权工单12955件，其中：业务咨询1931人次，投诉举报11024件（投诉7666件、举报740件、退单2618件），诉转案37件。

是年，承办2019年湖南省“质量月”启动仪式。慧润农业等3家企业获批2019年湖南省标准化试点项目。加强商标品牌培育、专利商标综合执法、知识产权成果运用，申请商标注册4706件，注册商标3443件；申请专利5496件，获得专利授权3487件；办理商标行政案件 29 件、专利侵权案件 107 件、各类广告违法行为案件 5 件。协助企业知识产权质押融资 8300 万元。办理动产抵押登记 28 笔，变更 2 笔，注销 14 笔，协助市场主体融资 6.5 亿元。检定各类计量器具 23732 件，出具检定检验报告 3478 份。检查巡查机动车检验检测机构 9 家、其他检验检测机构 8 家、乡镇、社区医院 19 家、重点用能、排污单位 19 家、农贸市场 31 家；车辆超限载检测站 2 家；加油站 66 家。抽检油品质量 45 个，合格率 100%。

食品安全。围绕假冒伪劣食品、保健食品虚假宣传、"白板肉"整治、校园及周边食品安全、农产品质量安全等重点领域开展专项整治行动 30 余项，检查学校食堂及周边食品经营单位 1082 家，肉制品销售单位 8000 余次，保健品检查 110 户次，排查安全风险隐患 540 条。推进"三小"（小餐饮、小作坊、小摊贩）行业治理，提质改造小餐饮 201 家、白酒小作坊 47 家，建成透明厨房 324 家、视频厨房 489 家。

2019 年 6 月 25 日，2019 年长沙县食品安全宣传周活动现场（冯　辉　摄）

通过短信、"村村通"广播、宣传册等宣传《致全县广大居民的公开信》，开展专题宣教培训 40 余场次、食安知识宣传 500 余次，发放风险防控手册 5000 余本。办理食品经营许可证 5165 本（其中流通 2551 本，餐饮 2394 本，单位食堂 216 本），食品小作坊许可证 16 本。

【药品监管】2019 年，长沙县市场监督管理局开展执业药师挂靠及处方药销售乱象整治、中药材中药饮片整治，联合多部门开展整治"保健"市场乱象百日行动。开展食品药品全风险隐患排查整治专项行动，出动检查人员 818 人次，检查企业 440 家次，排查安全隐患 67 条，责令整改到位。对一级监管的 46 家医疗机构开展药品、医疗器械、化妆品使用情况的专项检查，督促被监管单位完成药品不良反应报告 794 例，其中严重病例 80 例；医疗器械不良反应 214 例，其中严重病例 46 例；化妆品不良反应 40 例。完成 25 批次药品和 40 批次的化妆品专项抽检。组织全县医疗器械生产企业主要负责人，召开落实安全生产责任推进会议；组织全县药品批发、零售连锁负责人、单体药店代表部署落实禁毒工作要求，组织监管所开展药品类易制毒化学品专项检查。新开办药品零售企业 56 家、办理变更 362 家、换证 105 家；受理三类医疗器械零售许可 56 家；完成 GSP 认证现场检查 36 家。组织药品科技活动周、化妆品科技活动周活动，发放药械化宣传手册 5000 余份，指导各监管所开展进社区宣传活动。（聂　知）

行政执法

【概况】2019 年，长沙县行政执法局立案 8466 起（不含违停抄牌 2.1 万余起），到位罚没款 4403 万元，移送公安机关 29 起，刑事（行政）拘留 30 人，环保、住建等 5 个领域在省、市案卷评查中被评为优秀，"扫黄打非"工作被评为全省优秀集体，被司法部评为"全国法治政府建设工作先进集体"。

推进深化行政执法体制改革工作。按照"1+X"模式，构建起"行政执法局机关 +18 个镇街执法队及 1 个直属执法队"县域全覆盖的执法体系，实现扁平化调度管理。镇街执法队以村（社区）为单位划定片区执法网格，执法人员下沉至片区网格，具体负责网格内综合执法工作，从源头加强违法行为的执法监管，及时回应民声关切，打造全天候"24.5 小时"执法圈。接处群众投诉 33421 件，较 2018 年（21869 件）增加 52.82%，满意率 97.8%。

编写《行政执法业务指南》工具书，精准阐述272个常见违法案例的检查内容、认定依据及处罚依据，助力综合执法业务提升，加快做到“一次检查，全面体检”。完善辖区基础信息台账，建立执法信息和监管对象信息库；完成105家餐饮油烟检测设备安装，实现对大型餐饮门店油烟排放在线实时监管；接入69家涉气企业智能电表数据，实现对涉气企业的在线监管。移送执法检查中发现的涉黑涉恶线索3条。联合黄兴镇政府依法取缔黄兴镇境内19家非法洗砂场。中央、省、市各级媒体宣传推介长沙县行政执法工作95次，在《改革内参》《人民日报》、“学习强国”、《光明日报》《湖南日报》等报刊发表各类经验材料6篇。其中国家发改委主管的《改革内参》以《长沙县深化行政执法体制改革的实践与探索》为题，专题刊发长沙县深化行政执法体制改革经验。

【执法办案】2019年，长沙县行政执法局针对污染防治、安全生产、食品安全、违章建筑等重点领域开展集中整治，全年查办环保相关案件4372起，到位罚没款2086万元，其中查办涉河涉水相关案件209起，移送公安案件7起，罚没款229万元，联合镇街、公安等职能部门依法取缔散乱污企业133家，拆除无证烤漆房35家，清理僵尸船62条。规范、查处店外经营、流动摊贩8万余家次，暂扣经营工具7200余件，拆除违章广告3405块，查办流动摊贩、店外经营、非法营运等城市管理类案件3443起，人行道机动车违停抄牌21129起，罚没款460.76万元。查处成品油及危险货物违法案件122起，罚款302万元，安全转运危险货物约350吨，向公安机关移送危货运输涉刑案件6起，刑事（行政）拘留18人，根据《中华人民共和国安全生产法》办案35起，到位罚没款42.5万元。立案查处各类食品安全违法案件1310起，罚款176.08万元。参与镇街拆违行动298次，出动执法人员9000余人次，配合镇街拆除各类违建131.9万平方米。查处违建案件810起，罚款343.4万元。国土案件移送法院80起，移送财政23起，移送纪检17起，移送公安2起。开展拖欠农民工工资、民办教育专项整治，办理拖欠农民工工资案件3起，罚款0.6万元，追回工资2200万元。办理违规办学案件27起，罚款13.69万元。查处湖南新五洲医药包装有限责任公司不正常运行大气污染防治设施移送公安行政拘留案件，入选全省“蓝天利剑交叉执法”典型案件。查处长沙汇金报废汽车回收有限公司涉嫌排放水污染物质超过国家或地方规定的水污染物排放标准案件，处罚20万元；查处长沙县宋某非法运输消纳建筑垃圾案、株洲市联胜机械加工有限责任公司无证运输渣土案等9起案件，入选长沙市蓝天保卫战典型案件汇编。

【查处互联网车辆租赁运营企业处罚案】2019年6月21日，县行政执法局立案查处上海某网络科技有限公司未有效履行管理职责，导致其投放的共享单车、助力车摆放不齐影响道路交通秩序的违法行为，对其作出责令改正并处罚款4000元的行政处罚决定。该案系长沙市首例依据《长沙市文明行为促进条例》对互联网车辆租赁运营企业向社会投放共享交通工具未有效履行管理职责进行处罚的案例。

【查处参保人骗取基本医疗保险基金案件】2019年7月10日，县行政执法局联合长沙县医疗保障局，根据《湖南省基本医疗保险监督管理办法》《中华人民共和国社会保险法》规定查处1起参保人骗取基本医疗保险基金案件。参保人虚构事实，假借别人怀孕，骗取基本医疗保险金1600元，对其作出责令退回骗取的长沙县城乡居民基本医疗保险基金人民币1600元，并处罚款3200元的行政处罚。该案是参保人骗取基本医疗保险基金湖南省第一案。（黎玉元）

责任编辑　周进银

综　述

【概况】2019 年，驻县银行 23 家，营业网点 183 个，小贷公司 6 家，融资性担保公司 1 家，证券公司营业部 8 家，保险公司 48 家，各类保险公司营业网点 84 个。全县各项存款余额 1353.82 亿元，同比增长 14.37%；各项贷款余额 1261.11 亿元，同比增长 8.67%。1—12 月金融行业入库税款 73068 万元，同比减少 12.85%，占当期入库税款的 3.66%。1—12 月，全县金融业增加值 51.76 亿元，同比增长 9.9%，占 GDP 比重 3%。年内，全县扶贫小额信贷余额 587 户，2016.2 万元。新增贷款户数 434 户，1561 万元。全县放贷 2625 户，8125.5 万元。全年未发生扶贫小额信贷逾期情况。

对全县拟上市企业进行摸底，建立企业名录，完善与企业互动联系机制，组织企业申报省市后备上市企业资源库。推荐 5 家拟上市企业（浏阳河农业、汇洋环保、天华油茶、湘丰茶业、浔龙河发展）进入省、市拟上市后备资源库。召开区县拟上市企业专题培训会议，组织拟上市企业与省证监局对接。邀请省金融局上市处、中金公司投资银行部、天职国际会计师事务所以及北京大成律师事务所等单位走访调研汇洋环保、浏阳河集团等拟上市企业，现场答疑，提出意见建议，推进企业上市。制定《长沙县政府投资基金管理办法》，设立规模 20 亿元的政府投资基金，并成立 2 支子基金。其中，临空产业投资基金规模 10 亿元，乡村振兴基金规模 2 亿元。在投融资类公司较多的星沙、湘龙、泉塘、榔梨街道联合公安、市监、税务等职能部门，组成打击非法集资提前处置工作组，提前处置 11 家公司，化解非法集资风险点。下发《关于开展养老领域非法集资排查工作的通知》，排查养老领域风险。　（彭　衔）

银　行

【中国银行星沙支行】2019 年，中国银行星沙支行内设 5 个部门，下辖 8 家营业网点（含支行营业部），配备 24 台智能柜台柜机、ATM 机 49 台、离行式自助银行 10 家。截至 2019 年年底，该行本外币各项存款日均余额 90.37 亿元，本外币各项贷款时点余额 131.97 亿元。为长沙经济技术开发集团有限公司和长沙县星城发展集团有限公司的政府隐性债务化解工作提供承接方案，分别向两家公司投放 6.15 亿元和 6.6 亿元化债贷款。民营企业贷款新增 5.32 亿元，银保监普惠“两增两控”贷款新增 1.81 亿元，实有普惠贷款客户净增 156 户。发展房地产按揭贷款、车位分期贷款、汽车分期贷款、中银 E 贷、优客分期、个人投资经营贷款，出国留学贷款等，与 10 余家汽车经销商开展业务合作，2019 年汽车分期放款金额 1.87 亿元。为客户提供贸易融资、国际结算、外汇买卖、汇率保值、跨境现金管理、境内外汇款、本外币现金等全方位金融产品和金融服务，业务币种涵盖美元、瑞典克朗、加元、港币、欧元等。辖内 8 家网点智能柜台全覆盖，客户可自助办理 90% 以上非现金业务。各网点均设立“中行温暖角”提供便民服务。

（谷镁烽）

【中国工商银行星沙支行】2019年，工商银行星沙支行拨备前利润21515万元，净利润11386万元；人民币储蓄存款时点增量21478万元，人民币储蓄存款日均增长18764万元；对公存款日均余额316690万元，年末对公存款时点余额335872万元；中间业务收入7200万元；国际业务结算量185863.94万美元；跨境人民币结算量535451.16万元，结售汇业务量46999.26万美元，国际贸易融资累放量19434万美元，国际业务中间业务收入1907.59万元，国际业务新增客户拓户18户。全年销售个人理财类产品67396.7万元，基金691.92万元，全量个人客户净增31996户；代发工资额净增734万元。

是年，该行新增公司贷款11.31亿元。其中：三一集团新增贷款16.2亿元，调增三一集团授信额度至130亿元，新增广汽菲亚特克莱斯勒汽车有限公司贷款1.78亿元，新增长沙经济技术开发集团有限公司贷款3.5亿元，新增长沙中冶凯信项目管理有限公司贷款1.8亿元，开立三一境外非融资性保函3000万美元，为蓝思科技发放出口发票融资10亿元。国际业务结算量、跨境人民币结算量、结售汇业务量、国际贸易融资累放量、国际业务新增客户均有增长，新增国际业务单位18个。对公外汇存款余额3355.63万美元，蓝思科技办理风险参贷10亿万元。全年机构存款余额94724.71万元。强化不良资产清收处置，核销信用卡不良欠款549笔，金额1503.25万元，收回信用卡不良透支2715.24万元；清收转化个贷不良24笔，金额693万元；打包转让不良贷款193.2万元；核销不良贷款1587.6万元；收回潜在风险贷款193.8万元。（胡定英）

【中国农业银行股份有限公司长沙县支行】2019年年末，中国农业银行长沙县支行各项存款余额128亿元，较年初净增35.4亿元，各项贷款余额205亿元，较年初净增32.3亿元，被评为“湖南省金融五一劳动奖状”以及省、市分行经营管理先进单位。

全年向辖内重点客户投放贷款22亿元，高效投放全省首笔抵押e贷、全省首笔高新技术产业并购贷款，持续发挥农总行小微企业示范行优势，营销小微客户120户，发放普惠金融贷款近1亿元，利用“纳税e贷”“抵押e贷”等产品。在各镇街布放惠农通机具317台，代缴两险23万余笔，缴费5600万余元。创新县域金融经营特色，重点实施“一产业一特色”惠农e贷模式创新，推出稻虾贷、粮食贷、茶叶贷、水果贷、烟商贷5种新模式，投放贷款2500万元。做好金井镇蒲塘村金融服务站常态化运营。实现智慧校园、智慧物业、智慧食堂等项目入驻，该行被评为湖南省金融消费者权益保护标准化网点。年末，该行法人贷款持续零不良，全行不良率较年初实现下降，抓好运营管理、安全保卫、信访维稳和声誉风险防范工作，被评为长沙分行党风廉政建设及内控案防工作先进单位，风险与内控合规管理板块先进集体等。（谷　佳）

【中国建设银行长沙星沙支行】2019年，中国建设银行长沙星沙支行下辖6家网点，内设8个部门（团队），员工124人。年底，全口径存款时点余额87.69亿元，一般性贷款余额79.47亿元，账面利润1.83亿元。先后与长沙县政府签署《深化全面战略合作协议》，湖南省物流与采购协会、农业农村局等平台均签订合作协议。探索创新发展乡村金融路径，联动做好金湘通，以政府推动、产业商业结合等模式发展乡村金融，实现金湘通服务点行政村100%全覆盖。推进平安创建，在第六轮安全评估长沙县4个支行中排名第一，被长沙县公安局评为2019年度单位内部安全保卫工作先进集体。（陈　巨）

【中国邮政储蓄银行股份有限公司长沙县支行】2019年，中国邮政储蓄银行股份有限公司长沙县支行收入17037万元，利润13566万元，人均创收202万元，人均创利161万元。年底，该支行负债规模14.23亿元，资产规模100.74亿元，其中零售信贷规模41.27亿元，公司信贷规模59.47亿元。公司存款结余9.64亿元，年日均净增2202万元；储蓄存款结余4.59亿元，年日均净增1937万元；消费贷结余27.18亿元，年增2.82亿元；“三农”贷款结余8.66亿元，年增1.29亿元；小企业贷款结余5.43亿元，年增6437万元；公司贷款结余59.47亿元，年增3.8亿元。该行获取长沙县物业维修基金业务收取资格并开立公司账户，依托邮储银行网络优势，为广大客户提供便捷服务；长沙县人民检察院在支行开立公司账户，为该单位特色账户；向全县大型企业和重点项目投放贷款40余亿元，支持三一重工、山河智能、恒天九五、通程实业、中宏融资租赁、国药控股湖南有限公司等重点企业；全年发展ETC（智能不停车收费系统）3万余台，其中三分之二以上用户位于乡镇农村地区。是年，该行被评为“中国邮政储蓄银行长沙市分行2019年度先进一级支行”“湖南省分行2019年度小微金融精英标杆行”。

年内，开展“普惠金融生态版图”建设，以“小企业贷款、‘三农’贷款、消费贷款、个人金融等业务板块为抓手，以网贷先行，线下联合”为方针，通过进园区、进市场、搭平台，抓住邮储银行现有产品优势，为县域众多企业提供更加便捷、专业的综合金融服务。与星沙产业基地的长沙“梦工厂”产业园、湖南恩瑞投资开发有限公司、德普企业公园、亿达中建（梅溪湖项目）、湖南新三诚投资有限公司、湖南星为置业有限公司等签订法人按揭协议，放款2.1亿元；走访县域各大市场、园区、楼盘、行政事业单位等600余户，向广大中小微企业、商户及个人发放“三农”贷款、个人消费贷款3.9亿元。（唐 姣）

【长沙银行股份有限公司星城支行】 2019年，长沙银行股份有限公司星城支行成内设7个部门，下辖39家机构，包括8家一级支行，7家驻人社区行。年末，表内外存贷规模400.29亿元。设立农村金融服务站114家，年末储蓄存款时点余额4.03亿元。该行在《银行业》杂志全国消保之星有奖问答活动中被评为“消保之星”。（刘 欣）

保 险

【中国人寿保险股份有限公司长沙支公司】 2019年，中国人寿保险股份有限公司长沙支公司涵盖个险、银保业务及团险业务。总保费80844.59万元，长险首年保费9898.79万元，10年期及以上首年期缴保费7918.79万元，短险保费5426.2万元，公司纳税355万元。该公司下辖服务网点34个，营销员2238人，设有黄花、榔梨、安沙、福临、开慧、沙坪、北山、江背、金井9个理赔服务网点，理赔案件金额2797.58万元，其中团险1444.13万，个险1353.45万元。公司推行电子化投保，开通异地可投保空中签名服务，开通中国人寿寿险APP手机服务，客户通过线上自助服务，保单借款、满期金及生存金领取、证件有效期变更、银行转账授权、联系方式变更等20余种在线自助保单服务。全年临柜客户22967人，为68517名育龄妇女提供女性防癌保障，为全县147546名学生提供身故、重疾、医疗、残疾保障。（陈 均）

【中国人民财产保险股份有限公司长沙支公司】 2019年，中国人民财产保险股份有限公司长沙支公司保费收入26343万元，赔付支出12615万元，缴纳各项税费2545.32万元。发展政府民生类保险，水稻保险理赔到位。绘制长沙县重点区域风控地图，配合地方政府抓好防灾救灾。组织国内外专家定期对长沙市重点企业开展重点风险检测服务，帮助梳理重点企业安全管理流程现状和风险隐患，提出科学有效的防灾防损建议，进一步完善长沙县防灾救灾体系。是年，公司继续保持“湖南省文明单位”荣誉称号。（刘 超）

责任编辑 周进银

城乡建设与管理

Urban-rural Construction and Management

城乡建设

【概况】 2019年，长沙县住房和城乡建设局推行“容缺受理＋并联审批”模式和承诺制，改变原来“材料不齐不能办”的审批困境，变为“边准备材料边审批”的并联推进模式，核发建筑工程施工许可证由5个工作日压缩至3个工作日；深化“放管服”改革，出台“开工即开建”，“拿地即开工”办法，实现从取得土地成交确认书（划拨决定书）到项目落地建设的无缝衔接，为企业节省3—6个月开发周期；以机构改革职能划转为契机，加快住保、人防、建设体制融合，率先全省启动工程建设项目审批制度改革试点，率先全市首推建设、消防、人防并联审批验收，实现“多审合一”“多验合一”。

推进住宅小区垃圾分类工作，提质改造全县42个老旧小区和2个公租房小区，定期开展住宅小区安全领域“大排查、大体检、大整治”行动和治乱专项行动；美化亮化城区主干道90个项目“五图一牌”，首创“互联网＋二维码”安全监管新模式。推进蓝天保卫战扬尘治理工作，长沙县规模以上建设工地实现视频监控和扬尘监测系统全覆盖，实现扬尘治理“8个100%”目标；建立“红黄牌”制度，将未及时落实“8个100%”措施且整改不力的项目纳入差别化管理，并将扬尘在线监测纳入开工安全条件审查；对未受监的项目，强化巡查，及时将问题项目交办到相关单位、镇街，发现并整改问题523个，下发单函186份，向其他单位交办问题项目78个；出台《施工现场非道路移动工程机械排污污染防治管理办法》，对非道路移、动机械进行重点管控；开展沥青搅拌站VOC_S大气排放治理工作，县域内9家沥青搅拌站，拆除3家，转型1家，其他均进行环保升级改造，向执法局以“散乱污企业”移交3家。推进两河流域及双桥港等7个主要支流排口截污，78个“两河七口”截污提质项目建成。毛塘铺工业园、星沙产业基地、开慧镇葛家山、路口镇温泉小镇等5座乡镇污水处理厂启动新建。城区建成城西、城北、星沙、城南、敢胜垸、临空、机场、黄花8座污水处理厂，其中城西、敢胜垸、临空厂达地表准Ⅳ类水出水标准，其余污水处理厂达到一级A排放标准。提质果园、福临、青山铺、开慧、白沙、双江、金井、北山8座乡镇污水处理厂，所有乡镇污水处理厂达到一级A排放标准。梨江港、画田撇洪渠、板仓湖湿地黑臭水体整治完成，基本消除黑臭。金井镇、开慧镇、果园镇、高桥镇、春华镇、路口镇、青山铺镇、福临镇、北山镇、江背镇10个镇拟建特色小镇项目169个，拟投资11.54亿元，建成项目77个，实际投资60272.41万元。金井镇、开慧镇被评为长沙市特色小城镇，果园镇（田汉艺术小镇）被评为湖南省特色文旅小镇。

“一圈两场三道”建设，建成“15分钟生活圈”11个，停车场6处、新增泊位720个、农贸市场3个、社区门店1个，人行道38千米、自行车道22千米、健身步道和历史文化步道9.5千米。扩建星沙、槊梨、黄花水厂，提升城市供水安全保障能力；出台《长沙县新建住宅供水设施建设和管理办法实施细则》，规范长沙县新建住宅供水设施建设和管理，保障城乡供水安全；为长沙经开区集团公司IPO主板上市做好服务保障工作，编制完成《星沙新城供排水专项规划（2018—2035）》和《开元片区雨污分流改造规划研究》，全面规划布局星沙新城供排水和污水治理工作。加强县区供排水基础设施建设，城乡供水基本稳定，污水处理基本全覆盖，县区供排水一体化格局逐步形成。优化渝长厦（长沙县段）高铁线型，最终优化渝长厦高铁（长沙县段）线路，高铁绕行松雅湖环湖片区和县人民医院、三一重工、山太项目等重点项目，单通道隧道进入黄花机场，保护松雅湖的景观风貌，确保长沙经开区、临空经济示范区等重要片区土地规划完整性。

【县住房和城乡建设局挂牌成立】2019年3月18日，长沙县住房和城乡建设局（长沙县人民防空办公室）挂牌成立。原县城乡规划建设局（市城乡规划局长沙县分局）的规划管理职能划入县自然资源局；县人民防空办公室与县住房和城乡建设局合署办公，实行一套工作机构，两个机关名称；将县住房保障局承担的行政职能划入县住房和城乡建设局，改为县住房保障服务中心，由县政府直属事业单位调整为县住房和城乡建设局所属正科级公益类事业单位。新局组建后设立18个内设科室、9个二级机构、2个国有企业。11月20日，长沙县建设工程质量安全监督站（简称质安站）挂牌成立。质安站由长沙县建筑工程安全监督站、长沙县建设工程质量监督站整合组建而成，是县住建局所属正科级公益一类事业单位，承担全县建筑工程质量安全生产政策研究及推广，负责建筑质量安全生产相关技术服务、技术支持、业务指导和人员培训，承担保障质量安全生产工作所需设备的维护保养责任。

【农村人居环境改善】2019年，长沙县建成乡镇污水处理厂17个、管网长度160千米、污水处理能力4.56万立方米/天，建成小型农村生活处理设施110处、主管网长度48.9千米、处理能力3058立方米/天，污水处理设施全覆盖。建立健全城乡一体的收运处理体系和长期稳定的治理资金分担体系，城镇生活垃圾无害化处理率100%，村庄生活垃圾治理率100%；完成农户改厕18178座，其中，农户旱厕改造5136座；改造公共旱厕30座、改造蹲位178个。全年农村危房改造450户，累计完成10712户“四类”对象危房改造，建档立卡贫困户存量危房全部清零。开慧镇白沙村被评为改善农村人居环境示范村，开慧镇开慧村被评为中国传统村落。

（屈　倩）

公路管理

【概况】2019年，长沙县公路管理局全面履行长沙县632.98千米国、省、县道（其中，国道30千米、省道85.54千米、市管县道178.14千米、县管县道278.37千米、其他公路60.94千米、桥梁119座）的建、养、管职能，推行“路长制”，全年所管养国省干线公路路况优良率91%。是年，该局被评为“2018年度干线公路综合目标管理红旗单位”。

是年，实际固定资产投资约5000万元。完成012县道K13+870左侧高陡下边坡防护、瞿麻线K2+800道路交通隐患、金井桥、新河桥维修加固等2018年政府投资项目。水渡河大桥亮化工程，黄兴大道北延线标识标线工程和黄兴大道北延线、107国道、207省道、金开线道路交通安全隐患整治等增补政府投资项目完工，207省道K34+700右侧边坡治理、市管县道中修换板处治和饮用水源地7座桥梁环保设施整改项目。做好鼎功桥、双河桥、友谊桥、107国道水渡河大桥4座桥梁的维修加固和22座桥梁定期检测工作。沥青砼路面养护7382平方米，乳化沥青修补15795平方米，清灌缝17042米，新开水沟260米，更换水沟盖板784块，新装钢护栏1512米，路面标线27256.96平方米，换板7000平方米，应急换板507平方米，砌挡土墙729平方米，安装标志标牌233块，广角镜10块，桥梁及示警桩刷漆10288.42平方米，千米牌刷漆131块，树木刷白17689棵，103省道K21+080—K22+080预防性养护（乳化沥青喷洒）8660平方米。

全年拆除非公路标志278块，清理路面摆摊设点310处，拆除违法建（构）筑物133处，清理公路用地以内堆物放料84处，办理行政许可4起，办理损坏公路赔补偿案件20起，审批通过村民建房用地申请7件。

【“路长制”】2019年出台《长沙县路长制工作2018年考核办法》和路长制工作会议、信息公开通报、巡查报告、交办督办“四项制度”，率先全市将村道纳入“路长制”管理，将100%的乡道和50%的村道纳入“路长制”管理范围，“路长制”覆盖范围全市第一。争取全市唯一县级财政投入130万余元，创建“四好农村路”示范路81.9千米。指导安沙镇和平村采取“党建+”模式管理养护示范路。在北山镇创新推出“路巡APP”，长沙县率先全市开发出县级“路长制工作信息平台”，实现路长制巡查、交办、处置、销号全程信息化管理。

【公路治超】2019年，县住房和城乡建设局联合长沙县行政执法局部署开展车辆运输车规范运营、蓝天保卫战、规范公路治超执法整治等多项专项行动，组织开展渣土车、搅拌车、车辆运输车、边界、非法改拼装车辆、路地联合等涉超集中整治行动292次，检查检测运输车辆120万余辆，对1761辆超限超载车辆实施卸载和处罚，查处纠正非法改拼装车辆664台，卸载及卸转货物1.9万余吨，罚款78万余元，对驾驶员扣分6992分，查扣冲关闯关车辆1台，治安拘留1人。建立路地、路警联合治超工作机制，推进行政执法、公安交警路警联合执法常态化。探索行政执法局与公安交警治超力量合署办公，公路超限检测站、交警执法服务站、公安检查站“三站合一”办公，打击超限超载、查稽布控、打击暴力抗法冲关有机结合。在唐田超限检测站新建二级指挥平台——长沙县治超指挥调度中心，实行24小时监控、指挥调度和数据分析。

（吴红杰）

建筑业

【概况】2019年，注册长沙县的建筑企业347家（其中特一级企业18家），吸纳富余劳动力约10.5万人，覆盖10类总承包资质、25类专业承包资质，基本满足各类建筑施工要求，形成“门类齐全、层次多样、覆盖广泛”的发展格局。建筑行业新增“四上”企业33个，建筑业总产值296.9亿元，同比增长2.7%。机场大道项目获国家优质工程，长沙县第七中学图书馆综合楼、福天学校小学等11个监督项目获湖南省优质工程，福天藏郡雅苑（一期）A1#栋住宅及地下室工程、中南二小等2个监督项目获芙蓉奖。湖南望新建设集团股份有限公司等20家单位评被评为2018年度长沙县建筑企业信用评价“突出贡献奖”；长沙广大建筑装饰有限公司等20家单位被评为2018年度长沙县建筑企业信用评价“安全生产管理奖”；湖南星大建设集团有限公司等20家单位被评为2018年度长沙县建筑企业信用评价“质量优胜奖”。

【质量安全监督】2019年，全县建设工程质量安全监督项目342个，总造价426.63亿元，建筑面积1876.49万平方米，质量安全监督覆盖率100%，建设领域未发生一起人员伤亡事故，建设工程安全形势继续保持平稳可控。线上运用视频监控系统和首创“互联网+二维码”智慧安全监管系统，实现安全监管全动态，打造“智慧安监”；线下通过网格化监管，开展各类安全生产专项整治，突出危大工程安全管控，狠抓建设领域“打非治违”，实现监管全覆盖、问题早发现、违法早处置。开展安全监督检查2300余次，排查安全隐患3007处，签发安全隐患整改单681份，设备限制使用单112份，停工单78份，不良行为告知书121份。办理建筑起重设备使用登记514台，责令设备限制使用112台，责令强制拆除建筑起重设备8台。认定建筑市场严重不良行为19个，3家建筑业企业被限制市场准入。

【建筑材料管理】2019年，长沙县新墙材认证生产企业19家，新型墙体材料生产产能12亿标块，新型墙材产量8.2亿标块，建设项目新型墙材应用率91.5%。长沙县新墙材对17个新墙材使用率70%以上的建设单位实施墙改基金返退，勘验返退面积169.68万平方米，返退墙改基金972.01万元。水泥生产企业3家，设计总产能380万吨/年，散装水泥生产总量109万吨，散装率51%。预拌砂浆生产企业3家，设计总产能90万吨/年，预拌砂浆生产总量48万吨，预拌砂浆推广率90%。

【建筑节能和绿色建筑】2019年，新建民用（非工业）建筑完成施工图审查备案建筑面积493.24万平方米，竣工面积397.13万平方米。新建建筑设计、施工和竣工阶段节能强制性标准执行率100%。完成12.79万平方米既有居住建筑节能改造。建成26个可再生能源建筑应用示范项目，51个项目列入绿色建筑创建计划，总建筑面积473.4万平方米。70个项目取得绿色建筑标识，总建筑面积400万平方米，50%以上的新建建筑均按绿色标准建设；被评为市“绿色工地”31个、“绿色示范工地”4个。

（屈　倩）

房地产业

【概况】 2019年，房地产开发企业173家，在建房地产开发项目120个。全县商品房预售许可总面积453.06万平方米，同比增长72.17%，其中住宅334.31万平方米，同比增长67.58%；全县商品房网签销售总面积331.16万平方米，同比增长14.12%，其中住宅231.07万平方米，同比增长20.54%；住宅网签均价6853元/平方米，同比上涨11.59%；税收收入51.45亿元，同比增长43.56%，占全县税收收入的28.04%。严格落实“房住不炒”，住宅供给较上年同期大幅增加，销售总量较上年同期小幅增加，房地产市场总体情况趋稳。开展新旧房屋白蚁预防和灭治工作，白蚁预防施工面积430万平方米（含绿色防治150万平方米）。

【物业管理】 2019年，长沙县承担物业管理责任的镇街10个，覆盖社区（村）52个，业委会备案小区56个，物业服务企业201家，县域实行专业化物业管理的项目336个，物业管理总面积4102万平方米，从业人员数量约12370人，基本形成“政府推动、部门联动、属地负责、网格落实、业主自治、社会参与”的物业监管新体系。采取“以奖代投”的方式对一批老旧小区实施提质改造，完成项目42个。建立小区党支部牵头组织、业主委员会、物业服务企业等多方主体共同参加的联席会议制度，成立46个小区党支部。对45个住宅小区开展安全生产大检查，发现问题159个，下发整改通知单43份。宜居物业投入335.4万元，提质改造幸福家园和湘绣苑2个公共租赁住房小区硬件设施。（屈　倩）

城市管理

【概况】 2019年，长沙县城市管理局聚焦“3+2+3”等重点镇街，研究和部署城市管理工作，破解城市管理难题，构建“大城管”工作机制。建立健全园林维护、市政维护、环卫保洁和街道社区管理等精细化维护标准体系。严格考核机制，实行“问题清单制”，建立交办、督办机制。修订《长沙县城市管理工作考核办法》。全年集中交办8批338个问题，整改率100%。开展城市管理考核160余次，发现并督促解决各类城市管理问题4500余条。加大标后监管力度，严格监管合同履行，对物业维护公司扣款369.8万元。针对城区“脏、乱、差、堵、违”等突出问题，集中开展“五乱”专项治理行动。全年拆除各类违规户外广告与招牌10790处。查处各类交通违法行为66.8万起。巡查渣土工地和卸土区1612次，停工整改工地190个，处罚违规渣运车辆111台，下发停工整改通知18份；推进3处渣土消纳场和1处盾构土资源利用场建设。查处城市管理类案件7222起，处罚金额2954.96万元。建设长沙县城管环保网格化管理平台，推动城管、环保网格队伍高度整合。推进渣土车智慧管理平台和渣土消纳场可视化监测平台建设。扩大安全性能更好的环保渣土车使用范围，实现主城区及临空经济区全覆盖。推进垃圾分类投放、收集、运输和处理，城区55个社区垃圾分类全覆盖。打造“区块链+垃圾分类”蓝色体系。大件垃圾、湿垃圾、有害垃圾、可回收物、

绿化提质后的开元路（县政府前）　（章　帝　摄）

干垃圾五大分类运输、处理体系基本畅通。人大评议反馈的118个突出问题基本整改完成，整改满意率99.32%。推进新一轮物业外包交接工作。全年办结审批700件，开具有效缴款书330份，收费820万元，接受群众咨询3200余次。

对贺龙体校路、腾辉路、石子铺路等11条市政道路进行“九位一体”综合提质改造。明月路星沙实验小学人行天桥竣工验收。推进明月路、滨湖路东一路、滨湖路东三路人行天桥建设。拉通东二路“断头路”，实行“白改黑”，拓宽“人行道”。开展新三年造绿大行动，生态公园二期五标、龙塘水体公园建成并对外开放，城区新增公园6座。提质改造站厕12座，更换防沉降、传媒艺术井盖584套，试点使用“隐形井盖”63套，投放蝴蝶型分类果皮桶500余个，修复路灯10118处，修复更换中国结灯饰696套，更换老旧路灯箱变13台，实现城区路灯全覆盖，道路亮灯率99%以上。指导开慧镇、果园镇、金井镇创建“国家卫生镇”，路口镇、高桥镇创建“省级卫生镇”。

【园林绿化管理】2019年，长沙县进一步完善园林绿化养护管理标准和实施细则，举办全县园林绿化养护管理暨安全生产培训，提升园林养护水平，规范园林机械操作安全。办理近200处占绿行政审批项目，完成绿化移交项目28个，覆绿应急项目40余个，绿化提质和修复面积近15万平方米。对开元路、漓湘路、汽配城路和三一出入口等主、次干道绿化实施“增花添彩”，丰富城区绿化层次和色彩。运用紫薇嫁接技术，打造花满星沙的景观亮点。对特立路、腾辉路等多处空坪隙地进行绿化景观改造，采取铺贴草皮、栽植时令花卉等方式对城区公园道路黄土裸露地面进行覆绿，覆绿面积25万平方米。对高速公路沿线12处项目面积约36万平方米工地裸露黄土进行绿网覆盖。绿化提质长永高速3个互通总面积约10万平方米。完成京港澳高速沿线喷淋系统并投入使用。做好节日氛围营造，城区主干道和重要节点摆放鲜花16万余盆，提升城市景观效果。

【公用设施管理】2019年，长沙县进一步提升市政管理精细化水平。加大巡查力度，加强设施维护、检修。全年修复路面和人行道24.5万平方米，修复平侧石、路缘石21891米、修复中央护栏12086米。对城区31座桥梁、15道地下通道开展定期巡查2次。检测排水管道29千米，检测道路105千米。加强批后监管巡查工作，利用市政管理平台共享办理行政占道审批信息1230批次615处。持续抓好“一圈两场三道”项目建设，新改建人行道38千米。提质市政道路19.67千米，摊铺沥青47.47万平方米，施划标线2.66万米。推广使用SMA改性沥青、彩色沥青、自调式防沉降井座井盖、花岗岩、麻石等新材料，试点智能艺术井盖116套、传媒井盖8套，采用圆角路缘石、管线下地、铺抗裂贴、热熔标线施画等新工艺从细节处进一步提升城市形象和品位。

【市容环卫管理】2019年，长沙县通过国家卫生县城复审，再创“国家卫生县城”称号。编制《长沙县市容环卫维护作业标准》，制定城区道路分级维护标准，严格落实“五无五净”“全天候保洁”标准，完成各级检查线路保障任务110余次。全县城区环卫专业队伍清扫保洁面积1300万余平方米，基本实现机械作业机扫全覆盖。推进道路扬尘高标准防治，引进4台雾炮车对重点区域全天循环喷雾降尘，作业15.5万千米。全年餐饮服务单位安装油烟净化器1579家，老旧小区安装餐厨油烟净化器5000户。推进垃圾分类，开展入户宣传14022次，主题宣传活动332场，印发2019年新版垃圾分类投放指南26.7万份。全县配置督导员547人，城区投入使用97个统一标准的大件垃圾投放点，设置34个统一标准的湿垃圾转运点，挂牌64处小蓝屋。收运湿垃圾905吨，大件垃圾1057吨。完善生活垃圾清运管理制度，全年清运生活垃圾35.4万吨，集中收运处理餐厨垃圾4.2万吨。

（黄　玉）

住房保障

【概况】2019年，筹集保障性安居工程项目资金45857万元，其中上级补助和配套基建资金34353万元，县级配套预算资金11504万元；出台《长沙县安居工程专项资金管理办法》，规范安居工程资金使用。完成1—6区旧城改造，棚户区改造576户，老旧小区改造80户，筹建公租房8036套，人才公寓6743套（不含长沙经开区），试点建设租赁住房139套，城镇住房保障覆盖率24%以上。

【国有土地征收补偿】2019年，长沙县依法开展国有土地征收补偿工作，长沙县（含长沙经开区）国有土地上房屋征收项目33个，拆除房屋15008.78平方米，腾地46051.05平方米，支付征收补偿资金约1.4亿元，在保障被征收人合法权益的同时，服务重点项目建设和重点片区经济发展。（屈　倩）

供　水

【概况】2019年，长沙县城区星沙、廖家祠堂（市属，协议往星沙供水）椝梨、黄花4座水厂总设计供水能力48万立方米，出厂水质均达到《生活饮用水卫生标准》106项水质监测标准。县域城区水质合格率100%。城区供水管网总长718千米，覆盖区域378平方千米。年供水总量14146万立方米，单日最大送水量48.5万立方米。

【新建住宅供水建设管理】2019年7月，长沙县人民政府印发《长沙县新建住宅供水设施建设和管理办法》（长县政发〔2019〕11号）；9月25日，县住房和城乡建设局印发《长沙县新建住宅供水设施建设和管理办法实施细则》（以下简称《细则》），包含16条，通过统一规划设计、统一技术标准、统一质量监管、统一管理维护的原则，进一步保障新建住宅供水设施的建设质量和理顺现有管理体系。《细则》实施以后，新建住宅供水设施在验收合格后将更专业高效。在设备提升配置方面，《细则》明确要求新建住宅项目开发单位采购的设备、材料和配件须满足或优于国家质量技术标准，县内相关职能部门将通过公开招标等方式适度提标并建立“指导目录”，进一步确保二次供水相关设备设施质量和运行的稳定性。同时，新建住宅严格按照一户一表安装出户，供水设施移交供水公司管理维护后，供水公司跳过物业公司直接服务于每一位市民，定期做好水质检测和水箱清洗消毒工作，确保水质达标有保障、水压稳定更可靠、费用结算更明晰、居民用水更健康。

【户表改造】2019年，推进长沙县旧城棚户区（1—6区）改造项目，完成（1—6区）户表改造280户，有效缓解困扰老城区居民多年的用水高峰期供水难问题。

供　电

【概况】2019年，全县有220千伏变电站3座、110千伏变电站22座（其中用户变6座）、35千伏变电站10座；110千伏线路25条、35千伏线路18条（含3条用户线路）、10千伏线路352条（含专线），供电台区5087个，服务客户47.23万户。公司售电量69.85亿千瓦时，同比增长4.64%；其中大工业售电量35.28亿千瓦时，同比下降0.15%；一般工商业售电量14.16亿千瓦时，同比增长9.87%；居民生活售电量20.41亿千瓦时，同比增长10.13%。长沙县电网最高负荷137.63万千瓦，同比增长1.92%；最大日供电量2763.3万千瓦时，同比增长3.52%。强化电网科学调度和运行管理，完成春节、高考、首届中非经贸博览会、三一智能重卡项目开工等53项重大保电任务。发挥电网预警机制，应对雨雪冰冻等恶劣天气侵袭和电网负荷屡创新高挑战，未发生全网性电力缺口和大面积有序用电。截至2019年12月31日，公司安全运行6637天。公司通过复查，保持“全国文明单位”称号；被评为国网湖南省电力有限公司2018—2019年度示范县级供电企业；被评为2018年度长沙市红旗等次行业平安创建单位；黄花供电所被评为长沙市人民政府文明单位，椝梨供电所党支部被评为2019年长沙市国资委先进党组织。

【电网建设与服务】2019年，长沙县完成长沙1000千伏特高压交流输变电工程、220千伏滨湖东等变电站属地协调，完成2019年“630攻坚”任务，完成主网投资5.5亿元，新、扩建35—220千伏输变电工程项目9项，新增变电容量59.7万千伏安；完成城农电网2018年续建和2019年新建工程投资3.961亿元（城网0.909亿元，农网3.052亿元），新建、改造10千伏线路474千米，低压线路1748千米；新增、改造配变1079台，容量20万千伏安。落实《长沙县优化营商环境三年行动方案》，推广“互联网+营销服务”，深化掌上电力APP应用、推出微信服务公众号，实现客户全业务线上办理，畅通供电服务“最后一公里”。降低客户办电时长，高低压客户平均接电时长分别缩短至35.7小时和4个工作日以内。落实国家关于电力体制改革各项决策部署，完成一般工商业降电价任务。推行各项惠企措施，实施“三零”服务2617户，为客户节约办电成本310万元。推进全能型供电所建设，培养懂农业、在农村、爱农民的“三农”服务队伍。

（陈 杰）

供 气

【概况】2019 年 4 月，城镇燃气管理职能由县发改局（能源服务局）划入县城管局，主要负责长沙县域内城镇燃气管理工作。长沙县管道燃气经营企业 3 家，分别为星沙新奥燃气、新奥储配和三润燃气；车用加气站 5 座，分别为中油湘投、光大燃气、鑫能车用燃气、光大汇源和新奥清洁能源万众加气站；瓶装液化气站 4 个，分别为冰宇燃气、百江燃气、户达燃气、中平燃气。年底，长沙县敷设燃气管道 1258.12 千米，其中次高压管道 55 千米，中压管道 563 千米，庭院管网 640.12 千米，管道天然气民用户近 25.62 万户，工商用户 1636 户。瓶装液化气供应 17875 吨，管道天然气供应 17290.62 万立方米，加气站供应 4125.89 万立方米。长沙星沙新奥燃气有限公司负责星沙、黄花等 17 个镇（街道）管道燃气特许经营，长沙县三润燃气有限公司负责安沙镇管道燃气特许经营。长沙新奥燃气储配公司承担长沙市次高压以上燃气管道和门站的运营。通过进一步理顺责任边界，细化管理权限下沉，赋予属地更多行业管理权限，与市监、行政执法、交通、消防和应急管理等部门形成联动体系，强化安全检查，保障市场有序经营，安全供气。开展城镇燃气安全生产专项检查 90 次，排查并整改隐患数 291 处，立案查处违规违法行为 20 起，罚款 40.02 万元。举办全县城镇燃气安全生产教育培训及城镇燃气泄漏事故应急救援演练。制定城镇燃气企业安全风险辨识分级标准、《长沙县城镇燃气企业安全风险分布图》以及 12 家城镇燃气企业重大危险源评估报告。推进百江、冰宇燃气储配站搬迁。

（黄 玉）

重点工程建设

【概况】2019 年，长沙县重点建设项目事务中心承担 64 个政府投融资项目的代建工作（其中市重大项目 14 个），完成湘龙西路、捞刀河南路、绿野路、大华北路、蟠龙路（万家丽路—大华路段）、国防科大支路 6 条市政道路建设；建成人行道 14.08 千米、自行车道 2 千米；完成泉星二小、高沙学校、华阳小学、北师大附属学校空港城校区二期 4 所学校建设；县第一人民医院医技楼、北山镇卫生院、星沙街道社区卫生服务中心 3 所医院建成；地铁 4 号线运营，长沙县境内 2 座车站、1 座停车场（光达站、杜家坪站、黄榘停车场）于 2019 年 5 月 26 日通车试运营。鼎功—浏阳 500 千伏线路、云田—浏阳 500 千伏线路建成通电。创新项目管理，县人民医院项目首次采用 BIM 正向设计，获第十届“创新杯”建筑信息模型应用大赛医疗类 BIM 应用第三名；万家丽快速化北延线（含电力隧道）项目首次引进施工设计总承包建管模式，是全县首个全过程咨询的项目；县人民检察院办案用房和专业技术用房采用基坑北斗＋安全综合监测预警系统，进行基坑监测的项目可以 24 小时无人现场监测。

【捞刀河南路通车】2019 年 6 月，捞刀河南路通车。长沙县星沙街道与湘龙街道北部将多一条东西向交通干道。捞刀河南路（城北污水厂至万家丽北路）起点位于城北污水处理厂北侧的捞刀河畔，顺接东段的捞刀河南路一期工程，向西下穿武广高铁，与腾辉路（原西霞路）、梨坡路、望新路平交，终点下穿万家丽北路跨捞刀河大桥，与预留匝道平交。道路全长 1553 米，为沥青混凝土路面，双向四车道。

2019 年城镇燃气泄漏事故应急演练现场　（盛 磊 摄）

2019年7月31日，长沙县泉星第二小学建成　（吴让泉 摄）

【泉星第二小学建成】2019年7月31日，长沙县泉星第二小学竣工交付。该小学位于泉塘街道阳高社区，长丰路以东，漓湘路以北，星城国际小区以西区域，总用地面积约4.48万平方米。学校规划办学规模42个班级，招收学生1890人。

【北山卫生院投入使用】2019年12月20日，位于北山镇北山新区的北山卫生院投入运行。总建筑面积约1.15万平方米，编制床位96张，停车位100个。　（张　睿）

生态环境

【概况】2019年，长沙县政府常务会议5次研究生态环保工作，分季度召开4次环委全会，县政府专题研究部署蓝天保卫战、突出环境问题整改、饮用水源保护、梨江港水质问题整治等工作29次，形成环境保护工作指挥有力、定期会商、适时调度的常态。年底，涉及长沙县的中央和省环保督察交办件及反馈问题369.5个。其中，中央环保督察110个交办件均办结销号，反馈的9个问题整改完成8个，"绿心"问题按时序进度整改；省环保督察88个交办件均申报办结，反馈的6个问题申报销号1个，5个正在整改。2018年中央环保督察"回头看"151.5个交办件办结，中央第四环保督察组反馈问题涉及长沙县的5个均按进度整改。

是年，长沙县优良天数316天，比2018年增加13天，优良率6.6%，提升3.6个百分点；中度污染天数3天，比2018年减少2天；重度及以上污染天数2天。PM2.5浓度35微克/立方米，比2018年下降12.5%；PM10浓度56微克/立方米，比2018年下降8.2%；二氧化硫浓度6微克/立方米，比2018年下降14.3%；二氧化氮浓度27微克/立方米，比2018年下降12.9%；一氧化碳特定百分位浓度1.2微克/立方米，比2018年下降7.7%；臭氧特定百分位浓度156微克/立方米。根据省、市监测结果，浏阳河、捞刀河长沙县段水环境质量总体保持在《地表水环境质量》（GB3838-2002）Ⅲ类水质范围内，市对县地表水水质考核断面均达标，县级以上集中式饮用水水源地水质达标率100%。全县声环境质量继续保持稳定，城市声环境达到功能区要求。核与辐射、危险废物安全可控，全年无污染事件。

【污染防治】2019年，长沙县开展"两河七口"截污提质行动，投资3.1亿元，完成截污治污项目134个；提标改造果园、北山等8个乡镇污水处理厂，县内所有乡镇污水处理厂均达到国家城镇污水处理厂污染物排放标准的最高要求；打造市级小微水体管护示范片区7个，县级小微水体管护示范片区10个，创建样板河湖19条；通过系统治理，浏阳河、捞刀河长沙县段总体水环境质量达到地表Ⅲ类水质以上，县级以上集中式饮用水水源地水质达标率100%，基本实现管好"盛水的盆"和护好"盆中的水"两大目标。2019年，以臭氧防治为重点，突出重点行业治理，对长沙县涉气企业污染、黄土裸露、垃圾秸秆焚烧、餐饮油烟等污染问题进行整治，全面铺排燃气锅炉低氮改造、京港澳高速喷淋系统工作，建设集中式挥发性有机物治理中心。农村垃圾分类减量村比例91.48%，城区挂牌56处"小蓝屋"。2019年10月21日，长沙县作为全国区县代表在全国农村生活垃圾治理工作推进现场会上作典型发言。全县改厕15739户，其中农户旱厕改造4667户。全面治理农村面源污染，成为全省首个重点行业企业用地调查试点县，完成耕地环境质量类别划分试点。开展声环境功能分区，将声环境影响评价纳入城乡建设、区域开发、交通发展和其他专项规划和建设项目环评，严格实施城市夜间施工审批管理，创建噪声控制示范区。

【环境监管】 2019年，查办大环保相关案件6958起，罚没款3086万元（其中小环保案件247余件，381万元），查封扣押137件，涉嫌环境污染犯罪移送公安入刑5件，移送公安行政拘留5件，联合镇街等职能部门依法取缔散乱污企业133家，其中查处的湖南新五洲医药包装有限责任公司不正常运行大气污染防治设施移送公安行政拘留案件入选全省“蓝天利剑交叉执法”典型案件。开展全天候巡查执法，查处两河流域案件209件，罚没款219万元；查处长沙面目一新汽车配件有限公司排放水污染物超过国家或者地方规定的水污染物排放标准案等入刑案件。针对饮用水源保护，立案查处在饮用水水源一级保护区内从事可能污染饮用水水体的活动案47起，以最严的法律对违法行为进行最有力的打击。扶持“两型企业、绿色制造、清洁生产”，建立高效、清洁、低碳、循环的绿色生态体系，引导8家企业开展工业自愿性清洁生产审核计划征集工作，推荐通达内饰等4家企业列入2019年湖南省绿色制造体系创建计划、帝亿生物列入2019年省两型工业企业认证计划，实施清洁生产。在重点河湖明确40余名“民间河长”和“社会监督员”，协助河长开展工作。开展“江河卫士”系列活动，成立民间河长讲习所，评选出10名最美民间河长。将环保讲座开到村民组长一级，把打赢污染防治攻坚战作为党课培训的重要内容，组织开展六五环境日暨三湘环保世纪行、“绿水青山扮靓长沙县”摄影大赛、危险废物规范化管理专题培训等大型宣传工作，让蓝天保卫战、生态环保理念家喻户晓。将环保知识带进课堂，组织“环保绘画义卖”“环保时装展”等主题活动，强化学生环保理念。联合绿色潇湘环保组织举办环松雅湖徒步活动。

（黎　璇）

【蓝天保卫战】 2019年，长沙县蓝天办推进蓝天保卫战，全年优良天数316天，优良率86.6%，比2018年提升3.6%；$PM_{2.5}$、PM_{10}比2018年分别下降12.5%、8.2%，空气质量综合指数、优良率改善率在四县（市、区）排名第一。制定《2019年蓝天保卫战工作方案》，完善“专家预警、统一调度、联防联控”应急管控机制，形成日总结、周调度、季度讲评的工作制度；开发城管环保网格化信息平台，接入无人机、视频探头，构建“纵向到底、横向到边”的“巡查、执法、监管”三位一体监管网络；铺排县领导巡查9轮，开展专项督查27批次，督办各类问题663个，书面问责2人，诫勉谈话1人；办理案件32107起，罚款6029.37万元，行政拘留30人，刑事拘留31人；处理群众举报问题27个。围绕“六控十个严禁”，铺排京港澳高速喷淋系统等7大专项16个具体事项。推进环卫深度保洁，引进4台雾炮车；落实扬尘防控“8个100%”要求，工地扬尘在线监测全面覆盖；督促消纳场覆盖21万平方米，治理裸露黄土514处，363万余平方米。查处高排放车辆交通违法行为38万余起，投放清洁能源公交车1054台，摸排非道路移动机械270台，城区71台拖拉机退出运营。安装大气环保治理设施智能电表69套，完成锅炉低氮改造45台、烤漆房改造25家，处理非法排污刑事案件5起。稻草碎草还田或移除利用2.5万公顷；安装油烟在线监控系统105家，老旧小区家庭厨房油烟治理5000余户，城区5个街道和安沙镇、黄兴镇、黄花镇范围内餐饮门店全部安装油烟净化器；收缴烟花100个、爆竹314盘，城区内无证烟花爆竹零售门店清零。不定期开展“回头看”，禁燃区内散煤生产加工销售点彻底消除。完成20家地下油罐双层罐改造、11家油气回收在线监测系统建设，查扣非法流动加油车67台，取缔自建罐32个，收缴非法油品121.5吨。

（夏　敏）

【“两型”社会建设】 2019年，县生态环境分局组织开展“两型”示范创建、认证试点、绿心保护、餐厨油烟治理等工作，由点到面扩大宣传范围，倡导“两型”理念。在全县五个领域开展“两型”示范创建活动，经过申报、推荐、审核、验收等多个阶段，评定“两型”创建及认证单位17个，宣讲基地1个，“两型”家庭33户，安排项目奖励资金200万元；开展省、市“两型”示范项目申报，春华镇龙王庙村被评为市级两型创建单位。（唐雅妮）

责任编辑　周进银

综　述

【概况】2019年4月11日机构改革完成后，长沙县交通运输局领导职数3人、暂保留总工程师1名，在职在编172人，编外人员68人，内设办公室、政工人事科（党建办）、财务审计科、行政审批科、规划计划科、安全应急科、宣传法规科、运输科、公路科9个科室。下属4个事业单位，长沙县公路建设养护中心，正科级公益一类事业单位；长沙县道路运输服务中心，副科级公益一类事业单位；长沙县交通建设质量安全监督站，副科级公益一类事业单位；长沙县交通运输信息中心，公益一类事业单位。

公路方面。长沙县公路总里程6193.16千米，其中过境高速公路90千米，长沙县交通运输局管辖的国、省、县、乡、村道路公路总里程6103.16千米，包括：国道（含部分市政道路）79.898千米、省道261.735千米、县道466.442千米、乡道712.086千米、村道4582.999千米。所辖新建道路32.617千米，其中金阳大道6.638千米、田汉大道5.489千米、北部三条干线公路20.49千米，因未竣工和移交而未纳入公路统计系统。

运输市场方面。行业管理对象包括1个二级汽车客运站、4家危货企业、12家货运站场、707家维修企业、24家驾培（县直管）企业、1000余家物流信息配载户、9家客运企业（4家公交企业、5家客运企业）、1339台客运车辆（其中道路客运车辆166台、公交客运车辆1173台）、货运企业和个体运输经营户2678家、货运车辆8885台（含危货运输车辆85台、普货运输车辆8800台）。

水运方面。行业管理对象包括5处渡口，并负责县域范围内44千米水路岸线管理和航道维护任务。

交通建设

【概况】2019年长沙县交通运输局续建、新建及新增政府投资项目34个，总投资近5.3亿元，安排财政资金2.64亿元。其中干线公路和农村公路养护项目6个，总投资1.2亿元；农村公路安保项目1个，总投资6800万元；路面提质改造项目5个，里程24.492千米，总投资1.36亿元；桥梁维修项目6个，总投资3233万元；公交候车亭及专用道项目6个，总投资1780万元；其他项目10个，总投资1.56亿元。县财政安排1.44亿元资金支付31个竣工项目工程款。

长沙县公路总里程6193.16千米，与邻县之间、县与乡之间全部通二级以上公路，实现水泥路通村入组。域内县道、乡道硬化率100%，村道硬化率95%。2019年，长沙县继续被评为“四好农村路全国示范县”。湖南省人民政府办公厅通报表彰长沙县公路水路交通建设年度目标完成情况，按照每个县市区200万元标准给予奖励（四区县唯一一家获此殊荣）。

完成农村公路安全生命防护工程3年行动计划，投资1.8亿元对已建成、未安装安保设施3000千米农村公路，分3年（2017—2019年）实施农村公路安保工程，重点完善农村公路临沟、临水、临崖路段安全护栏及警示标识标牌。

年内，开展以下主要工作：2019下半年及2019年年度农村公路日常养护考核和11814274元资金、100万元奖励资金拨付；2018年养护工程项目的验收、资料收集及6361765元资金拨付；2019年养护工程项目的验收、资料收集及145.8万元资金拨付。

推进干线公路建设，黄江公路—岳汝连接线6月建成通车。中国施工企业管理协会发布《关于公布2018—2019年度第二批国家优质工程奖入选工程名单的通知》，长沙机场大道工程被评为国家优质工程奖，是全县第一个被评为国家优质工程奖的工程项目。

全年开展履约检查29次，通报履职不到位单位3家。发现质量问题108处，下发限时整改通知书41份，约谈企业2家质量检测32个项目，其中交工检测28次，过程监督抽检4次，出具专业性检测报告200余份，检测指标近2000个。

【干线公路养护】2019年，长沙县县管公路养护1213万元，对黄兴大道北延线等4条干线公路60.9千米、拔薯线等18条县管县道278.366千米开展日常养护、应急保障及小修养护工作；市管公路养护700万元，对107国道等3条国、省干线及12条市管县道，总计293.675千米道路开展公路日常养护、小修保养、用房维修、水毁预留等工作；道路交通安全隐患整治工程（含应急整治工程）完成，边坡安全隐患整治3处，总投资80万元；总投资184万元的市管公路中修换板处治工程、总投资200万元的县管道路中修换板工程、总投资1400万元的道路交通安全隐患整治工程、总投资160万元的县管道路预防性养护工程均于年内竣工。

【交通信息化建设】2019年，长沙县成立长沙县交通运输信息中心，负责“12345”热线、问政湖南、微星沙、百姓呼声、问政长沙县投诉平台、微问政平台等平台的线上回复受理、督办和落实工作。全年受理“12345”热线工单1898件、问政湖南23条、微星沙86条、百姓呼声21条、问政长沙县投诉平台16条、微问政平台78条、“12328”投诉热线6条、数字化城管604件、84067911电话咨询投诉1173件，综合办结率100%，综合满意率99.23%。抽查“两客一危”客运车辆13762台次，货运车辆6507次。全年超速报警1次，抄告单1份。

【推进“路长制”】2019年，长沙县纳入“路长制”实施范围道路1838.908千米，国省县乡道纳入路长制比例均100%，村道纳入比例40%。将纳入路长制的国省干线公路考核标准提高2000元/千米/年，县道考核标准提高1500元/千米/年。全年完成282块“路长”公示牌新增及更换；利用信息化提高路长制的工作效率，通过长沙县路长制信息化综合管理平台派工单390条，隐患整治390处；县级路长巡查现场交办问题29处，全部整改到位。取缔店外经营374起，拆除灯箱、广告牌205块，拆除非公路标志168块，劝离摆摊设点604起，清除公路两侧堆物放料19处，拆除违法建筑3处，整治马路市场35次；完成全县创建“路长制”示范路100千米；新设立副路长单位，同步完善“一办法、四制度”，出台《长沙县公路“路长制”突发事件抢险应急预案》。

交通运输

【概况】2019年，长沙县有公交线路98条，营运公交车辆2059台，其中县内公交线路73条，营运公交车辆1277台；市内延伸进入长沙县公交线路25条，营运公交车辆782台。县内新能源公交车1054台，其中纯电动公交车750台，纯电动公交车占比59%。建成公交专用道23.9千米，公交车充电桩212根。县内主干道和所有镇村公交通村率100%，基本形成城乡一体、适度换乘的公交运行机制。对辖区内12家货运站（场）源头企业每月不少于3次巡查，巡查企业58家，年内有8家货运站场安装超限超载监控设备，3家站场安装地磅计量设备，约谈道路运输企业和个人26家次，处理违法超限超载车辆57台次。出台《长沙县城乡公交一体化工作实施办法》和《长沙县城乡公交一体化补助资金管理办法》（新办法从2019年起施行），规范长沙县城乡公交一体化工作。县内公交实行2元一票制，公交票价较原有客运班线车辆降低80%，实行与长沙市区同步的公交IC卡优惠政策。更新升级县内公交车载POS终端，支持全国交通一卡通和移动支付功能。

【公交站场建设】2019年，长沙县城区范围内投入使用的公交首末站

8个，东升路站位于灰埠东升路旁，用地面积15911.28平方米，设计停车位74个，夜间可供100辆公交车停放。映霞路站位于黄兴大道与映霞路交会西南角，场地面积约2公顷，24个充电位，松雅公交首末站位于长沙县滨湖路以南，特立路以北，东八路以西，东七路以东，用地面积14488.64平方米。停车坪面积11900平方米，充电桩28根，可供110台公交车辆停放。路口站使用面积9015平方米，停车坪面积8623平方米，可供51台公交车辆停放。东一路站（临时站）位于特立路与东一路交汇东北角，场地面积约1万平方米，场内划定停车位149个。东八路站（临时站）位于特立路与东八路交汇西北角，场地面积约5000平方米。丁家岭站（临时站）位于东十路丁家岭安置区旁，场地面积约4000平方米，充电位14个，具备公交停车保养功能。华湘安置区站（临时站）位于华湘安置区，场地面积约6000平方米。

【公路治超】2019年，部署开展货车非法改拼装整治、高速入口路地联合治超、路警联合治超、边界联合治超、全县集中整治等多项专项行动，各镇（街）、相关部门开展渣土车、搅拌车、边界、非法改拼装车辆、路地联合等涉超集中整治行动358次，检查检测运输车辆128万余辆，对1138辆超限超载车辆实施卸载和处罚（其中路警联合执法查处车辆998台，治超非现场执法查处车辆140台），查处纠正非法改拼装车辆217台，卸载及卸转货物1.39万余吨，罚款46万余元，驾驶员扣3810分，驾证降级6人，吊销5台1年内违法超限超载运输3次的货运车辆营运证，对3家1年内违法超限运输车辆占货运车辆总数10%以上的渣土运输公司作出停业整顿5天的行政处罚。发挥治超信息平台作用，将治超信息平台接入建设完成的14套不停车预检（检测）系统、2个检测站、28家重点源头企业的监控视频，并与省、市平台联网，实现信息互联互通、资源共享、违法行为实时查看、违法案件处理实时监管和数据搜集分析。

交通行业管理

【概况】2019年，组织企业开展约谈30余次。对货运站场开展51次检查，发现问题224个，整改问题224个；对危货运输企业开展35次检查，发现问题114个，整改问题114个；对客运企业开展41次检查，发现问题172个，整改问题172个；对公交企业开展21次检查，发现问题73个，整改问题73个；对客运站开展4次检查，发现问题8个，整改问题8个。出台《长沙县经开区道路货物运输站（场）安全生产综合专项整治实施方案》《长沙县道路货物运输站（场）设置自用撬装式加油装置安全监管工作指引》等规范性文件。发布《关于机动车维修经营备案业务办理流程的公告》，明确机动车维修经营备案业务办理流程。淘汰22辆柴油动力公交车、52台柴油叉车，完成230辆柴油货车和1415辆汽油货车尾气排放治理。新增245台绿色清洁能源营运载货车辆。出动检查126人次，检查企业25家，检查教练车辆800余台，排查安全隐患均整改落实到位。

对一类、二类维修企业进行2018年度企业质量信誉考核，评选出AAA企业15家。开展年度安全生产、环保治理检查150次，检查企业220余家，发现安全和环保问题80处，均督促整改到位。

【交通运输行业行政审批】2019年长沙县交通运输局受理办结各类行政许可案件559件，其中货运经营许可557件，机动车驾驶员培训经营许可（增加训练场）1件，公路工程许可审批1件。维修经营备案4件（从2019年12月起该事项由原行政许可改为备案），农村公路办理申监手续2件，办理道路货物运输证2609本，办理教学车辆证261本，办理货运车辆年审7101台，注销道路运输证524本，货运驾驶员从业资格证诚信考核1153人。

【安全监管】2019年，长沙县交通运输局完善体制机制，调整完善机构改革后局属各单位安全生产监督管理职责，召开安全生产专题会议4次，制定安全生产工作计划、方案等指导性文件30余份。开展交通运输行业安全生产“打非治违”“大排查大体检大整治”“防风险保平安迎大庆”“隐患清零”等专项行动。全年出动检查1000余人次，检查交通运输企业852家次，排查隐患数1390项，整改隐患1305项，其余隐患正在整改中。牵头整治全县铁路沿线安全环境隐患80处，交通运输企业隐患整改55处。开展交通运输行业“安全生产月”、消防、公路水路行业安全生产监管及《中华人民共和国安全生产法》宣传周等专题培训4次，1000余人次参训；开展全县危险化学品道路运输事故应急救援演练1次，200余人参与演练。（吴红杰）

民用航空

【概况】2019年，长沙黄花国际机场完成旅客吞吐量2691.1万人次、保障运输起降19.5万架次、货邮吞吐量17.6万吨，同比分别增长6.5%、5.1%、13%，其中，国际及地区旅客吞吐量273.7万人次，同比增长10.8%。营业收入12.5亿元、利润1875万元，同比分别增长8.22%、43.24%。全年新增航线35条，其中国际及地区航线8条，国内航线27条，通航机场由2018年的143个增至156个。E类飞机起降7212架次，同比增长21.1%。推出“四免”产品，打造“经长飞”服务品牌，中转旅客吞吐量突破112万人次。强化安全风险管控，建立风险隐患双重预防机制，开展机坪运行风险、廊桥安全运行、鸟击防范、B平滑道面病害整治等重大风险管控，实现第25个空防安全年。成立长沙机场运管委，推行以运管委为核心的协同联动机制，实现机坪管制完全独立运行。全年航班靠桥率90.78%，提升0.8个百分点。航班放行正常率86.91%，高于行业1.25%。国内首座磁浮城市航站楼启用。全年推出135项“每周一新”举措。围绕中非经贸博览会保障、中华人民共和国成立70周年氛围营造、开展“一化带四化”等工作，完成机场亮化提质项目。机场A-CDM系统以最高等级A级认可通过民航局评审。优化机坪车辆定位系统，实现机坪车辆实时监控。推进“无纸化”服务提质升级，在全国千万级省会机场中率先推出“电子身份证”，开通国内首条洲际航线无纸化乘机。推出“裸眼3D展示柜”，提升旅客安检实效。打造T1全流程自助航站楼、T2自助行李托运示范区，全年国内自助值机办理率75.58%，自助行李托运率23.05%。长沙机场先后被评为全国民航首批9个“打赢蓝天保卫战”示范机场之一、全国民航十家“净空2018”禁毒示范机场之一。

2019年，“油改电”三期建设项目现场　（黄花机场 提供）

【“油改电”三期建设项目】2019年，长沙黄花国际机场有机坪充电桩61个，初步建立覆盖所有地面电动特种车辆的充电设施服务体系，以统一平台的形式为所有驻场单位提供服务，形成可持续化市场化运营的商业模式。推进地面静变电源和空调替代APU项目，电源对接率从1月的30%左右升至12月的99.7%，全年使用桥载设备7.17万小时，节约燃油1.1万余吨，减少二氧化碳排放3.5万余吨。

【长沙机场中转服务转型升级】2019年，长沙机场中转旅客吞吐量突破112万人次，中转旅客占比提升至4.17%，中转衔接成功率94.41%，同比提升2.9%。铸造“经长飞”服务品牌，推出“四免”产品，为目标市场中转旅客提供免费餐食、免费住宿、免费行李寄存和免费休闲服务。联合中国南方航空股份有限公司、华夏航空股份有限公司、山东航空股份有限公司开通张家界、邵阳、济南、青岛、厦门、毕节、六盘水7个航点经长中转跨航司行李直挂中转业务，获批民航局“国内跨航司行李直挂服务试点单位”。率先在全国试点开发“跨航司行李中转保障信息系统”，提升中转保障效率。　（寇冠乔）

邮　政

【概况】2019年，中国邮政集团公司长沙县分公司拥有城乡邮政服务网点47个，其中叠加邮政储蓄网点47个，全县所有网点365天均可为居民办理包裹、信函、汇款以及金融业务；县城区设置快递包裹揽投部站10个，实现邮件的上门揽收和投递；另有邮政报刊亭58个、邮政渠道站点235个，拥有各类邮政运输车辆162辆、投递人员165人，投递段道162条。全年邮政业务收入2.71亿元，全县邮储余额规模为834101万元，全年收寄包裹快递类邮件1340.31万件，日均3.67万件，快递包裹收入11175.94万元。建成县级电子商务服务中心，整合县域内农产品开展线上平台销售；建成邮乐购店235个，站点活跃度100%，现有县级仓储配送中心1个。是年，中国邮政集团公司湖南省长沙县分公司迁址改造网点2个，迁址改造快递包裹揽投站1个。在全县布放智能包裹（柜）箱66台，新增CRS存取款一体机4台，更新邮运车辆3台，更新揽收、投递车辆16台。（胡　领）

通　信

【中国电信股份有限公司长沙县分公司】 2019年，中国电信股份有限公司长沙县分公司（以下简称“县电信分公司”）是中国电信在长沙县的县级分支机构，下辖综合部、网络部、销售服务部及黄花、路口、金井、安沙等13个支局和泉塘、城南、城西、城北、中南等10个营业部，在职员工302人，其中中共党员146人。长沙县分公司7个支部全部与省客经、省宽带视讯部、社区、公安局等支部签订“党建翼联”合作书，与省客经共同策划和支撑的“相约E家”营销活动。在“五一”、电信日、端午、中秋、国庆组织开展5次大型节假日营销活动，发展移动业务7493户、宽带2047户、融合1123户。组织开展36场农村AA制一级会场营销、12场农村AA制二级会场营销。平安乡村发展室外网络摄像头用户4216户，其中接入村级公共监控平台2754户。该公司分别与老百姓大药房、金泓科技签约合作伙伴并签订战略合作协议。分时段、分层次、分板块开展多种配合销售模式，由销售服务部、渠道分部组织以自营厅、商圈、小区、居民集中地、家电、智能家居、门店+泛渠道+翼支付、邮储分期、快递店的发展等开展联合实战。全年开展政企商客类攻坚活动278场；与知名公司开展板桥廉租房特惠活动、在核心商圈开展手机5折购等，12月岁末年初倾巢行动中发展大语音卡800户。全年新建网点58家，拓展各类有效社会网点208家；各类建设项目123个、网优方面新建主干光缆13条，基本解决各机房双路由问题。全年建设投资6528.20万元，新建4G室外站235个、扩容436个，室分77个，新增光网端口46565个，开通政企类业务专线、警务云等310条；开通酒店完美联盟项目56个酒店、3226个房间。（谢晓琳）

【中国移动长沙县分公司】 2019年，新增和开通LTE基站136个，基站小区扩容490个，新建5G基站185个，星沙街道、湘龙街道、重点高校、热点商业区等重要场景移动5G覆盖。推进网络架构云化和虚拟化，加快搭建SA网络架构。与国家电网合作首次启用5G无人机直播巡检功能展示。中国移动长沙县分公司立足“智慧城市建设者”的新型定位，把全面实施“5G+”计划作为推进高质量发展的重点行动，推动“5G+AICDE”融合创新，助力长沙县数字经济和实体经济深度融合。与多家企业建立产业数字化联盟，围绕数字经济产业链关键环节，全面提升基础信息设施能力。支撑本地企业进行5G垂直行业应用探索，构建长沙县产业新生态。率先在长沙县企业引入和包无人超市、和包支付自动售货机等，搭建新型和包支付平台。在校园打造和包缴纳学费、“和包食堂”等新型应用场景，推动和包应用新发展。（罗月梅）

【中国联合网络通信长沙县分公司】 2019年，长沙县联通用户规模38万户，固话宽带用户同步增长。全年业务收入2.3亿元。长沙县联通通信4G网络行政村覆盖84.1%、宽带光纤行政村覆盖80%；新增干线光缆230千米、新建基站194个、光纤户端口25404户；通信基础设施建设方面投资1033.8万元；北山镇明月安置区、黄兴镇金凤村、安沙镇鼎功桥村、开慧镇竹山村、开慧镇南门桥等网络建设完成。5月，建成并开通长沙联通首个县域5G基站。5G智慧农业，该公司参展在长沙国际会展中心举行的农博展览会并展出无人机应用、智能监控、爱奇异电视果等。建立并开通长沙联通首个县域5G基站。

（彭　晶）

责任编辑　梁　漾

商贸流通

【概况】2019年，长沙县社会消费品零售总额570.8亿元，同比增长9.8%。按行业分，批发行业45.2亿元，同比增长8.5%；零售行业504.4亿元，同比增长9.8%；住宿行业7.2亿元，同比增长10.2%；餐饮行业14亿元，同比增长13.4%。按地区分，城镇零售额239.8亿元，同比增长12.1%；农村零售额331亿元，同比增长8.2%。第十届“星沙商圈”购物消费节以“十年有‘礼’·爱就购了”为主题，包含开幕式、星沙购车狂欢月、星沙畅快购、星沙锦鲤在哪里、美食爆店、专业家政到家等十大主题活动。健全25家样品监测企业的监测和节日市场、防汛抗冰期间生活必需品供应保障工作。制订《长沙县商务局2019年度安全生产监督检查工作计划》《2019年长沙县商务局安全生产工作要点》，全县大型商超、加油站无安全事故。组织企业参加第四届中国国际食品餐饮博览会，设置76平方米长沙县形象展示区进行宣传推介，被组委会评为优秀组织单位。加强商超、农贸市场等商贸企业的行业管理，指导做好文明创建、节能减排、诚信经营、食品安全等工作。出台《关于加快商贸流通创新发展促进消费升级的若干激励政策》《长沙县加快推进夜间经济发展实施方案》政策，加快商贸领域消费市场发展。按照《长沙县农贸市场建设三年（2017—2019年）行动计划方案》，2019年建设计划13个，完工8个，在建2个，3个待批。推进加油站污染防治专项治理，完成20座加油站双层罐改造，完成11座汽油年销量5000吨以上的加油站油气回收在线监测系统建设。全县电商销售农产品零售额4.46亿元。1月，县商务局被湖南省商务厅授予“全省商务（外贸）工作先进单位”荣誉称号。

【第十届“星沙商圈”购物消费节】2019年10月28日，长沙县第十届“星沙商圈”购物消费节在长沙松雅湖吾悦广场启幕，开启一年一度

2019年10月28日，长沙县第十届“星沙商圈”购物消费节在吾悦广场开幕
（县商务局 提供）

参与商家最多、让利幅度最大、消费人气最旺的购物狂欢季。本届消费节由中共长沙县委、长沙县政府主办，由长沙县商务局承办，长沙县文化旅游广电体育局、各镇政府、街道办事处、长沙县松雅湖管理局、长沙县中南汽车世界汽车商会、中国邮政集团公司湖南省长沙县分公司、长沙县家政协会共同协办，星沙时报社执行。消费节以“10年有‘礼’·爱就购了”为主题，推出钜惠来袭·星沙购车狂欢月、茶香四溢·品长沙绿茶、潮流生活·星沙畅快购、众里寻他·“星沙锦鲤在哪里”、美食爆店·十分好吃、懒人福利·专业家政到您家等十大主题活动，至11月27日结束，其间送出30万元加油卡、26万元家政服务抵用券、10万元茶叶抵用券、8万元超市购物卡和24台华为手机，消费者分享近100万元免费福利，参与商家总让利5000万元。

【《关于加快商贸流通创新发展促进消费升级的若干激励政策》出台】 2019年7月30日，出台《关于加快商贸流通创新发展促进消费升级的若干激励政策》，配套扶持资金2000万元，支持商贸流通载体建设、经营主体培育发展、消费模式创新升级，推进商贸流通市场升级。

招商引资

【概况】 2019年，长沙县实际利用外资9.33亿美元，同比增长11%。其中，县辖2.22亿美元，同比增长6.26%；长沙经开区7.11亿美元，同比增长12.57%。召开4次县项目建设领导小组会议，通过会审项目26个，总投资165亿元，涉及航空服务、健康医疗、总部经济、文化教育等多个产业，引进“世界500强”企业永旺集团在长沙县投资20亿元建设永旺梦乐城项目；引进7.0T超高场核磁共振 & 脑科学研究中心项目，推动长沙县高端医疗影像设备产业发展；天鸿、新长海、望新、星大、广大等一批建筑企业和文化商贸企业的总部落户，推动长沙县总部经济发展。制定《关于鼓励总部经济发展的若干政策和措施》，鼓励和促进总部经济发展。制定《长沙航空城创建全国典范课题研究》，开展现代物流、楼宇经济、泛金融产业调研。借助广证恒生等第三方机构的专业力量，提升招商引资工作质效。

【“营商环境优化年”动员会举行】 2019年2月11日，长沙县、长沙经开区举行“营商环境优化年”动员会暨项目签约仪式。本次签约落户三一云谷、高端大型医疗设备、珠宝首饰精深加工等24个项目，总投资297亿元。项目涉及智能制造、医疗器械、智慧物流、电子信息、航空服务、跨境电商等多个领域。

【长沙县首尔专场招商推介会】 2019年9月9—10日，由长沙县副县长黄泽红带队，组织商务局等部门赴韩国首尔举办长沙县首尔专场招商推介会，推介长沙县在人文旅游、健康服务、商贸流通等方面的优质资源，与到会的10余家健康医疗、高端智能制造、有机农业等韩国企业进行交流。

【“世界500强”——永旺梦乐城项目】 2019年9月20日，长沙县与永旺梦乐城（中国）投资有限公司签署项目投资意向书，该公司拟投资20亿元在长沙县打造一个日本文化综合体验区。日本永旺集团主要以经营购物中心、综合零售业为主，2018年《财富》全球500强排名103位，是亚洲最大的零售集团。永旺梦乐城力争成为全市规模最大、品类最齐全、业态最丰富的日本文化综合体验区，可提供就业岗位3500个，项目建成运营后，可为长沙县城市配套设施品牌化发展发挥示范带动作用，提升县域现代服务业发展质量。

【《关于鼓励总部经济发展的若干政策和措施》出台】 2019年12月5日，长沙县出台《关于鼓励总部经济发展的若干政策和措施》政策文件，针对500强企业、中央企业、全国性金融机构、省属国有企业、大型航空公司、上市公司6种企业类型，以及符合直接认定条件的总部类型或子公司等级进行奖励，对企业从总部企业落户补助、办公用房补助、建设用地优惠、经济贡献奖励、成长奖励、人才奖励六大板块给予支持。

【《长沙航空城创建全国典范研究报告》通过评审】 2019年10月18日，在空港城召开长沙航空城创建全国典范研究评审会议，复旦大学国际空港城市研究中心课题组汇报课题研究成果，湖南省政协经济科技委员会、中南林科大物流与交通学院、上海财经大学、上海财经大学商学院、北京大学建筑与景观设计学院的5位专家发言，会议形成一致意见，评审通过《长沙航空城创建全国典范研究报告》。

（周　瑶）

现代服务业

【概况】 2019年3月20日，长沙县现代服务业发展中心挂牌成立，为县政府直属正科级公益类事业单位，负责全县现代服务业发展中长期规划，培育和壮大现代服务业企业，推进服务业示范集聚区、楼宇经济和会议会展发展。是年，长沙县服务业增加值同比增长8.5%，占GDP比重44.3%，比上年提升10.1%。服务业固定资产投资比上年增长58.8%，占全部固定资产投资比重60.9%。长沙高铁会展新城入选湖南省第三批服务业示范集聚区，长沙临空服务业集聚区入围长沙市第二批服务业示范集聚区。全县28个项目纳入长沙市服务业重点项目库，丰树长沙空港综合产业园、顺丰电商物流园等8个项目入围长沙市服务业“三百工程”重点项目，长沙黄花综合保税区建设工程、黄兴海吉星国际农产品物流园（二期）、浔龙河生态艺术小镇（二期）3个项目入围湖南省服务业“双百工程”重点项目。长沙国际会议中心等3个项目获260万元市级现代服务业专项引导资金，联通沃阅读等县域10家企业获2018年度长沙县现代服务业政策奖励、补助资金572万元。

出台《长沙县关于加快推进楼宇经济发展的实施意见》，适用范围包括县内单栋建筑面积在2万平方米以上的特色楼宇、商务楼宇、星级宾馆酒店或单栋建筑面积在1万平方米以上的科研楼宇、专业市场或园区配套的商务楼宇。12月31日，星沙街道三一云谷楼宇企业服务中心落成运行。成立会议会展公共服务保障9大专项小组，做好2019长沙国际工程机械展等10余场展会公共服务保障，被评为2019湖南装配式建筑与工程技术博览会优秀组织奖，长沙县1600平方米特色展馆参展“2019一乡一品国际商品博览会”，举行长沙县会议产业专场推介会。全县规模以上服务业在库企业566家，新增128家。编制《现代服务业政策文件汇编》，梳理省市县出台的各项支持服务业发展的实施意见、奖补政策88项，实施服务业政策动态汇总解读制度。开展“加速推进现代服务业”主题有奖征文活动，评选出《漫谈长沙县现代服务业发展》《加强供应链金融服务　助推黄花综保区高质量发展》等6篇优秀作品。

【“2019一乡一品国际商品博览会”】 2019年11月15—17日，“2019一乡一品国际商品博览会”在长沙国际会展中心举行。博览会首次聚焦民族地区扶贫的创新成果，展示中国民族品牌创新力量，有8个展区，地方特色产业、名优特产品齐聚地方政府一乡一品主题展区，长沙县馆占地1600平方米，40家企业参展。长沙县馆以“发展美学经济、推动全域旅游、做实乡村振兴”为主题，由特装展区、扶贫展区、标准展区三大板块构成。特装展区约500平方米，展示罗代黑猪、金井茶业等国家地理标志产品，以及星通房车、慧润乡村旅游样板工程、“地球仓”移动智能旅居；扶贫展区约60平方米，展示隆广生态、自成养殖、地晟农业等7家示范企业扶贫攻坚成效；标准展位28个，展示长沙县童年记、津之源、好韵味、浏阳河集团等国家省市龙头企业品牌，以及茶业、食用菌、有机产品、湘绣等一镇一特产业。

（严兰馥）

对外贸易与经济合作

【概况】 2019年，长沙县进出口总额117.56亿美元，同比增长56.2%。其中，县辖62.12亿美元，同比增长95.5%；长沙经开区49.63亿美元，同比增长24.9%。外贸主体壮大，全县进出口实绩企业512家，新增外贸获权企业359家；加工贸易额48.4亿美元，同比增长128.73%，“破零”企业232家，“破零”业绩27.74亿美元；倍增企业104家，外贸增量25.27亿美元。设立黄花综保区供应链金融服务平台，与建设银行、中国银行建立合作关系，初步授信10亿元。设置外贸综合服务中心，为长沙县400余家企业提供外贸资质备案及变更、通关、退税等外贸综合服务。湖南金霞湘绣有限公司、湖南利美印务有限公司被评为“2019—2020年度国家文化出口重点企业”。

【湖南金霞湘绣有限公司等两家企业上榜国家文化出口重点企业】 2019年9月23日，商务部、宣传部、财政部、文化和旅游部、国家广电总局联合发文，公布《2019—2020年度国家文化出口重点企业和项目》名单，湖南省14家企业、5个项目入围。其中长沙县“湖南金霞湘绣有限公司”和“湖南利美印务有限公司”上榜。

【长沙县肉类进口首次“破零”】2019年，为优化肉类进口资质申请手续，提高政务服务效率，长沙县商务局会同长沙县外贸综合服务中心，协助企业办理进口肉类收货人备案、自动进口许可证申请、异地商检备案、检验检疫许可申请与核销、无纸化报关签约和清关等一系列肉类进口资质文件，提高工作效率保证货品进入国内市场的合格和安全。10月18日，注册在长沙县路口镇的湖南凯思力贸易有限公司收到丹麦皇冠集团发出100吨冰冻猪尾、27吨筒子骨、54吨猪板油等肉品，长沙县肉类进口首次“破零”。

（周　瑶）

供销合作

【概况】2019年，长沙县供销系统销售额10.3亿元，同比增长102%，利税总额4000多万元，同比增长207%。12月召开改革推进会议，部署、强调长沙县2020年年底前的改革任务，下发《长沙县深化供销合作社综合改革领导小组关于全面加快推进深化供销合作社综合改革的通知》。长沙县农资储备、电商扶贫、供销改革的先进经验先后被湖南卫视、《湖南日报》等多家媒体宣传报道。社属企业经营发展迅速，路口供销社规模为全市最大；美丰公司的农资供应、新三维公司的测土配方和无人机打药、惠哲供销的“托管服务”全产业链服务、浔龙河供销公司“供销鲜生”的农产品上行等做法被作为典型模式推广；各企业均为市农合会理事会单位，升级为市级平台公司。

年内，新建镇级惠农综合服务中心5个，村级惠农服务社6个。截至2019年年末，建成惠农服务中心10个、惠农服务社45个。邀请省政协经济科技委主任吴金明为供销改革顾问，通过开展讲座等方式为供销系统人员100余人答疑解惑。长沙县供销社参与控股的“长沙县金井镇惠农服务中心”被评为2018年度全国基层社标杆社。按照“党建引领、村社共建”的办法，与县供销社实际情况相结合，与22个开放办社基层社签订开放办社协议书。坚持“县社主导办社、市场主体建社、股份合作兴社”，分别以长沙兴社供销社有资产经营管理有限公司占股35%相对控股、固定回报方式，与安沙镇、果园镇、青山铺镇惠农和果园镇新民村社达成股份合作协议，股本金227.5万元。依托长沙美丰农资连锁有限公司石门坎基地，升级改造、完善功能，建成“长沙县农业社会化综合服务中心”。

落实大化肥淡季储备，确保全县农业生产的用肥供应。储备大化肥24695.89吨，5304.62万元。县级大化肥淡季储备完成，储备大化肥12022.5吨、2425.8万元。组织全县从事农作物种植专业合作社成员、种植大户、家庭农场主和种粮农户577人参加农作物生产技术培训。

【电商扶贫】2019年，长沙县建成县级电商公共服务中心2个，村级电商服务站181个，12个贫困村实现村级电商服务站全覆盖，依托网销平台助推农特产品销售。整合湘丰电子商务公司、湖南旌日电子商务有限责任公司、长沙和诚电子商务公司、长沙县惠民供销电子商务公司各平台搭建“长沙县扶贫馆”，对12个贫困村进行产业扶贫，通过平台销售贫困村农产品，全年电商销售本地和对口帮扶农产品150万余元。在星沙天华路消费扶贫产品展示中心开辟长沙县电商扶贫展示中心，展示体验销售全县贫困村、贫困户农产品。（廖　洁）

烟草专卖

【概况】2019年，长沙县烟草专卖局（分公司）销售卷烟4.47万箱，销售收入16.91亿元，同比增长4.09%。税利4.72亿元，同比增长5.24%，其中利润2.06亿元，同比增长8.61%，税收2.66亿元，同比增长2.78%。省外烟销售占比30.78%，二类烟占比12.67%，增长23.07%；“细短中爆”创新品类全面开花，销售4217.4箱，增长50.96%；重点品牌销售占比95.83%。综合毛利率12%以上，整条价格到位率95%。客户服务分部被评为全市对标改善提升奖，精益课题“‘一网四员’网格化管理服务模式探索”获得营销线课题评审第一名，榔梨文秀商店在全市作数据营销转型典型发言。建设首批湘汇636加盟终端（坛粉和文秀两家）。推广现代终端零售扫码设备225台，综合使用率排名第一。在机场窗口、浔龙河生态艺术小镇等地标建设文明吸烟环境，全县打造文明吸烟室8个，吸烟区4个，设置吸烟桶140个。组织干部职工开展扫雪除冰、爱心图书捐赠、情系困难零售户、无偿献血等公益活动，捐款3700元、捐书150余本。资助开慧镇、黄兴镇等镇内6个贫困村开展水利、公路维修建设，捐赠25万元。

【专卖监管】 2019年查获各类涉烟违法案件274起，查获违法卷烟2604.69万只，涉案金额2746.97万元；其中假烟1190.03万只；真烟1414.66万只。破获网络案5起，真烟涉刑案1起。处理案件299起，上缴罚没款107.25万元（含变卖部分为242.52万元）。查获一起非法经营电子烟网络案，为湖南省办理此类案件积累重要办案经验。QC课题“提高快递物流涉烟案件查处率”获得全市系统优秀精益课题奖，专卖队伍参加真假烟识别竞赛荣获第三名。实行“一户一策”动态管理，协同公安、市监、基层站所针对大户、无证户开展错时错峰、夜间整治行动8次，捣毁辖区大户真烟仓库46个。实现烟草专卖零售许可证办理“最多跑一次”，办证新增1206户，延续217户，核减614户，新增就业岗位1641个。（王　洲）

旅　游

【概况】 截至2019年年底，长沙县有国家AAAA级景区2个—杨开慧纪念馆、田汉文化园，国家AAA级景区7个——黄兴故居纪念馆、锦绣江南生态农庄、湘丰茶博园、浔龙河生态艺术小镇、天华山景区、影珠山旅游景区、长沙紫竹山旅游区；星级乡村旅游点36家(其中五星级乡村旅游点16个)。是年，全县接待游客1600万人次，同比增长22.39%；旅游综合收入168亿元，同比增长23%。

【2019中国·湖南民宿产业发展大会】 2019年10月17日至19日，由湖南省文化和旅游厅、中国旅游报社指导，长沙市文化旅游广电局、长沙县人民政府主办，长沙县文化旅游广电体育局承办的“2019中国·长沙民宿产业发展大会”举行，湖南省文化和旅游厅厅长陈献春、中国旅游报社长徐行、长沙市人民政府副市长刘明理、长沙县县长张作林等出席大会并致辞，业界知名学者、媒体代表以及湖南文化和旅游系统代表和民宿代表300余人参会。活动主题为新时代、新文旅、新民宿。主体活动为2019中国·长沙民宿产业发展大会，3个子活动分别为长沙县文旅推介会、长沙县民宿文化旅游体验月启动仪式和长沙县旅游装备SHOW。会上，中国社科院舆情调查试验室首席专家刘志明发布《2019中国民宿发展指数报告》。同时，长沙县文旅智库成立，魏小安、张晓军、蔡红等专家成为第一批“专家智囊团”；湖南慧润农业科技有限公司与株式会社JPT（Japan Premium Travel）达成合作意向，共同签署《国际民宿交流合作协议》。长沙县委常委、宣传部部长杨溢、中南林业科技大学旅游学院院长钟永德、株式会社JPT（Japan Premium Travel）CEO唐君、大地风景文旅集团副总裁，大地乡居品牌创始人、总经理李霞、浙江栖泓文旅产业发展有限公司董事长、无它品牌创始人杨诗兵等多位专家学者和国内外业界代表围绕“让民宿插上文化的翅膀”这一主题进行经验分享和高端对话，向与会代表传递民宿经营的新理念、新模式。

【果园镇被评为“湖南省文化旅游特色小镇”】 2019年10月28日，湖南省特色文旅小镇授牌仪式在湖南省文化和旅游厅举行。仪式现场，长沙县果园镇被授予“田汉艺术小镇”荣誉称号，并被授牌为“湖南省特色文旅小镇”。

【浔龙河村被评为“全国乡村旅游重点村”】 2019年7月28日，第一批全国乡村旅游重点村名单出炉，全国320个村落上榜，其中，湖南省共有11个村落上榜，长沙县果园镇浔龙河村榜上有名。

【长沙县新增两家A级景区】 2019年11月27日，长沙县紫竹山旅游区获批国家AAA级旅游景区。12月30日，长沙县田汉文化园旅游区获批国家AAAA级旅游景区。至此，长沙县A级景区增至9家，其中国家AAAA级景区2家，国家AAA级景区7家。（文　婷）

责任编辑　周进银

综 述

【概况】2019年，长沙县农林牧渔业总产值107.6亿元，农村居民人均可支配收入4.38万元，农业综合机械化率80.3%。

基本完成农村承包地确权登记颁证。148760本证书完成套印和盖章，各镇（街道）督促村组发包方把证书发放到户。4个技术标段中有3个标段完成档案整理与数字化。县级平台硬软件建设基本完成。

全县核实农村集体资产38.49亿元，核增资产21.99亿元，其中核增经营性资产1.78亿元，清理集体资产租赁合同559份，调解矛盾纠纷153起。基本完成成员资格界定，制定出台《长沙县农村集体经济组织成员资格界定指导意见》和《实施方案》，按照“宜宽则宽、应给尽给”原则，已界定成员536807人，占比95.53%；否决9608人，占比1.71%，做到“全覆盖、广受益”，切实维护外嫁女、上学转非、政策转非等群体的农村权益。拟定农村集体经济组织折股量化和赋码登记工作方案，做好5个农村集体产权制度改革试点村的前期工作，全年完成60%农村集体经济合作组织的创建和赋码登记。

相继出台《2019年度产业扶贫实施方案》《产业扶贫长效项目实施方案》《2019年省重点产业扶贫项目实施方案》，全县安排产业扶贫资金1945万元，铺排221个产业扶贫项目，带动5293户次（部分贫困户同时参与两个项目）参与产业扶贫。制定贫困户扶志方案，从思想扶志、典型扶志、技能扶志、产业扶志、文明扶志5个方面开展扶志工作，全县开设农民综合课堂14期，7000多贫困户参加习。县内遴选181名产业扶贫指导员，搭建产业扶贫前的规划、实施中的指导和产后的销售桥梁。开展产业扶贫长效机制建设，全县每个镇建设一个产业长效项目，实施期限不少于3年，实现1个项目覆盖1个村或多个村。全年76个企业或新型农业经营主体参与产业扶贫，其中市级以上龙头企业17家。每个贫困村、每个产业扶贫项目均建立与贫困户的利益联结机制，企业带动和入股分红保底收益均高于8%，部分项目15%左右，预计带动贫困群众户均增收2000—5000元。

全年完成调整面积2103.16公顷。涉及13个镇（街）63个村（社区），参与主体91家，培育打造3个千亩示范片。全县召开3次结构调整工作推进会议。3月下发《2019年度长沙县种植结构调整财政奖补资金项目申报及验收办法》，聘请第三方会计师事务所对全县部分镇（街）种植结构调整资金使用情况进行专项审计。

10月21日，全国农村生活垃圾治理工作现场推进会议召开，长沙县作典型发言。根据市、县文件精神，确定6个示范镇、34个示范村，制发《关于开展乡村振兴示范镇村创建工作的指导意见》等文件，铺排子项目117个，实际投资3600万元，覆盖14个镇（街）。

全年蔬菜播种面积2.61万公顷，总产量93.8万吨，总产值19.7亿元，水果总面积5773公顷，总产量6.63万吨，总产值2.76亿元。

是年，全县有规模休闲农业和乡村旅游景点59处，其中星级休闲农庄49家，国家五星级农庄9家，新增2家（小顽国、金井茶厂），省五星级农庄星级农庄15家，AAA景区1个，国家级农业旅游示范区1个，省级农业旅游示范点3个。2019年全县休闲农业与乡村旅游接待游客750万人次，经营收入20.3亿元，增长4.5%。（徐　泽）

粮油茶业

【概况】 2019年，全县粮食实收面积7.67万公顷，总产49.68万吨，其中水稻6.42万公顷（早稻2.73公顷，晚稻2.8万公顷，一季稻9333.33公顷），旱杂粮1.25万公顷。以黄兴大道北延线为轴，继续推进十万亩现代粮食核心示范基地建设。在麻林河流域，以双季稻为基础，探索稻作文化走廊建设。在春华、高桥、金井、开慧等镇建设高档优质稻集中示范区。实施四大项目。即早稻专业化集中育秧、超级稻“种三产四”、“早加晚优”粮油绿色高质高效行动和做优做强湘米工程。推进机艺融合、种养结合、绿色防控、水肥运筹、稻草综合利用等五项技术。继续在双季稻区普及和推广“集中育秧、合理密植、安全齐穗”三大关键增产技术。

全县茶园面积6653公顷，可采摘面积6180公顷。县外订单和控股茶园面积2万余公顷。茶产业从业人员4万人，全年生产产值（本县茶农鲜叶收入）3.2亿元，加工干茶7.18万吨，销售收入18.6亿元，茶及相关产业综合产值35.6亿元。全年新改扩茶园基地1413.93公顷，其中：新扩茶园296.93公顷，新建良种繁育基地51.87公顷，品改50公顷，低改茶园1015.13公顷。沿省道207线以春华、高桥、路口为核心，形成蔬菜生产绿色高产高效创建示范园区；高桥镇“食用菌之乡”初具规模；“百里茶廊”跨越春华、路口、高桥、金井、开慧、福临、北山7个镇，长100多千米，其中金井正加快打造“绿茶小镇”；开慧镇“老白沙”形成桃、杨梅、梨、李为主的休闲采摘万亩“水果之乡”。创新经营管理模式，打造精品示范园区，形成科技含量高、示范带动强、经济效益好的绿色高产高效创建洼地；扶持种苗供应基地，支持发展绿色有机农产品。2019年长沙县被评为中国茶业百强县，位列第十一名；湘丰茶业集团有限公司在中国茶业百强企业中排名第五（民营茶企第一），跻身国家级农业龙头企业。青山铺的葡萄，黄花的秋蜜桃，春华的礼品西瓜，路口、开慧的蓝莓，路口的中秋脆枣，台田板栗，江背、春华的火龙果，金井的猕猴桃均形成一定规模和特色。“北山梅”被农业部评为国家地理标志产品。打造“一企一品”，融达、素里养、康爱种植芦笋；觉源、盛丰、驰祥主要种植红薯叶；迎农主要种植茄子；联彩种植辣椒；四季之友、健晨种植韭菜；九农栽种盆景蔬菜。

2019年9月18日，“2019年国家长江中下游水稻新品种展示示范观摩会”在路口镇明月村隆平稻作公园召开　　（县农业农村局　提供）

养殖业

【概况】 2019年底生猪存栏32万头，生猪出栏77.4万头，其中能繁母猪存栏0.7万头；牛存栏0.85万头，牛出栏0.68万头；羊存栏1.63万头，羊出栏1.93万头；家禽存笼240万羽，家禽出笼199.2万羽。有畜禽规模养殖场22家，鑫广安、天府公司2家核心种猪场。水产放养面积2975公顷，总放养量275万千克，养殖产量1.28万吨，产值1.65亿左右。稻田综合种养发展迅速，面积466.67公顷，稻田综合种养总产值3000万元。果园特色“花果虾”及其带动“龙虾节”成为长沙县乡村振兴的特色产业。2019年继续获得全国生猪调出大县奖励资金。获批农业农村部畜禽粪污资源化利用整县推进项目。

【动物卫生监督与防疫】 2019年，全县完成产地检疫生猪22.3万头、牛羊404头（只）、禽类13.54万羽、犬猫23只；产地检疫申报7347批次、“瘦肉精”同步抽检12287头，抽检比例5.51%，未检出阳性；官方兽医出证104.55万批次；广联和富饶定点屠宰场屠宰检疫生猪41.6万头，“瘦肉精”抽检2.97万头，抽检比例7%（未检出阳性），监督无害化处理整头生猪480头，不合格产品144801.2千克；黄兴惠湘禽业和水渡河家禽批发市场分销换证禽类1375.9万羽、牛羊分销换证分别为1.7万头和0.8万只。

建成“1（中心）+5（收集点）”覆盖全县的病死动物无害化集中收集处理体系，启用武汉至为无害化监管APP，对每一头病死猪从收集、储藏、调运、处理过程及副产物销售全过程、全方位监管可追溯，年底县级处理中心收集处理病死猪19437头、禽类及其他动物7289只。6月20日起，长沙县为防控非洲猪瘟采取应急无害化处理措施，截至8月26日，就地无害化处理生猪24.2855万头，强制扑杀生猪6.8684万头。

开展春防、秋防免疫抗体监测工作，4月和10月完成集中强制免疫工作，5月和11月组织开展免疫抗体监测工作。采集检测猪血清423份、牛血清45份及对应OP液20份、羊血清86份及对应的棉拭子20份。完成每月农业部疫情监测网站的数据填报，为疫病监测提供科学依据。

2019年非洲猪瘟疫情形势复杂，接到疑似非洲猪瘟疫情报告90起。配合上级疫控部门完成各类采样检测2411份，包括各类环境样2213份，猪组织样198份，配合动监和行政执法部门处理违法生猪调运2起，发放非洲猪瘟宣传资料3000余份。长沙县兽医实验室非洲猪瘟检测设备已安装调试到位，能够正常开展检测工作，正在准备通过省市组织的专项实验室设备验收。

【畜禽退养和粪污资源化利用工作】 2019年禁养区退养工作完成，其中2018年上报省市禁养区尚未清退的26个养殖户完成退养；被中央第四生态环境保护督察组列入“回头看”名单的172户养殖户（含上述26户），全部完成退养。

2月，印发《长沙县畜禽粪污资源化利用整县推进项目（规模养殖场）申报指南》《长沙县畜禽粪污资源化利用整县推进项目的实施办法》，全县18个规模养殖场、2个区域性粪污集中处理中心、12个农业废弃物资源化综合利用服务站和北山镇申报畜禽粪污资源化利用项目。除湖南天府生态农业有限公司和湖南鑫广安农牧有限公司因防控非洲猪瘟疫病猪场内建设未完成暂缓验收外，其他项目单位完成项目建设。

做好畜禽养殖禁养区规范调整工作。重新修订《长沙县畜禽养殖区域划分办法》并已报上级审定。调整禁养区，调整后禁养区33个，面积549.28平方千米，比调整前减少5个，另2个禁养区面积调整，其中：浏阳河（江背镇）禁养区面积由34.123平方千米调整为0.357平方千米；捞刀河沿线禁养区由104.254平方千米调整为3.476平方千米。调整后禁养区面积减少345.977平方千米。

农业机械化

【概况】 2019年，全县农业机械总动力23.38万台/156.56万千瓦。水稻播种面积5.97万公顷，其中机耕面积5.97公顷，机耕率99.95%；机播（机插）面积2.06万公顷，机播（机插）率34.44%；机收面积5.97公顷，机收率99.95%，水稻耕种收综合机械化水平80.3%。全县农机合作社112家。实施市级水稻工厂化育秧项目7个，财政投入180万元，新增水稻工厂化单季供秧能力600公顷。实施省级基层农机服务能力建设、基层农机推广补助等项目3个，财政投入40万元，带动项目投入100万元。全年新增注册登记农机车辆134台，新增农机驾证（含操作证）236人，办理各类驾驶证业务308人次。年检各类农机具1045台，其中拖拉机890台，收割机155台。

农产品加工

【概况】 2019年，全县有农产品加工业企业235家，产值172.2亿元，增长2.5%；利润9.6亿元。主营业务收入2000万元以上的64家，比上年增加1家，过亿元企业23家，有国家级龙头企业4家，新增1家（湘丰集团），省级龙头企业16家，市级重点龙头企业12家。

【农产品质量安全监管】2019年，县农业农村局开展农产品、农业投入品抽样监测1326个，合格1325个，合格率99.9%，“三品一标”认证有效证书162个，认证面积和数量位居全省首位，率先在全省建立镇级农产品质量安全监管平台。

（徐 赛）

林 业

【概况】2019年，长沙县推进环城绿带生态圈建设，“长滕”任务的扫尾工作。推进春华镇金鼎山、春华村的市级美丽宜居村庄建设，完成绿化示范道路251千米等绿化项目工程常态养护；新建、提质公路绿化38.6千米；建设5个乡村公园，迹地更新人工造林、“五边”植树533.33公顷。

建立、完善19个义务植树基地，义务植树150万株（含其他履责方式折算），50万以上人次参加，义务植树尽责率90%以上。严格林木限额采伐，审批各类林木采伐63处，蓄积3.02万立方米。建立引导节约集约利用林地的约束机制，确保森林植被面积不减少、质量不降低，办结占用征收林地81宗，审批林地面积150.2195公顷，征收森林植被恢复费2555万元。办结临时征占用林地6宗，审批林地面积6.90公顷，征收森林植被恢复费102万元。保障国家生态安全，完成执法单位违法标的物技术鉴定72件，完成731个林业疑似违法卫片图斑的督查检查和林地“一张图”年度更新工作。全县有林业用地7.73万公顷，其中松林面积3.68万公顷、毛竹林面积1993公顷。全年林业有害生物发生总面积8万余公顷，投入防治资金2000多万元，防治面积1.33万余公顷，重点用于松材线虫病（清理枯死松树有效株数11.22万株，防治面积2286公顷）、松毛虫（防治面积5333公顷）、松褐天牛（防治面积9300公顷）等有害生物防治。打击涉林犯罪，2019年受理刑事案件18起，立案18起破17起，取保候审17人、刑事拘留8人、逮捕3人、移送起诉16人。开展打击破坏野生动物资源违法犯罪专项行动，破获刑事案件5起，抓获犯罪嫌疑人10人，救助野生动物24只。

【安沙花卉示范园】2019年打造安沙花卉示范园，建成安沙社区特色园艺生产园、新华村特色园艺生产园2个示范点，建设安沙镇花卉产业示范园基地，入驻企业、合作组织近60家，连片面积约133.33公顷，产值5700万元，新增就业300人。

【“互联网+花木”】2019年，长沙县实施“互联网+花木”行动，建立电商平台，推进现代技术应用于花木产业生产、经营和销售，加强新品种引进、新技术推广力度，强化花卉苗木从业人员技能培训，举办培训班2次，培训人员200余人次。组织指导企业用新品种新造油茶66.67公顷。

（彭 锋 杨 华）

水 利

【概况】2019年3月，长沙县水务局更名为长沙县水利局，职能整合同步进行。年内，全县水利建设投资6.19亿元，河长制建设投资8亿元。生态治理河道42.6千米，建设堤防3.74千米，清淤面积125.93公顷，整修渠道9.36万米。新增、改善灌溉面积2233.33公顷，新增农村自来水人口2.22万人。中小河流治理建成全国样板，农田水利工程产权制度改革成为全国典型，农业水价综合改革建立“长沙模式”，河长制工作打造“中小河流治理全国样板”，松雅湖被评为“湖南省最美河湖”。9月，承办全国农业水价综合改革南方片现场会，向全国同行推广南方水价改革模式；12月4日，该局代表湖南省在全国农村水利改革交流研讨会上作典型发言，向全国介绍长沙县产权改革、农田水利设施管护、农业水价综合改革等经验；金井镇九溪源、高桥用水户协会、双起桥用水户协会被评为“全国农民用水合作示范组织”；金井水厂新建工程被评为“湖南省建设工程芙蓉奖”，同时被评为“优质工程”。水环境质量改善，县级以上集中式饮用水水源地水质达标率100%，流域内主要河湖水质优良率（Ⅲ类以上）同比上升15.93%，Ⅴ类、劣Ⅴ类断面同比减少26.29%。

启动长沙县捞刀河（城区段）水系综合整治并完成水塘垸防洪大

堤提质改造一期工程；堤防加高加固、岸坡整治、堤身防渗处理河道3.29千米，总投资2.83亿元。启动浏阳河敢胜垸防洪圈、榔梨水环境综合治理（三期）工程并完成榔梨城市防洪梨江高排箱涵及上调蓄湖工程；建设回龙垸水系连通一期、红旗垸和果园垸排涝泵闸、红旗水库和飘峰水库低涵重建等防洪关键工程，修复防洪水毁工程27处。金井水厂建成，安装主支管网1600余千米，解决全县1.3326万建档立卡贫困人口饮水不安全问题，新增农村自来水入户人数2.22万人，全县供水水质合格率均为100%。白石洞水库大坝（一期）建成，白沙河雷家桥段、白沙河高仓段、金井河青山段、蒲塘村青山河、江背镇三叉河等生态河道工程治理完成，春华镇胭脂港河道整治工程扫尾，金井水库除险加固工程启动。

全年办理行政审批事项157件，征收水土保持补偿费367.53万元，水资源费征收152.87万元。组织开展水土保持专项执法行动，核查生产建设项目225次，下达责令改正违法行为通知书61份，20个项目移交县行政执法局。

推进小微水体管护及截污治污工作，17名县级河长巡河209次，48个省市考核项目完成，推进“两河七口”截污治污项目192个。各镇（街）按村（社区）对该县58369处小微水体划分片区，逐片设立片区河长和管理员，打通河湖管护“最后一公里”。落实重点工作任务171项，清理河湖“四乱”问题103个，提标改造乡镇污水处理厂17个，延伸乡镇污水配套管网40余千米，在农村次集镇、集中居住区新建分散式一体化污水处理设施23个。实施《长沙县畜禽养殖区域划分办法》，要求养殖户实行干湿分离、雨污分流，确保不冲洗猪栏、达标排放。建设标准化规模养殖场28家，全县规模养殖场畜禽污染治理设施配套率100%，养殖粪污综合利用率85%以上；取缔“散乱污”企业373家。通过“净水质、畅水系、提水量、优生活、重管理”五大措施，创建7个市级小微水体示范片区和10个县级小微水体示范片区，示范片区内主要水体达到地表水Ⅲ类标准，改善农村人居生态环境，以点带面促进流域水环境质量改善，推动该县小微水体管护升级。

【移民安置】 2019年，推进白石洞水库移民拆迁安置扫尾工作，新签订移民拆迁安置协议2户。制定《长沙县白石洞水库库区库底清理实施方案》，启动白石洞水库库底清理和一期蓄水移民拆迁安置规划验收前期工作。2019年发放移民直补资金418.08万元，市级移民口粮补贴9.4121万元、县级移民口粮补贴49.4685万元；验收拨付移民后扶项目资金396.4万元，其中600元以内项目资金38.8万元，后扶结余资金357.6万元。2019年核减移民66人，移民直补资金全部发放到位。提高移民就业创业能力，在金井镇金井社区举办移民实用技术培训班一期，培训移民100人；送训移民8人参加省移民事务中心组织的植保无人机飞手、育婴师等就业技能培训；资助符合条件初高中移民毕业生55名，发放助学金11.3万元。慰问特困移民122人9.76万元，慰问特困计生家庭4人4000元。

（李　栋　邓金玲）

2019年，高桥镇小微水体治理后水质提升　（县水利局 提供）

责任编辑　周进银

科技工作

【概况】 2019年3月，长沙县科学技术局加挂的长沙县知识产权局职责职能调整至长沙县市场监管局。机构改革后长沙县科学技术局是县政府工作部门，为正科级，核定行政编制8名，内设办公室、计划成果科（农业科技科）、高新技术科3个内设科室。所属二级事业单位长沙县生产力促进中心，为公益一类事业单位，核定全额拨款事业编制5名。

2019年规模以上工业企业研发经费投入98.41亿元，全县高新技术企业研发经费投入116.66亿元；高新技术总产值2310.99亿元，高新技术增加值633.79亿元；技术合同备案351项、成交金额41.76亿元。争取省财政资金200万元引导支持市县创新驱动发展。

制订《2019年度长沙县科技计划项目申报指南》，按科技平台建设、科技人才建设、科技攻关及特色产业培育、中小微科技企业技术创新、社会公益及民生科技支撑等5个计划类别，对“销轴自动化生产工艺研究与开发”“长沙绿茶（湘波绿系列）产品加工技术研究及产品开发”等96个项目进行支持，下达科技计划资金1260万元；对湖南龙驹生态农业科技开发有限公司等84个科技特派员项目，支持资金454万元。指导企业争取上级科技项目立项，2019年全县争取上级项目112个，资金13780.63万元，其中：市级科技计划立项81个，资金5672.71万元；省级科技计划立项31个，资金8107.92万元。

年内，全县认定“长沙市科技创新小巨人企业”18家，认定高新企业165家，比2018年增长9.27%，高新技术企业总量407家，比2018年增长42.31%。高新技术企业中90%拥有核心知识产权，专利战略成为企业发展的核心动力。高新技术总产值2310.99亿元，比2018年增长15%。高新技术增加值633.79亿元，比2018年增长51.19%。全县有300余家企业先后与国内80多家高等院校、科研院所建立合作关系，共同针对制约企业的技术瓶颈、产品升级换代、节能降耗等课题，开展技术研发和成果转化，掌握一批关键核心技术、提高企业产品的市场竞争能力，2019年全县完成技术贸易合同交易额41.76亿元，比2018年增长71.36%。组建长沙市“一县一特”长沙县茶叶特色产业公共技术服务平台，针对制约长沙县茶产业发展的瓶颈问题对症下药，根据茶叶企业的技术需求提供全方位、实时高效的技术支撑和科技服务，提升“长沙绿茶”的品牌价值和市场竞争力，促进长沙县茶叶特色支柱产业发展。

全县通过“上引行家，下选专家”的方式，邀请湖南农大、中南林大、省农科院等省内知名院校的93名（含10名市派）专家教授，作为第十二批科技特派员派驻到贫困村、农业合作社和企业，通过举办适用技术讲座、培训班、组团式服务和田间讲课等方式开展科技服务辅导312次，培训人员10076人，推广新型种养模式、新技术136项，新增品种56个。5月24日，在果园镇田汉文化园举办以“科技强国、科普惠民”为主题的2019年长沙县科技活动周启动式暨送科技下乡活动。在活动现场免费提供科技咨询和科普展览，赠送各类科普资料、农作物种子以及宣传用品约4400份，接受各类咨询约1200人次。7月12日，省政府办公厅组织省科技厅、省财政厅、省统计局、省税务局等部门调研长沙县企业研发财政奖补工作，实地考察广汽菲亚特克莱斯勒汽车公司、长沙金龙铸造实业有限公司、长沙博能科技股份有限公司、索恩格汽车部件（中国）有限公司，了解企业研发奖补申报、奖补资金分配使用、规模以上企业研发报统与税务加计扣除情况。

【科技创新平台建设】2019年全县新增中国铁建重工集团股份有限公司组建的超级地下工程装备湖南省重点实验室1家；新增湖南五新隧道智能装备股份有限公司创建的新奥法隧道施工装备省级工程技术研究中心等5家；新增长沙湘丰智能装备股份有限公司组建的湖南省级“智能装备众创空间”1家；新增航天凯天环保科技股份有限公司组建的“湖南省水环境产业技术创新战略联盟”1个。长沙晶英农业科技发展有限公司被认定为长沙市星创天地。湘丰茶业集团有限公司被评为长沙市首批现代农业高科技产业化基地，长沙哲农农业科技有限公司等3家公司被评为长沙市现代农业特色产业科技示范基地，长沙山舞农业科技有限公司等4家公司被评为长沙市星火科技“12396”助农直通车信息工程信息服务示范站。2019年全县实施湖南省“五个100”重大科技创新项目4个，分别为：山河智能装备股份有限公司“高端工程机械装备研制及产业化”项目、湖南国科微电子股份有限公司“多系统融合的高精度北斗导航定位系列芯片研发及产业化”项目、中国铁建重工集团有限公司“钻爆法隧道智能装备关键技术研究及应用”项目、长沙金龙铸造实业有限公司“智慧城市地下管网工程监测新模式应用研究及产业化”项目。

（刘晋芳　王飞跃　夏姝姝）

【气象服务】2019年，长沙县气象局围绕“气象灾害大管控，气象预警全覆盖”开展智慧气象服务。在防汛抗旱、蓝天保卫战、森林防火等工作中，加强联动机制信息共享，发挥气象部门“消息树”功能。除雪深、电线结冰、固态降水天气现象未实现自动化外，其他观测要素均已实现自动化观测，紧密围绕以“一本账、一张图、一张网、一把尺、一队伍、一平台”“六个一”基本能力建设，实现基层气象防灾减灾科学化、标准化、规范化。实现以自建预警设备转变为充分利用公共服务设施和新媒体发布气象预警的转变，理顺气象防灾减灾机制中政府、部门和社会的责任。结合电视、短信、微信、手机APP、村村响等方式，构筑立体发布渠道，广泛发布气象预警信息。

在1月初低温雨雪冰冻天气过程和全年4次强降水过程中，及时向县委政府主要领导汇报，与水利、应急、自然资源等部门加强联动机制信息共享，为防灾减灾提供强有力后盾。针对夏秋严重旱情，开展为期3个月人工增雨作业。开展重大活动服务，为春运、三考等社会关心的民生问题提供精准气象服务。开发或完善安全生产、决策周报、为农服务、气象简报、专题天气等气象服务产品9种，其中决策气象服务周报每周一送达县委常委会供参考，并刊载到《每日县情》。促进气象安全生产工作上肩，县区安全生产巡查办针对气象安全生产工作开展为期10天的驻点巡查，提出整改意见33条，全部整改落实到位。印发《长沙县气象局安全生产“党政同责、一岗双责”暂行规定》和《长沙县气象局安全生产监督管理职责规定》，把安全生产责任落实到每一个岗位、每一个环节，并严格执行每月2次领导带队安全生产检查工作。制订《长沙县气象局2019年防雷安全生产监管执法工作计划》（已报备）、《长沙县气象局领导班子年度带队检查企业分工》；开展企业培训1次，到会企业98家，开展谈心谈话1次，到会企业9家，开展企业约谈6家；对县域内的中石化、中石油企业试点推行双备案工作，备案企业46家。县安委办发布《关于加强防雷安全生产工作的通知》，并更新核对县应急管理局和安委会成员单位监管所有企业负责人信息，导入气象预警云MAS系统2.1万条，并及时发送气象安全生产预警短信。进行《长沙经济技术开发区气象服务需求调研》，组织民主生活会、组织生活会，深入查找问题，落实整改。开展“迎进来，走出去”气象科普宣传活动，全年接待7次中小学生参观，为学生们普及气象知识，展示气象现代化成果，并利用“3·23”气象日、“5·12”防灾减灾日等活动契机走出去，拓展气象科普知识的社会影响。

（毛　宇）

附录：

长沙县2019年度气候影响评价

1. 综 述

世界气象组织统计，过去十年，全球异常高温、冰川消融和海平面上升等创历史纪录，全球气候变暖仍在持续，具体表现为极端和反常天气频发。气象灾害对人类活动的影响并未随社会的发展而降低，2019年全球再次受到沉重打击。2019年长沙县主要天气气候事件有重度冬酣、连阴雨、雷暴大风、冰雹、五月低温、暴雨、高温热害、干旱、寒潮、冰冻、霜冻、大雾等，给农业生产和人民生活带来一定影响。总体上看，未造成重大灾害，气象灾害为偏轻年份。

2. 基本气候概况

2019年长沙县平均气温偏高，年平均降水总量略偏少，日照时数偏少。

2.1 气温

2019年平均气温为18.1℃，较历年偏高0.5℃，比上年低0.2℃。极端最低气温-1.4℃，出现在1月1日；极端最高气温39.1℃，出现在9月13日。

2019年长沙县夏季偏长，春、秋季正常，冬季偏短。长沙县入春时间为3月25日，较常年推迟2天；入夏时间为6月2日，较常年推迟7天；入秋时间为10月11日，较常年推迟21天；入冬时间为12月24日，较常年推迟33天。全年无霜期为342天，上年度终霜日出现在1月23日，本年度初霜日出现在12月17日。

2.1.1 气温的时间变化

2.1.1.1 气温的四季特征

2018—2019年冬季平均气温为5.4℃，较常年同期正常略低1.1℃，较上年低2.0℃。冬季气温总体呈上升趋势，气候倾向率为0.32℃/10日，但在近20年中起伏变化较为剧烈，极端“暖冬”“冷冬”事件的发生频率增大。

春季平均气温为17.6℃，较常年同期正常略高0.5℃，较上年低1.9℃。从11年滑动平均曲线上看，春季气温在1998年之前属于偏冷期，1998年之后为偏暖期。春季气温总体呈上升趋势，气候倾向率为0.47℃/10日。

夏季平均气温为28.1℃，较常年同期正常略高0.2℃，较上年低0.4℃。夏季气温的年际变化相比于其他季节较小，大多年份在平均值（27.7℃）±1℃之内，气候倾向率为0.20℃/10日。

秋季平均气温为20.2℃，较常年同期异常偏高1.6℃，较上年高1.3℃。与1998年并列为有气象记录以来秋季平均气温最高值；。从11年滑动平均曲线上看，秋季气温在2000年之后持续为偏暖期，气候倾向率为0.38℃/10日（见图1）。

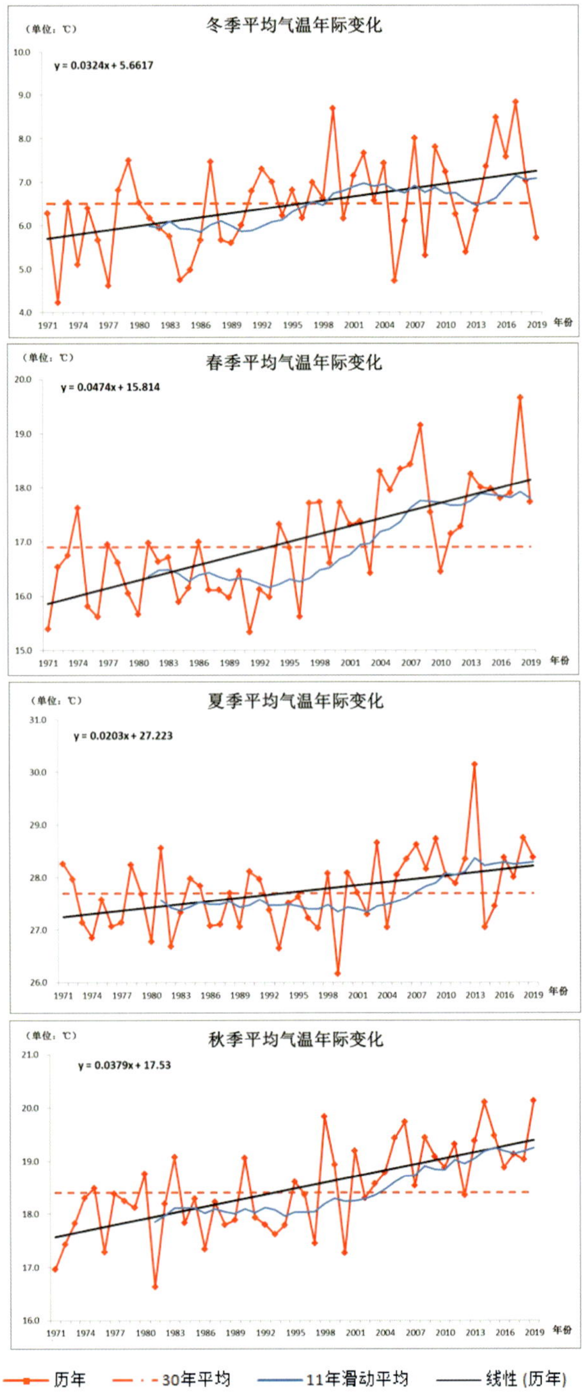

图1 长沙县四季平均气温年际变化曲线图（单位：℃）

2.1.1.2 气温的月变化

2019年月平均气温呈“单峰型”，月平均气温最高出现在9月，为39.1℃，最低出现在1月，为-1.4℃。

12个月中有9个月平均气温高于气候值，仅2月、5月、7月低于气候值；其中8月、9月为异常偏高，3月、10—12月为偏高，1月、4月、6月为正常略高，2月为偏低，5月、7月为正常略低。9月平均气温26.4℃为有气象记录以来历史最高值。9月、10月多地极端最高气温突破历史极值，其中9月极端最高气温39.1℃为有气象记录以来历史最高值；10月极端最高气温37.0℃（见图2）。

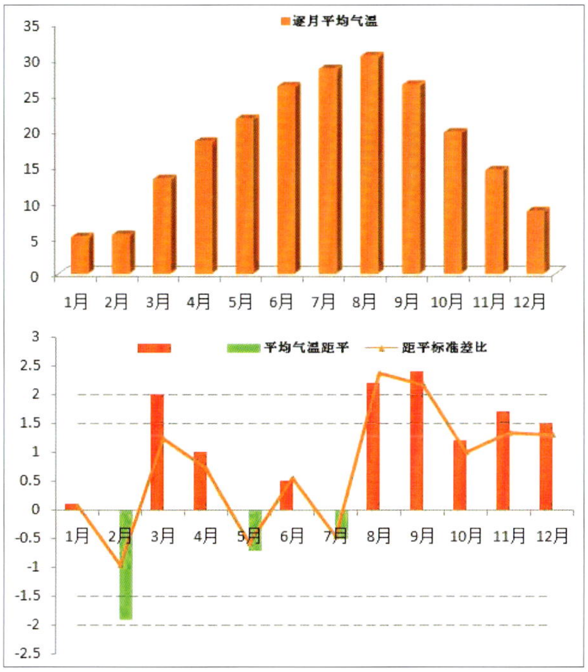

图2 2019年长沙县逐月平均气温与距平图（单位：℃）

长沙县连续5天日平均气温低于20℃，出现“五月低温”；2019年无严寒期，未出现“倒春寒”和“寒露风”。

2.2 降水

2019年长沙县平均降水量1339.2毫米，较历年偏少133.7毫米（9%），属降水偏少年份。

2.2.1 降水的时间变化

2.2.1.1 降水年际变化

从降水的历年变化曲线可知，长沙在1976—1991年为枯水期，1991—2003年为丰水期；2003年之后又转为枯水期，但在近几年有向丰水期转变的趋势（见图3）。

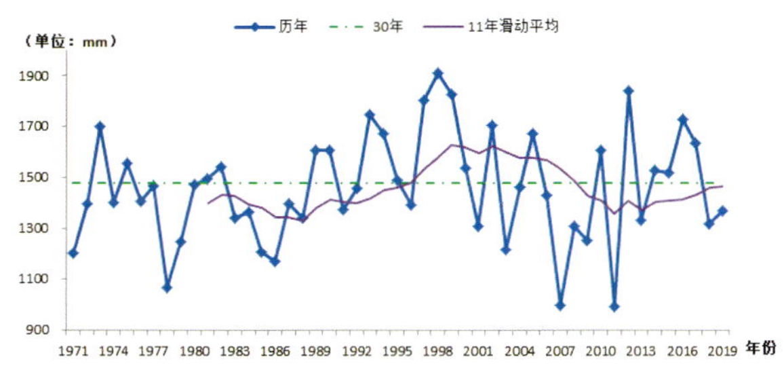

图3 长沙县年降水量年际变化曲线图（单位：毫米）

2.2.1.2 降水的四季特征

冬季平均降水总量为287.7毫米，较历年同期偏多60.4毫米（27%），较上年多48.6毫米。季雨日62天，较常年同期偏多22.5天。其中12月降水偏多（40%），1月正常略多（12%），2月偏多（26%）。

春季平均降水总量为525.5毫米，较历年正常略少13.2毫米（2.4%），较上年多108.3毫米。季雨日56天，较常年同期偏多4.7天。其中3月降水正常略少（7%），4月正常略少（17%），5月正常略多。

夏季平均降水总量为428.3毫米，较历年正常略少46毫米（10%），较上年多79.5毫米。季雨日36天，较常年同期偏多0.6天。其中6月降水偏少（21%），7月偏多（44%），8月显著偏少（49%）。

秋季平均降水总量97.9毫米，较历年显著偏少134.7毫米（58%），较上年少204.6毫米。季雨日24天，较常年同期偏少5天。其中9月降水显著偏少（94%），10月偏少（34%），11月显著偏少（47%）。

2.2.1.3 降水的月变化

2019年降水分布不均，1—7月降水较为充沛，8月开始降水显著减少，12月降水增多；5月为降水最多月份，月降水量为219.6毫米，9月为降水最少月份，月降水量仅为4.4毫米。与历年同期相比，8月、9月、11月显著偏少，3月、4月、6月、10月正常略少；2月、7月、12月偏多，1月、5月正常略多，4.4毫米为历史第四低值（见图4）。

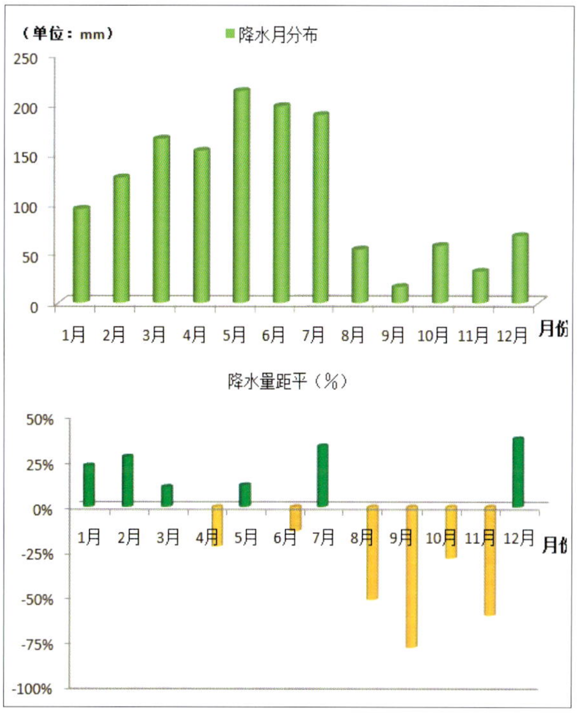

图4 2019年长沙县逐月降水量与距平（单位：毫米）

各地雨季开始时间跨度较大，长沙县为3月21日，较历年平均提前12天。雨季结束明显，为7月19日。

汛期（4—9月）总降水量819.8毫米，与历史同期相比，偏少12.6%%。雨季结束后，长沙县降水显著偏少，根据湖南省气候中心10月11日的气象干旱指标监测显示，全县Ci指数，长沙县为 -2.6，达到重度干旱。

2.2.3 雨日

2.2.3.1 雨日特征

2019年长沙县雨日为169天，较历年平均偏多19天。1—7月雨日较历年平均日数偏多、8—12月偏少。

从图5可知，长沙县年平均雨日呈震荡下降趋势，约以每年0.18天的速率递减，1993—2002年为雨日偏多期，在2003年之后进入雨日偏少的时期；最多雨日年为1994年，年雨日达186.3天，最少雨日年为2013年，年雨日仅有124.5天。

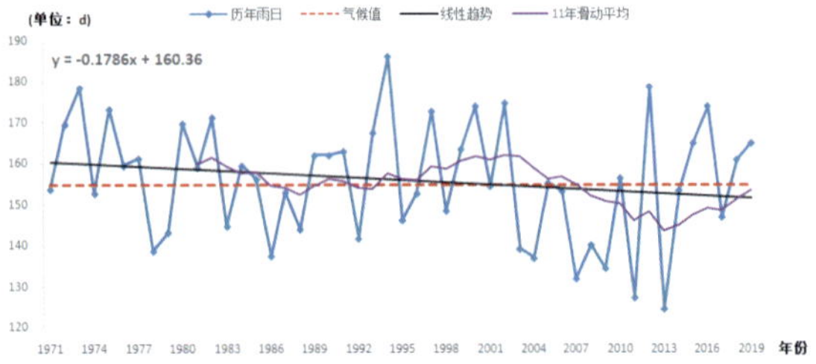

图5　长沙县年平均雨日年际变化曲线图（单位：天）

冬季雨日为62天，与历年平均相比偏多22.5天。

春季雨日为56天，与历年平均相比偏多4.7天。

夏季雨日为36天，与历年平均相比偏多0.6天。

秋季雨日为24天，与历年平均相比偏少5天。

2.2.3.2 各级降水日数的历年变化

2019年全县平均小雨日数122天，较历年平均偏多13.2天。11年滑动平均曲线显示，长沙县小雨日数呈震荡减少趋势，1987年之前为偏多时期，1987—2003年在平均值附近震荡，2003年之后转为偏少时期，近几年有转向偏多的趋势，倾向率为 -0.21天/10日。

全县平均中雨日数为31.8天，较历年平均偏多1.9天。线性趋势线、11年滑动平均曲线显示，中雨日数一直在平均值附近震荡，增加或减少趋势不明显。

全县平均大雨日数为10.5天，较历年平均偏少1.4天。11年滑动平均曲线显示，1985年之前，大雨日数为偏少期，1985—2000年为偏多期，2000年之后略偏少，但近几年处于上升的趋势中，倾向率为0.20天/10日。

全县平均暴雨日数为2.5天，较历年平均偏少1.3天。11年滑动平均曲线显示，1990年之前暴雨日数为偏少期，1990年之后转为偏多期，在1998年出现峰值，整体呈上升趋势，倾向率为0.10天/10日。

全县大暴雨日数为多在0～2天之间。11年滑动平均曲线显示，大暴雨日数整体上升趋势明显，倾向率为0.04天/10日。

从各级降水日数可知，雨日数和小雨日数均呈下降趋势，暴雨日数和大暴雨日数则呈明显的上升趋势，说明极端天气出现的频率在不断增大，洪涝、干旱等灾害发生的概率增加。

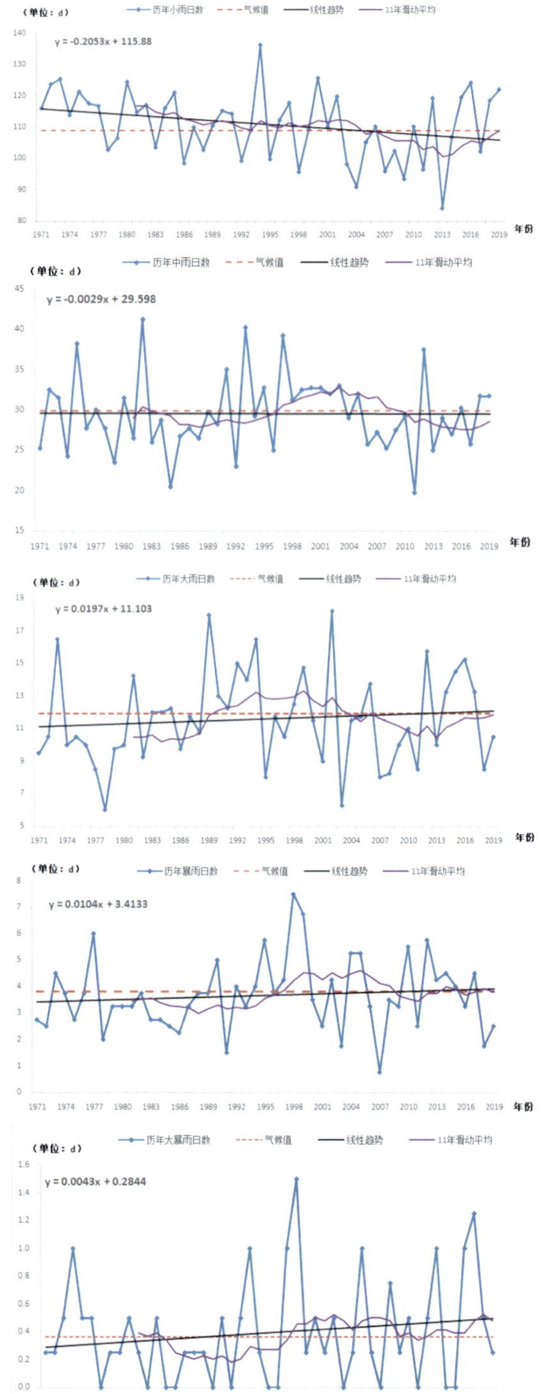

图6　长沙县年平均各级雨日年际变化曲线图（单位：天）

2.3 日照

2019 年长沙县年平均日照时数 1485.8 小时，较历年平均偏少 77.7 小时，属偏少年份。

表 7 2019 年长沙县日照时数与评定等级表

（单位：小时，S 为日照时数实况，Sc 为同期气候值）

项　目	长沙县
	1485.6
历年平均	1510.9
距平	-25.3
S/Sc	0.98
等级	正常

2.3.1 日照的时间变化

从日照时数的年际变化看，长沙县逐年日照时数总体上呈减少趋势，气候倾向率为 -1.3 小时 / 日（见图 8），但在 2000 年之后震荡幅度较大。11 年滑动平均曲线显示，1990 年之前基本在平均值附近波动，1990—2003 年间属于偏少期，2003 年之后转为偏多期，2013 年出现了一个峰值，年日照时数 1921.8 小时，2015 年为日照最少年份，年日照时数仅为 1308.5 小时。

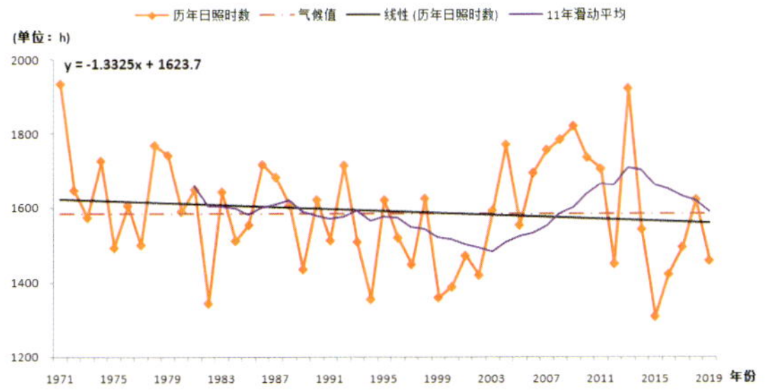

图 8 长沙县年平均日照时数年际变化曲线图（单位：小时）

从日照时数的月分布可以看出（见图 9），月日照时数呈"阶梯状"，1—2 月为第一级，3—6 月为第二级，7—9 月达到最高级，10—12 月明显下降。9 月日照最多，月平均日照时数达 246.5 小时，2 月日照最少，月平均日照时数仅有 16.7 小时。全年各月日照时数与历年同期相比，3 月、8 月、9 月、11 月、12 月偏多，1 月、2 月、4 月、5 月、6 月、7 月、10 月偏少。2 月日照时数 16.7 小时为有气象记录以来历史第二低值。1 月日照时数 24.4 小时，为历史第五低值。9 月日照时数 246.5 小时，为历史第三高值。

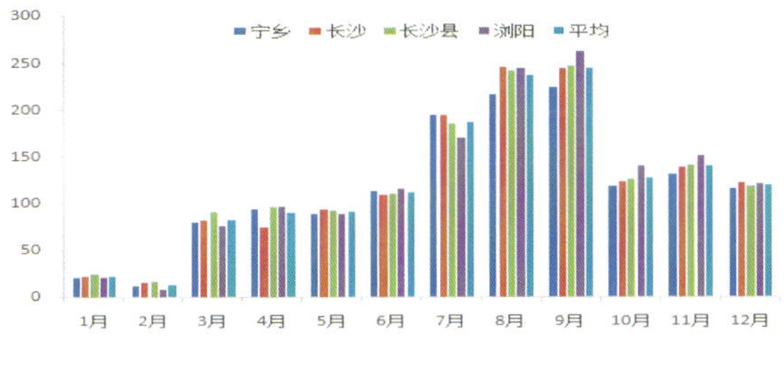

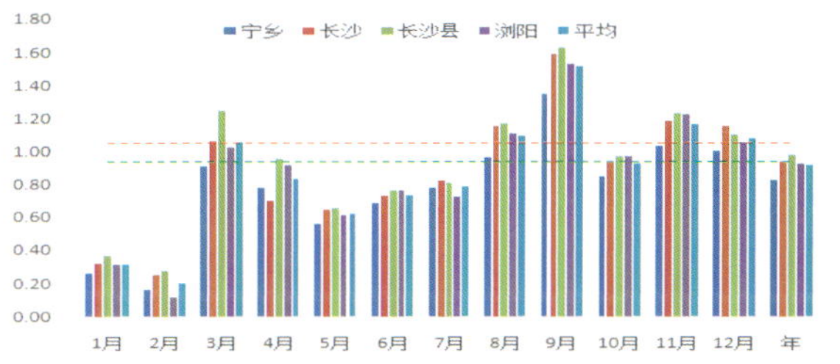

图 9 2019 年逐月日照时数与历年对照 S/Sc 图

（单位：小时，红色虚线 1.06，绿色虚线 0.94）

2.3.2 日照的空间分布特点

冬季日照时数为 158.9 小时，偏少 124.3 小时。按日照多寡划分标准，长沙县偏少

春季日照时数为 278.2 小时，偏少 32.5 小时。按日照多寡划分标准，长沙县偏少。

夏季日照时数为 536.3 小时，偏少 39.8 小时。按日照多寡划分标准，长沙县偏少。

秋季日照时数为 512.2 小时，偏多 118.7 小时。按日照多寡划分标准，长沙县偏多。

2.4 风

长沙县的主导风向为 NNW，出现频率为 18.5%，NW 次之，为 18.2%，其他风向的频率均在 10% 以下；WNW 风、NNW 风的平均风速最大，均为 2.6 米 / 秒，超过 2.0 米 / 秒的还有 NW、SE、SSE、S、E、ENE（见图 10）。

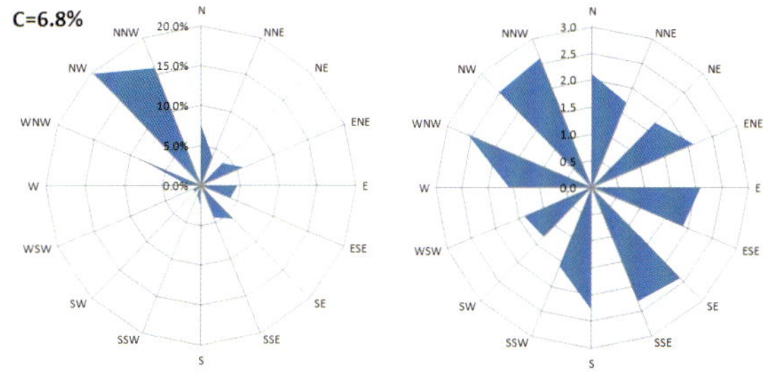

图 10 长沙县 2019 年风向（左）和风速（右）玫瑰图

3. 主要天气气候事件及其影响

2019 年主要天气气候事件有重度冬酣、连阴雨、雷暴大风、冰雹、5 月低温、暴雨、高温热害、干旱、寒潮、冰冻、霜冻、大雾等。冬季出现历史罕见的阴雨寡照天气，日照、降水日数突破历史极值。年内降水时间分布不均，出现夏秋冬连旱，全县均达重度干旱，给农业生产和人民生活带来诸多不利影响。

3.1 阴雨连绵 重度冬酣

2018 年 12 月下旬至 2019 年 2 月，高空环流以纬向环流为主，且多冷空气活动，长沙县出现了历史罕见的连阴雨天气（图 11）。1 月 1—16 日，全县各地持续阴雨天气，连续 16 天出现降水，达"重度连阴雨"标准。2 月 4—24 日，连续20天持续出现降水，无日照，达“重度连阴雨”标准。连续降雨日数为有气象记录以来历史第二高值。

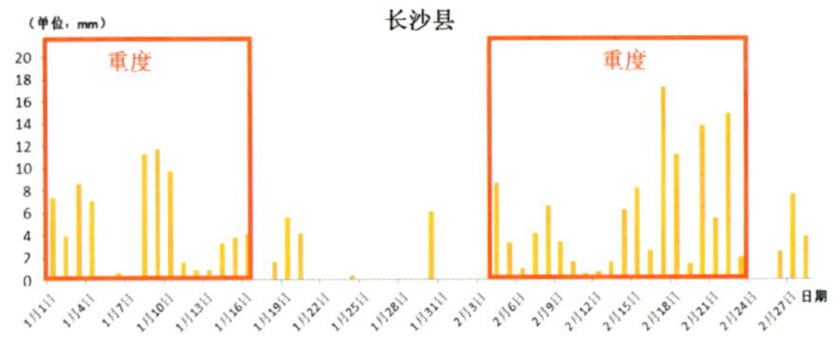

图11　2019年1—2月长沙县连阴雨过程逐日降水量图（单位：毫米）

2018—2019年冬季长沙县降水日数62天，较历年同期偏多22.5天，为历史同期最高值（见图12）。达到“重度冬酣”标准。冬季降水日数均突破历史极值。

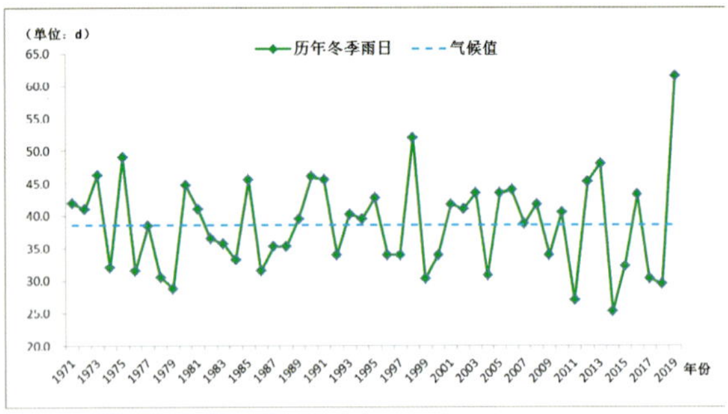

图12　长沙县历年冬季降水日数年际变化图（单位：天）

3.2 雷暴大风、冰雹大风

雷暴大风：

3月20日，长沙县出现偏北大风。

3月21日，受低层西南气流配合冷空气南下共同影响，全县出现强对流天气；极大风速17.6米/秒。

7月15日，长沙县出现雷暴大风，极大风速17.1米/秒。

8月15日，长沙县出现雷暴大风，极大风速18.2米/秒。

冰雹：

本年度无冰雹记录。

3.3 暴雨 洪涝

暴雨：

3月21—22日，长沙县局地暴雨，其他地区大雨，最大雨量64.1毫米（黄兴新建村）。

3月28日，长沙县局地暴雨，最大降水量50毫米（江背特立村）。

5月12—13日，全县大部分地区暴雨，局地大暴雨，过程最大累积雨量175.1毫米（黄兴新建村）。

5月16日，全县普降大到暴雨，最大雨量61.4毫米（黄兴大众村）。

5月18—19日，长沙县北部大暴雨最大1小时雨量70.6毫米（开慧镇枫林市村），过程最大累积雨量96.2毫米（开慧镇枫林市村）。

6月21—23日，全县普降暴雨，部分大暴雨，最大1小时雨量77.0毫米（江背镇特立村），最大累积雨量125.5毫米（黄兴新建村）。

7月4—5日，长沙县大雨，局地暴雨，最大1小时雨量51.3毫米（长沙县开慧镇金湘园），最大累积雨量78.3毫米（开慧镇金湘园）。

洪涝：

7月7—9日，长沙县部分暴雨，局地中到大雨，但省内湘中及以南地区出现持续性大暴雨天气，造成湘江干流从永州至长沙段全线超警戒水位，湘江长沙段超警戒水位长达200小时。7月10日18时22分，湘江干流长沙水文站出现洪峰水位38.31米，超警戒水位2.31米，流量25300立方米/秒，是长沙防汛工作最为严峻阶段。湘江中上游强降水使湘江水位上涨，使得长沙地区中小河流水位较长时间维持在高位，7月上中旬长沙县出现中度洪涝。

3.4 高温热害

2019年长沙县≥35℃的高温日数47天，较历年偏多16.7天；全年≥37℃的高温日数为19天，较历年偏多9.9天，主要集中在7月下旬至8月下旬（见表13）。长沙县高温日数为历史第六高值。高温天气，从6月上旬至10月上旬，跨度时间长。全年共有2次全县性高温热害过程，出现在7月下旬中期至8月上旬，8月中旬至8月下旬前期；9月6～13日长沙县出现历史同期罕见的高温热害过程。

表13　2019年长沙县高温日数及出现时间（单位：天）

项　目	长沙县
6月	3
7月	11
8月	21
9月	9
10月	3
全年高温日数	47
高温日数距平	16.7
最长连续日数	9
全年≥37℃高温日数日数及距平	19（9.9）
高温热害日期	7月24日—8月1日 8月3日—8月9日 9月6日—9月13日

3.5 夏秋冬连旱

2019 年全县平均降水量 1339.2 毫米，较常年偏少 9%，属于降水正常年份。从时间分布看，降水前多后少，1—7 月全县平均降水量 1108.5 毫米，占全年总降水量的 83.1%；8—11 月全县平均降水量仅有 156.5 毫米，较历年同期显著偏少 55%；12 月降水较历年偏多 40%。特别是 8 月下旬至 10 月上旬，全县有效性降水少，气温偏高，日照充足，全县干旱发展；与历年同期相比，降水异常偏少 90%，日照偏多 100.6 小时，根据湖南省气候中心 10 月 11 日的气象干旱指标监测显示，Ci 指数为 -2.6，达到重旱。

旱从 8 月上旬开始，至 12 月上旬才完全结束，为夏秋冬连旱；9 月底～10 上旬干旱发展至最重，达到重旱；11 月下旬再度干旱。具体干旱过程及持续时间为：8 月 16 日至 11 月 30 日，107 天。

3.6 冷空气、寒潮

3.7 冰冻

1 月长沙县 2 天（1 月 1—2 日）。

3.8 霜冻

1 月长沙县 2 天（1 月 22 日、1 月 23 日）。

表 14　2019 年长沙县主要冷空气过程表（单位：℃）

时间	最低气温	△T24	△T48	等级
1 月 25 日—27 日	2.3	3.6	6.3	中等
2 月 6 日—8 日	1.8	2.3	3.8	中等
3 月 20 日—22 日	7.7	5.2	13.1	强
4 月 9 日—11 日	8.7	4.5	9.9	强
4 月 26 日—28 日	13.8	1.3	6.2	中等
10 月 5 日—7 日	16.5	3.3	7.0	强
11 月 17 日—19 日	5.4	1.6	8.3	强
11 月 24 日—26 日	4.0	9.3	8.6	寒潮
12 月 25 日—27 日	0.9	5.1	7.0	中等

3.9 雾

2019 年长沙县的大雾日数为：84 天。大雾的形成需要特殊的气象条件，与其站点周边的地形地貌有很大关系。冬春季节是大雾多发期，夏秋季节大雾发生的频次明显少于冬春季节，3 月是出现大雾最多的月份，8 月无大雾出现。

教　育

【概况】 2019 年，长沙县有各级各类学校 530 所，学生 220056 人，教职工 10588 人。其中中职学校 10 所，在校学生 16810 人，教职工 1131 人；普通高中 10 所，在校学生 15544 人，在职教职工 1018 人；普通初中 38 所，在校学生 31813 人，教职工 2087 人；小学 144 所，在校学生 92694 人，教职工 3305 人；幼儿园 325 所，在园幼儿 52869 人，教职工 3013 人；特殊教育学校 1 所，在校学生 320 人，教职工 34 人。

全年县政府投资计划 10.08 亿元，县财政安排进度资金投资任务 5.43 亿元，新建中小学校 4 所、建成 2 所，改扩建学校 6 所，新建和改造公办幼儿园 4 所。竣工校舍 22 栋，面积 87789 平方米。在建校舍 14 栋，面积 86327 平方米。提质改造学校 10 所，新建和提质塑胶环跑运动场 6 个。在全市率先完成公办幼儿园建设、义务教育学校建设等专项工程建设。义务教育标准化学校评估结果中，长沙县学校有 7 所优秀、8 所良好、7 所合格，优良率居全市第一，全县标准化学校（存量）按省市要求提早一年全部清零。蓓蕾小学等 5 所学校创建县级两型学校。是年，签订 17 所配套幼儿园移交协议，6 所小区配套幼儿园产权登记在县教育局名下。

推进“成长体验式教育”德育项目，有 106 所中小学参与，参与率 60%，长沙县成长体验式项目管理经验《小项目里体验大德育》在《中国教育报》《湖南教育》上推介。高考一本上线率 24.63%，二本上线率 49.29%，高二学考、中考、体育中考一次性合格率分别为 95.88%、96.51%、95.44%。9 月 1 日，长沙县人民政府、湖南师大附中合作共建的湖南师大附中星沙实验学校初中部开学。将新建的泉星二小和泉星小学组建泉星小学教育集团，引进青竹湖湘一外国语学校和湘龙小学合作共建办学。2019 年出台《长沙县中小学课后服务工作实施办法（试行）》，与县财政局联合出台《中小学课后服务专项经费使用暂行办法》，并于 10 月开始在城区小学试点实施，参与学生近 17500 人。

开展“做党和人民满意的好老师”系列活动，表彰第四届“感动星沙·十大魅力教师”10 名，师德标兵 10 名，优秀教师 72 名，优秀教育工作者 28 名。1 名教师评聘为正高级（教授）教师，组建省级名师工作室 1 个，组建市级名师工作室3个，县级名师工作室2个，评定中小学高级教师93名，中小学一级教师262名，中小学二级教师395名，认定教师资格证2848人次。规范并提高教师待遇，设立长沙县政府教育奖励金，金额2.9万元/人，对农村学校教师按500—900元/人/月实行工作补助，补助金额2456万元。录取687名教师，其中提前批自主招聘（县实验中学、县职专、县百熙实验学校、北师大长沙附属学校）38名、县属高中7名，义务教育阶段594名，免费师范生28名、幼儿教师20名。根据《长沙县乡村教师支持计划（2016—2020年）实施细则》，保留边远教师补贴，补助3207名乡村教师2456万元。财政投入9200万元解决全县1496名校聘教师的工资待遇和“五险一金”。组织长沙县教师参加国家级、省级教师培训54项，培训教师192人。参加市级教师培训项目46个，培训教师965人。开展县级培训13项，培训教师4448人，县级培训参培率68.4%。组织教师参加异地高端研修3355人，参培率51.6%。启动长沙县青年教师“三年成长计划”，对每年新入职的青年教师实施为期3年的全方位培训，2019年培训新教师686名。推进教师幸福“十件实事”，对困难教职工进行常规走访慰问、特殊情况重点慰问400人次210万元以上。

2019年，长沙县投入近3000万完成3家保安公司招标，全县学校安全工作“五个百分百”。出台《学校食堂标准化、精细化实施方案》，在全县公办学校、幼儿园食堂实行分色分区管理，并逐步向民办校园辐射。创建“湖南省平安校园建设先进县”，被评为国家义务教育质量监测“县级优秀组织单位”，第十九届全国中小学电脑制作活动优秀组织奖，第20届全国中小学电脑制作活动优秀组织奖，2019年全省中小学教师教育宣传工作先进单位，跻身全市智慧教育示范区培育区，长沙县一中、泉塘二小被评为长沙市“未来学校”，北师大附校浔龙河学校创建全国青少年校园足球特色学校，长沙师范幼儿园、六艺天骄幼儿园创建全国足球特色幼儿园。2016—2019年连续4年获市教育局及县政府绩效考核优秀奖（一等奖）。

2019年8月21日，长沙县举办2019年新教师上岗培训班，并启动青年教师三年成长计划 （县教育局 提供）

开展教育扶贫，全县确定建档立卡学生2590人，发放各类资助资金1.53亿元。其中，为3123人次建档立卡等家庭经济困难学生落实“补天窗”政策，补助资金173.995万；投入义务教育学校一费制全免及贫困寄宿生补助经费13199.6万元；发放普高学生国家助学金357.45万元，拨付免学杂费91.94万元，拨付免教材教辅费41.4万元；发放中职学生国家助学金136.7万元，发放中职学生国家奖学金4.2万元，拨付中职学生免学费922.08万元；发放家庭经济困难学前幼儿资助金339.4万元。为169名贫困大学生发放高校学生生源地信用助学贷款148.25万元。选派3名骨干教师到西藏贡嘎县支教，23名教师到湖南洞口县支教，17名县级名师到长沙县北部乡镇支教。

（赵晓慧 何颖慧）

【学前教育】 2019年，全县审批注册各级各类幼儿园325所，其中公办幼儿园53所，普惠性民办幼儿园212所，民办幼儿园272所。在园幼儿52869人，三年毛入园率98.9%。新增普惠性民办幼儿园27所，全县普惠性学前教育占比82.8%。2018年回收的18所小区配套幼儿园完成移交，其中3所办成公办园、15所办成普惠园。完成县域内公办支持民办、城区支持乡镇的第二批幼儿园对口支援工作，启动第三批幼儿园对口支援工作。成立湘龙学前教育集团，推动集团化办学。开展幼儿养成教育和区域活动推进学前教育去小学化，提升学前教育保教质量。长沙县学前教育区域活动开展经验在《湖南学前教育》上刊发推介。（潘 科）

【普通中小学教育】 2019年，长沙县有普通公办高中7所，普通公办初中29所，普通公办小学133所，小学、初中学生巩固率100%，高中阶段毛入学率98.6%。义务教育均衡发展水平居全省前列。小学、初中适龄人口入学率均100%。被评为“长沙市五四红旗团委”、在长沙市中小学校园文化艺术节系列活动中获优秀组织奖。举办“大手小手齐动手，垃圾分类记心头”垃圾分类主题活动在湖南卫视、《长沙晚报》、星辰在线等多家媒体报道。继续实施阳光招生政策，出台《长沙县城区义务教育阶段2019年秋季入学网上报名办法》《长沙县城区义务教育阶段2019年秋季招生入学办法》，下发宣传资料1万份。缓解城区入学难问题，整体新建泉星二小、湖南师大附中星沙实验学校初中部2所学校并于2019年秋季投入使用，2019年秋季城区中小学新增8000个学位。全县小学、初中起始年级班额严格控制在50、55人内。按照《关于推进中小学研学旅行的意见》，推进研学旅行工作，多所学校开展研学游活动。创建长沙市第三批中小学生研学旅行创建基地9所。12月，全县第三届

2019年7月，泉星第二小学 （县教育局 提供）

中小学生足球联赛在松雅湖中学、中南小学举行。果园镇选送的花鼓戏《打铜锣》在全市总决赛中获第三名。长沙县盼盼小学选送的红色课本剧《蝶恋花·答李淑一》以全场最高分97分获得总决赛特等奖第一名。全年完成1项省级、13项市级教育科学规划课题的申报、立项及开题论证工作，20个在研课题接受中期评估。结题市级规划课题6个，其中4项获一等奖、两项获二等奖。县实验中学、星沙实验小学和六艺天骄幼儿园分获友谊教育科研奖一、二、三等奖。路口明德小学《农耕文化校本课程研究》、开慧镇双华小学《留守儿童校外学习共同体建设研究》作为市优秀教育科研成果在长、株、潭教育科研课题成果交流会上进行交流和展示（黄秀英 黄伊利）

【特殊教育】 2019年，长沙县有特殊教育学校1所，成立4个资源教室，6—14岁三类适龄持证残疾儿童320人，三类残疾儿童入学率100%。坚持以人为本，建立以特殊教育学校为骨干、以随班就读为主体的特殊教育体系。启动长沙县特校提质改造，推进随班就读、医教结合、送教上门工作，保障残疾孩子公平接受教育。（黄秀英）

【职业教育】 2019年，长沙县有公民办中等职业学校10所，其中市管公办学校1所，县管公办学校1所，市县共管学校8所，在校学生16810人，教职工1131人。长沙县作为国家级职业成人教育示范县，坚持深化产教融合、校企合作，推行预备员工制，对接长沙市22条产业链建设骨干专业和特色专业群。开展“职业教育宣传活动周”。2019年湖南省中职“文明风采”活动提升专项培训班学员和重庆市高水平中职学校校长培训班学员均到长沙县调研交流。2019年，长沙县职业中专学校参加全国职业技能竞赛，获国家级技能竞赛奖项3个。其中，教师易悦诚、李立指导学生在现代模具竞赛中获国家级比赛一等奖，教师周娟、张仙指导学生在企业经营模拟沙盘竞赛中获国家级比赛二等奖。长沙县职业中专学校车工大师赵兵被评为“第十四届全

国技术能手”。长沙县职业中专学校实施长沙经开区“高技能人才入校担任产业导师”产教融合项目，胡红胜等14人受聘为产业导师。

（王铁武）

【民办教育】2019年，长沙县有民办教育机构609个，民办学校在职教职工约7000人，学生（含幼儿及培训人数）70000余名。全县有5个民办学校党组织，其中4个县管全日制民办学校党支部、1个民办学校党总支，直管党员114名，流动党员112名。继续开展校外培训机构专项整治行动，摸底无证办学机构108家，其中审批办证机构27家，取缔关停机构81家。教学点备案登记2家，完成率100%。

2019年10月30日，长沙县教育系统党政干部“初心·使命”论坛暨主题教育读书班举行 （县教育局 提供）

按照“放管服”“一件事一次办”改革要求，推行“马上办、网上办、一次办”工作，83个政务服务事项录入湖南省“互联网+政务服务一体化平台”系统，各类审批服务事项的网上办理比例80%以上。

（龙克立 陈小飞）

【社区教育】2019年，覆盖城乡的长沙县三级社区教育网络基本形成，有社区学院1个，镇（街）社区学校18个，社区学习中心201个。长沙县社区学院组织“老年e生活”“家庭亲子教育”为主题的“精品课程进社区”活动，全年参加教育培训和教育活动的居民约10万人次，启动长沙终身教育学习网长沙县分版面，为居民提供网络学习平台，2019年注册人数53521人，学习次数8154次，登录次数30563次。长沙县社区学院被评为湖南省优秀社区学院。乡土教材《我的家乡》《同唱浏阳河》被评为全国优秀乡土课程；“福乐剪纸”被评为全国终身学习品牌项目。

（王铁武）

【家庭教育】2019年，长沙县有家长学校192所，其中市级示范家长学校14所，县级示范家长学校97所，在校家长学员100667人。全年举办家长学员培训225场次，亲子活动507次，参与家长学员16.2万人次。15个省教育学会“十三五”家庭教育规划课题通过专家的中期测评评估，365篇家庭教育论文分别获省教育学会一、二、三等奖。参加教育部“五好小公民‘我为祖国点赞’”主题教育活动，全县29篇中小学生“我为祖国点赞”征文分获教育部特等、一、二、三等奖，长沙县教育局被评为“先进集体”，该局党委书记、局长陈卫球被评为“先进个人”。长沙县一中被评为教育部主题教育“示范学校”。江背镇特立小学被评为长沙市“育邦”关爱留守儿童工作“先进集体”，孙加强被评为长沙市“育邦”关爱留守儿童工作“先进个人”。

（涂启伦）

责任编辑 周进银

文化建设与管理

【概况】2019年3月，组建县文化旅游广电体育局。将县文化体育广播电视局（县新闻出版局）的文化、体育、广播电视管理职责，以及县旅游局的职责整合，组建县文化旅游广电体育局，作为县政府工作部门，对外使用县文物局名称。不再保留县文化体育广播电视局（县新闻出版局）和事业建制的县旅游局。3月20日，长沙县文化旅游广电体育局挂牌成立。

推进公共服务设施建设，提质改造20个标准化村（社区）综合文化服务中心、16个村级文化广场、5个“悦读空间”、1个“悦艺空间”。优化品牌建设，推进以“田汉大舞台”为主题的品牌文化活动，指导各镇街开展各类文化演出和比赛，组织开展县、镇、村三级群众文化活动260场次，送戏下乡90场，放映公益电影3600场。开展第六期、第七期“悦艺益课堂”免费培训，培训群众65000余人次。举办全民阅读活动298场，“悦读星沙”“松雅书院”等品牌阅读活动深入人心，满城沁润书香。推出“雅韵星沙·周末有戏”文化惠民活动全年演出41场，吸引两万余人次观演。举办第十一届“迎新春有奖猜灯谜”活动。举办第六届村社区文化艺术节。推进文化消费试点工作，评选出18家文化消费、品牌单位。组织4批次文化市场培训，参训人员500余人。行政审批办结率100%。联合消防、执法等部门开展文化市场安全生产、文明经营大检查，整改违规经营现象及安全隐患300余例，停业整顿网吧、娱乐场、游泳场所10余家，推动娱乐场所网吧转型升级。2019年，长沙县申报湖南省现代公共文化服务体系建设三年行动计划，全县公共文化服务体系建设成效明显，被评为省级文化综合发展专项资金的奖励，奖励资金100万元；长沙县文化馆被评为第八届全国服务农民、服务基层文化建设先进集体；长沙县泉塘街道阳高社区入选2019年全国“书香社区”发现活动名单；创作舞蹈《血红的名册》、歌曲《以人民为中心》参加庆祝中华人民共和国成立70周年“欢乐潇湘”全省群众文艺会演，分获省特等奖、市一等奖。

【“悦艺星沙”广场文体系列活动】2019年5—12月，长沙县开展群众性文艺演出及赛事活动30余场次，包括少儿才艺展示、“欢乐潇湘”群众文艺会演、“祖国颂”合唱比赛、第九届全民健身广场舞大赛等。“悦艺星沙”广场文体活动作为长沙县文化旅游广电体育局、长沙县文化馆精心打造的群众文化活动品牌，以点带面带动全县各镇（街）各类群众文化活动近300场次，推动全县文化活动的蓬勃发展。

【公益培训】2019年，长沙县利用公共文化服务阵地，举办各类免费培训。开展第六期、第七期“悦艺益课堂”免费培训，零门槛面向广大城乡居民开设声乐、舞蹈、器乐、美术、书法等9个艺术门类40个班级辅导课程，2400余人通过文旅云线上报名接受培训。开展三期云课堂线上公益培训，每周设啦啦

2019 年 9 月 19 日，第七届“书香星沙”中华经典诵读决赛颁奖现场
（县文旅局 提供）

操、剪纸、民族舞、二胡、太极拳等课程，并将文化馆作为主会场，培训课程通过网络对全县 18 个镇（街）进行同步互动教学，全年培训群众 6.5 万余人次。

【文艺创作】 2019 年，长沙县深挖红色文化底蕴，以革命先烈陈树湘英雄事迹为素材，打造原创舞蹈《血红的名册》进入全省决赛并被评为省市特等奖；创作的歌曲《以人民为中心》被评为省市一等奖。另外，还创作歌曲《村里的健身房》、舞蹈《麻林女人》、情景剧《长大了的国》、声乐套曲《星沙山水谣》等优秀作品 10 余个。

【第七届“书香星沙”中华经典诵读决赛】 2019 年 9 月 19 日，由长沙县委宣传部、长沙县文化旅游广电体育局主办，长沙县图书馆承办的 2019 年长沙县第七届“书香星沙”中华经典诵读决赛在长沙县田汉实验剧场举行。此次诵读活动旨在增添农家书屋的活力，激发农民朋友的阅读兴趣，推动农家书屋在弘扬社会主义核心价值观过程中发挥更大作用，传播社会正能量，促进全民阅读活动深入开展，使“爱阅读”成为时代新风尚。第七届“书香星沙”中华经典诵读活动于 8 月启动，全县 18 个镇（街）综合文化服务中心、280 个农家书屋和各个分馆积极响应，大学生、小学生读者、农民、退休教师、书屋管理员等均走上舞台诵读，规模及影响力均超过前六届比赛。通过初赛、预赛，泉塘街道、黄兴镇等 9 个镇（街）的 12 支优胜节目参加决赛，长沙县图书馆星沙分馆代表王可欣、泉塘分馆代表范恬田获得金奖。悦生活·星沙文旅云直播平台同步直播赛况，1 万余人次观赛。

【5 个城市“悦读空间”建成】 2019 年，长沙县建设图书馆悦读空间、泉塘花园悦读空间、松雅湖悦读空间、生态公园悦读空间、特立悦读空间 5 个“悦读空间”，以现代化技术为平台，通过整合本馆多种服务手段与总馆实现实时交换互动。12 月 27 日晚，长沙县“悦读空间”开放仪式在长沙县图书馆一楼举行。 （文 婷）

文化遗产保护

【概况】 2019 年，长沙县有不可移动文物点 250 处，其中古遗址 41 处，古墓葬 72 处，古建筑 42 处，近现代重要史迹及代表性建筑 84 处，石窟寺及石刻 11 处。全县有全国重点文物保护单位 2 处，省级文物保护单位 12 处，市级文物保护单位 26 处，县级文物保护单位 16 处。长沙县有 3 个省级非遗项目“长沙陶公庙会”“长沙绿茶制作技艺”“长沙县山歌”；7 个市级“非遗”项目“长沙快板”“长沙县双江滚灯车”“长沙县双江锣鼓亭子”“腊八豆制作技艺”“北山布龙”“春华皮影”“青山竹编”；10 个县级“非遗”项目“龙舟赛”“龙舟制作技艺”“麻林桥豆腐制作技艺”“江背镇糯米黄酒制作技艺”“小花片制作技艺”等，市级传承人 8 位，县级传承人 8 位，建立 3 个“非遗”传习所。全县有 8 人入选市级非物质文化遗产项目代表性传承人，另有 13 人入选县级非物质文化遗产项目代表性传承人。

2019 年 9 月 26 日，陈树湘故居、杨立三故居免费对外开放；2019 年 9 月 27 日，缪伯英故居重新修缮后免费对外开放；进行熊瑾玎故居遗址考古发掘；配合百熙文化园征地、拆迁、规划等前期工作，组织编制《张百熙墓保护展示及周边环境整治工程勘察设计方案》并通过省文物局批复；完成市保单位洞泉冲塔和彭劢墓的修缮，《何德全墓保护修缮及环境整治工程勘察设计方案》通过市文物局审批，完成棠坡清代民居的维护保养工程和常家祠堂消防工程。

【“文化和自然遗产日”宣传活动】2019 年 6 月 3 日，长沙县在田汉文化园开展全国“文化和自然遗产日”宣传暨长沙县“非遗”项目展演活动。本次展演以非遗保护、湖南实践、保护革命文物、传承红色基因为主题，非遗传承人现场演绎锣鼓亭子、滚灯车、长沙弹词、湖南经典花鼓戏曲目《补锅》和长沙山歌等 9 个非物质文化遗产项目。同时，通过宣传展板和展览区展示春华皮影、金井绿茶、腊八豆、小花片、江背黄酒酿造、锣鼓亭子、滚灯车、湘绣、青山竹编、剪纸等非物质文化遗产项目。

（文　婷）

表 2

长沙县文物保护单位（国家级）一览表

序号	类别	名称	地址	时代	公布时间
1	近现代重要史迹及代表性建筑	黄兴故居	长沙县黄兴镇黄兴新村凉塘组	1862 年	1988 年 1 月 13 日
2	近现代重要史迹及代表性建筑	徐特立故居	长沙县江背镇特立村观音堂组	1889 年	2013 年 3 月 5 日

表 3

长沙县文物保护单位（省级）一览表

序号	类别	名称	地址	时代	公布时间
1	近现代重要史迹及代表性建筑	杨开慧故居	长沙县开慧镇开慧村板仓屋组	1901 年	1983 年 10 月 10 日
2	近现代重要史迹及代表性建筑	杨公庙	长沙县开慧镇开慧村杨家组	清	2006 年 5 月 31 日
3	近现代重要史迹及代表性建筑	缪伯英故居	长沙县开慧镇飘峰山村枫树湾组	清	2011 年 1 月 24 日
4	近现代重要史迹及代表性建筑	武塘纪念亭	长沙县春华镇武塘村合兴组	1969 年	2011 年 1 月 24 日
5	近现代重要史迹及代表性建筑	春华渡槽	长沙县春华镇高山村、武塘村、春华山村	1976 年	2011 年 1 月 24 日
6	古墓葬	张百熙墓	长沙县春华镇百熙村泉井组	清	2011 年 1 月 24 日
7	近现代重要史迹及代表性建筑	柳直荀故居	长沙县高桥镇高桥锦绣社区花园坡组	清	2006 年 5 月 31 日

续表 3

序号	类别	名称	地址	时代	公布时间
8	近现代重要史迹及代表性建筑	李维汉故居	长沙县高桥镇维汉村新屋组	清	2011 年 1 月 24 日
9	近现代重要史迹及代表性建筑	田汉故居	长沙县果园镇田汉社区大屋组	清	2011 年 1 月 24 日
10	古建筑	陶公庙	长沙县榔梨街道陶公庙社区	清	1996 年 1 月 4 日
11	近现代重要史迹及代表性建筑	许光达故居	长沙县黄兴镇光达社区萝卜冲组	清	2011 年 1 月 24 日
12	近现代重要史迹及代表性建筑	长沙会战——影珠山抗战旧址群	长沙县福临镇影珠山村养静园组	1942 年	2019 年 2 月 28 日
13	近现代重要史迹及代表性建筑	棠坡清代民居	长沙县安沙镇和平村董家咀组	始建于清咸丰四年（1854）	2005 年 8 月 30 日

表 4

长沙县文物保护单位（市级）一览表

序号	类别	名称	地址	时代	公布时间
1	古遗址	鹿芝岭遗址	长沙县黄兴镇鹿芝新村鹿芝塘组	新石器时代	2005 年 8 月 30 日
2	近现代重要史迹及代表性建筑	何德全墓	长沙县黄兴镇石弓湾社区先锋组	1983 年	2014 年 3 月 22 日
3	古建筑	飘峰塔	长沙县开慧镇飘峰山村新屋组	清光绪元年（1875）	2000 年 8 月 28 日
4	近现代重要史迹及代表性建筑	彭励墓	长沙县开慧镇李家山社区塔山组	20 世纪 50 年代	2014 年 3 月 22 日
5	近现代重要史迹及代表性建筑	北山书屋	长沙县北山镇北山村第三组	民国 17 年（1928）	2005 年 8 月 30 日
6	古建筑	常家祠堂	长沙县北山镇新桥社区段里屋组	清	2014 年 3 月 22 日
7	近现代重要史迹及代表性建筑	中华渡槽	长沙县北山镇石常村蚜蛸山组	1977 年	2014 年 3 月 22 日
8	近现代重要史迹及代表性建筑	戴凤翔墓	长沙县北山镇新云村新跃组	1991 年	2014 年 3 月 22 日

续表 4

序号	类别	名称	地址	时代	公布时间
9	古建筑	惜字塔	长沙县北山镇新中村南桂塘组	清道光十年（1830）	2014 年 3 月 22 日
10	近现代重要史迹及代表性建筑	鸦鹊坡土地庙	长沙县北山镇福高村鸦鹊坡组	清宣统三年（1911）	2014 年 3 月 22 日
11	石窟寺及石刻	回头是岸石刻	长沙县北山镇蒿塘社区闵家塘组	清同治六年（1867）	2014 年 3 月 22 日
12	古建筑	洞泉冲塔	长沙县北山镇荣合桥社区洞泉冲组	清同治六年（1867）	2014 年 3 月 22 日
13	近现代重要史迹及代表性建筑	棠坡清代民居	长沙县安沙镇和平村董家咀组	始建于清咸丰四年（1854）	2005 年 8 月 30 日
14	近现代重要史迹及代表性建筑	朱玉堂墓	长沙县安沙镇和平村董家咀组	民国元年（1912）	2014 年 3 月 22 日
15	近现代重要史迹及代表性建筑	吴文炳墓	长沙县金井镇石板村华坡组	民国 17 年（1928）	2014 年 3 月 22 日
16	近现代重要史迹及代表性建筑	郑啸沧墓	长沙县金井镇石井村影迹组	清光绪二十五年（1899）	2014 年 3 月 22 日
17	古墓葬	王达明墓	长沙县金井镇观佳村建兴组	元大德十年（1306）	2014 年 3 月 22 日
18	古墓葬	金井茶场墓群	长沙县金井镇金龙村金井茶场	东汉	2014 年 3 月 22 日
19	近现代重要史迹及代表性建筑	严荔邨墓	长沙县金井镇新沙村湾里组	清光绪八年（1882）	2014 年 3 月 22 日
20	近现代重要史迹及代表性建筑	金顶山中央阵亡将士墓	长沙县春华镇金鼎山社区吴寺冲组	民国 30 年（1941）	2014 年 3 月 22 日
21	古墓葬	吴太守墓	长沙县春华镇九木村方田组	明	2014 年 3 月 22 日
22	近现代重要史迹及代表性建筑	杨汉域勒石	长沙县青山铺镇天华村黄田里组	民国 31 年（1942）	2014 年 3 月 22 日
23	近现代重要史迹及代表性建筑	余肇康夫妇合葬墓	长沙县青山铺镇天华村咸嘉冲组	民国 19 年（1930）	2014 年 3 月 22 日
24	近现代重要史迹及代表性建筑	刘少奇农村调查驻地旧址	长沙县青山铺镇天华村王家塘组	20 世纪 40 年代	2014 年 3 月 22 日

续表 4

序号	类别	名称	地址	时代	公布时间
25	古遗址	南阳城遗址	长沙县江背镇湘阴港村湾塘组	宋至元	2014 年 3 月 22 日
26	近现代重要史迹及代表性建筑	黄彝墓	长沙县江背镇古井村徐家冲觉园坡	民国 23 年（1934）	2014 年 3 月 22 日

表 5

长沙县文物保护单位（县级）一览表

序号	类别	名称	地址	时代	公布时间
1	近现代重要史迹及代表性建筑	河图观	长沙县安沙镇潭坊新村后福塘组	清同治二年（1963）	1993 年 11 月 6 日
2	石窟寺及石刻	望麓台石刻	长沙县青山铺镇天华村施家冲组	清乾隆十二年（1747）	2014 年 12 月 15 日
3	近现代重要史迹及代表性建筑	七女墓	长沙县青山铺镇黄鹄村栗山组	民国 29 年（1940）	2014 年 12 月 15 日
4	石窟寺及石刻	青山石刻	长沙县青山铺镇青山铺社区杨思坡组	清乾隆二十三年（1758）	2014 年 12 月 15 日
5	古建筑	明月庵	长沙县金井镇观佳村仰山组	清乾隆四十七年（1782）	2014 年 12 月 15 日
6	古建筑	吴杨桥	长沙县金井镇金井社区新河组与新萍组交界处	清乾隆四十三年（1778）	2014 年 12 月 15 日
7	古建筑	孚嘉井	长沙县榔梨街道陶公庙社区横街组	清	2014 年 12 月 15 日
8	古建筑	药王庙	长沙县高桥镇范林村思公组	明	2014 年 12 月 15 日
9	近现代重要史迹及代表性建筑	黄自元墓	长沙县高桥镇范林村横冲组	民国 5 年（1916）	2014 年 12 月 15 日
10	近现代重要史迹及代表性建筑	彭家祠堂门楼	长沙县北山镇新桥社区县二中内	清光绪 24 年（1898）	2014 年 12 月 15 日
11	近现代重要史迹及代表性建筑	陈琮英故居	长沙县北山镇牌楼村玉林塘组	清光绪十七年（1891）	2014 年 12 月 15 日
12	近现代重要史迹及代表性建筑	陈炳文夫妇合葬墓	长沙县江背镇江背社区章家冲组	民国 17 年（1928）	2014 年 12 月 15 日

续表 5

序号	类别	名称	地址	时代	公布时间
13	近现代重要史迹及代表性建筑	杨开慧烈士原墓	长沙县开慧镇开慧村杨家组	民国 19 年（1930）	2014 年 12 月 15 日
14	石窟寺石刻	俄阳寨石刻	长沙县开慧镇锡福村俄阳组	明	2014 年 12 月 15 日
15	近现代重要史迹及代表性建筑	杨昌济墓	长沙县开慧镇开慧村杨家组	民国 9 年（1920）	2014 年 12 月 15 日
16	近现代重要史迹及代表性建筑	杨开明墓	长沙县开慧镇开慧村杨家组	民国 19 年（1930）	2014 年 12 月 15 日

报 刊

【概况】2019 年，《星沙时报》有 25 件作品获省市各类新闻奖。按照移动优先要求，报社将工作重心从以报纸为主向做精报纸、做活新媒体转变，把以往 70% 和 30% 的人员精力分别做报纸和新媒体，调整为报纸占 30%、新媒体占 70%。“星沙时报融媒体技术平台”项目被评为中国报业协会颁发的“中国报业媒体融合项目优秀奖”。《星沙时报》团队采用视频直播、创意 H5、Flash 动漫、无人机航拍、720 度全景拍摄及 VR 技术，打造立体多维的新闻阅读体验，推出多个爆款融媒产品。在庆祝中华人民共和国成立 70 周年、“不忘初心、牢记使命”主题教育、“五零”村（社区）建设等重大主题上，相继推出一批传播广、效果好的融媒体产品。其中，《我的青春在项目》《“字”述红色基因》系列纪录片，获得 100 万 + 的阅读量，《我的青春在项目》系列纪录片获市委宣传部 7 月 17 日“阅评简报”表扬；《H5|@ 陈树湘：您为之“流尽最后一滴血”的中华人民共和国，今年成立 70 周年了》《H5|@ 长沙县人，书记县长邀请您加入群聊，晒幸福！》，漫画长图《一条鱼儿的真情告白》《疫苗仔联盟：终疾之战》等产品一经推出，得到广大网友点赞和转发；《漫画初心》系列获“学习强国”APP 全国总平台推荐；《垃圾分类有惊喜》系列 H5 宣传垃圾分类知识，以红包抽奖、问卷、小游戏等形式吸引用户参与，累积点击量超过 100 万。《星沙时报》官微 10 万 + 微文超 10 条。

联合市级党媒《长沙晚报》，推出权威发声、共建共享的两端（掌上长沙和掌上星沙客户端）联建项目，为长沙县各单位提供信息发布、微信代维、活动直播、视频宣传片拍摄、H5 制作、活动策划执行等多层次、多维度的服务内容。吸引 51 个镇街科局入驻，专题频道每年发布新闻近 1 万条，举行视频直播 30 余场，推出近 100 个新媒体产品。长沙星沙时报传媒公司为长沙县文化创意产业秘书长单位，作为区域文化创意中心，拥有活动策划及执行、新媒体推广、创意设计、视觉摄影和视频摄制五大品牌业务，为商业客户及政府部门量身定制一批品牌活动。推出或承办社区节、书画大赛、“万步有约”健走激励大赛、星沙商圈购物消费节、红枫节等多个品牌活动。

平台建设。运用报纸、网站集群、微信矩阵、掌上星沙 APP、电子阅读屏、第三方平台号等媒体平台，各平台互为支撑、立体传播、相融共生，实现从单一平面媒体向全媒体的转型。6 月，中央厨房正式投入使用，开发上线融媒体采编系统、大数据分析系统，探索“媒体 + 服务”“媒体 + 政务”“媒体 + 舆情”等多种融合发展模式。掌上星沙客户端、微信公众号的粉丝量和影响力上升；“学习强国”“今日头条”“人民号”“凤凰号”等第三方平台，成为重要的外宣渠道。“星沙时报融媒体技术平台”项目被评为“中国报业媒体融合项目优秀案例奖”。

【“我的青春在项目”系列报道】2019年，《星沙时报》开展“我的青春在项目”系列报道，实施1+1+N（新闻报道+纪录片+新媒体平台）生产传播方式，讲述青年与重大项目一同成长的故事。截至8月中旬，该系列纪录片视频报道分2季11期全部完成。以“青春+产业项目”为基础的主题蓝本，奔赴长沙县的各个产业项目一线，记录长沙县重点重大工程项目具有代表性的一线工作人员。系列报道自推出后，获7月17日市委宣传部第24期《阅评简报》表扬。联合自有平台报、网、端、微、屏及第三方平台多方传播、转发，并被“学习强国”平台采用。“今日头条”、腾讯视频、红网等10余家媒体平台转载。该报道全网阅读数超过100万次，其中首发媒体星沙时报官微和掌上星沙客户端阅读量均超过5万人次。（李慧娟）

融媒体

【概况】2019年3月，长沙县融媒体中心成立，打造集主流舆论阵地、综合服务平台和社区信息枢纽等功能于一体的县级融媒体中心。服务内容从单纯的新闻宣传向公共服务领域拓展，依托“星视界”手机APP为百姓提供本地政务信息以及生活服务。软硬件建设方面，高标准打造融媒体指挥中心、融媒体演播室及“中央厨房”融媒体平台，完成采编播的高清化改造，推动内容、平台、渠道、数据深度融合。

坚持新闻“三贴近”方针和“新闻立台”原则，《星沙新闻》围绕中心大局开设《“不忘初心、牢记使命”主题教育进行时》《强园再出发 富县新时代》等专栏，策划推出《扫黑除恶一线视点》《实行垃圾分类 创造美好生活》等一系列报道。打造特色节目。在“不忘初心、牢记使命”主题教育、庆祝中华人民共和国成立70周年等一系列重大主题上，采用图文直播、视频直播、创意H5等技术，推出100多个传播广、效果好的高质量融媒产品。其中，原创作品《二十四节气》在宣传各个节气的同时，传播县域文化，实现“美景+人文+故事”节目模式的全新探索；首次制作微电影《绿色使命》，发布1小时后阅读量即超1万。自办节目《初心》首开县内专题视频访谈节目先河，对话16位长沙县、长沙经开区基层党组织书记，节目播出后即被“头条新闻”“智慧长沙”“学习强国”等媒体转发，阅读量突破100万；与江背镇联合打造《江背大戏台》，以乡村情景剧的形式对社会主义核心价值观进行弘扬，实现通过新媒体平台传播政务政策等信息的有益探索。加强与上级主流媒体的沟通合作，全年采编播新闻稿件3100余条，向上级台供稿318条，其中央级媒体上稿量33条，上稿量是2018年的16倍以上，省级及以上媒体上稿量66条，上稿量是2018年的3倍以上。新媒体方面坚持内容为重，星视界APP、长沙县融媒体中心微信公众号紧扣时政热点，发布图文快讯5000余条，市级平台供稿20余条，“学习强国”供稿20条。

【星天广播电视网络有限公司】2019年，星天广播电视网络有限公司全网新增电视用户1120户、新增宽带用户700户，公司全年经营收入1800万元（含税）。新签约入网小区21个；建成有线电视网络建设工程项目14个，在建工程18个。7月，有线电视网络业务进入县政务中心窗口，有线电视网络纳入新建房屋主体工程同步设计、同步审批、同步施工、同步验收，新建小区广电网络全覆盖，11个小区报装有线网络。战略转型方面有突破，“智慧广电”系统平台建成运营，先后与中南社区合作完成智慧城市可视化大屏的集成和无线WIFI覆盖项目，与长沙县机关事务局合作完成“智慧后勤”项目，通过广电网络和“互联网+”业务深度结合，搭建“智慧广电”政务和民生服务平台。下属国有企业“步天传媒”发展稳中求进。摄制出8集系列专题片《红色经典永流传》，以全新的视角讲述长沙县籍革命先贤故事，在“学习强国”等平台推广，其中《星城往事——让历史文化活起来》获2019年度长沙市第二批文化产业发展专项资金扶持。摄制出《信念之殇》《掌舵青春，再启征程》《一路有你》《极速车旅》等。（杨　梅）

档案工作

【概况】2019年3月，《长沙县机构改革实施方案》明确：将长沙县史志档案局承担的行政职能划入县委办公室，将县史志档案局的公益服务职能与县档案馆的职责整合，重新组建长沙县档案馆，对外加挂中共长沙县委党史研究室、长沙县地方志编纂室，为县委办公室所属正科级公益类事业单位，不再保留县史志档案局。机构改革后，长沙县档案馆馆长（主任）1人，副馆长（副主任）2人；实有编制15人，全馆干部职工31人（其中政府雇员1名，临聘人员15名），内设1室4科：办公室、党史（地方志）科、接收征集科、保管利用科、信息技术科。年内，启动建设“区块链+数字档案馆”相关工作。全年接待查档利用12356人次，来电查询业务3259起，调阅档案18842卷次。接收12个单位文书档案433卷、24018件，其他档案1512盒，县民政局婚姻档案11332件（251盒）；档案鉴定150103条，开放档案77884件。接收图书资料367册、报纸69本、光盘3本、族谱1本，实物档案40件，地图39张。开展“改革开放四十周年”“辉煌印记——庆祝中华人民共和国成立70周年成果展”照片征集活动，征集照片400余张。提质“力量之都 大美星沙——长沙县历史陈列”，文物图片2300余张、实物220余件。馆藏档案数字化二期处理扫描项目23000余卷，扫描图片380余万张，录入目录32万余条，馆藏档案消毒杀菌19200卷，档案数字化率100%。参与“6·9”国际档案日宣传活动，组织全县18个镇街、67个县直单位，利用微信、网站、电子显示屏、公众号、微宣讲等开展系列宣传活动。所撰《“三味”潜心精准扶贫》一文被评为湖南省档案系统“德立信杯”精准扶贫征文二等奖。是年，国家档案局副局长王绍忠到馆调研，年底长沙县档案馆被评为“全国档案系统先进集体”。

【长沙县档案馆被评为“全国档案系统先进集体”】 2019年12月23日至24日，在北京召开的全国档案工作暨表彰先进会议上，长沙县档案馆被评为“全国档案系统先进集体”。长沙县档案馆成立于1958年，2000年获授全县爱国主义教育基地。新档案馆于2016年7月建成并投入使用，总投资1.8亿元，新馆总建筑面积1.34万平方米，规划馆藏量70万卷（册），可以满足长沙县未来50年档案保管保护需求。

地方志工作

【概况】 2019年3月，公开出版《长沙县年鉴（2018）》，付印700册，向各单位免费赠送400余册；10月，被评为第六届全省地方志优秀成果（年鉴类）一等奖。启动编纂《长沙县年鉴（2019）》，收集、整理120余个单位初稿，形成初稿40余万字，通过方志出版社审核。撰写《湖南年鉴（2019）》《长沙年鉴（2019）》中长沙县部分的概况及条目，定稿1万余字。到江背镇文化站开展“5·18”地方志宣传，赠送《长沙县年鉴（2018）》《长沙县历史文化丛书》等史志书籍200余册；利用安沙镇、杨开慧纪念馆、县检察院、星沙产业基地等40余个单位电子显示屏、网站、微博等宣传地方志。对《长沙市志（1988—2012）·人物志》中21名长沙县籍人物传记、《湖南乡镇简志·长沙卷》中长沙县内容进行审核和修改并正式定稿。开展《长沙年鉴》2018年度人物及事件评选，长沙县推选人物柳中辉被评为《长沙年鉴》2018年度人物，长沙经济技术开发区工程机械产业晋级千亿产业集群被评为《长沙年鉴》2018年度事件。2019年长沙县地方志编纂室被评为湖南省地方志系统先进集体、长沙市地方志工作先进集体。

【《长沙县年鉴》编纂】 2019年3月，公开出版《长沙县年鉴（2018）》，74万字，类目30个，图片100余幅，重点记述2017年长沙县各项事业发展成果。3月，启动编纂《长沙县年鉴（2019）》，收集、整理120余个单位初稿，形成初稿40余万字，11月底通过方志出版社审核，定稿40余万字。10月，《长沙县年鉴（2018）》被评为第六届全省地方志优秀成果（年鉴类）一等奖。

党史工作

【概况】 2019年，收集整理陈树湘史料60余篇，图片及音频50G。收集整理杨立三史料10余篇。撰写《断肠明志浩气存》一文在《长沙党史》刊发，《缪伯英“以身许党敢为人先”精神风范研究》被评为优秀论文。撰写《从历史中汲取智慧和前行的力量》《风景这边独好——数字见证长沙县70年》《风雨沧桑恒丰楼》等4篇文章上报市委党史研究室。

推进李维汉口述史抢救整理，最终形成优化稿38万字、精简稿28万字，上报湖南省委党史研究院，并呈送全国人大常委会李铁映秘书处审核。结合“不忘初心 牢记使命”主题教育，将口袋书《信仰的力量——“不忘初心 照亮征程”党史故事微宣讲》免费发放到青山铺中心小学、黄花镇银龙村新江小学等学校。向江背镇文化站及当地群众赠送《长沙县历史文化丛书》《中国共产党长沙县历史》《长沙县百年风云人物》《长沙县通史》200余册。捐赠杨立三墨盒供杨立三故居陈列展览使用，审核陈树湘故居陈列展览大纲《断肠明志铸忠诚》、舞台剧《田汉眼中的中国》。向长沙党史馆捐赠赵则三照片、抗美援朝时期捐款捐物票据等实物16件，提供各类照片2000余张；江背镇文化站站长陈恭森捐赠个人收藏文物10余件。

【辉煌印记——长沙县庆祝中华人民共和国成立70周年成果展】年内，在县档案馆1楼设立“辉煌印记——长沙县庆祝中华人民共和国成立70周年成果展”，10月对外免费开放。展厅面积200余平方米，图片200余幅，内容分为“初展宏图”“砥砺奋进”“璀璨文化”“幸福图卷”“大美山水”“铿锵步履”“决胜未来”七个板块，全方位、多角度、立体化展示中华人民共和国成立70周年以来长沙县经济社会发展的辉煌历程和巨大成就。截至年底，接待参观人数1000余人。

（陈 宇）

杨开慧纪念馆

【概况】2019年，杨开慧纪念馆全面代管长沙县天华调查纪念馆、缪伯英故居、陈树湘故居。全年接待游客165.67万人，其中天华调查纪念馆接待20万人、陈树湘故居接待31750人、缪伯英故居接待5万人。接待开展主题教育党员团队近500批次。杨开慧纪念馆被评为全国爱国主义教育示范基地、长沙市党员教育示范基地、长沙市十佳旅游景区培训示范基地、长沙市“青年文明号”集体、长沙市直机关党员教育基地、长沙县平安旅游单位。9月，承办“以身许党，敢为人先——缪伯英生平思想学术研讨会”。

打造精品党课。参与全省重点开发的党性教育课程开发，开展党课教学100余场次、现场教学20余场次。开设“魅力骄杨系列微党课”，为学生开设“红色故事会”。开设少奇课堂、《人民利益高于一切》等课程，重走调查小道，开办亲历者讲述面对面、组织亲历者集中采访、走访等，“永恒的怀念——杨开慧精神进校园”活动及“颂红色经典展巾帼英姿”宣讲活动被评为2014—2019年长沙市博物馆、纪念馆教育项目示范案例交流推介活动教育项目优秀案例。

完善基础配套设施。投入项目建设、设施及服务采购资金437万元，完成项目建设16个、政府采购17批次。启动杨开慧生平业绩陈列布展改陈工作，进行内容与形式设计招标采购阶段。完成杨开慧烈士雕像汉白玉护栏等烈士纪念设施提质改造，优化《杨开慧故居保护性修缮设计方案》。提质旅游厕所，增设后勤接待场所供热水系统，维修改造后勤接待食堂渗水屋面，完善缪伯英故居相关设施设备，启动杨开慧故居和纪念馆——锦绣潇湘金牌解说共享智慧文旅语音解说云平台建设。

【文物征集】2019年新征集缪伯英、何孟雄及其亲属遗物遗照45件，其中缪伯英和何孟雄的照片12张，其亲属照片8张，缪伯英与何孟雄的遗物8件，缪伯英亲属遗物17件，珍贵文物的入列，增添展品项目，丰富教育内容。（陈卫星）

责任编辑 周进银

综　述

【概况】2019年，长沙县辖区内二级机构有长沙县疾病预防控制中心、长沙县卫生健康综合事务中心、长沙县妇幼保健计划生育服务中心、长沙县健康促进中心（长沙县卫生健康信息中心）、长沙县基层医疗卫生机构财务事务中心，非长沙县卫生健康局发证的医疗机构有：市级医院1所（长沙市第八医院），县级医院5所（长沙县第一人民医院、长沙县第二人民医院、长沙县中医院、长沙县星沙医院、长沙县妇幼保健院），民营医院4所（湘雅博爱康复医院、长沙星沙年轮骨科医院、长沙手外科医院、长沙楚元中西医结合医院）；长沙县卫生健康局发证的各级各类医疗机构561个，其中：综合医院6家，县精神病医院1家，计划生育技术服务站1所，街道社区卫生服务中心5所，街道社区卫生服务站8所，镇（中心）卫生院18所；村卫生室210所，医务室33个，门诊部83个，个体诊所153所，个体卫生室20所，中医备案诊所23所。全县公立医疗卫生单位专业技术人员3394人，其中全额拨款111人，差额拨款1551人，编外聘用1732人。专技人员中副高及以上职称156人，中级职称1105人，执业医师1291人，执业助理医师223人，本科学历2004人，研究生以上学历187人。年末编制床位数4920张，实际床位数5811张。引进、招聘专业技术人员484名；储备医卫类应届本科生11名；与3名农村籍高中毕业生签订《农村订单定向免费医学生协议书》；本土化培养的第二批50名乡村医生毕业，其中26名考取助理全科医生培训资格，3名进行专升本教育，21名在星沙医院进行临床见习。

推进县级公立医院综合改革，全年县财政补助资金2503万元，分别按照人员补助和绩效补助核算，并结合考核结果予以拨付。启动现代医院管理章程制度试点。12月，获授湖南省人民政府“推进公立医院综合改革成效明显的市州、县市”称号；《让健康变得更智慧 让生活变得更美好》视频获国家“医改好故事”优秀作品三等奖。

表6　**2019年长沙县主要公立医疗卫生单位一览表**

序号	名称	地址	邮编
1	长沙县疾病预防控制中心	星沙街道特立路96号	410100
2	长沙县卫生健康综合事务中心	星沙街道特立路96号	410100
3	长沙县妇幼保健院	星沙街道开元东路298号	410100

续表 6

序号	名称	地址	邮编
4	长沙县第一人民医院	路口镇三惠路 157 号	410142
5	长沙县第二人民医院	㮾梨街道新建路 4 号	410129
6	长 沙 县 中 医 院	安沙镇安沙中路 42 号	410148
7	长沙县精神病医院	天心区南托街道中意二路 876 号	410119
8	长沙县星沙医院 / 长沙县星沙街道社区卫生服务中心	星沙街道开元路 53 号 / 板仓路 399 号	410100
9	长沙县福临镇中心卫生院	福临镇福临社区张大屋组	410146
10	长沙县江背镇中心卫生院	江背镇正街 11 号	410135
11	长沙县江背镇五美卫生院	长沙县江背镇五美社区 130 号	410136
12	长沙县北山镇中心卫生院	北山镇蒿塘东路	410152
13	长沙县金井镇中心卫生院	金井镇金福路 278 号	410144
14	长沙县金井镇双江卫生院	金井镇双江社区金山北路 15 号	410144
15	长沙县高桥镇卫生院	高桥镇茶香南路 32 号	410145
16	长沙县路口镇卫生院	路口镇振兴路 268 号	410142
17	长沙县果园镇卫生院	果园镇古井社区果园大道	410157
18	长沙县春华镇卫生院	春华镇金鼎山社区 207 线旁	410139
19	长沙县黄花镇卫生院	黄花镇中心广场 67 号	410137
20	长沙县黄兴镇干杉卫生院	黄兴镇干杉社区杉岭北路 22 号	410133
21	长沙县黄兴镇卫生院	黄兴镇接驾岭社区 208 号	410133
22	长沙县黄兴镇仙人卫生院	长沙县黄兴镇仙人市村 410 号	410133
23	长沙县安沙镇卫生院	安沙镇毛塘铺 / 安沙镇唐田新村	410149
24	长沙县青山铺镇卫生院	青山铺镇天华村 62 号	410147
25	长沙县开慧镇卫生院	开慧镇板仓社区骄杨东路 65 号	410146
26	长沙县开慧镇白沙卫生院	开慧镇李家山社区	410146
27	长沙县㮾梨街道社区卫生服务中心	㮾梨街道保家村	410129
28	长沙县泉塘街道社区卫生服务中心	泉塘街道东九路 179 号	410100
29	长沙县湘龙街道社区卫生服务中心	湘龙街道湘龙家园东门南栋	410100
30	长沙县长龙街道社区卫生服务中心	长龙街道茶塘路	410100

【执行国家基本药物制度】 2019年，长沙县财政安排 7274 万元专项补助资金。全县基层医疗卫生机构门诊次均费用由实施前 129.22 元降至 112.84 元，下降 12.68%，住院次均费用由实施前 2074.11 元降至 1495.25 元，下降 27.91%。实施基本药物制度后，基层医疗卫生机构业务普遍上升，门诊量增幅较大。

全县基层医疗卫生机构门诊人次由实施前467682人次上升至1063061人次，上升127.30%。4月16日，长沙县代表长沙市迎接湖南省基本药物制度工作检查，获全省第二名。

（石　艳）

【医疗卫生服务体系】 2019年，实施《长沙县基层医疗卫生机构规范化建设三年行动方案（2019—2021年）》，推进16个重点项目建设。形成30分钟县域内实现住院、15分钟内到达最近就医点的全覆盖网络体系。投入24亿新建县人民医院，由省人民医院托管合作办医，目前主体工程开工。推进县精神病医院整体搬迁及中医院二甲创建配套共建项目，目前项目开始进行土方平整；县第一人民医院医技楼建设、北山镇中心卫生院新院建设、星沙街道社区卫生服务中心改建、黄兴镇仙人卫生院改造、江背镇五美卫生院改造4个项目建成投入使用。实施基层医疗机构及村卫生室标准化建设，完成江背镇中心卫生院中医馆改造项目等6个医疗机构维修改造，新建（改造）开慧镇开慧村等7个卫生室。（廖　昊）

【湖南省人民医院星沙院区开建】 2019年10月29日，长沙县人民医院（湖南省人民医院星沙院区）建设项目开工建设，预计2022年底工程竣工验收。长沙县人民医院位于星沙城区松雅湖湿地公园旁，处滨湖路以南、特立路以北，东九线、东十线之间。医院总用地面积179852平方米，净用地面积146848平方米（其中预留用地34348平方米），一期总编制床位1200张，总投资24.44亿元，总建筑面积22.69万平方米，其中地上建筑面积15.06万平方米，地下建筑面积7.63万平方米，设置停车位1895个。主要建设门诊楼、医技楼、病房楼、行政科研楼、专科楼、感染楼、后勤楼、健康管理中心、急救中心、设备用房、餐厅用房及会议区、库房等及相关附属工程，室外配套基础设施工程。医院建成后由湖南省人民医院整体托管，实行院区同质化管理。医院以三级医疗体系为框架，省人民医院特色为支撑，开设临床、医技科室41个，设置护理单元30个，重点培育心脑血管内科、呼吸内科、创伤外科、肝胆外科、骨科、血液科、重症医学科、儿科八大重点学科。

（周秒全）

【健康扶贫】 2019年，新增脑卒中、慢性阻塞肺气肿2个救治病种，大病集中救治扩大到29个病种。新增长沙市中医医院、湘雅博爱康复医院等9家医院为先诊疗后付费定点医疗机构，落实“先诊疗、后付费”和“一站式”结算便民惠民措施，建档立卡贫困人口住院救治7200多人次，救治总费用约4025万元，“一站式”报销比例91%；29种大病住院救治约1200人次，平均报销比例94.33%。对建档立卡贫困人员中城镇职工医保、大学生医保、外地参保对象的住院和县域内住院分娩生育医疗费按照综合医疗保障待遇标准（不低于89%）予以追补；管理建档立卡贫困人员高血压、糖尿病、肺结核、严重精神病4类慢病4063人，贫困人员免费体检6150人，免费接种流感疫苗和肺炎疫苗约2000人次。

【全国健康促进县区建设】 2019年，完成长沙县全面开展健康促进县区建设工作，并在全市做经验介绍。在组织管理、健康政策、健康场所、健康文化、健康环境、健康人群六个方面，完成基线调查和评估调查，了解辖区居民健康状况；开展机关、企业、学校、社区、医院全方位培训，实现健康促进网络

2019年，长沙县建设“全国健康促进县（区）”活动启动

（县卫生健康局 提供）

全覆盖；完成健康促进宣传片和汇报总结片拍摄，在报纸、电视、电台三方媒体开设专栏，录制24期健康素养音频，开展100场健康知识讲座，广泛开展健康促进宣传；健康促进社区/村48个、健康促进学校100所、健康促进机关43家、健康促进企业60家、健康促进医院25家，推广典型案例26个。

【健康教育与健康促进】2019年，长沙县参与全国第四届“万步有约”健走激励大赛，90多个机关企事业单位、30多个社区参与其中，参与人数1500人，通过开展全国健走示范城市研讨会暨长沙县第三届“万步有约”启动仪式、长沙银行杯环松雅湖实地健走公益活动、微公益基金等活动在全县掀起健走热潮，并在全省做经验介绍。分别获全国“万步有约”职业人群健走激励大赛铜牌健走示范区，全国“万步有约”职业人群健走激励大赛健走示范区组织管理奖，全国“万步有约”职业人群健走激励省内优秀健走示范区。组织采血4313人次（市计划3300人次），完成率130.70%，献血总量150万毫升，获区县（市）无偿献血组织工作先进单位。

（周杜娟）

公共卫生

【概况】2019年，服务人口104.1万人，实施基本公共卫生服务项目。为辖区老年人、儿童、妇女、慢性病患者、肺结核患者、严重精神障碍患者等居民提供健康服务。迎接省卫健委组织的2019年度基本公共卫生服务项目省级现场绩效评价。

2019年5月17日，长沙县承办湖南省高血压医防融合项目试点县启动仪式（县卫健局 提供）

【家庭医生签约】2019年，成立218个家庭医生团队，签约21.8万人，其中建档立卡户和计划生育特殊家庭签约率100%。签约对象基层医疗机构就诊享受“一般诊疗费优惠20%”“慢病长处方”“远程医疗”等优质服务，协议医院之间门诊大型检查优惠10%—15%、住院转诊享受“一增一减一免”“四优服务”的优惠政策。

【高血压医防融合管理】2019年5月17日长沙县承办全省试点项目的启动仪式，建立政府主导、部门协作、医联体为依托、信息化技术为手段、家庭医生签约服务为抓手的高血压医防融合管理模式。开展规划化同质培训、建设高血压专病门诊25家，血压监测点211家，畅通急诊救治绿色通道、完善基本降压药品43种。依托市八医院、县一、县二建立全县的“一体两翼”卒中中心，确保心脑血管相关危急重症患者在黄金治疗期得到快捷的急救。坚持“以事情评审过程”的绩效考核模式，多维度分析高血压患者管理与治疗的规范性与科学性，切实降低心脑血管事件的致残、致死率。

（曹江宏）

疾病预防控制

【概况】2019年，全县无甲类传染病发生，报告乙类传染病14种2499例，发病率229.48/10万，较2018年上升31.46%；报告丙类传染病7种36500例，发病率3351.69/10万，较2018年上升177.42%，上升的病种主要为流感；报告突发公共卫生事件相关信息20起。加强结核病、性病艾滋病防治，县疾病预防控制中心和5家县级医疗卫生机构设置自愿咨询检测门诊（VCT），接待自愿咨询检测者981人次，全年HIV筛查141101人次，对所有现管的HIV/AIDS进行追踪、随访，以及病例救助和人文关怀。登记和管理结核病人647例，较2018年上升37.95%，患者规则服药率93.52%，成功治疗率92.05%。实施肺结核诊疗费用减免政策，救治病例478人，减免费用217万元。实施免疫规划，全县有23家儿童预防接种门诊，6家产科接种门诊，1家成人预防接种门诊，均实现信息化网络化管理，其中数字化预防接种门诊9家。免费接种免疫规划类疫苗39.3万剂次。免疫规划建卡建证率100%，基础疫苗接种率95%以上。将水痘、流行性腮腺炎疫苗接种纳入幼儿园、小学查验预防接种证工作，分别接种2万、1.2万剂次。开展慢阻肺、65岁以上精准扶贫户等重点人群23价肺炎疫苗和3价流感疫苗免费接种，完成接种6500人。AEFI监测系统报告68例疑似预防接种异常反应，无不明事件及群体性AEFI情况发生，无AEFI反应投诉事件及预防接种安全事故发生。慢性病防治，管理84881例高血压患者和25377例2型糖尿病患者，完成70813名老年人体检工作。全县自2018年开始承担“国家心血管病高危人群早期筛查与综合干预项目”，累计完成14204人初筛和3512名高危对象调查和随访，长沙县连续两年获全国先进项目点荣誉，金井镇、春华镇被评为省级先进项目点。报告死亡人口信息6402例，粗死亡率6.01‰，监测结果显示前5位死因依次为：心脏病、恶性肿瘤、脑血管病、伤害和呼吸系统疾病。肿瘤监测报告发病数1725例，报告发病率213.93/10万。报告死亡数1298例，报告死亡率160.98/10万。做好血防达到消除标准后巩固监测工作，完成全县范围春、秋两季查螺，开展本地人口血吸虫病监测查病112人，流动人口血吸虫病监测203人，均未发现血检阳性者。与湖南师范大学专家合作开展“长沙县重点水域血吸虫病哨鼠监测项目”，哨鼠监测结果均为阴性，未发现感染小鼠，全县查螺、灭螺措施切实有效，降低疫区水体感染性。在路口、黄兴、泉塘、开慧、果园5镇街开展碘缺乏病监测。全县检测200名8—10岁儿童的甲状腺容积；采集300份尿样进行尿碘检测，其中8—10岁儿童200份，孕妇100份；采集300份盐样进行盐碘含量调查。推进市县乡一体化报告模式，镇（街）报告覆盖率100%；报告辖区食源性疾病1360例，暴露食物报告率100%。

【学校卫生】2019年，报告学校、托幼机构聚集性疫情242起，前三位疾病为流感、流行性腮腺炎、手足口病，无危重及死亡病例。中、小学聚集性疫情主要以流感、流行性腮腺炎为主，托幼机构主要以流感、手足口病为主。为了解长沙县儿童青少年视力现状和主要影响因素，落实儿童青少年近视综合防控举措。10月，组织完成5所中小学及2所幼儿园2197人次的近视筛查工作，调查显示幼儿园6岁组幼儿近视率19.16%、小学生近视率24.50%、初中生近视率68.52%、高中生近视率75.49%，与全国基线调查结果基本相符。

【职业卫生】2019年，免费进行职业健康检查4260人，其中上岗前2491人、在岗期间1686人、离岗时83人，检出疑似尘肺2人、职业禁忌证55人。开展重点职业病监测，通过国家职报系统上报粉尘、噪声、苯作业监测对象1241例。对长沙县辖区内170家用人单位（企业）进行职业病危害因素监测，重点监测国家规定的煤尘、矽尘、水泥粉尘、石棉尘、苯、铅、噪声等7种职业病危害因素，以及湖南省自定的其他粉尘、二甲苯、砷等3种职业病危害因素，指导用人单位进行职业病危害项目申报。对县辖区内39家放射诊疗医疗机构、9家非医疗机构放射企业开展放射卫生项目监测。通过各种途径对1956年以来诊断的长沙县辖区内45例尘肺病人进行随访、调查，并造册上报。协助湖南省职业病防治院救治22例农民工尘肺对象。（宋　利）

卫生计生综合监督

【概况】2019年3月，新成立综合监督科，科室承担全县卫生健康综合监督及职业卫生管理工作。在2019年度长沙市卫生健康综合监督稽查中获全市综合得分排名第一。对全县68位综合监督员进行资格确认及业务培训。落实“双随机”重点抽检任务数247家，完成任务率100%。开展打击非法行医集中整治专项行动。成立长沙县整顿医疗秩序打击非法行医专项整治行动小组，组织全县19个镇（街道）开展打击非法行医集中整治行动。出动执法检查人员1817人次，排查重点集市及机构、个体530处（家），下达卫生监督意见书215份，限期责令整改单位12家，立案处罚11起，取缔非法行医场所2处。7月组织第一轮170余人的职业卫生取证培训班。以职业病危害项目申报为抓手严把审核关。有近300家用人单位进行系统申报，182家通过审核，全县用人单位职业危害检测和职业健康体检上升明显。

【依法执法】2019年，全县违法生育人数187人，应立案187人，立案187人，立案率100%、违法生育个案录入率和准确率均100%；开展二次社会抚养费征收工作专项督查，指导镇、街开展社会抚养费征收工作。运用征信机制推进征收工作取得新突破，指导镇（街）及时移送法院强制执行案件28起，纳入失信人员24人，督促12人缴纳社会抚养费后退出失信人员名单，征信机制进一步运用，对违法生育对象起到实质性的震慑作用，征收社会抚养费1473993.6元，完成省、市目标任务。（赵　建）

妇幼保健

【概况】2019年，辖区内20—64岁妇女181076人，孕产妇8219人，0—6岁儿童66036人，出生人口数8329人。长沙县妇幼保健院开放床位370张，核定人员编制234名（全额44，差额190），在职职工人数895人（全额编制性质44人，差额编制性质185人，人才/劳务派遣423人、退休返聘11人、医辅228人、人才储备3人），其中卫生技术人员823人，中高级人员239人。门急诊人次100.65万人次、入院人次2.92万人次，出院人次2.91万人次，分娩量11342人次。长沙县妇幼保健院根据自身特点，打造出具有自身特色的“四部制”管理模式，实现临床与保健的融合，工作经验多次在全国各级会议上进行分享。自新院整体搬迁以来，国际、国内妇幼同行学习交流400批次、5200余人次，在长沙县召开9次国家级妇幼保健机构建设培训班。3月19日，协助承办2019年湖南省妇幼健康工作会议。6月12日至13日，协助承办国家卫健委妇幼健康服务司妇幼保健机构建设培训班。7月28日，协助承办长沙市医学会妇产科专业委员会2019年盆底功能障碍疾病诊治学习班暨第3届长江中游城市群妇产科学术交流讨论会手术演示直播。9月，高分通过二级甲等妇幼保健院评审。10月15日至18日，协助承办中国妇幼保健协会县级工作委员会第一届第八次常务委员会暨县级妇幼保健院大部制下中层管理人员管理运营培训班。10月16日，被长沙市卫健委定为二级甲等妇幼保健院机构。评审工作经验在2019年湖南省妇幼保健等级评审管理培训班上进行分享，其中持续加强麻醉医疗服务在进一步改善医疗服务行动“2019年全国医院擂台赛”中获得最具价值案例奖。10月22日至24日，协助承办2019年国家卫生健康委妇幼司妇幼保健机构建设培训班。同时各级培训班与会人员现场参观长沙县妇幼保健院。

【公共卫生服务】2019年，长沙县各项妇幼健康工作任务指标落实到位，孕产妇死亡率12.01/10万，5岁以下儿童死亡率4.2‰，婴儿死亡率2.16‰，孕产妇艾滋病、梅毒、乙肝检测率100%，剖宫产率36.93%，初次剖宫产率15.2%，高危孕产妇筛查率69.57%。婚前医学检查率91.17%，产前筛查率169.31%，孕产妇保健系统管理率97.17%，7岁以下儿童健康管理率97.12%。全县21个基层医疗卫生机构都配有妇保、儿保专干，实现县乡村三级妇幼健康工作全覆盖。加强对妇幼专干工作考核和业务培训，并推行妇幼专干的动态管理。每季度对基层开展一次全面督导，并定期派妇幼业务骨干下乡镇督导，对乡、村级医生进行业务培训。落实孕产妇健康管理和0—6岁儿童健康管理两项基本公共卫生服务，强化危急重症救治，全力保障母婴安全，做实出生缺陷三级防控，提高出生人口素质。统筹做好民生项目工作，开展孕产妇免费产前筛查9327人、开展免费无创DNA检测11433人、开展免费新生儿疾病筛查12406人，活产出生缺陷发生率126.61/万、开展0—6岁儿童眼及视力筛查72131人、开展妇女免费“两癌”筛查30039人（完成市级任务数的100.13%）。

【医疗合作】2019年，长沙县妇幼保健院与省、市级医疗资源合作，与中南大学湘雅医院建立病理远程会议协议，与市妇幼保健院签订生殖医学专科医联体协议，与湖南省儿童医院合作，挂牌成立星沙儿科医学中心探索“医联体”模式。向下与黄花、泉塘建立医联体帮扶合作，落实分级诊疗。发挥信息化强大功能，成立长沙县远程疑难病例、胎心监护、超声诊断、病理等远程会诊中心。拓展医疗合作，提高全县妇幼健康服务水平，逐步实现区

域医疗服务同质化。（宋　利）

医政医管

【概况】2019年，将区域内整体考核成绩纳入对院长考核及医院年终考核中；建立远程疑难病例会诊、远程心电、远程放射、远程影像（超声）、远程胎心监测中心，实现患者与医务人员、医疗机构、医疗设备之间的互动；加快重点学科建设，建成中医骨伤、中医脾胃等省级中医重点学科，打造胸痛、卒中、创伤、危重孕产妇救治、危重儿童和新生儿救治等五大专科救治中心。启动全国“优质服务基层行”活动，县内7家乡镇卫生院和社区卫生服务中心达到基本标准及以上标准。星沙街道社区卫生服务中心、金井镇中心卫生院获《国家卫生健康委办公厅关于通报表扬2019年度“优质服务基层行”活动中表现突出、达到推荐标准的通知》的通报表扬名单。7名医师被评为“长沙市第二个中国医师节优秀医师”，其中长沙县妇幼保健院屈湘军被评为“长沙市第二个中国医师节德艺双馨优秀医师”。

批准设置各级各类医疗机构（社区卫生服务站、诊所、门诊部、医务室等）32家，完成执业登记注册34家，办理医疗机构变更94家，办理医疗机构注销17家，校验503家；开展医师护士注册，办理执业（助理）医师执业注册129件、变更542件，注销注册2件，乡村医生执业注册166件，办理护士执业注册358件，变更523件，延续注册904件，母婴保健服务人员资格认定25件；办理公共场所卫生许可（新办、换证、变更、注销）769件，饮水卫生许可（新办、换证、变更、注销）49件，放射源诊疗技术和医用辐射机构许可（新办、换证、校验、变更、注销）35件；办理医疗机构放射性职业病危害建设项目预评价报告审核23件，竣工验收29件；再生育审批218件，所有行政许可事项都在规定的期限内完成。科教培训。有注册全科医师248名。开展重点专科建设，在县级公立医院遴选9个优势学科作为县级医学重点专科建设项目。在县级医院选派10名专家为第十一批医卫类科技特派员，下派到4家基层医疗卫生机构开展科技特派工作。利用科技活动周组织全县各级各类医疗机构开展具有卫生行业特色的科学、科普知识宣传及实践服务活动。开展继续医学教育，举办省级继续教育项目5次。开展管理干部培训及业务人员各项专业知识与技能培训等工作，有麻精药品管理、医师业务、护理和院感、病历、处方质量检查与点评、医疗机构管理和医师及护理骨干等各类培训学习和进修。长沙县第一人民医院被定为2019年长沙县基层卫生人才培训基地，对全县基层医疗卫生机构医务人员开展培训。严防医疗纠纷。推行医疗保险，全县20家基层医疗卫生机构与平安保险公司签订保险协议；施行第三方医患纠纷调处机制，依托长沙县医疗纠纷调解中心，加强医疗纠纷预防与处理的协调组织。接到电话投诉280余起，现场投诉11起，所有投诉完成处理工作；受理、组织并成功调解医疗纠纷19起。

【分级诊疗、医联体】2019年，行政上以医改牵头，与医改、医政、公卫等部门形成合力，依托区域内唯一的三级甲等中医医院——长沙市中医医院（长沙市八医院），打造以五家县级医院为龙头，片区网格化管理，协同区域内基层医疗卫生机构发展的医疗联合体格局，促进优质资源上下贯通、自由流动，构建基层首诊、双向转诊、急慢分治、上下联动的分级诊疗制度。以医联体建设为平台，以湖南省高血压医防融合示范项目为先导，同质化培训，打造标准化的高血压示范（专病）门诊及血压监测点，达到“五个一”目标，落实高血压分级诊疗工作。与湘雅医院、省人民医院、省儿童医院等省内名院建立医联体，引导优质医疗资源下沉；建成医联体26个，医共体1个，专科联盟2个，远程会诊中心2个，远程会诊项目6个，双向转诊“上转下”增长20%，县域内就诊率提升10个百分点，基层医疗卫生机构诊疗人次增长12.8%，手术台次增长12%。

【中医药服务】2019年，制定《长沙县中医药事业发展工作推进方案（2019—2020年）》（长县卫政发〔2019〕83号）。推进全国基层中医药工作先进单位的创建。县一医院通过中医科、中医馆、中药房建设，中医门诊人次占比9.67%。县妇幼保健院开设中医康复科门诊，中医门诊人次占比6.95%。全县所有建制镇卫生院和社区卫生服务中心均建成中医综合服务区，黄花镇卫生院、北山镇中心卫生院、江背镇中心卫生院开展中医综合服务区标准化建设；全县中医药健康管理人群覆盖率均达到国家标准，0—36个月儿童中医药健康管理覆盖率67.11%，65岁以上老年人中医药健康管理覆盖率55.19%，孕产妇中医药健康管理16164人次。6名传统师承人员完成县级备案。对县、镇、村三级医疗机构医务人员开展常见病、多发病中医药适宜技术同质化培训，培训800余人次；在县乡医疗机构推广中医护理，培训县级医院及乡镇医院各层级护士120人，开展中医护理服务88971人次。7家镇卫生院与长沙市中医医院、5家镇卫生院与县中医院建立医疗服务联合体，中医及疑难病例远程会诊18例。北山镇北山村二卫生室和青山铺镇赛头村卫生室进行中医药特色村卫生室建设，将中医远程会诊延伸至村卫生室。县中医院中医骨伤科、脾胃病科在临床诊疗中坚持充分发挥中医药及中医特色疗法治疗各类筋骨疾患，颈肩腰腿痛及创伤骨折的诊治。成立长沙县中医药健康文化知识宣讲团，普及中医药知识、养生保健理念和方法。选拔优秀选手参加长沙市职业技能竞赛针灸大赛并取得个人一等奖、团体二等奖。各级各类医疗机构开展中医药义诊和宣讲69次，义诊5206人次、其中建档立卡贫困人口834人次，减免患者3.7万元。开展中医药资源普查，自2019年1月启动中医药资源普查工作。野外实地普查期间，工作队员走遍全县各个乡镇，截至年底，中药资源普查小组采集腊叶标本830号，药材样品43种，种子资源37种，并且完成43个样地调查。完成所有相关影像资料的收集整理及数据录入等工作。（詹杰明）

医疗卫生信息化建设

【概况】2019年，被确定为全国首批疾病预防控制信息化试点单位。成立长沙县、长沙经开区自主可控工作推进领导小组，印发《智慧医疗建设三年实施方案（2019—2021年）》，出版《自主可控信息化建设指南》。坚持便民惠民，安全有序，创新取动，融合发展的原则，强化医疗、医保，医药“三医联动”，推进“互联网+医疗健康”发展，提升医疗卫生现代化管理水平。依托长沙县政务云，运用安全可控等技术建设统一权威、互联互通的长沙县智慧医疗云平台，建成电子健康档案、电子病历、卫生资源三大数据库。依托电子健康卡，实现居民电子健康卡、社会保障卡、身份证三卡相互协同，跨区域跨机构看病就医、异地就医结算报销一卡通用，推动医疗健康服务线上线下融合发展完成服务器升级改造。完成县域内医院居民银医通改造，实现与医保、金融支付等医疗费用一站式结算的功能，开通诊间支付、扫码付等多种线上支付渠道。完善远程医疗服务系统，优化功能、完善报表，完成远程心电26229例、超声594例、影像13100例、病理263例、疑难病例会诊966例、村卫生室会诊10例。推进国家疾病预防控制信息化建设试点项目，初步建设疾病档案(EDR)采集管理、传染病监测与分析、慢性病监测与分析等业务系统。通过互联网等信息技术，家庭医生签约、健康知识咨询、健康档案查询、医疗检验结果查询、生育办证等医疗健康服务均可线上办理；医疗机构之间共享电子病历，检验检查等医疗服务资源数据。根据平台工作数量、工作质量数据客观核算医改综合配套改革资金与公共卫生经费下拨。

（冯建辉）

2019年长沙县传染病与突发公共卫生事件监测年报

一、总疫情

根据《中国疾病预防控制信息系统》报告统计，2019年度全县法定传染病发病21种38999例，无甲类传染病病例报告；乙类传染病报告14种2499例，发病率229.48/10万，死亡7例，死亡率0.64/10万；丙类传染病报告7种36500例，发病率3351.69/10万，无死亡病例报告。

与2018年相比，乙类传染病报告数上升31.46%，其中登革热上升700.00%（报告8例）、猩红热上升125.37%（报告604例）、百日咳上升46.67%（报告 44 例），乙类传染病发病顺位前三位分别为肺结核（738 例）、猩红热（604 例）、梅毒（529 例）；丙类传染病报告数上升 177.42%，其中流行性感冒上升 766.10%、风疹上升 350.00%、流行性腮腺炎上升 37.63%，丙类传染病发病顺位前三位分别为流行性感冒（28841 例）、手足口病（3130 例）、流行性腮腺炎（2553 例）。

二、辖区疫情报告

2019 年长沙县辖区内有医疗网络直报单位 32 家，通过系统报告传染病及相关病例 39361 例，其中乙类 2314 例、丙类 34123 例、其他传染病 2105 例、其他疾病 819 例；全县报卡数较 2018 年上升 152.70%；32 家网络直报单位中 22 家报卡数明显上升。

表 7

长沙县网络直报单位报卡数对比表

单位：例

医疗机构名称	2019 年报卡数	2019 年乙类报告数	2018 年报卡数	2018 年乙类报告数	趋势
长沙市中医院（市八医院）	5880	481	3686	360	↑
长沙县第一人民医院	1161	248	796	251	↑
长沙县妇幼保健院	12667	434	3661	178	↑
长沙县第二人民医院	1416	258	503	92	↑
星沙街道社区卫生服务中心	8677	447	4090	272	↑
长沙县疾病预防控制中心	211	186	139	117	↑
果园镇卫生院	191	5	81	6	↑
长沙县中医院	646	36	250	49	↑
黄兴镇干杉卫生院	242	6	70	3	↑
春华镇卫生院	1330	31	514	7	↑
黄兴镇卫生院	870	2	219	3	↑
安沙镇卫生院	399	4	60	1	↑
湘龙街道社区卫生服务中心	1275	65	162	13	↑
江背镇中心卫生院	167	0	86	5	↑
福临镇中心卫生院	117	3	27	3	↑
高桥镇卫生院	361	4	64	3	↑
金井镇中心卫生院	180	9	28	4	↑
开慧镇卫生院	111	1	87	3	↑
榔梨街道社区卫生服务中心	267	3	128	2	↑
北山镇中心卫生院	80	6	93	9	↓
路口镇卫生院	360	2	32	0	↑
黄花镇卫生院	485	17	236	2	↑
开慧镇白沙卫生院	158	2	34	1	↑

续表 7

医疗机构名称	2019 年报卡数	2019 年乙类报告数	2018 年报卡数	2018 年乙类报告数	趋势
青山铺镇卫生院	73	4	75	2	↓
金井镇双江卫生院	84	0	25	0	↑
泉塘街道社区卫生服务中心	1643	23	388	3	↑
中国国际旅行卫生保健中心	30	27	27	23	↑
长沙县精神病医院	13	1	15	5	↓
长龙街道社区卫生服务中心	48	0	—	—	—
黄兴镇仙人卫生院	35	0	—	—	—
江背镇五美卫生院	50	3	—	—	—
长沙楚元中西医结合医院	134	6	—	—	—
合计	39361	2314	15576	1417	↑

三、流行病学分析

（一）地区分布

2019 年，长沙县甲、乙类传染病中，发病数居前三位的镇（街）为：星沙街道（818 例）、泉塘街道（195 例）、黄兴镇（183 例）；江背镇 2 例艾滋病死亡病例，星沙街道、安沙镇、金井镇、路口镇各有 1 例艾滋病死亡病例；黄兴镇 1 例肺结核死亡病例。长沙县 2019 年甲、乙类传染病地区分布详见图 1。

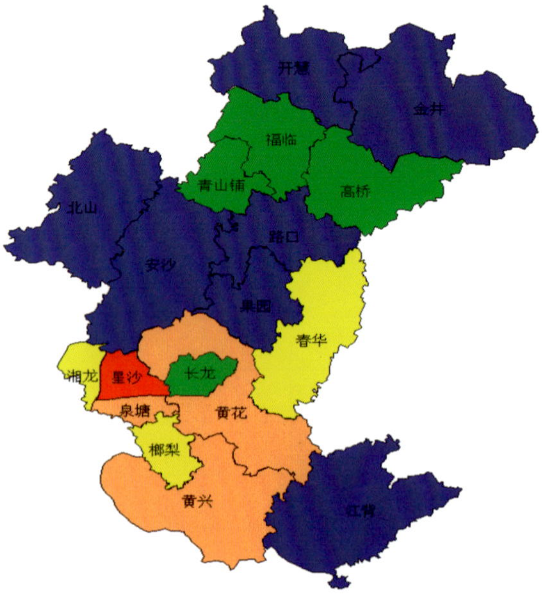

图 1　长沙县 2019 年甲、乙类传染病地区分布图

丙类传染病发病数居前三位的镇街为：星沙街道（16332 例）、泉塘街道（4621 例）、湘龙街道（3455 例），全年无死亡病例。镇（街）发病数分布详见图 2。

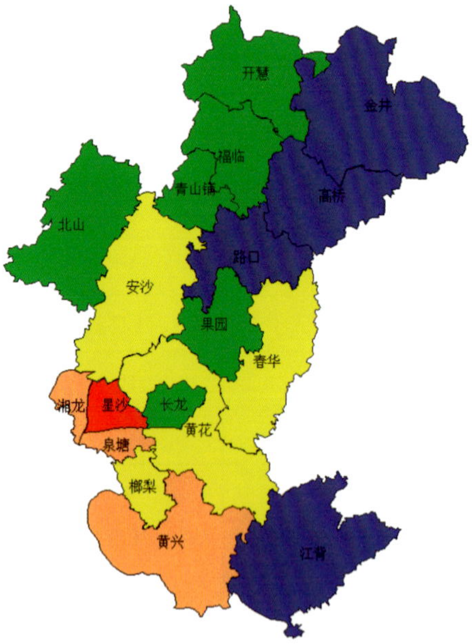

图 2　长沙县 2019 年丙类传染病地区分布图

2019 年全县法定传染病（甲、乙、丙）病例主要发生在星沙街道、泉塘街道、湘龙街道、黄兴镇，该 4 个镇（街）发病数占全年长沙县报告法定传染病报告数的 71.54%，各镇（街）法定传染病地区分布见图 3。

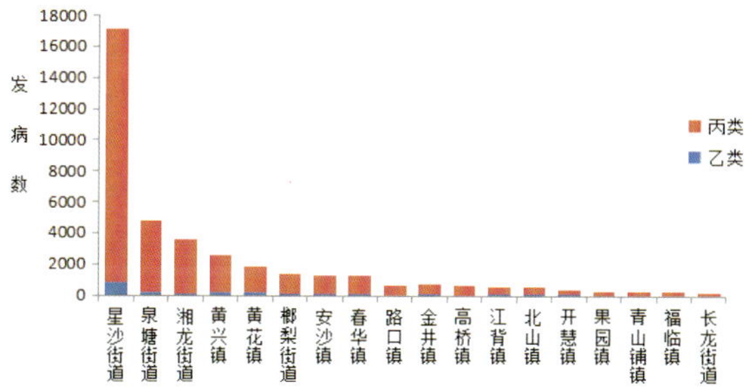

图 3 2019 年长沙县法定传染病地区分布示意图（地区排序）

（二）时间分布

2019 年乙类传染病发病数月分布基本持平，11 月最高（290 例），2 月最低（122 例）；丙类传染病以冬春季（1 月、12 月）为主，病种主要为流行性感冒，10 月发病最低（556 例）详细时间分布见图 4。

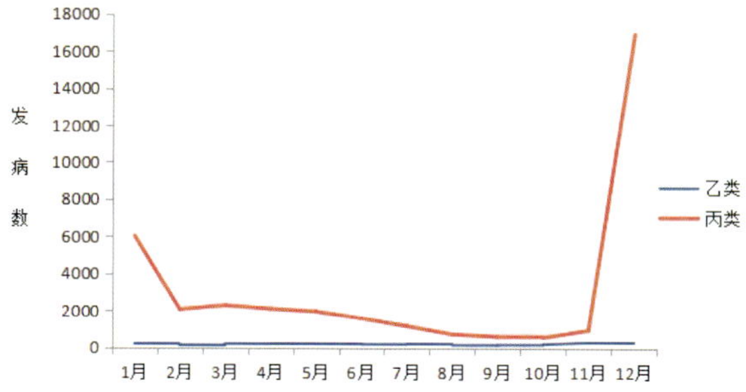

图 4 2019 年长沙县法定传染病发病分月统计图

（三）人群分布

2019 年长沙县乙类传染病发病数居前三位的职业分别为农民（839 例）、幼托儿童（338 例）、学生（288 例），主要病种为肺结核、猩红热、梅毒。详细职业分布见图 5。

2019 年长沙县丙类传职业染病发病数居前三位的分别为学生（15542 例）、散居儿童（9731 例）、幼托儿童（9232 例），主要病种为流行性感冒、手足口病、流行性腮腺炎。详细职业分布见图 5。

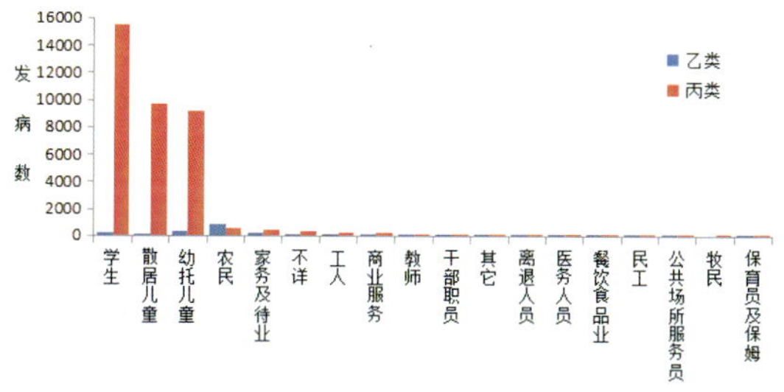

图 5 2019 年长沙县法定传染病病例职业分布图

2019 年长沙县乙类传染病病例年龄分布呈现双峰分布，高峰位于 25—70 岁年龄段，主要病种为肺结核、梅毒；次峰位于 4—7 岁年龄段，主要病种为猩红热。乙类传染病报告病种中男性病例 1556 例，发病率 267.00/10 万；女性病例 943 例，发病率 186.28/10 万。详见图 6。

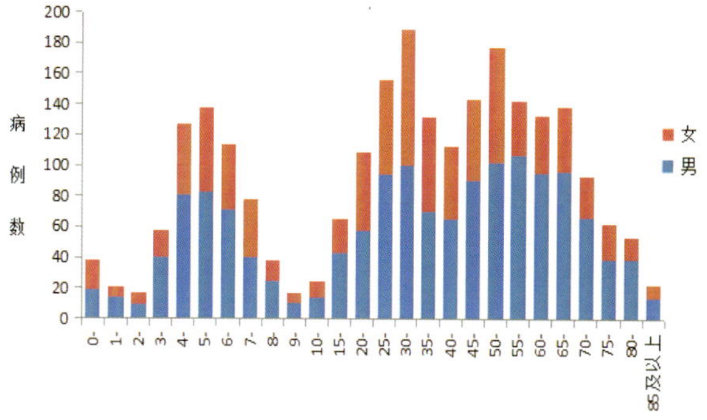

图 6 2019 年长沙县乙类传染病年龄性别分布图

2019 年长沙县丙类传染病年龄分布呈单峰分布，病例主要集中于 0—15 岁年龄段，主要病种为流行性感冒；丙类传染病报告病种中男性病例 19482 例，发病率 3342.97/10 万；女性病例 17018 例，发病率 3361.73/10 万。详见图 7。

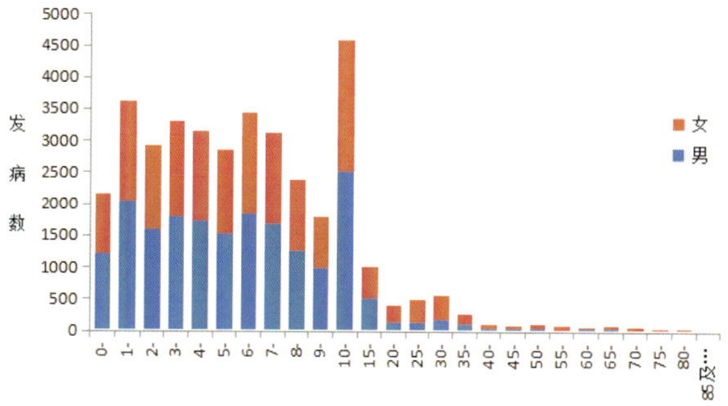

图 7 2019 年长沙县丙类传染病年龄性别分布图

四、甲、乙类传染病分类构成

经分类统计，2019 年甲、乙类传染病中，经血源及性传播传染病 1045 例，以梅毒（529 例）、乙肝（305 例）为主；经呼吸道传染病 1391 例，以肺结核（738 例）、猩红热（604 例）为主；肠道传染病 37 例，以戊肝（12 例）、甲肝（11 例）、痢疾（7 例）为主；自然疫源及虫媒传染病 26 例，以出血热（16 例）、登革热（8 例）为主；无新生儿破伤风病例报告。

血源及性传播传染病类占各类传染病 41.82%，呼吸道传染病类占各类传染病 55.66%，是威胁全县人群健康的主要传染病类型，2019 年各类传染病占报告总数比例见图 8。

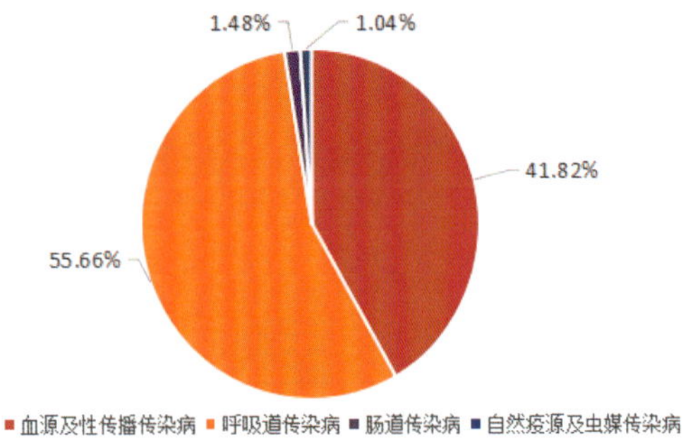

图 8 长沙县 2019 年甲乙类传染病分类构成图

五、重点疫情分析

（一）肺结核

2019 年报告本地肺结核 738 例，报告发病率为 67.76/10 万，报告数较 2018 年（556 例）上升 32.73%；死亡 1 例；其中利福平耐药病例 11 例、病原学阳性 356 例，分别占总发病数的 1.49%、48.23%。

地区分布上发病数位居前三的镇（街）分别是星沙街道（111 例）、黄花镇（87 例）、泉塘街道（66 例），占所有病例的 35.77%；性别分布上男性 519 例，女性 219 例，性别比为 2.36 ∶ 1；年龄分布上以中老年为主，30—65 岁病例占 67.40%；职业分布以农民为主（460 例），发病数占 62.33%。

（二）梅毒

2019 年全县报告本地梅毒 529 例，报告发病率为 48.57/10 万。报告数较 2018 年（506 例）上升 4.54%；无死亡病例；病例分类中隐性梅毒构成比为 83.36%。

地区分布上发病数居前三位的镇（街）分别为星沙街道（141 例）、黄兴镇（63 例）、黄花镇（36 例），占所有病例 45.55%；性别分布上男性 259 例，女性 270 例，性别比为 0.96 ∶ 1，；年龄分布上以青壮年为主，20—55 岁病例占 74.43%；职业分布以农民为主（239 例），占所有病例的 45.18%。

（三）病毒性肝炎

2019 年全县报告本地病毒性肝炎 413 例，报告发病率 37.92/10 万，报告数较 2018 年（425 例）下降 2.82%；无死亡病例。病例分类主要为乙肝（73.85%）和丙肝（20.09%）。

地区分布上发病数居前三位的镇街分别为星沙街道（79 例）、黄兴镇（51 例）、黄花镇（38 例），占所有病例的 40.68%；性别分布上男性 245 例，女性 168 例，性别比为 1.46 ∶ 1；年龄分布上以青壮年为主，25—50 岁病例占 64.34%；职业分布以农民为主（158 例），占所有病例的 38.25%。

（四）流行性感冒

2019 年全县报告本地流行性感冒 28841 例，发病率 2648.38/10 万，报告数较 2018 年（3330 例）大幅上升（766.09%），无死亡病例。

地区分布上发病数居前三的镇街分别为星沙街道（12629 例）、泉塘街道（3825 例）、湘龙街道（2826 例），占所有病例的 66.85%；性别分布上男性 15207 例，女性 13634 例，性别比为 1.11 ∶ 1；年龄分布上主要以 0—15 岁年龄段为主，占所有病例的 92.17%；职业分布前三的分别是学生（13244 例）、托幼儿童（7749）和散居儿童（6092）占所有病例的 93.91%，与年龄分布基本一致；时间分布上呈单峰分布，冬春季节高发，1—5 月发病水平从高到低，逐渐下降，11—12 月发病水平突然抬升。

（五）流行性腮腺炎

2019 年全县报告本地流行性腮腺炎 2553 例，发病率 234.43/10 万，报告数较 2018 年（1855 例）比上升 37.62%，无死亡病例。

地区分布上发病水平居前三位的镇（街）分别为星沙街道（1091 例）、黄兴镇（297 例）、湘龙街道（256 例），占所有病例的 64.39%；性别分布上男性 1399 例，女性 1154 例，性别比为 1.21 ∶ 1；年龄分布上主要以 4—15 岁年龄段为主，占所有病例的 89.87%；职业分布上主要为学生（1843 例），占所有病例的 72.19%，基本与年龄分布一致；时间分布表现为全年发病，4—7 月为发病高峰，后逐渐下降。

（六）手足口病

2019 年全县报告本地手足口病 3130 例，发病率 287.42/10 万，报告数与 2018 年比（6217 例）大幅下降，同比下降 49.65%，无死亡病例。

地区分布上发病水平居前三位的镇（街）分别为星沙街道（1483 例）、泉塘街道（336 例）、黄兴镇（236 例），占所有病例的 65.65%；性别分布上男性 1798 例，女性 1332 例，性别比 1.35 ∶ 1；年龄职业分布上以 0—4 岁散居儿童（2307 例）为主，占所有病例的 73.70%；时间分布上手足口病发病符合肠道传播疾病特点，全年均可发病，4—7 月为发病高峰期。（宋　利）

体　育

【概况】2019年6月16日，长沙县举办全民运动会启动式，本次运动会从6月开始持续到11月，设有环湖健康跑、乒乓球、气排球、工间操、篮球、体质达人评比、足球7个项目，分为镇（街）组、县直单位组和公开组3个组别竞赛，参赛运动员8000人次；6月，承办长沙市区县（市）“公仆杯”男子篮球赛，全市九区县（市）全部组队参赛；9月，承办湖南省第二届健康家庭趣味运动会和长沙市“全城热恋”体育文化节（星沙站）；11月，承办湖南省体育系统气排球比赛，全省400余名体育系统干部职工参加；举办长沙县第八届环松雅湖自行车比赛。

是年，开展体育场地调查和产业调查，全县有各类体育场地2274个，总面积178.8万平方米，按照2018年年末常住人口104.8万人计算，人均体育场地面积1.71平方米。体育产业调查法人单位120个，个体与单位35个。新增县级体育协会1家，新增民办非体育俱乐部4家，有单项体育协会11家。落实全民健身体育器材建设30处，建成健身驿站2个，健身步道1条。开展中小学校免费开放、暑期游泳场馆及免费培训工作，制定2019年《学校体育场馆免费对外开放实施方案》，明确松雅湖第二小学、中南小学、泉塘第二小学、职业中专、贺龙体育运动学校、实验中学、松雅湖中学、百熙实验学校初中部、榔梨街道梨江中学、泉塘中学10所中小学为2019年免费开放学校；制定《长沙县2019年暑期政府购买服务向中小学生免费开放体育场所工作方案》，培训时间20天，主要项目包括足球、篮球、乒乓球、羽毛球、排球、棋类、射箭、体育舞蹈等项目，全县1000名中小学生参加；确定长沙县星沙百城康祺健身会所、长沙县贺龙体校游泳馆为2019年免费游泳开放场馆，注册人数1832人，10157人次参加。2019年长沙县体育工作被评为长沙市“全城热恋”体育文化节特别贡献奖、2019年体育场地调查工作和2019年体育产业调查工作“先进单位”、参加全市全民健身知识大赛获优秀组织奖。

【长沙县全民运动会】2019年6月16日，长沙县全民运动会启动式暨环松雅湖健康跑在长沙县松雅湖畔举行。作为2019年度长沙县全民健身工作的重要内容和落实国家“健康中国2030”规划纲要的重要实践，全民运动会包括环松雅湖健康跑、乒乓球团体赛、气排球团体赛、篮球赛、工间操比赛、足球赛、体质达人比赛7个项目，至11月赛事全部顺利结束，参赛运动员5000人次。

【悦动星沙·畅骑松雅】2019年11月23日，“悦动星沙·畅骑松雅”长沙县第八届环松雅湖自行车比赛在长沙县松雅湖畔举行。本次赛事吸引全国各地800余名自行车运动爱好者报名参赛，为历届之最。比赛分为四个组别：山地车男子团队组、山地车女子团队组、山地车男子公开组、山地车女子公开组。从长沙县松雅湖友谊林前坪（滨湖路与东四路交界处）出发，比赛环湖道内圈3圈，赛程30千米。团队录取前8名，公开组录取个人前15名；此次比赛特别为长沙县籍的选手设置本地选手个人奖，男女分别取前6名；为完赛选手颁发完赛奖牌。

【湖南省体育系统气排球赛】2019年11月23—24日，湖南省体育系统气排球比赛在长沙县星沙全民健身中心举行。本次比赛由湖南省体育局主办，湖南省排球协会、长沙县文化旅游广电体育局承办。全省14个市州和省直管县体育部门的34支代表队近500名运动员参赛。本次比赛有省市级男子青年组、省市级女子组、县级混合组3个组别，2天激烈的赛事中队员们通过顽强的拼搏充分展现出体育的精气神。

（文　婷）

责任编辑　周进银

计划生育

【概况】2019年，全县有全员人口776312人，已婚育龄妇女146485人，计生考核年度内出生人口13009人，出生人口性别比109.72，符合政策生育率98.34%，期内实行计划生育手术2482例，年度内人口家庭工作在全市排名第一。1月，长沙县卫计局被评为中国计划生育家庭发展追踪调查工作优秀单位。加强数据核查确保统计质量，通过综治单位共享的人口数据，做好全员人口信息匹配核对工作。在新生入校、新生儿上户、育妇迁入、婚姻登记、退休人员、工商注册等方面，教育、公安、民政、人社、工商等部门加强信息互通。开展较大规模数据核查3次，核对数据9万余条。在人大代表、政协委员、非公人士、支村两委、文明创建、招聘录用的推荐评选中，严格落实计划生育“一票否决”制度。2019年，计生审核45批次，单位、家庭和个人4648例，否决8例。出生人口性别比治理。根据《长沙市治理出生人口性别比偏高日常管理制度》，把综合治理出生人口性别比工作列入人口计生目标管理考核体系，构建党政领导负责、部门齐抓共管、群众广泛参与的长效机制。定期开展预防“两非”工作专项督查，严格监管孕产过程中各个环节，防止和严查非医学需要的孕情消失，严肃追责“两非”行为，全县摸排移交“两非”线索19条，破获“两非”案件5起；在长沙市召开的整治“两非”工作专题培训班上，长沙县作典型发言。

【计生家庭服务】2019年，长沙县卫计局按照“背靠背摸底、面对面调查、逐级评审、张榜公示”程序确认对象，奖扶上报及时率、准确率及资金发放到位率100%。全年有农村奖扶对象12701人，特扶对象829人，独生子女保健费对象14881人，老年护理补贴391人，城市低保户部分计划生育家庭奖励扶助57人，计划生育特扶专项补助32人，手术并发症对象16人，城镇独生子女父母奖励近8000人，发放资金3100万余元。通过点亮“微心愿”活动，帮助全县300多位特扶对象实现微心愿；帮助全县范围内留守儿童及留守老人实现69个微心愿；邀请全县150余名特扶对象参加2019年“浓浓重阳情·耄悦身心灵”重阳活动。为全县829位特扶对象和113个特扶家庭孩子精心准备1份慰问品。

【流动人口管理】2019年长沙县流动人口总量244825人，流动人口“一盘棋”网络协作到位率100%，信息反馈率100%，及时率100%。通过多种形式及各类健康主题日宣传活动深入工地、企业、学校为流动人口提供健康素养服务，开展“把健康带回家”暨“健康幸福过大年”行动、“留守儿童及留守老人健康关爱”“结核病防控进校园”“艾滋病防控进校园”等活动。（胡　芬）

就业创业

【概况】2019年，通过春风行动、就业援助、高校毕业生就业服务、优化营商环境专项招聘专项活动，省内及跨省劳务协作等活动协助蓝思科技等县内300多家有招工需求的企业招工引才，搭建求职者和用工单位双向交流平台，全年举办公共就业服务现场招聘会30场，新增城镇就业17221人，城镇登记失业率3.2%。

为3217名登记失业人员实施标准化、规范化、精细化就业服务，帮助426名劳动者实现就业；建立12家就业扶贫车间，提供岗位592个，吸纳96名贫困劳动力就业。开展贫困劳动力就业培训926人，其中两后生技能培训30人；对口帮扶龙山县贫困劳动力特色技能培训50人，帮助龙山县农村劳动力转移就业60人；对口帮扶沅陵县贫困劳动力技能培训190人，帮助沅陵县贫困劳动力转移就业86人。全年为企业和贫困劳动力发放就业扶贫政策性补贴801.23万元，长沙县享受就业扶贫各项补贴政策企业13家，惠及服务对象3544人次。落实各项稳就业补贴政策，为2522名灵活就业困难人员发放补贴947万元，发放创业担保贷款792万元。扶持57个创新创业项目，带动就业人员1.1万余人；发挥创业孵化基地创业主体培育作用，226家创业实体入驻孵化基地，吸纳高校大学生、建档立卡贫困户等3589人就业。5月28日，成立全省首个县级人力资源行业协会，34家省内知名人力资源服务机构入会，编发《人力资源简报》推介行业先进经验，解答相关政策。协会全年组织3场专题培训会、4场校园招聘会。

【人力资源实体市场建成】 2019年12月，在县文体中心一楼大厅建成长沙县人力资源实体市场。该驿站分为用工企业洽谈区、求职登记与招聘信息发布区、流动人员档案服务区、就业创业政策宣传区4个功能区域，设20个重点企业招聘展位、6个信息发布窗口及机动展位，每年根据按照相关规定投入经费对驿站维护和运营管理进行保障，为就业创业者与市场主体搭起沟通桥梁。（王婵娟）

社会保障

【概况】 2019年，长沙县企业养老保险参保单位9068家，参保人员61.18万人，其中离退休人员21414人。基金征缴收入约293732万元；城乡居民养老保险参保人数407963人，其中待遇领取人数122658，基金征缴收入32195万元；机关养老保险参保人数20050人，其中待遇领取人数7082，基金征缴收入24564万元；失业保险参保人数17.61万人，基金征缴收入8832万元；工伤保险参保人数14.59万人，基金征缴收入11588万元。7月起，企业养老保险基金收入均于每月底归集到省级财政账户，并于每月25日足额发放到个人，实现“统收统支”，实现养老金连续15次上调，人均增加养老金约121元，增幅6.22%，人均养老金2239元/月。全县新参保建设项目215个，缴费2859万元，全年957人次建筑项目务工人员享受工伤保险待遇2654万元。全年为498家企业办理失业保险稳岗返还，发放返还资金1.34亿元。启动机关事业单位养老保险制度待遇重算工作，1532人按重算的新待遇进行计发，完成率97%；城乡居民养老保险基础养老金提高为203元/月/人。城镇职工养老保险单位缴费比例由19%降低至16%、为企业减负9831万元；继续实施养老保险费率过渡试点优惠政策，为400多家参保单位减负2.35亿元；7月起，失业保险参保人员可通过“智慧人社”APP直接办理失业金申领手续；2019年1月1日至2020年12月31日，申请技能补贴条件由在职职工参加失业保险3年以上放宽至参保1年以上，全年有1944人次享受技能补贴待遇，合计支出297万元。城乡居民养老保险业务经办实现“全县通办”，打破跨地区办理限制，凡长沙县居民，均可就近办理城乡居民养老保险相关12项业务。推广人社业务“网上办”“指尖办”“就近办”，群众从“最多跑一次”逐步升级到“一次都不跑”；规范工作流程，压缩经办时间，社保经办平均办结时限缩减30%以上。

【“三级网络联办”】 2019年1月起，城乡居民养老保险业务实现“村（社区）收件、镇（街）初审、县中心复审”三级联办的模式。6月起，居民养老保险业务可跨地区办理的限制，实现全县通办。凡长沙县居民均可就近选择县域内任意村（社区）办理城乡居民养老保险相关的保险费申报、个人信息变更、参保登记等12项业务。

【社保惠企政策升级】 2019年，城镇职工养老保险单位缴费比例由19%降低至16%、继续实施养老保险费率过渡试点优惠政策、提高失业保险稳岗返还比例，3项政策为参保企业减负近 4.9 亿元。

（王婵娟）

劳动维权

【概况】2019 年，长沙县人社局接待劳动争议咨询 4200 余起，进入立案程序 877 件，其中，调解案件 503 件，同比增长 76%，涉案金额 3420 万余元，同比增长 71%。接待农民工工资问题咨询 1102 起，协调 425 件，结案率 100%，追发农民工工资 5212.3 万元，涉及 2213 人，欠薪案件数量、金额均同比下降。出台《长沙县农民工工资保障金制度》，督促所有企业及建设项目及时按规定预存农民工工资保证金。全年存入农民工保证金约 1.13 亿元，截至 12 月，解冻保证金 1482 万元，保证金余额 9765 万元，涉及农民工近 10 万余人。人社、行政执法、规划建设等 9 部门全年开展 6 次联合检查执法，元旦春节期间，开展农民工工资支付专项检查，排查在建工地 109 家，涉及农民工近 4 万人，追回农民工工资 986 万元；中秋期间开展为期 1 个月“根治欠薪”专项检查，排查在建项目 116 家，涉及农民工 1 万余人。全年审核工伤认定案件 1439 件，其中参保 1362 件，非参保 77 件；审核特殊工时审批 24 件，劳务派遣许可 1 件；审核行政诉讼 9 件、行政复议案件 2 件；审查备案工资集体协议 532 份，覆盖企业 2062 家，涉及职工 3 万余人。7 月，长沙县人社局针对人社业务就近办事项成立宣讲组，分批组织人员对各镇街、村社区就人社“就近办”事项和“一件事一次办”事项业务指导培训 18 场次。

【《长沙县农民工工资支付管理办法（试行）》出台】 2019 年 4 月 24 日，为强化劳资关系预防保障机制，在全省出台《长沙县农民工工资支付管理办法（试行）》。明确成员单位的各自职责；执行农民工工资保障金制度，实现预存农民工工资保证金全覆盖，10 万农民工工资得到保障。截至 2019 年年底，全县所有在建项目均落实农民工工资保证金制定，存入资金约 1 亿元。

（王婵娟）

医疗保障

【概况】2019 年 3 月 20 日，按照县委机构改革整体部署，长沙县医疗保障局挂牌成立，主要职责为制定全县医疗保障政策、规划、文件；拟订并组织实施全县医疗保障基金监督管理办法，监督管理医疗保障基金；执行职工基本医疗保险、城乡居民基本医疗保险、大病医疗保险筹资和待遇政策，实施医疗救助；监督管理药品和医疗服务价格；负责全县医疗保障经办管理。局机关行政编制 6 名，班子成员 3 名，内设办公室、业务指导科、综合监督科。所属副科级事业单位长沙县医疗保障事务中心，事业编制 24 名。

是年，该局开展打击欺诈骗保专项行动，查处协议医药机构 167 家次，解除医疗机构服务协议 1 家，暂停协议 2 家，关停长沙县医保刷卡 81 台；调查处理参保人骗保案件 7 例，其中移送公安部门 1 例、行政执法部门 2 例。追回医保基金约 340 万元，其中 51 家协议医疗机构自查自纠清退违规费用 53 万元、追回个人骗保 1.88 万元。出台《关于进一步规范特门待遇参保对象死亡停保工作的通知》《关于进一步规范医疗机构住院患者在床管理的通知》《长沙县职工基本医疗保险 POS 机刷卡业务实施细则（试行）》等文件。

落实基本医疗保险的各项政策，形成小病门诊、大病住院、慢病特药的三层保障格局。门诊统筹保障到位。城乡居民普通门诊实行限额支付，符合医保政策的普通门诊医疗费用，年度内医保基金最高支付限额 800 元，最高支付限额内的门诊费用统筹基金支付 70%（2019 年 10 月 1 日调整），门诊统筹报销 63 万人次，基金支付 3258 万元，分别同比增长 36.3%、69.5%。住院报销待遇提高。城镇职工基本住院医保基金（含大病医保）最高支付提高到 30 万元（年度）。全年城职协议医疗机构住院 4 万人次，总医疗费用 34235 万元，基金报销 24671 万元，平均实际报销比例 72%。城乡居民医保基金最高支付 42 万元（年度）。全年城居协议医疗机构住院 12 万人次，总医疗费用 86174 万元，基金报销 43579 万元，平均实际报销比例 51%。城镇职工 29 种慢性特殊疾病、城乡居民 44 种慢性特殊疾病按比例报销；经评审符合规定的，可在定点特门药店、协议医疗机构购药。新增特门 2163 人，特殊慢性疾病门诊报销 92470 人次，基金支付 2136 万元。大病特药报销进一步扩面，2019 年在原有 16 种大病特药的基础上新增 17 种抗癌药品纳入医疗保险大病特药的支付范围，全年享受大病特药待遇人数 480 人，医保支付约 1200 多万元。

落实参保减免、提高报销比例、降低起付线等各项政策，全省交叉检查“零问题”。落实财政补助政策。全县建档立卡贫困人口13195人全部参保。建档立卡贫困人口参加城乡居民医保，2019年1—9月，县域内及经转诊县域外住院报销比例不低于90%，根据上级要求，从10月1日起，调整贫困人口住院报销比例，县域内89%，经转诊县域外80%，全年贫困人口住院实际报销比例83.6%。降低大病起付线。建档立卡贫困人口大病保险补偿起付线降低50%，并通过医保系统直接结算，全年结算446人次，报销金额120万元。

承接民政医疗救助职能，优化救助流程，明确救助范围，严格救助标准，将建档立卡贫困户、特困、农村低保三类人员的医疗救助整合进医院实施“一站式”结算，年度最高累计可救助42万元，其他困难对象年度累计可救助29万元，实现基本医疗保险与医疗救助的无缝对接。7—12月，受理其他困难对象医疗救助1454人次，对救助金额7000元以上的上户调查核实，半年救助1334人次，发放救助金1477万元。

梳理服务事项，涉及医保的26个政务服务事项全部实现“一次办”，15个事项通过下放至镇（街）实现就近办，清理证明材料，医药机构办理业务实现“零证明”。完善以住院次均费用为基础的多元复合式医疗支付改革。与84家协议医疗机构重新签订协议。将城乡居民参保对象家庭医师签约服务费纳入医保支付范围，全年签约156618人，支付签约服务费188万元。推进生育保险与基本医疗合并实施，实现参保同步登记、基金合并运行，经办服务一体。加强离休干部、二乙以上退伍军人医疗费用理，开展公务员年度健康检查和企业退休人员健康检查，提高体检标准，加强检后管理。

【医疗保障待遇提升】2019年，长沙县城乡居民普通门诊实行限额支付，符合医保政策的普通门诊医疗费用，年度内医保基金最高支付限额800元，最高支付限额内的门诊费用用统筹基金支付70%（2019年10月1日调整）。住院报销待遇提高。城镇职工基本住院医保基金（含大病医保）最高支付提高到30万元（年度）。城镇职工29种慢性特殊疾病、城乡居民44种慢性特殊疾病按比例报销。2019年，在原有16种大病特药的基础上，新增17种抗癌药品纳入医疗保险大病特药的支付范围。

【医保扶贫政策】2019年，长沙县医疗保障局落实《湖南省医疗保障扶贫三年行动实施方案》，按照“两不愁三保障”标准，完善贫困人口基本医保、大病保险和医疗救助三重保障机制。落实财政资助政策，贫困人口参保率100%。实行健康扶贫“一站式”结算。农村贫困人口落实“基本医疗保险＋大病保险＋扶贫特惠保＋医疗救助＋医院减免＋财政兜底”的结算模式，县域内住院治疗先诊疗后付费，城乡居民医保报销比例提高10%，全县农村贫困人口县域内住院“一站式”结算后实际报销比例90%以上。落实农村贫困人口大病专项救治政策。农村贫困人口大病报销比例提高5个百分点，取消封顶线；大病保险起付线降低，农村贫困人口大病保险补偿起付线从2.8万元降至1.4万元；对罹患四类29种疾病重大疾病在定点救治及指导协议医疗机构实施治疗的农村贫困人口，按单病种包干实施结算。

（唐　微）

退役军人事务

【概况】2019年3月20日，长沙县退役军人事务局在原长沙县民政局大院挂牌成立。主要承担退役军人思想权益维护、移交安置、就业创业、军休管理、优待抚恤、英烈褒扬和双拥等工作职能。局机关内设办公室、优抚褒扬科、移交安置科、就业创业科4个科室，由县民政局转隶县光荣院、军休所、烈士陵园、退役军人服务中心4个局所属事业单位，2019年5月30日，县退役军人服务中心挂牌运行。县拥军优属、拥政爱民工作领导小组办公室与县退役军人事务局合署办公。根据《长沙县机构改革实施方案》，将长沙县民政局的退役军人优抚安置、长沙县人力资源和社会保障局的军官转业安置等职责整合，组建长沙县退役军人事务局，为长沙县政府工作部门。长沙县烈士陵园办公室、长沙县军队离退休干部休养所、长沙县光荣院、长沙县退役军人服务中心由长沙县民政局所属事业单位调整为长沙县退役军人事务局所属公益一类事业单位。长沙县烈士陵园办公室更名长沙县烈士陵园事务中心。

是年，县镇村三级退役军人服

务中心（站）组建挂牌，全县18个镇（街道）和黄兴会展经济区、114个村、89个社区完成退役军人服务站组建，建成3个镇级服务示范站、6个村级服务示范站，推进全县退役军人服务保障体系正规化建设。7月30日，县委第15次常委会会议研究决定，成立中共长沙县委退役军人事务工作领导小组。

全年解答和办理各类信访件165件，印发社保接续政策宣传单（册）1.5万册，宣传海报1.2万份，8—11月，开展重点优抚对象短期疗养，安排5批次150人。开展“最美退役军人”和“模范退役军人”推荐评选表彰等，在县电视台星沙新闻连续推出6期“退役军人风采”专题。退役军人郑卫被评为湖南省2019年度“模范退役军人”，朱豫刚被评为长沙市2019年度“最美退役军人”。

开展驻军部队走访慰问活动，“八一”、春节期间，县四大家和县人武部领导率队走访慰问多家驻县部队（含县消防救援大队）和警备区，拨付慰问资金146万元。完成1座大型双拥广告牌和双拥一座桥、一个社区、一条街“三个一”建设，建成双拥进校园宣传阵地。9月30日，主办全国第六个烈士纪念日向烈士敬献花篮仪式，200余人参加。

【优抚工作】2019年发放优抚对象困难补助金44.28万元、门诊补助费和报销住院医疗费364万元，为特困优抚对象报销门诊和住院补助104万元，发放优抚对象抚恤补助5216万元。扶持和奖励退伍军人初创企业和安置先进企业28家，发放扶持和奖励资金170万元。对全县37户符合优抚建房（修缮）条件的退役军人进行专项资金补助，补助资金67.5万元。开展5个批次疗养活动，疗养重点优抚对象150人。发放“八一”、春节慰问资金826万元，国庆期间慰问获授“庆祝中华人民共和国成立70周年纪念章”退役老兵16名、烈士遗属和部分烈士子女39名、伤残军人336名，发放慰问资金25.56万元。发放并悬挂光荣牌19600块；接收军队退役残疾军人档案28份，新评16份，新增10份，补办伤残证2本，为3名伤残人员申请配备假肢和电动轮椅；认定带病回乡退役军人55名，参战退役人员4名；重新整理退役军人档案2万余份。（陈　谊）

民　政

【概况】2019年，根据机构改革要求，长沙县民政局原承担的优抚安置职能划转至退役军人事务局，救灾职能划转至应急管理局，医疗救助职能划转至医疗保障局，县老龄办职责划转至卫生健康局。是年，长沙县社会救助事务中心被评为“全省民政系统先进集体”。北山镇福高村、果园镇浔龙河村被评为“省级优秀村规民约”。泉塘社区创建省级和谐社区建设示范社区，浔龙河村、新云村、九木村创建省级农村幸福社区建设示范村。举办第一届儿童主任培训班，全县203个村（社区）的儿童主任及相关工作人员参加培训。全年办理收养登记9例，发放孤儿基本生活费34万元、困境儿童生活补贴124万元，发放重度残疾人护理补贴580万元、困难残疾人生活补贴1018万元。提质改造省级、县级儿童之家各10个，金井镇金龙村、北山镇北山村被评为“省级儿童之家示范点”。福利彩票销售总额2.9亿元，位列全省县级市场第一。（曹　斌）

【社会救助】2019年，城乡最低生活保障标准提高到650元/月、特困人员基本生活标准提高到845元/月。全县享受居民最低生活保障对象5559户11194人，发放保障金4712万元。特困供养对象3778户3854人，发放保障金3494万元。全县有一类社会救助兜底对象131人，人均救助807.33元/月；二类对象359人，人均救助479.11元/月；三类对象5037人，人均救助370.66元/月。开展特困供养和低保对象“三关三疏”专项行动，摸排走访困难对象400余名，通过公益创投项目对95名重点对象实施心理疏导服务。全年临时救助6863余户，发放资金1105万元。在城区5个街道53个社区开展城市特殊困难群体急难、医疗、住房、就业和基本生活“五帮扶”活动，帮扶653户，发放资金187万元。认定包括困难职工和农民工及其家属在内的住房保障低收入家庭80户（为廉租住房实物配租户）。县财政出资166万元为全县城乡居民购买民生保险。为全县分散供养全自理人员购买护理保险，为分散供养失能半失能对象、集中供养对象发放护理费445万元。申报调高4号、5号令拆迁群体生活补助标准100元

/月。全年救助城市生活无着人员1288人次，护送返乡38人。筹备2020年“送温暖、访民情”春节慰问活动，县财政专项安排3997.86万元，慰问3.5万余人。长沙县社会救助事务中心被评为“全省民政系统先进集体”。

【养老服务】2019年，新增长沙县社会福利院为民政局所属事业单位，并核定全额拨款事业编制2名，出台《长沙县社会福利院兜底供养保障办法》，完成长沙县社会福利院建设并委托青松老年公寓运营管理。新增民办养老机构2家，新增养老床位150张，发放民办养老机构建设、运营、消防等补贴371万元。出台《长沙县城乡困难居家养老服务中心资金补助实施细则》，新建居家养老服务中心3个，发放建设、运营补贴389万元。推动江背镇敬老院续建，高桥镇敬老院新建，拨付建设经费540万元。出台《公办敬老院自愿寄养服务收费管理使用实施细则》，提升敬老院管理服务水平，拨付工作人员工资537万元，工作经费180万元，门诊医疗经费200万元，敬老院护理区维修改造资金100万元。落实各项老年福利政策，发放高龄津贴2228.89万元、基本养老服务补贴41.6万元。（袁志国）

【基层政权建设】2019年，出台《关于推进村（居）务监督委员会与村（社区）纪检小组一体化建设的实施方案》，加强基层村务监督。更换村（社区）特别法人统一社会信用代码证书32张。落实村规民约修订，北山镇福高村、果园镇浔龙河村被评为“省级优秀村规民约”。新增湘瑞、湘滨、高峰、光达4个社区开展为期3年政府购买社区社工服务。指导星沙、湘龙、泉塘街道完成仙塘岭、大塘冲等7个社区析置工作，全县有114个村、96个社区。铺排540万元用于社区建设项目，创建省级项目4个、市级项目27个、县级项目39个，泉塘社区创建省级和谐社区建设示范社区，浔龙河村、新云村、九木村创建省级农村幸福社区建设示范村。通过项目建设，创新新云村“组规组约”、浔龙河村“村企共建”、景星社区“党建＋社区治理”等基层自治模式；打造泉塘社区“红润泉塘”，湘贸社区“商居一家亲，五零我先行”、长界社区创建“红心汇长界，长界聚青春”等社区服务品牌。（舒淑芳）

【婚姻家庭】2019年，长沙县婚姻登记中心办公场地迁至星沙文体中心。全年免费复印证件15948人次，免费拍摄证件照10167人次，免费颁发结婚证并推送颁证视频910人次，免费接待婚姻辅导6250人次，参与调解1060人次，成功调和570人次。办理结婚登记5909对，离婚登记2491对，补领结婚证1524对，补领离婚证151本。

（张卫荣）

【慈善事业】2019年，特困家庭高等教育慈善助学资助特困大学生490人，发放助学金172万元。开展“城乡低保家庭尿毒症患者救助”项目，全年救助113人，发放救助金53.16万元。新增镇（街）基层慈善组织5个，村（社区）慈善工作服务站5个。认真做好“特大病医疗慈善救助”等慈善救助，指导定向捐赠11例，金额358.6万元。

（刘晓平）

【区划地名管理】2019年，对全县120个新建商品住宅区和企事业单位建筑物进行标准化命名和地址标准化处理。“金凤路”“书韵路”“沙溪街”等80条道路正式命名并公布使用。开展“长雨线”界线联检，签署《长雨线平安边界建设协议书》。规范整改全县路牌2600余块。推进地名普查图录典志编纂，提供国家、省、市典志有关长沙县部分的编稿内容，上报历史地名保护名录120条，县级图录典志及《文化荟萃》完成书稿样本编纂。（方　芳）

【社会组织服务】2019年，全县登记在册社会组织668个，其中社会团体166个、民办非企业单位502个。举办长沙县首届志愿者晚会，弘扬“奉献、友爱、互助、进步”的志愿精神，公开表彰10名最美志愿者。新增执证社工63人，年末全县持证社工353人。安排270万元专项资金支持16个涉及禁毒、养老、儿童安全、青少年心理健康等领域的公益创投项目。实施“禾”计划，在全县18个镇街设立社会工作站，协助开展扶老、助残、济困等工作。（陈　鸽）

【殡葬管理】2019年，全县15家农村公益性墓地总建墓穴26175家，安葬10064例，全年火化遗体4838例，发放惠民殡葬资金644.57万元，补助入葬农村公益性墓地498例、19.12万元，奖励不留骨灰 55 例 11 万元。提质改造北山、福临、高桥 3 家农村公益性墓地。开展以“推动移风易俗、推进集中治丧”为主题的殡葬宣传月活动，出动宣传车 58 台次，发放倡议书 2.5 万份。开展专项行动，排查整治私埋乱葬、私建公墓、违法违规私建“住宅式”骨灰安放建筑等突出问题。（陈炭如）

民族宗教事务

【概况】 2019 年，长沙县有 37 个少数民族族别，10755 人，超过 1000 人的有土家族、苗族。流动少数民族人口 1000 余人（不含长沙经开区企业），主要为新疆、四川、青海等地流入人口。长沙县是全省宗教工作重点县之一，县内多宗教并存，包括佛教、道教、基督教和民间信仰，成立县佛教协会、道教协会、基督教“三自”爱国运动委员会 3 个宗教团体。有宗教（民信）场所 100 余处，有认定备案的宗教教职人员 100 余人。

民族团结进步行组委会到沅陵开展民族学子扶贫助学活动捐赠助学款 13 万元。组织召开到长少数民族代表人士交流座谈会。组织开展宗教活动场所消防安全（演练）培训，宗教（民信）活动场所负责人和安全管理员 70 多人参加培训。陶公庙庙会是省级非物质文化遗产项目，有 1500 多年历史。2 月 17 日，举行陶公庙新春庙会，长沙县非遗文化旅游活动暨乡风文明建设启动式同步举行。举办民族宗教政策法规培训班，主要贯彻落实省、市委统战部、省、市民宗委重要文件精神，学习新修订的《中华人民共和国宪法》和《宗教事务条例》，县、镇（街）两级民宗干部，全县宗教团体及登记开放的宗教活动场所主要负责人、教职人员及民间信仰活动场所负责人 180 余人参加培训。培训班上，市委统战部副部长刘佳勇围绕宗教领域和宗教工作的新情况、新修订《宗教事务条例》等内容进行培训，着重分析 2019 年以来宗教形势分析及工作建议等。

【慈心佛教功德会召开】 2019 年 8 月 31 日，长沙县慈心佛教功德会第一届第一次会员大会召开。会议审议并通过《长沙县慈心佛教功德会章程》，明确长沙县慈心佛教功德会以开展扶贫救济、赈灾克难、敬老恤孤、助学扶教等各项慈善事业为宗旨。会议民主选举产生长沙县慈心佛教功德会第一届理事会和监事会。通振法师当选为理事长，毛鑫、李启雄当选为副理事长，心杰法师当选为秘书长，心年法师当选为监事长。

【罗明原道长 100 周年诞辰纪念活动】 2019 年 9 月 26 日，湖南省第五届道文化节系列活动在长沙县陶公庙隆重开幕，活动围绕喜迎中华人民共和国成立 70 周年的主题展开，先后表演主题音诗画《道德经》、道教科仪《开天符》、太极表演《天地行云》、主题曲《碧月明心》等道文化音乐节目。27 日上午举行庆祝中华人民共和国成立 70 周年祈福法会和罗明原道长思想研讨会。

【第二届“禅墨潇湘”书画艺术展举行】 2019 年 12 月 27 日，由长沙县九溪书画院、长沙县书法家协会、长沙县慈心佛教功德会合办的第二届“禅墨潇湘”书画艺术展、九溪书画院成立 3 周年书法笔会、“迎新·送福”书法艺术家赴金井镇写春联活动在金井镇九溪古寺开幕。为庆祝九溪书画院成立 3 周年，书法家们共同挥毫泼墨创作作品。同时，省、市、县级书法家“迎新·送福”共同为金井镇居民写春联送福字，书画展展出作品近 70 幅，主要包括九溪书画院收藏的海内外诸山长老和省市县书画艺术家的作品。

（张　伟）

责任编辑　周进银

黄兴镇

【概况】2019年，黄兴镇税收1.058亿元，完成规模以上工业总产值13.69亿元，同比增长6.67%；固定资产投资103.17亿元，同比增长28%；规上其他营利性服务业营业收入2.59亿元，同比增长7.53%；限额以上社会消费品零售额2.88亿元，同比增长8.64%；实际到位内资21.69亿元；外贸进出口6404万美元。完成黄兴镇管理体制改革，自10月1日起，黄兴镇干杉片区7个村（社区）由黄兴会展经济区托管，黄兴会展经济区全面负责干杉片区范围内党的建设和经济社会管理工作。

全镇市重大项目12个，推进晟象物流、龙喜水乡等7个续建项目，启动长沙国际会议中心、展通物流等5个新建项目。政府投资项目62个，完成建设38个。在拆在建项目45个，签约637户，倒房359户，腾地112.33公顷，开展“清零行动”2次，实现场馆预留地、沪昆置换地、江天生态等31个项目清零。新增湖南萌芽蔬菜等4家“升高”企业。协助娄底总部项目完成挂牌程序、思胜智能项目开工开建，引进八百里总部、海尔集团泰和医院、豪嘉南雅学校等项目，招商引资15.67亿元。

投入资金400万余元开展小微水体管护及水利基础设施建设，完成小微水体管护示范片区建设和大塘港治理。农户厕所无害化改造1920座，公共旱厕改造6座，拆除生猪栏舍9700平方米，拆除养殖设施4.5万平方米，关闭塑料加工作坊13家，综合整治4处大棚房。开展产业扶贫，年度脱贫7户20人，黄兴商会36家爱心企业重点帮扶30户建档立卡贫困户。制定《黄兴镇村级财务管理办法》《黄兴镇村级工程管理办法》等制度，打击“E租宝”“套路贷”、非法集资等破坏金融秩序行为。完成黄江公路2.6千米道路“白改黑”，美化树新路口临街墙体立面；拆除违规招牌634处；覆盖绿毯1.05万平方米。组织拆违行动97次，拆除整治违法建筑319处，面积43万平方米，危房改建18户。

6宗在建房源项目选房完成，解决该镇2043户6916人购房需求。完成1859户退伍军人悬挂光荣之家牌，接待劳动维权来访群众1200余人次，解决劳资纠纷问题110起，残疾人家庭无障碍改造60户，182户重症特困家庭申报享受大病救助，发放救助金295万元。残疾人家庭无障碍改造工作被评为“长沙市优秀示范典型”。仙人市卫生院恢复试运行，家庭医生签约服务约3万人。举办“传承中华经典 喜迎祖国华诞”诵读比赛等大型文化活动12次，被评为“长沙县第十五届舞龙比赛金奖”，配合县文物局申报黄兴镇龙舟赛市级非遗项目，完成凤凰庙遗址等9处文物点标志标牌制作。提质改造黄兴镇中心小学、干杉中学、干杉中心幼儿园等9所学校和幼儿园，16所中小学幼儿园创建市级平安校园，干杉中心小学、黄兴中学被评为“市级文明单位”。

新建长沙县安全生产培训体验黄兴基地，全年培训4000人次。

投入150万元，打造黄兴镇安全生产示范路黄江公路。开展各类宣讲活动154场，发放宣传资料近1万份。取缔非法窝点114处，排查存储危化品违法行为44起、查获危化品220吨，规范燃气三级供应站25家。侦破全市首起“三贷三霸”涉黑涉恶案件，查处海吉星市场内涉恶团伙成员21人，摸排纠纷线索138件，调处矛盾纠纷86起。建设黄兴镇社区戒毒（康复）中心。依法取缔非法洗砂场19处，取缔“四小”场所51家。

【地铁4号线通车运营】2019年5月26日，长沙地铁4号线载客试运营，4号线一期工程是长沙开通最长的轨道交通线路，全长33.5千米，北起罐子岭南至杜家坪，线路串联望城区、岳麓区、天心区、雨花区和长沙县，途经滨江新城、溁湾镇商业中心、岳麓山大学城、南湖新城、高铁新城、黄梨副中心等重要城市功能中心和枢纽地带。在黄兴镇有光达站和杜家坪站，加上地铁2号线杜家坪站，黄兴镇迈入“双地铁”时代。（刘曙山）

江背镇

【概况】2019年，江背镇一般预算收入6445万元，全社会固定资产投资额40.8亿元，工业总产值40.2亿元，规模工业总产值34亿元，引进市外境内资金形成固定资产投资5804万元，社会消费品零售总额2518万元。规模以上企业42家，全年农业总产值7.96亿元，农民人均可支配收入40254元，粮食作物总产量2.8万吨，油料播种面积1220公顷，油料产籽总量1869.93吨，生猪出栏量1.2万头，家禽年饲养量13.43万羽，花卉苗木种植面积1613.33公顷，品种200余种。农业企业12家、各类农业合作社229家、家庭农场44家。

发挥15个示范支部引领作用，建成4个县级示范村，19个镇级示范村民小组，评出96个示范户；公开选拔村级后备干部33名，其中26名全职驻村参与工作；建成新时代文明实践所，成立多彩江背新时代志愿队、宣讲团、文艺服务队，提供志愿服务4000余人次，组织开展宣讲60余次，拍摄《社会人》《家庭医生》《提亲》等7部微电影，举办首届红色文化艺术节暨“党建+‘五零’”建设文艺晚会等12场专题文艺会演。

全年新增规模以上企业8家，实有企业42家，其中工业企业33家，规模以上工业总产值同比增长10%。盘活闲置用地18公顷，吸引13家企业入驻（其中规上企业3家），创造产值3.5亿元，税收200万余元。指导同心实业重组改制，支持印山台水泥、坚韧机械、梅花机电等企业扩大产能。协调争取临空经济示范区全面托管梅花工贸新区，争取优质企业资源入驻，申通快递、鑫胜电力、梅花机电、英平机械、坚韧机械5个招商项目通过项目建设领导小组前置会。

全年农业总产值7.96亿元，农民人均可支配收入4万元，同比增长14.7%。以“五个融合”为重点，打造五福—梅花—阳雀现代农业产业示范片区，投入400万元提质改造锦绣江南、天大生物、多彩农业、龙头井、雅怡、自成肉牛等农业企业。引进望家欢公司加强全镇农产品供应链管理服务，借助益农惠农互联网电商平台打通线上销售渠道，形成农产品流转、生产（种养）、供应、销售、配送完善的产业链。

推进特立故居升级改造、五美中学提质扩建，完成熊瑾玎故居考古工作，制订故居资料收集和文物整理方案。举办长沙县锦绣江南第二届梦幻灯光节、第四届红樱文化节、五福村油菜花文化旅游节、首届红色文化艺术节等旅游节会，全

2019年，江背镇印山村天玺湖一角　　（熊娅涵　摄）

年接待游客150余万人次。

2019年建设黄江公路、云田—浏阳500千伏电力线路、潜江—韶关输气管道工程。提质改造朱梅线、暮五线。集镇新区34户15公顷土地拆迁清零，历时12天完成江杉高速（江背段）房屋签约清零。硬化提质改造朱桥至阳雀等5条交接路，敬老院新建项目主体工程完工。启动梅花中学、朱桥小学合并提质改造。江背工业园污水处理厂投入运行，完成集镇后街水体整治及污水管网建设，保障居民用水安全卫生。突出浏阳河、三叉河治理和小微水体管护，分别打造五福村、金洲村为市、县级小微水体管护示范片，草塘堪河（五福村段）被评为“湖南省美丽河湖”。

提质改造Y243线、八清线与五梅公路联络线项目，建成河畔农民公园、生态湿地公园、美丽乡村大舞台。启动长沙县与湖南农业大学产学研乡村振兴示范片区（江背）建设前期工作。指导肖排村创建市级乡村振兴示范村，梅花社区、阳雀新村、印山村创建县级乡村振兴示范村。引导各村（社区）整合资源，实践三种集体经济发展新模式，盘活集体资产8处，引进5家企业，年均集体收入增加113万元。

推进产业扶贫，自成肉牛合作社被评为“省级重点产业扶贫项目”，全镇400户1420人参与面上村产业扶贫，人均年增收760元。落实家庭医生履约，596人纳入慢病管理，家庭医生签约服务率100%。雨露计划补助贫困学生47人13.95万元。开办5期农村劳动力转移技能培训班，新增贫困劳动力就业12人，新增农村劳动力转移就业306人。实现建档立卡户房屋危险性鉴定全覆盖，完成84户危房改造。制定《江背镇2019年污染防治攻坚战工作方案》，严格环保执法，退出养殖600余户，关停散乱污企业2家。改厕1500座，全镇创建垃圾分类减量示范村13个村（社区），实现垃圾分类全覆盖，年内上缴和自行处理可回收垃圾量600余吨。

全年新增居民低保64户、特困供养13户，发放低保金370.8万元、特困供养保障金354.3万元。走访困难户951户，发放慰问金230.6万元，申报困难群众医疗救助261人次。新增享受高龄津贴待遇老人288人，发放津贴185.6万元。制定《江背镇贯彻落实“城市管理提质年”实施方案》，开展人行道、下水管道、集镇绿化提质改造。开展拆违控违整治，拆除空心房50余座，违法建筑41宗、非法搅拌站2处，面积4.5万平方米。开展“三大行动”“强执法防事故”“打非治违”等专项工作，对辖区内240家生产经营单位进行执法检查，排查安全隐患350处，责令停产整顿企业9家，关停非法违法生产经营单位3家，立案35家，镇村两级调解矛盾纠纷106起。

【岳汝高速联络线通车】 2019年6月27日，岳汝高速联络线建成通车。该项目起点与省道104黄江公路（黄江大道段）相接，终点顺接岳汝高速江背互通收费站，项目总投资约5.4亿元，路线长度14.202千米，其中江背镇境内约11千米，黄兴镇境内3千米。道路采用一级公路标准，设计速度80千米/小时，路基标准宽度24.5米，沥青混凝土路面，项目路灯、自来水、燃气、弱电等配套设施与道路建设同步实施到位。（熊娅涵）

黄花镇

【概况】 2019年12月16日，《长沙县黄花镇行政管理体制改革实施方案》经县委机构编制委员会办公室审核，此次改革重新调整设置内设机构、事业单位10个，其中镇机关党政机构6个：党政综合办公室、基层党建办公室、经济发展办公室（农业农村工作办公室）、行政审批服务办公室（社会事务办公室）、自然资源和生态环境办公室、社会治安和应急管理办公室，事业单位4个：社会事业综合服务中心（文化综合服务站、退役军人服务站）、农业综合服务中心、便民服务中心、村镇建设服务中心；核定编制55名、全额拨款事业编制72名。

是年，财政总收入11.58亿元，基础税源总收入3.35亿元，一般公共预算收入1.28亿元；全年规模以上工业企业工业总产值83.78亿元；全社会固定资产投资43.34亿元；新增“四上”企业31家，其中：新增规模以上工业企业14家，新增高新技术企业3家；招商引资到位内资8000万元，到位外资1000万美元，进出口总额4550万美元，完成R&D投入7200万元。5月28日，喜来登酒店和成都航空签约入驻长沙临空经济示范区湘域国际广场。9月，在《中国乡镇综合竞争力报告 2018》中国中部乡镇综合竞争力百强中排名第 38 位。10 月，在中国建制镇综合实力排名全国科学发展千强镇第 233 位。

在拆项目 40 个，征地总面积 1066.64 公顷，签约 1300 余户，腾地 866.67 公顷，其中蓝思科技、山东太古、60 号令生产留用地、龙峰大道、思源东路等区县重点项目清零，三一智联重卡项目腾地 333.33 公顷。9 月 28 日，三一智联重卡项目开工暨道依茨发动机项目签约开工动员活动在该镇三一智联重卡产业园举行。开展机场改扩建工程前期调查，完成涉及拆迁区域“三控”等工作，全年拆违 169 处，面积 16.8 万平方米。

开展市容市貌、餐饮油烟、建设工地等专项整治行动 36 次。启动 18 个村（社区）的垃圾分类示范村建设工作，改厕 1900 座。整改省环保督察案件 13 个，办结中央环保督察“回头看”交办案件 24 个。加大民生事业投入，金阳大道全线路灯安装项目、兴湖公路白改黑提质改造、坤隆商业街 A 区道路硬化及雨水管道等项目完成，银龙村、大兴村安装路灯 800 盏，20 余千米组级公路建成通车，安装公路波形护栏 40 千米。开展安全生产检查 120 余家次，责令停产整顿安全生产隐患单位 17 家。

【梨江港治理工程建设】2019 年，针对黄花污水处理厂处理容量不足导致梨江港水质较差的问题，黄花镇实施 5 个截污治污工程：投资 350 万元，修复集镇污水管网严重缺陷处，疏通清淤、障碍物清除并恢复砼管道、HDPE 双壁波纹排水管；投资 390 万元，从蛇皮港与远大路交汇处新建直径 1 米市政污水主干管网至截污池；投资 300 万元，在梨江港河道两侧砍青杂草，处理河道垃圾，河道清淤，新建拉渣坝，在河道内栽植水生植物；投资 380 万元，将截污池扩容提标，建成混凝土箱池、装格栅，增设 2 台泵，将污水泵升至黄花污水处理厂及城南处理厂，增强污水处理能力；投资 350 万元，改造集镇部分雨污合流区域，实现雨污分流，治理源头污染。（王仕民）

春华镇

【概况】2019 年，春华镇财政总收入 2839.8 万元，同比增长 21.3%；一般公共预算收入 1301.1 万元，同比增长 40%；规模工业总产值 3.29 亿元，同比增长 4%；农林牧渔总产值 9.39 亿元，同比增长 5%；固定资产投资 11.8 亿元，外贸进出口额 950 万美元。是年，春华镇入选长沙市实施乡村振兴示范镇，被评为长沙市“农村人居环境整治三星级乡镇”“市级秸秆禁烧示范乡镇”。

建设春华省级现代农业示范园项目，完成一期 100 公顷高标准农田建设，施工图设计二期 166.67 公顷高标准农田工程，推进种植区招商。春华健康城项目“二次招商”，引入蓝城集团共建高端养老特色小镇，康养产业培育取得新突破。投入 730 万余元，实施农业企业产业发展和基础设施建设涉农项目 36 个，完成茶产业项目 8 个。国际稻都向工业地产转型，建成升印轩中华米升博物馆。投入 2518 万元实施乡村振兴项目 27 个。投资 680 万余元整治金鼎山社区 106.67 公顷农田，投资 800 万余元整治大鱼塘村 100 公顷农田项目。完善水利设施，投入 320 万余元实施 2019 年第一批小农水项目 46 个，高效节水项目 3 个。鼎功—浏阳 500 千瓦输电线路、潜江—韶关输气管道项目春华段项目基本完成，投资 6000 万余元的 110 千瓦变电站项目完成前期工作，投资 5350 万元的开元路东延线提质改造启动建设，投资 400 万余元的九横线大修完成设计，投资 730 万余元硬化农村公路 17.1 千米、生态路 3.7 千米。发展农旅融合，投资 1889 万元的百熙文化园项目建设启动，设计方案审批、项目预算评审等前期工作完成。百熙亲子文化园、云旅农庄、战狼农业等一批农旅融合经营主体取得新发展。百熙村获批百熙书院项目，拟重点建设教育文化园产业，一期工程投资 1800 万余元。

举办“春华春色”第三届油菜花节和“荷韵春华、虾香花园”第四届龙虾荷花节系列活动。3 月推进河长制工作，开展水环境保护知识“进校园”“入家舍”以及“净岸”行动。6 月 16 日，组织开展“懂健康知识 做健康老人”主题宣传活动。发放老年健康宣传资料 200 余份，为老年人免费测量血压 100 余人次，联合镇社工站为老人义务理发 20 余人。7 月 2 日，在百熙村举行五悦先锋 · 情系百熙“红心永向党 携手奔小康”联谊晚会，县文化旅游广电体育局向村民赠送足球等价值 6000 元的体育器材；县图书馆为村民赠送700余册养殖类、文学类、少儿类书籍。7月15日，举办“大学带小学 家乡学子情”主题活动，开展为期1个月学生假期辅导班，百熙村、武塘村、春华山村和花园新村380余名学生参加。9月10—11日，组织辖区内企业为400名职工提供免费体检服务，节约企业开支2万余元。9月12日，“五零”宣讲，献礼中华人民共和国成立70周年。

坚持“造血式”扶贫，发展产业扶贫项目9个，覆盖贫困户360户，带动贫困户户均增收3000元以上。推进教育扶贫，申报春、秋季雨露计划108人次，资助建档立卡学生427人次。完成电瓷厂棚户区改造，解决118户下岗职工住房问题。新增低保27户，新增特困供养人员11户；新申请困难居民医疗救助94户，救助金额127.8万元。居民养老保险缴费16186人566.29万元、医疗保险缴费26288人617.8万元。落实退役军人信息采集、1057块光荣牌悬挂等。新增创业主体252家，带动城乡就业人数356人，组织职业技能培训3次，培训130余人。实施农村危房改造30户，发放补助资金114万元。全年出生人口532人，组织团体义务献血183人，“两癌”筛查1432人。实施心血管病高危人群早期筛查，完成1200余名对象心血管病筛查。排查发现隐患228条，督促企业整改193条，责令停产整顿21家小企业、小作坊，办理行政处罚案件13起，处罚金2.1万元，提质改造小餐饮“透明厨房”3家，取缔非法屠宰点2家，查处食品案件10起。

2019年，春华镇塅港市级小微水体示范片创建水塘治理（春华镇 提供）

严管森林防火，集中排查八类场所23次117家。组建镇专职消防队，开展现场灭火16次。实施“路长制”，排查整改道路安全隐患72处，开展联合执法行动56次。拆除历史违建6732平方米。强化特殊人群帮教管理，社区管理服刑人员21名、戒毒人员40人、康复人员7人，开展禁毒宣传活动6次。

裸露黄土覆盖7.3万平方米，拆除违法混凝土搅拌场3处，处置巡查发现问题91处。实施秸秆综合利用稻田面积3400公顷。落实“河长制”工作，整改12处河湖“四乱”问题。畜禽养殖禁养区清零，引导370户养殖户自愿拆除栏舍3.1万余平方米。

【塅港市级小微水体管护示范片区建设】 2019年，春华镇塅港小微水体管护示范片区涉及塅港、荷湖、毛坪等3个组304户，水塘9口，沟渠5.2千米，2019年列入长沙市小微水体管护示范区创建。示范区家畜清零，零星禽类养殖粪便干湿分离，污水无直排；散户、多户、公共场所分类，通过化粪池、隔油池、生态池净化处理，农村生活污水达标排放，片区内三（四）格式化粪池全覆盖；打造120座隔油池，厨房用水进入隔油池处理；建设污水管网3000米，集中居住区建有小型人工湿地和5吨、40吨小中型污水处理设备并建有150吨大型一体化处理设备。增设470平方米人工浮岛，对农家小池塘定期换水或石灰消毒杀菌处理。对塅港组开展农田水利建设，修缮1.5千米生态渠，新建0.5千米松树桩生态渠，恢复塘渠等小微水体自然连通。

（张　琪）

果园镇

【概况】 2019年，果园镇财税总收入3000万元，一般预算收入521万元，规模以上工业总产值5741万元，固定资产投资20.9亿元，社会消费品零售总额1199万元。果园镇被评为国家级卫生乡镇；启动国家级新型城镇化标准化试点。7月，浔龙河村被评为全国乡村旅游重点村和中国美丽休闲乡村；9月25日，果园镇被命名为2019年湖南省特色文旅小镇；12月30日，田汉文化园获批国家AAAA级旅游景区。

年内，张公塘小微水体治理被评为市级小微水体治理示范片区。

浔龙河生态艺术园，全年投资3亿元，麦咭运动不一样、甜甜湾室内动物园、维也纳酒店、火宫殿、时光潇湘商业街、樱花谷玻璃桥、水滑道等项目相继建成开业，湖湘民俗园建成开园，全国越野摩托车锦标赛基地开工建设。田汉戏剧园完成规划设计，艺术农耕园稻虾养殖基地建设266.67公顷，特色水果66.67公顷、有机蔬菜33.33公顷，先后举办樱花节、第三届龙虾节等旅游推广活动。

果园镇组织"一件事一次办"镇村工作人员前往县政务中心培训4次，路口市监所培训1次，政府4次业务培训。全年通过镇级基层平台受理事项1366件。新增低保15户33人，清退40户98人，新增特困供养5户5人，在册低保261户578人，在册特困供养人员213户218人，全年发放低保金237万元，发放特困供养救助金198万元。8月镇社会事务办创新工作方式，通过政府购买服务方式委托长沙市三和社会工作服务中心参与社会救助相关工作。全年春节慰问对象746人，发放慰问金164.9万元；发放残疾人救助金55.68万元，发放残疾人器具折合人民币2万元，收取个人账户养老金321万元，全镇投入产业扶贫资金122万元，组织900名适龄妇女参加免费"两癌"筛查。

全镇粮食播种面积1733.33公顷，总产量1.3万吨。开展有关粮食生产技术培训、新型职业农民培训等培训6次。早稻发放低镉谷种57190千克，发放技术资料5万份；组织各村（社区）签订农机安全责任状，年检（审）农机144台。开展全镇养殖户生猪排查4659户，扑杀疑似非洲猪瘟生猪。

联合果园执法中队开展执法案件数76件，罚款8.84万元，下达限时整改通知书61份；覆盖裸露黄土4.8万平方米；关停4家和搬离2家出现违规生产、无污染防治设施等现象的企业；落实畜禽退养，签订畜禽养殖退养协议736户，拆除房屋面积1.33万平方米，拆除养殖设施面积3.45万平方米。旱厕改造105户，四格式无害化厕所数40户。

办理工贸行业行政处罚案件8起，关停企业1家，关停黑作坊1家。开展交通安全联合整治行动60次，出动执法人员350人次，检查过往小车、货车、客运车辆1800台次，查处道路交通违法行为200起。办理消防安全处罚案件12起。取缔3起非法经营储存液化气的行为。

浔龙河生态艺术小镇举办"浔龙河樱花节""果园镇龙虾节""浔龙河印象街"开业仪式等活动，全年接待游客100万人次。举办以安全生产、迎新年、精准扶贫、廉政建设为主题的文化活动4场，指导浔龙河举办以家国文化为主题活动1场，3月27日—4月1日，举办《田汉画册》首发式、"田汉与国歌"主题研讨会、"田汉故里好家风"书画展、"清明·缅怀田汉诗歌朗诵会"等系列群众性文化活动，邀请国家京剧院演出田汉经典戏剧，接待"海外华文媒体走进田汉故里"大型采访等。参加县级戏曲进校园花鼓戏《打铜锣》获得第一名，湘剧《小将军打猎》第二名，花鼓戏《打铜锣》代表县级参加市级戏曲进校园活动获得市级第三名。开展"党建＋'五零'"文艺轻骑兵巡演活动20场次。田汉社区申报市级综合文体活动中心通过验收；田汉、花果、浔龙河申报村级文体广场；金江新村申报市级健身驿站建设验收。田汉戏剧艺术节入选2019年"中国农民丰收节"100个乡村文化活动。

【田汉文化园旅游区被评为国家AAAA级旅游景区】 2019年12月30日，湖南省旅游景区质量等级评定委员会发布2019年4号公告，根据《旅游景区质量等级的划分与评定》和《旅游景区质量等级管理办法》，经有关市级旅游景区质量等级评定机构推荐，省旅游景区质量等级评定委员会组织评定，田汉文化园旅游区达到国家AAAA级旅游景区标准要求，确定为国家AAAA级旅游景区。田汉文化园旅游区位于果园镇，景区面积23.33公顷。田汉文化园根植地方文脉，融合当地自然环境，挖掘传承的人文传统，建成以田汉故居为核心，田汉艺术中心、田汉艺术学院、古戏楼、戏剧艺术街等11处景点相联合的主题公园。　（王利娟）

路口镇

【概况】 2019年，在全县机构改革中，路口镇机关内设机构12个：党政综合办公室、基层党建办公室、经济发展办公室（农业农村工作办公室）、社会事务办公室（卫生健康办公室）、自然资源和生态环境办公室、社会治安和应急管理办公室、纪检监察办公室、财政所、社会事业综合服务中心（文化综合服务站）、便民服务中心、农业综合服务中心、村镇建设服务中心，其中将社会事务办公室（卫生健康办公室）和便民服务中心整合为1个机构。

是年，该镇地方一般公共收入646万元，规模工业总产值5330.5万元，社会消费品零售总额6.77亿元，固定资产投资5.852亿元。

国道107调规公路路口段通车，龙泉集镇（含麻林老街）棚户区改造项目启动。两河七口项目麻林老街生活污水收集处理设施、上杉市村农村集中式生活污水处理设施修复工程建设、上杉市污水处理设施项目、水体治理项目4个项目建设完工并验收；百江、冰宇燃气站搬迁项目完成调规公示，与星城投对接启动温泉新镇基础设施配套项目，包括路口温泉小镇规划区域新建污水处理厂及配套管网项目前期勘察设计相关工作，杨家桥道路提质改造项目、麻林中学校园出入口安全环境整治项目、路口镇智慧监控管理平台建设完工，完成陈康白旧居改造项目。麻林老街棚户区改造项目8月竣工验收。景然园林项目启动科研中心主体建设，上杉市村雕塑产业园项目开工。

村级集体收入明月村、上杉市村，盘活集体土地资源、引进企业产生物业租金收入，引进农业、旅游企业产生集体土地租金收入，为农业、旅游企业提供服务产生效益分红收入，每年村级集体收入50万余元。路口社区、龙泉社区，自持商业门面租金收入和集镇管理收入，每年村级集体收入10万余元。荆华村、麻林村、花桥湾村，将村组现有闲置房屋复耕复垦，置换土地指标，交由县级统筹利用获得物业租金等方式，每年村级集体收入15万元。全镇农业企业（合作社）的农副产品，通过路口物资公司的和通超市、电商两个线上线下平台销售，销售收入10%作为该产品所属村、社区的集体经济收入。

制定《路口镇2019年生态环保工作实施方案》《路口镇2019年“厕所革命”工作实施办法》《路口镇2019年畜禽养殖退出工作方案》，对路口镇环境卫生网格化、垃圾分类、厕所革命、畜禽污染治理、河道与道路保洁、蓝天保卫战、拆违控违等项目统筹规划，落实责任。荆华村通过垃圾分类示范村复检，实现市级垃圾分类示范村全覆盖；拆除512户63811平方米栏。安全排查5358座沼气池，组织沼液清运5500立方；全年改厕1328座，改造公共厕所2座，新建1座。治理裸露黄土8.6万平方米；发现并处理露天焚烧行为5处，碎草还田或移除利用1863.33公顷。蓝天保卫战执法140例，罚款金额4.53万元。落实“六控+严禁”，办逝事使用电子鞭炮者，提供200元/户资金奖励，截至2019年12月补助20400元。加大禁烧宣传力度，对每个村民组和党小组给予2000元/组奖励补助资金，全镇补助56300元。创建农村人居环境“三星级”示范乡镇。在居民前门或前坪处以及企业生产一线安装实时监控，有301户居民及32家企业（农业）登录监控平台，全镇4500多户IPTV电视用户开通锦绣路口电视封面，170家用户登录火灾隐患烟感系统平台，助力村（社区）“五零”建设。

年内，路口镇卫生院建设、“两癌”筛查、孕前优生检查、计生四项手术报销、无偿献血、计生困难家庭慰问、卫健先进单位及个人奖励等设立专项经费，投入66万余元。春节期间向全镇计生困难家庭发放慰问资金39800元，惠及计生困难家庭58户（含10户特扶家庭）。独生子女保健费发放636人，农村奖扶517人，农村特别扶助对象36人，城市低保户计生家庭扶助1人，城镇独生子女父母奖励对象116人，无偿献血124人。制定《路口镇孕前优生检查工作奖惩办法》，孕前优生检查105对。“两癌”筛查1098人。根据市人大常委会推行民生实事项目人大代表票决制试点工作的要求，路口镇人大常委会差额投票确定全域旅游产业融合项目、村组主要连通道路硬化亮化项目、“健康服务进万家”行动计划项目为2019年路口镇民生实事项目。村组道路硬化8.4千米，安装路灯796盏。开展急救知识培训、视力及口腔健康体检，筛查13所学校，2031人次。依托锦绣公园、慧润民宿点设立农产品集中展示中心，推介路口优势旅游资源，建设120张民宿床位。打造融入长沙县“感悟共产党人革命情怀”线路，路口镇新时代文明实践所全年接待参观团队120余次，陈康白科教报国生平业绩陈列馆被评为“长沙县爱国主义教育基地”。5月21日，举行隆平稻作公园第二届插秧文化艺术节。6月30日，路口镇青少年足球培训营开营，100名农村孩子免费享受专业足球培训。9月18日，举行2019年国家长江中下游水稻新品种展示示范观摩活动。

【路口镇新时代文明实践所揭牌】2019年4月11日，位于锦绣公园内的路口镇新时代文明实践所揭牌，总面积7.33公顷，设置有路口镇历史文化陈列展、陈康白生平业绩陈列展、心中的陕甘宁主题陈列展，依托锦绣公园，配套建设有农创展示中心、旅游接待中心、乡村记忆主题雕塑馆、图书馆、足球场等，可满足全镇群众开展志愿活动、文化活动、红色教育的需求。该所实现镇级和7个行政村（社区）宣讲全覆盖，全年开展爱国主义教育150余次，“六讲六传”活动60多次，接待参观团队120余次，接待1万余人，陈康白科教报国生平业绩陈列馆被评为“长沙县爱国主义教育基地”。（李晓东）

高桥镇

【概况】2019年，高桥镇根据《中共长沙县委长沙县人民政府关于印发〈中共长沙县高桥镇委员会长沙县高桥镇人民政府主要职责、机构设置和人员编制规定〉的通知》（长县办〔2019〕41号）文件要求，6月23日高桥镇机关内设机构优化整合，机关行政编制35个，事业编制35个，由2012年设置的五办一所（党政综合办、党建办、财政所等）调整为六办一所（党政综合办、基层党建办、经济发展办、社会事务办、自然资源和生态环境办、社会治安和应急管理办、财政所），事业机构由五中心一站（公共服务中心、农业综合服务中心、水务管理站、综合文化服务中心、计划生育服务所、村镇建设服务中心）调整为四个公益一类事业单位（社会事务综合服务中心、便民服务中心、农业综合服务中心、村镇建设服务中心）。全年财政总收入632万元，规模工业总产值1.19亿元，固定资产投资6.3亿元，社会消费品零售总额255万元，外贸出口额300万美元，R&D投入300万元。是年，该镇被评为“省级农业产业强镇”“全国农民用水合作示范组织”，高桥锦绣社区被评为“省级综合减灾示范社区”、维汉村被评为“市级卫生村”、金桥村被评为“省级休闲农业示范村”“市级乡村振兴示范村”“市级农村幸福社区”等荣誉称号。

全年危房改造27户，固定资产投资入库13个项目，其中5000万元以上项目2个。慧润农科新城科普基地主题民宿、餐厅、“731”农学馆、乡村公园全部竣工，接待研学游、党员主题活动等20多批3000余人次；白鹭湖生态小镇村民活动中心和图书馆项目开工建设，完成生态移民二期房屋主体建设、新时代文明实践所、维汉故居提质改造。紫竹山AAA景区基础设施提质改造、富堂花海生态园及稻生谷未来农业特色小镇等项目有序推进。

举办“农业+重点项目集中签约仪式”，签约稻生谷田园综合体建设项目、溪清休闲茶园建设项目、紫竹山富堂花海生态园建设项目、黄竹康养种酒文化园4个现代农业科技项目。溪清、鸿大、腾辉茶苗等公司改扩建茶园100余公顷，打造集采茶、制茶、品茶及住宿于一体的茶旅体验中心。10公顷稻虾共养基地、33.33公顷芦笋、秋葵种植基地、20公顷荷花种植基地效益初显。天能电机、鸿大茶叶两家农业加工企业申报省级高新技术企业并投入300万元研发费用，企业产值增长5%—7%。运用“慧润模式”融合本地资源打造民宿示范片6个，建成床位158个，初步构建“民宿+多业态”旅游服务体系，“631”合作分成模式推进“村民更富”。借助慧润“慧享游”平台，实行农产品订单式生产。

落实早稻集中育秧266公顷，储备秧20公顷。推广晚稻高档优质稻142公顷，创建5个优质稻示范片，发展适度规模经营主体45个。农残抽检908个批次农产品。治理式休耕77.27公顷，复耕75.53公顷。调整种植结构面积48.4公顷，修复治理100公顷。年检审农机73台套。

2019年围绕中华人民共和国成立70周年主题，组织开展各项文体活动，年内举办扫黑除恶主题文艺晚会、“党建+‘五零’村（社区）建设”宣传动员暨庆七一表彰主题文艺晚会、联合金桥村举办金桥村庆中华人民共和国成立70周年暨金桥艺术团成立文艺晚会3场次；首届红枫节在金桥老街启幕，举办“高桥商会杯”高桥镇第二届男子篮球赛、联合村社区举办庆五四长跑比赛2次；组织文体爱好者参加“星沙文旅云”器乐、舞蹈、太极拳线上培训、本级太极拳等各类培训4次；年内免费放映电影7场次。

全年出生人口262人，死亡280人，全镇年末总人口29710人。春节走访慰问困难群众户534户，发放慰问金96.98万元。在册低保326户616人，发放233.1万元，“三无”267户271人，发放241.43万元。临时救助困难群众106人次，救助15.13万元。办理困难居民医疗救助130人，救助154.33万元。办理精神病药物救助卡17人。截至12月18日，征缴城乡居民医疗保险15825人。12月启动高桥镇敬老院新建项目，建筑面积7162平方米，占地6770平方米，项目总投资2935万元，建成后有床位150张。

铺排12个扶贫项目、产业扶贫资金142.615万元，发放44户贫困户小额信贷169万元，产业帮扶343户823人。省定贫困村白石源村引进黄牛养殖项目，户均增收超过7000元/年。范林村引进茶树菇种植长效项目，项目人均增收3000元。继续推进范林村易地扶贫搬迁后续产业帮扶项目、光伏发电精准帮扶项目，铺排高桥锦绣社区、维汉村、金桥村和百录村的产业扶贫自主发展种养项目，为签约贫困户免费提供种苗及技术指导，每户增收3000—4000元/年。

推进“厕所革命”、垃圾分类、污水治理、田园美化绿化，5个主要集镇设置6个污水处理一体化设备和人工湿地，金桥村小微水体示范点为市、县农村人居环境整治和新型村级集体经济发展工作现场观摩推进会现场观摩点。改厕1474座，非卫生厕所648户全部清零。人均垃圾可回收量13.84千克，其他垃圾转运量比2018年减少400吨。畜禽养殖退出481户，拆屋31163.36平方米，拆栏3275.936平方米，涉及补助金额470.8406万元。

【生态移民二期建设】 2018年年底启动第二批生态移民，根据《长沙县生态移民实施方案》，结合镇村实际，遵循范林村民代表大会商定的无房户、危房户及常住户三类对象优先原则，经村移民议事会审核、筛选、公示，117户414人纳入第二批生态移民（实际建房116户，1户纳入第三批建设）。此次生态移民采用集中安置方式，选址高桥镇锦绣社区省道207旁。按照“移民自筹为主，政府补助为辅”原则，县政府按8万元/人标准结算生态移民集中安置经费至镇财政，其中补助移民到户资金不超过4万元/人，补助业主单位（镇政府）开展安置区规划设计、征地拆迁、评审、四通一平等基础工程经费3万元/人，搬迁完成奖励1万元/人。移民建房采用统规自建模式，以户籍为单位，按户籍人数提供相应面积建房宅基地。移民户根据统一设计图纸以栋为单位自行委托建筑公司施工，2019年10月底竣工交房。

（张柳平）

金井镇

【概况】 2019年，金井镇财政一般预算收入1343万元，规模以上工业总产值11.12亿元，固定资产投资24亿元，社会零售商品销售额6795万元，同比增长21.89%，外贸进出口销售额1100万美元。是年，该镇成功创建国家卫生乡镇，金井司法所被评为全国先进司法所，王梓园村被评为“全国综合减灾示范社区”；新沙村、沙田村、蒲塘村被评为省级卫生村；蒲塘村被评为市级移风易俗示范村；金井茶厂被评为湖南省模范劳动关系和谐企业；金井毛尖获授中国中部农业博览会产品金奖；湘丰茶业集团被评为中国茶业流通协会2019中国茶业百强企业。

1月14日，金井镇金井商会揭牌，下设有机生态产业协会、旅游协会以及创客中心；全年慰问贫困户资金2.5万元，资助5名困难学生爱心款1万余元。2月28日，启动2018—2019年度党员冬春训，全镇2835名在职以及流动党员全部通过网络直播接受党课教育。3月上旬，社会工作服务站建成。4月28日，长沙县首个乡镇青年人才党支部在金井镇揭牌。5月30日，金井镇退役军人服务站揭牌。

加强生态保护。拆除违建185处，面积22480平方米；推进低值可回收物工作，改厕1800座，建成全县首个湿垃圾处理中心；金井河涧山—金井社区段创建样板河，打造蒲塘村市级小微水体示范片区。

产业发展。建设茶园837.49公顷，其中，新扩茶园150.53公顷，新扩茶苗繁育基地16.42公顷，茶园基地品改95.33公顷，低改575.2公顷，建成高标准名优茶、外贸茶和出口茶精制加工生产线各1条。实施农村集体产权制度改革，核定全镇总资产23980.88万元，资产总额增加14121.39万元；核销各村、组债务 215.45 万元。

社会民生。化解各类矛盾纠纷 600 余起，成功调解王某全积案纠纷、“3·5”湖南水总生产事故纠纷等重大复杂矛盾纠纷 16 起；实施产业扶贫项目 24 个，自主发展 275 户、企业带动 129 户、村级实施 183 户，新增贫困人口转移就业 17 人，贫困户发生率低于 0.1%。投资 4800 万余元，实施杨立三故居修缮、污水管网改造、旅游环线提质改造等项目 15 个；受理困难居民医疗救助 186 人次，发放 1464773 元；实施镇村两级第一批帮代服务事项计 62 项 34864 件。

【杨立三故居开馆】 2019 年 9 月 26 日，修缮后的杨立三故居正式对外免费开放，杨立三（1900—1954），长沙县尊阳都涧山（今属金井镇）人，是人民军队后勤工作的奠基人，是公认的军事财务专家。中华人民共和国成立后，杨立三历任中国人民解放军总后勤部部长、中央人民政府食品工业部部长、全国财经委员会委员、中国人民解放军财务部部长等职。故居位于金井镇金龙村石壁湖畔，凤形山旁。故居始建于清朝嘉庆年间，原为合院式建筑，整体为“凹”形布局，建筑坐西朝东，土木结构，土砖墙，小青瓦，坡屋顶。1927 年杨家在此佃居，1954 年，故居被洪水冲垮，所存建筑为洪水后复建。故居占地面积约 4400 平方米，建筑面积约 736 平方米，总投资 1800 万元，主要包括杨立三故居，杨立三生平事迹陈列室，游客服务中心等。杨立三故居与杨立三生平事迹陈列室均为免费开放场所，主题陈列主要包括树立信仰、建功立业、鞠躬尽瘁、永远怀念四部分内容，全面总结和展示杨立三的生平事迹和崇高精神。年底，杨立三故居被公布为长沙县爱国主义教育基地。

（李　旭）

2019 年 9 月，杨立三故居　（邓祥雁　摄）

开慧镇

【概况】 2019 年，开慧镇财税收入 1038 万元，年度新增规模以上企业及大个体 4 家。规模以上工业总产值 3.15 亿元，同比增长 3.8%，社会消费品批发零售及住宿餐饮限上营业收入 3016.8 万元，其他规模以上服务业营业收入 1444.3 万元，均同比增长 20% 以上，全社会固定资产投资 21.56 亿元。全镇集体经济总额净增长 240 万余元，旅游带动收入增长 1.5 亿余元，游客 250 余万人次。改良果园面积 621 公顷，新增水果品种 20 个，实现 4—12 月“三季有果”。

推进政府投资项目 38 个，项目投资 3986 万元；完成县委党校搬迁建设项目葛家山村、开慧村安置地建设；完成红色旅游线瓦里线连接线、缪伯英故居修缮、骄阳路沿线安防绿化设施修复提质、李家山农贸市场、永生桥危桥改造等 16 个项目，2019 年度 5 个“民生立县”项目完工；实施造林绿化项目 12 个，完成“民办公助”小农水及水利基础设施项目 96 个；持续完善和提质交通路网，公路网格养护 503.43 千米，其中落实路长制管理 140.5 千米，接受“四好农村路·乡村振兴看长沙”全国主流媒体集中采访。

发展红色旅游，杨开慧纪念馆（故居）被评为“全国爱国主义教育示范基地”，缪伯英故居、杨柳坡农村党支部旧址先后对外开放，开慧镇红色故事书籍《板仓红》出版发行；推动民宿产业发展，打造慧润乡村民宿“631”模式和“民宿 +”模式，研学民宿、精品民宿、养老民宿初具雏形，汉硕板仓书院基地试营业，慧润桃源新村研学游基地试运营；全省唯一获军方、民航、省政府批准的通用机场——长沙开慧通用机场获授“通用机场使用许可证”。是年，开慧镇入选长沙市特色小（城）镇，被评为湖南省“休闲农业示范村镇”“2019 中国（湖南）夏季避暑旅游目的地”。

开展农村“五治”工作，改水改厕807座，飘峰山村被评为长沙市“2019年度城乡住户调查工作先进单位”；推进“两河流域”截污提质，对20处水质定期检测，推进河道清淤19条14.5千米，新建2座人工湿地，拆除养殖栏舍514户5.6万余平方米，县麻林河双江口监测点水质由上年Ⅴ类提升至Ⅲ类；国土卫片整改和拆控违工作取得进展，历史违建拆除105处，面积1.6万余平方米，拆除锡福村历史违建；无害化处理病死生猪3.8万余头。是年，开慧村被评为湖南省“美丽乡村建设示范村”，锡福村创建湖南省“乡村旅游重点村”“国家森林乡村”，全镇通过国家卫生镇复审，被评为市人居环境“五星级”镇。

全镇283户贫困户、807名贫困人口均纳入产业长效扶贫；为65岁以上老人及“四类重点对象”等群体免费体检1.3万余人次；发放低保、特困供养、困难残疾人生活补贴资金655.66万元。举办“艺术板仓·经典传承”2019年中华经典诵读比赛，10个村（社区）700余名学生参加“大学带小学·家乡学子情”暑期夏令营，葛家山村举办“孝道文化节”、开慧村举办“敬母文化节”等活动；整治安全隐患200余处，调解矛盾纠纷143起，开展道路交通执法行动70余次，开展全民禁毒，建设扫黑除恶主题公园，创建“省级安全生产示范镇”。

2019年6月1日，“趣”开慧“果”有味——长沙县开慧镇第二届小水果文化旅游节在开慧镇桃源乡村民宿服务中心举行 （盛 磊 摄）

【开慧镇入选2019中国（湖南）“夏季避暑旅游目的地”】 2019年7月25日，2019中国（湖南）“夏季避暑旅游目的地”发布会暨气候旅游发展论坛在长沙举行。开慧镇入选2019中国（湖南）“夏季避暑旅游目的地”，系长沙市唯一入选单位。该镇地处东亚季风区中，属中亚热带季风湿润气候，除清泰河属捞刀河流域外，开慧河、白沙河、竹山河等均属汨罗江流域。水源以山塘水库为主，有中型水库1座，小（1）型水库2座，团结水库、飘峰水库、竹山水库等小（2）型水库4处。全镇森林面积5853.33公顷，湖泊湿地5处。锡福村喻家洞大明湖空气质量优，是游客盛夏避暑首选之地。开慧镇旅游基础设施完善，京港澳高速公路、107国道穿境而过，公路总里程640千米，有开慧至韶山和开慧往返星沙的红色旅游专线，镇内公交线路6条；有国家AAAAA级旅游景区杨开慧纪念馆及慧润板仓国际露营基地、大明湖生态湿地公园、田茂现代农庄等旅游景区景点，停车场均免费对外开放，旅游环线专线公交和35千米自行车绿道系统无缝运输对接。有星级乡村旅游点5家（三星级：长沙县开慧乡板仓山庄、湖南田茂现代农庄发展有限公司、大鲸农场，五星级：飘峰山庄、长沙慧润乡村酒店管理有限公司），未定级乡村旅游点、酒店旅馆、饭店、民宿、农家乐接待点100余家。

【锡福村被评为“国家森林乡村”】 2019年12月25日，开慧镇锡福村上榜湖南省林业局公布的“国家森林乡村”名单。该村山水田园、丘陵林地、河渠池塘遍布，植被丰富，森林覆盖率80%以上。该村拥有老桃源、兴云山、大花林场大型森林基地，动植物种类较多，其中国家二级保护动物和列入国家贸易公约附录的10余种，有银杏、樟树等国家、省重点保护植物。（缪 洁）

福临镇

【概况】 2019年，福临镇财税收入1389.75万元，同比增长32.39%；固定资产投资6.3798亿元，同比增长108.68%；限额以上社会零售品销售总额增长率 33.6%。招商引资 500 万元。

调整种植结构，全镇调整高粱种植 33.33 余公顷、冬瓜种植 53.33 公顷、草皮种植 20 余公顷，培育富硒米、桑葚、柑橘、黑斑蛙、茶叶等特色农业产业，与旅游产业逐步融合。采用“合作社 + 农户”“农户自主发展”“股份分红”等模式，在金牛村种植柑橘 20 公顷，在影珠山村建设“稻蛙共生”生态综合种养基地 2 公顷，产业扶贫覆盖率 92.76%。

推进“四好农村公路”建设，全力服务 024 县道提质改造，畅通连接长沙主城区的大动脉；推动 323 省道东延项目的实施，拉通贯穿境内向外延伸的东西向主要交通命脉；7 个民生立县项目、集镇至 323 省道两厢风貌打造工程等竣工验收；3 处污水主管网建设基本完成；潜江—韶关输气管道（福临镇段）工程项目全线布管完成；福临足球场、树湘党建公园、陈树湘故居修缮等项目完工并投入使用；与湘雅三医院合作共建高血压专病医联体；推进“扫黑除恶”，涉黑涉恶零举报、零线索，全年未发生重大舆情事件、安全生产事故等。

重点实施畜禽污染防治、厕所革命和垃圾分类减量；坚持“生态型治理”的原则，建立“镇级引导、村级主导、组级实施、群众参与”的四级治理模式，对全镇 271 处荒废淤积的纳污山塘进行清淤扩面，完成 201 处，重整荒废冷浸田 16 处，增加水面 53.33 公顷，水量 63 万立方米，增加灌溉面积 200 公顷；推进农户无害化厕所建设，改造厕所 910 座；与湖南慧润农业科技有限公司合作开发的影珠山谷度假营地开营，“公司 + 农户 + 集体”三方合作的民宿产业发展；民办高中开物中学投资 8000 万元的二期工程完工并投入使用。

2019 年 7 月，中国工农红军湖南长沙陈树湘红军小学授旗授牌仪式

（杨素琼 摄）

开展 4 次镇级大型文体活动、3 次村级文体活动，12 次农家书屋读书活动，组织群众参加县内龙狮赛、门球赛、太极拳赛、合唱比赛、“悦动星沙”全民运动会等文体活动。举行中国工农红军湖南长沙陈树湘红军小学授旗授牌仪式，举办“天地英雄气·千秋尚凛然”红军传人“相约福临”专场文艺晚会，创建 1 个市级示范性村级文化活动室（孙家桥村），1 个村级文化广场（影珠山村），树湘广场、树湘故居陈列布展和文化站农家书屋、室外篮球场升级改造完成。文化站农家书屋、云视讯、文化资源共享、室内外文体活动场地及两个陈列室均免费开放。继续打造“福临之夜”“福临之声”“福临故事”文化品牌。挂牌成立退役军人服务站，开展退役军人“八一”慰问活动。陈树湘生平事迹陈列室被评为“全国红军小学建设工程爱国主义教育基地”；影珠山抗战遗址群被评为“湖南省第十批文物保护单位”。

【福临铺中心小学授牌为中国工农红军湖南长沙陈树湘红军小学】 2019 年 7 月 1 日，福临铺中心小学授牌授旗为中国工农红军湖南长沙陈树湘红军小学，为全国 300 所红军小学之一。福临镇中心小学位于福临铺社区，始建于 1974 年，2018 年政府投资 2000 万余元扩建，扩建后占地面积 1.3 万余平方米，建筑面积近 7000 平方米，学生 419 人。

（杨素琼）

青山铺镇

【概况】 2019 年，青山铺镇财政总收入基础税源 592 万元，同比增长 36.41%；一般预算收入基础税源

274万元，同比增长95.71%；固定资产投资总额2.07亿元，同比增长10%；规模以上工业总产值8803万元，同比增长3.12%；引进市外境内资金形成固定资产1581万元，同比增长2.1%。湖南省委常委、市委书记胡衡华，长沙市委副书记、市长、湖南湘江新区党工委书记胡忠雄率市"四大家"领导到刘少奇天华调查纪念馆接受革命传统教育；长沙经开区党工委书记、长沙县委书记沈裕谋率区县领导到刘少奇天华调查纪念馆接受革命传统教育；举行长沙市2020年"三下乡"集中示范活动，长沙市人民政府副市长刘明理出席活动并讲话。

整改违法用地，2016—2018年例行督察卫片违法图斑与2018年度卫片违法图斑整改工作基本完成，解决天华山天华寺重建项目遗留问题。实施网格化监管与无人机监控双举措，严防大气污染问题；完成小微水体管护示范片创建工作，在镇域主要河流设立20余座生态浮岛，水质大幅改善。开展执法、治理、宣教"三大行动"，做好宏旺矿业、天华矿业2家非煤矿山的安全退出工作，全年未发生安全生产事故。推进"雪亮工程"，安装群众性治安监控设备，建强"平安青山"综治信息化监控平台，人民安居乐业。

加速物流产业发展，召开宝湾物流项目调度会，完成宝湾物流项目用地报批工作，全面铺开项目征地拆迁。提质葡萄产业发展，解决华瑞易养建设用地问题。推进民宿产业发展，与慧润公司合作开发天慧园民宿项目。"潜江—韶关"输气管道工程完工，全长5.5千米，涉及2个村（洪河、广福）20个村民小组，对铺设管道区域进行恢复。国道107调规项目（青山铺段）实现通车，洪河水闸拆除重建竣工，做好县道024提质改造前期准备工作，完成县域北部公交枢纽项目征地工作。硬化道路12.9千米，"白改黑"5.4千米。实施完成5个"微建设·微民生"项目，推进敬老院医养结合标准化建设，开展残疾鉴定、危房改造、就业培训等系列惠民工作。

开展春节慰问，对重度困难对象54户、中度困难对象116户、一般困难对象260户，困难优抚对象25户及青山铺镇敬老院进行慰问，发放慰问金89.1万元，慰问棉被40床，米20袋、油25壶。对全镇优抚对象进行普遍慰问，发放纪念品522份。医疗救助申报受理145户，完成信息核对、入户调查、救助金额核算；通过县局审批104户，医疗救助金128万余元。临时救助困难居民143户，发放救助金20.39万元。自然灾害生活补贴申报57户6万元。最低生活保障退出35人、新增46人，发放低保金158.63万元；发放特困供养对象供养金113.52万元。组织开展退役军人和其他优抚对象家庭光荣牌悬挂工作，完成481户。做好产业扶贫、政策落实、对口帮扶等工作，完成1户3人年度脱贫任务，剩4户10人未脱贫。探索产业扶贫长效机制，建立"订单农业"供销模式，形成"贫困户+企业"的稳定利益联结纽带。

建立以党政领导负责制为核心的镇、村（社区）"河长"体系，建立"一河一档"，编制"一河一策"，河长制工作全省推介。开展"河长制"工作，建立常态化河道水质检测制度。开展乡村振兴市级示范村洪河村、县级示范村赛头村创建，完成天华村荷花基地、文书塘农耕文化体验基地等一批环境整治项目。整镇推进垃圾分类减量，农户改厕600座。赛头村申报市级示范性阵地建设，天华村申报村级文化广场建设，均通过市、县、镇级验收。赛头、天华、广福村3个农家书屋升级为基层服务点，实现全市县流通借阅服务。

【洪河水闸拆除重建工程竣工】 2019年11月6日，青山铺镇洪河水闸拆除重建工程项目通过竣工验收，实现桥面通车，水闸截流。洪河水闸拆除重建项目总投资约2871万元，水闸结构由以前的3孔石拱桥改为预应力箱梁桥，采用钢坝技术，净宽60米，净高3.3米，达到国内先进水平，重建后将改善灌溉条件、提升防洪能力、方便群众出行。（熊玲希）

安沙镇

【概况】 2019年，安沙镇基础税收1.65亿元，地方一般预算收入7164万元；规模以上工业总产值19.8亿元；社会零售品销售总额4.2亿元；固定资产投资52.4亿元；招商引资18亿元。新增"四上"企业17家。是年，被评为长沙市文明镇。

全年铺排项目18个，腾地约115.53公顷。安沙消防站、鑫瑞祥陶瓷建材城（一期）投入使用，金地艺境花园开盘预售，水塘垸防洪大堤提质改造工程（一期）完成建设；安沙国际建材城（二期）、安沙电商仓储物流、县精神病院、630电力线路等市、县重大项目在建。新华职教城项目入驻，迈科轴承被评为“长沙市小巨人企业”。水渡河片区被列入长沙县北部生态服务城建设首发区。11月，北部生态服务城管理委员会筹备委员会入驻安沙工业园。

南美白对虾规模养殖企业4家，年产量55吨，总产值320万元。打造长沙市万亩花卉示范园，建成面积约133.33公顷，年产值5700万元。油铺村在市级乡村振兴示范创建村考核中被评为一类。取缔散乱污企业13家，查处各类环境违法行为48起；完成8家加油站油气回收装置改建和135家涉餐饮油烟单位油烟净化设备安装，治理黄土裸露地块30万平方米，主要农作物秸秆综合利用率88%。落实“河长制”，唐田新村龙塘小微水体示范片区为全市首批小微水体管护示范点，浔龙河唐田新村段创建县级样板河；14个“两河七口”截污治污项目完工，总投入1.189亿元；镇级财政投入600万元，治理小微水体92处。推进耕地综合治理，实施产业结构调整271.47公顷，休耕143.88公顷。

推进“城市管理提质年”建设，全面整治107国道、东八线等主干道沿线、高校周边、安置区等重点区域顽瘴痼疾问题，清理集镇背街小巷违章建筑27处，面积1260平方米，拆除各类违规户外广告与招牌1200余处，规范店外经营942家，整治乱堆乱放783处，清除“牛皮癣”300余处；提质改造107国道沿线两侧绿化带，对重点道路保洁绿化进行一级维护；处置各类数字化案件1.1万件，办结率100%。拆除新增违建1.27万平方米、历史违建3.76万平方米、台账外其他违建2.53万平方米。10千伏鼎功线、黄桥线项目农网改造完成。改厕1400户（旱厕改造625座）。推进垃圾分类、减量，垃圾清运总量比上年同期减少45.37%。推进畜禽养殖治理，退出养殖户2301户，拆栏17.68万平方米，拆房5万平方米。

建档立卡贫困户342户，结合实际精准施策，产业扶贫覆盖率100%，创建迪顺扶贫车间；落实教育、医疗、危房改造、饮水安全和小额信贷等帮扶政策，教育补助113人、就医“一站式”结算439人次、危房改造11户、饮水改造2户、小额信贷5户23万元；向沅陵县盘古乡捐赠对口帮扶资金15万元。组建镇、村两级退役军人服务工作站；调解劳动纠纷30余起。实施“微民生·微建设”项目4个，危改户验收54户。万家铺村创建市级农村幸福社区建设示范村，唐田新村、新华村、万家铺村“儿童之家”项目提质改造完成。

是年，湖南信息学院被评为“全国教育系统先进集体”，唐田中学、春建小学等8所中小学校在各类竞赛中获国家级奖6项，省市奖励120余项。村卫生室标准化建设完成，被评为2019年度区县（市）无偿献血组织工作先进单位。全年举办“欢乐大家唱”歌手赛、戏曲赛等文体活动55场。推进“平安安沙”建设，打造梅塘社区“雪亮工程”示范点。开展“党建+‘五零’村（社区）”建设。便民服务中心全年受理咨询和帮代服务41662件，办理“12345”热线工单808件。第四次全国经济普查中完成，普查单位1077家，个体户6751户。

（孔艳辉）

【长沙市万亩花卉示范园建设】 2019年长沙市万亩花卉示范园建成，示范区位于安沙镇107国道沿线，由南至北跨越梅塘社区、龙华岭村、新华村、安沙社区等8个村（社区），总面积733.33公顷，计划投资1亿元。年内，园区建成面积约133.33公顷，年产值5700万元。

（舒　迟）

【龙塘小微水体示范片区建设】 2019年，长沙县唐田新村龙塘小微水体示范片区包括德惠文化公园项目、350退耕还湿项目、美丽乡村项目、乡村振兴项目和小微水体截污治污项目，总投资金额超过600万元。该项目辖6个村民小组，400余户，通过三格净化池、垂直流、人工湿地、人工浮岛等形式净化处理生活污水，处理后水质达到地表水Ⅲ类标准。年内，龙塘小微水体示范片区创建为全市首批小微水体管护示范点。（孔艳辉　杨智勇）

北山镇

【概况】 2019年，北山镇财政总收入4142万元，地方一般公共预算收入1558万元；固定资产投资19.31亿元。规模以上工业总产值

5.96亿元，增长10.4个百分点；外贸进出口190万美元，其他营利性服务收入增长20%，限额以上社会零售品销售总额增长28.66%，社会零售品销售总额增速24%，新增“四上”企业2家。是年，创建市级基层群众自治示范乡镇。

年内，落实“河长制”，加强小微水体管护和示范片建设，白沙河河道治理完成。强化土壤污染管控和修复，实施绿色防控、生物防治2800公顷，秸秆粉碎还田2333.33公顷。休耕复耕367.70公顷，种植结构调整实施面积371.93公顷，保障土壤环境安全。坚持脱贫攻坚、脱贫巩固“两手抓”，发展产业扶贫长效项目2个，帮助227人就业。保持住房、教育、医疗等专项扶贫政策力度，完成5户贫困户危房改造，实现贫困学生应助尽助、家庭医生全覆盖。

持续改善人居环境，申报市、县乡村振兴示范村2个。推进农村“厕所革命”，改厕1221座。推行垃圾分类减量，打造人居环境示范组20余个，全镇生活垃圾外运量比上年同期减少300余吨。强化乡村规划引领，实施7个合并村村庄规划编制。综合治理畜禽污染，完成4户中等规模养殖户的粪污处置设施建设；新增禁养区113个组，测量1070户养殖栏舍，拆除960余户7万余平方米。开展移风易俗“十个一”工程，出台《北山镇整治婚丧陋习推进移风易俗“十不”公约》《北山镇文明节俭操办红白喜事奖励方案》。完成新时代文明实践所市级示范建设。完成2.39公顷城乡建设用地增减挂钩。“一乡一品北山梅”品种繁育完成，推广种植18.67公顷。培育特色产业，新扩茶园7.1公顷，低改培管30公顷。引导民宿发展，形成以福安村长沙五福人家休闲农庄有限公司为代表的特色民宿。依托北山省级森林公园，促进一、三产业融合发展，带动现代农庄休闲旅游。

推进农村集体产权制度改革，11个村（社区）基本完成三榜公示。推进供销合作社综合改革，1个村级惠农综合服务社通过验收，镇级惠农综合服务中心及村级惠农综合服务社正在筹建。政府机构改革全面完成；推进“最多跑一次”改革，北山村首次开展异地经办城乡居民养老保险业务。完成2018年民生立县项目4个。推进北山中心小学新建、北山卫生院整体搬迁，7个“两河七口”截污提质项目在建；开展第三次土地大调查，基础数据录入。26处违法用地和违章建筑卫片图斑整改销号；110千伏变电站通电运行。

开展扫黑除恶专项斗争，开展专题宣传活动7次，排查线索1条，核查县交办线索2条。开展“打非治违”及各类专项行动243次，落实“路长制”，参与联合执法25次，查处违法车辆40余台。开展校园及周边环境综合治理；专项整治非法采砂、马路市场、交通安全及出行等问题。4月30日，“新北山·新青年·新风尚”主题宣传活动在北山镇文化广场举行。

【北山镇中心卫生院整体搬迁】 2019年12月15日，北山镇中心卫生院整体搬迁工作完成；12月20日，北山镇中心卫生院整体搬迁庆祝活动举行并现场揭牌。北山镇中心卫生院整体搬迁项目是长沙县民生实事工程项目、北山镇重点建设项目，2018年7月开建，2019年11月11日竣工验收。新院占地面积7992.49平方米，建筑面积11193.18平方米，项目总投资4600万元；按照“科学实用、环境舒适”原则整体规划建设，建有中医科、内儿科、普外科、妇产科、公共卫生科等11个业务科室，设计床位99张，停车位100余个，可提供基本医疗、住院康复、家庭医师服务等基本健康服务。（罗瑞芳）

2019年12月，北山镇中心卫生院新院建成　（北山镇 供图）

星沙街道

【概况】2019年，星沙镇社会固定资产投资总额63.8亿元，规模以上工业产值3.87亿元，社会零售品销售总额18亿元，招商引资内资8.22亿元、外资4300万美元，外贸进出口总额11500万美元，财政总收入10亿余元，培育“四上”企业42家。星沙街道创建湖南省依法办事示范窗口、省级示范统计站、市优秀乡镇街道统计站、打造移动支付第三城先进街道；灰埠社区被评为“长沙市文明社区”；金茂路社区离退休支部被评为“长沙市离退休干部先进党组织”；欣安小区党支部被评为长沙市示范化“五化”党支部；开源商圈党群服务中心被评为市级青年文明号、市级楼宇商圈工作典型。利用社区书屋开展全民读书活动，开展“星沙文悦学习社”培训活动，对街道及社区年轻干部进行文学素养及新闻业务培训。

探索非公企业党建模式，成立长沙县首个商圈党建联盟，25家企业和4个社区加入；树立“商圈为民哥”服务形象，打造“店小二”式服务模式，提供16个大项的便民利企服务事项。开展拆迁项目14个，8个项目“清零”，腾地约82.36公顷；在谈产业建设项目7个。对建成运营的9栋楼宇开展“送政策上门”等活动，协助新楼宇首次招商，打造产业聚集度高的专业特色楼宇。走访星大建筑、吾悦广场、星雅劳务企业近40家，帮助企业解决问题。

完善主城区基础设施，创建4条精品路段和7条示范路段；成立8个专项整治小组，拆除各类违规广告1276处；推进湿垃圾分类收运，启动湿垃圾分类减量收运工作，在17个社区设置25个收运点，牛角冲社区、8家农贸市场纳入县湿垃圾收运体系，日均收运量约2吨，创新打造望仙桥社区酵素处理中心；消化果蔬垃圾400余千克，年内减量近6吨；督促社区、物业规范选址建设大件垃圾存放点，规范建设暂存点12处；创新将网格化平台、县数字城市管理平台以及天网进行“三网融合”，创新“网格化+窗口”“智能化+服务”“依法化+治理”三大融合，开发“居民通”APP，实现居民办事、诉求“最多跑一次”。设置帮代服务台，为办事群众提供导办、协办、咨询等服务，全街道帮代办服务量4358件。

监督和巡查辖区内在建项目建筑工地扬尘污染治理；安装老旧小区居民家庭油烟净化设备5000台。开展文明礼让志愿劝导服务活动；动员社会力量开展微心愿认领活动，征集136个微心愿，实现100个微心愿；宣传道德模范先进事迹，报道身边好人好事；开展慈善助学、大病救助及精神药物救助等；引进大同、星辰、乐和等社会公益组织，辖区内社会公益组织服务覆盖率100%。

开展危险化学品、烟花爆竹、道路交通、建筑施工、消防等重点领域的专项监管整治行动，查处违章违法行为35例。创新安全生产监管模式，打造“智慧安监”平台，聘请安全生产专家隐患排查重点企业，建立风险分类分级管理重点管控台账；开展单位责任人专场培训，对学校、车站、居民小区等重点场所专场培训80场次，上门宣传及隐患排查360余家，企业单位培训及演练40场，社区居民集中宣传培训场，入户宣传465户，平安夜话25场，发放安全宣传手册32000余份。建立“一单四制”督查制度，成立街道督察组，对督查发现的问题责令限时整改；加强小区法制宣传教育，提高小区业主对城管法律法规的认识，推进执法进小区；建立部门联动机制，整合社区、公安、行政执法、交警、市监等部门力量联合巡查执法；建立快速处置机制，明确内物业单位工作职责，健全相关工作制度、工作标准和工作流程。

【“凉塘客厅”】2019年，星沙街道以“三棵树”为文化品牌，打造具有阅读推广、主题活动、公益平台、社区服务等功能的“凉塘客厅”。“凉塘客厅”位于星沙街道凉塘路社区四区58栋前坪三角地带，将废弃的三角绿化带改造成休闲活动憩息场所，建筑主体分上下两层，建筑面积340平方米，年内基本建成。“三棵树”系列城市书房可承担起“老星沙”的文化记忆、文化传承，发挥文化融合引领作用。

（杨　盼）

湘龙街道

【概况】2019年，湘龙街道社会零售品销售总额增速11%，占全县比重67%以上。到位外资684万美元，外贸进出口额800万美元。财政总收入突破10亿元，连续9年增加值1亿元以上。

征地拆迁项目24个，在拆项目21个，需腾地近133.33公顷，动迁200户。推进项目征地拆迁工作，实行“项目到组、责任到组、统筹兼顾、一抓到底”的工作模式，采取“5+2”“白加黑”“晴加雨”工作方法。签订协议150户，腾地80公顷；完成13个项目拆迁任务。

（杨　照）

持续保持“长沙市安全生产示范街道”荣誉称号，推进“安监联盟”实习生计划，签订实习生14名。构建“党建+”立体化治安防控体系模式，打造16家安全生产标杆企业，实现微型消防站全覆盖。强化“党政同责，一岗双责”的责任制度，检查单位和企业263家次。与14个社区、安委会成员单位、重点监管企业、生产经营单位签订安全生产目标管理责任书、食品安全目标管理责任书18714份。打造安全生产网格化排查管控平台，建立安全风险和事故隐患数据库，完善安全生产“一企一档”429家，完成小餐饮透明厨房提质改造32家。开通安全生产有奖举报平台，核实取缔19处，兑现举报奖励3.1万元。“三合一”场所、烟花爆竹、危化品整治卓有成效，联合行政执法、市监、公安等部门，开展打非治违联合执法56次，取缔无证经营场所6处，收缴各类违规销售烟花262个，整治52处消防通道历史遗留隐患，取缔“三合一”场所283处，整治无证经营运输成品油3处，查处无证经营、储存危险化学品场所5处，取缔无证储存柴油罐2处，安全转移各类危险化学品约3.25吨，立案11起（简易程序9起，一般程序2起），罚没金额2.198万元，移送案件7起，打非治违34起。举办“第二期湘龙街道企业负责人取证大培训”，120余家企业负责人参加培训，并全部考核通过。强化宣教培训，播放安全主题电影57场、安全知识进校园活动50场、各类应急疏散演练和安全培训61场。打造标杆企业5家。建立健全安全生产工作长效机制，探索构建湘龙街道安全监管新模式。

实现数据监测智能化，建设汽车4S店远程在线智能电表监测平台，运用平台自动分析报警功能，及时查处喷漆作业未正常开启治理设备的行为。实现日常监管网格化，将环保长效监管融入街道网格化日常工作，推动完成湘滨市级卫生社区、湘贸市级噪声控制示范区、湘润社区龙塘路市级绿色餐饮示范街，湘郡、湘瑞县级绿色社区以及捞刀河湘龙段样板河创建。实现环保监督社会化，建立汽修企业信息公示制度，并设立企业“一企一档”档案展示墙，面向群众公示企业营业执照、环评批复手续、VOCs设备月度运行等信息和环保投诉电话，激发群众参与环保监管的积极性，拓展蓝天保卫战社会监管的渠道。

推进“最多跑一次”改革领导小组，整合条线和社区力量，优化窗口设置，明确下沉到街道和社区办理的事项，对接县直相关部门，率先全县将市监窗口入驻街道一级便民服务中心，实现就近服务的工作目标。办理“就近办”事件15.7万件；探索帮代办服务，办理1.86万件帮带业务；发布工作动态、通知公告等479条，在长沙县门户网站子网站上发布信息等384条，签收12345工单2473条。2019年6月推进网格化管理后，处置各类事件19.5万件；派发各类任务9500条，特色案例上报3400件，采集人口信息7.5万条，采集单位信息8200条。

执行社会救助相关政策，实行低保兜底、城市特殊困难群体帮扶、临时救助等方式相结合，保障困难居民的基本生活；春节慰问对象308户，慰问资金56万余元；发放低保金35万余元、城市特殊困难群体帮扶资金22万余元、高龄津贴18万余元、残疾人两项补贴15万余元、困难居民大病医疗救助21万余元；慰问辖区内退役军人及优抚对象12万余元；组织2次就业创业培训，举办专场招聘会1场；推进精准扶贫，发展产业扶贫，其中19户进行产业扶贫自主发展生态种养，3户贫困户稳定就业，拨付产业扶贫奖补资金近4万元；完成5万元小额扶贫贷款任务，实现100%放款；对接马底驿乡开展对口帮扶工作，街道党工委书记章铭康被评为“最美扶贫人物”；推进社区“三社联动”工作，成立社工站，组织开展以服务困难群体为主题的20余次活动；推进街道社会组织孵化基地项目建设，与社会组织签订合同并入驻运营。

推进卫生健康工作，为辖区内291对备孕夫妻提供免费孕前优生健康检查，实施爱心助孕服务16对，为1300余名35—64岁已婚妇女提供免费“两癌”检查；免费为5000余名育龄群众提供避孕药具5万余只，避孕节育措施项目落实准确率100%；开展健康扶贫工作，为辖区43名精准扶贫对象进行家庭医生签约，提供“一站式”诊疗结算、慢性病签约服务等；卫计资金惠及783人次，重点关爱计生特扶家庭，绿色就医通道、“双岗”联系人制度落实率和家庭医生签约率100%；长沙县首家高血压示范门诊在湘龙街道社区卫生服务中心启用，湘瑞社区创建长沙县健康促进示范社区，百熙中学创建长沙县健康促进示范学校，湘滨社区创建计生协会“会员之家”县级示范点。

完善文化站阵地建设，书屋、电子阅览室、文体活动室对外开放，指导湘郡社区创建市级示范性文体活动室；推出“党群益+”“七彩乐龄品质生活”等公益服务品牌，开展“祖国颂”合唱比赛、廉洁“百家宴”“百花剧场”等活动20场次。组织参加长沙县第十五届舞龙比赛获金奖；设置湘郡社区七彩人生居家养老服务中心为“长沙县文化馆湘龙街道分馆悦艺益课堂”，组织辖区内文艺爱好者参加声乐、表演培训；开展2019年“云视讯”培训；配合长沙县艺术团完成湘绣社区、湘润社区、水渡坪社区“送戏下乡”文艺会演；组织辖区内居民参加长沙县“全民运动会”松雅湖环湖跑、气排球团体赛、乒乓球团体赛；组织居民参加长沙县太极拳团体赛获二等奖。开展大型文体活动4场，社区艺术节6场，各种主题文艺晚会、体育活动15场。

（胡　颖　贺平英　邹庆玲）

【城市管理精细化】2019年，湘龙街道实现易腐垃圾减量约2560.1吨、可回收物约2032.8吨、大件垃圾388.08吨、有害垃圾0.6吨，14个社区完成垃圾分类全覆盖工作；推进垃圾分类，创建全县唯一绿色餐饮示范街。拆除新增违建37处，面积约3757平方米；历史违建70处，面积约25330平方米；开展为期一个月的“吸尘运动”，对城区主次干道进行精细化冲洗作业，提升街道整体环卫品质，营造干净、整洁的市容环境；按照“一圈两场三道”计划，完成湘龙路（腾辉路—万家丽北路）段自行车道及两场建设、城西农贸市场及龙塘农贸市场改建；对星沙联络线路段两厢约2万平方米闲置土地综合整治，对潇湘路社区仁和苑小区周边约400多米的近街店面广告招牌进行专项治理，对开元西路沿线户外广告进行整治，打造“视觉星沙”示范点；加强开元路沿线绿化，美化开元路两厢7处变电箱。　（周　磊）

泉塘街道

【概况】2019年，泉塘街道地方一般预算收入1.2亿元。规模以上工业总产值40245万元，同比增速26.3%；全社会固定资产投资48.08亿元；限额以上社会商品零售额同比增长14.4%；规模以上其他营利性服务业营收65223万元，同比增长45.2%；外贸进出口总额5588万美元；外资2723万美元；内资81000万元。是年，阳高社区被评为国家级“书香社区”（全省唯一被评为单位）；司法所被评为“全省司法所工作表现突出单位”；街道被评为长沙市2016—2018年社区全面提质提档工作优秀集体；街道卫计工作被评为全省“依法办事示范窗口”，泉塘社区被评为全省“和谐示范社区”，长桥社区被评为市级“文明社区”；泉塘社区、星港社区被评为市“2018年度提质提档示范社区”，向星社区被评为市“2018年度提质提档先进社区”。

项目建设。完成县“两安”用地征拆项目，区拆迁项目10个，拆迁64户。碧桂园·潇湘悦、华远·碧桂园海蓝城一期、华远·海蓝郡、敏捷珑玥府等项目入库，投资额24.8亿元。新建力都大厦精品农贸市场，提质改造板桥生鲜市场、丁家岭菜市场。打造2个“15分钟精品生活圈”，实施泉塘一期E区内部道路提质改造、板桥宿舍改造等7个微民生项目。

民生事业。新成立泉睿、星悦社区。泉星二小如期开学，新增学位925个。督促11家民办幼儿园办成普惠园，街道普惠园占比68%，产业工人、进城务工人员随迁子女实现100%入学。完成14个老旧小区提质改造，做好3614小区社会化职能移交工作。打造3个健康港湾项目，为辖区企业职工提供体检、家庭医生服务。开展扶贫帮困，发放帮扶、救助、慰问资金187.2万元。探索关爱儿童新路径，长桥社区、星港社区创建湖南省儿童之家。长桥社区被评为市级基层人力资源和社会保障平台标准化建设优秀社区。引进潇湘电影集团指导打造“梦想泉塘”文化品牌，开展以产业工人为特定对象的“梦想剧场”“文化惠民培训班”等系列活动；率队参加湖南省第二届排舞比赛并获特等奖，参与的市、县比赛多次获第一名。推进“党建+‘五零’社区建设”，受理办理群众诉求1934个，为群众办好事实事109件。“工作日延时服务”“周末预约服务”相关工作经验获省委主题教育刊物推广。

城市管理。推进社区提质提档三年行动计划，改造后街和立面10万多平方米，改造停车位约5000个。拆除陈年违建14561平方米，即查即拆51处2225平方米。拆除违章户外广告500处、楼顶发光字广告74处近1万平方米。持续深化垃圾分类减量，14个社区全部通过市垃圾分类全覆盖验收，149个分类垃圾站点、22个“小蓝屋”实现建成使用，完成“远大路—东七线”湿垃圾转运站、压缩站设备更新；投入400万元引进2家物业公司对开放性小区进行垃圾分类减量、收集、运输，湿垃圾减量化运行机制进一步巩固。打好“蓝天保卫战”，采取“五员”巡查模式，对焚烧垃圾、扬尘治理等“六控十严禁”工作实行巡查管控全覆盖，做好国控点3千米范围内的日常巡查、监管，督促310家餐饮单位安装油烟净化装置。

综合治理。开展扫黑除恶专项斗争，推进“打非治违”及各类专项行动，依法打击黄赌毒等违法行为，开展大型禁毒宣传教育活动25次，参与禁毒签名活动58920人次。组建常态化打传队伍，开展大型集中行动15次，清查疑似传销窝点2628处，捣毁112处，抓获涉传人员502人，刑拘16人，解救35人。开展校园周边环境综合整治，对35家无证办学机构责令整改，关停17家。打造矛盾调解中心，调处矛盾纠纷310起。

安全生产。强化对包括7个工业地产、34个园区在内的866家规模以下企业、350余家“四小”场所的生产监管，计划执法检查下达限期整改文书45份，约谈单位负责人10家，立案处罚15起。聚焦“园中园、厂中厂”、建筑施工、危险化学品和人员密集场所等重点行业领域，开展安全生产专项整治联合行动49次，立案查处2起，责令3家停业整顿。

【阳高社区入选全国“书香社区”】2019年9月24日，中国图书馆学会公布2019年“书香社区”发现活动名单，长沙县泉塘街道阳高社区入选，成为全国14个“书香社区”之一，为全省唯一。社区图书馆举办读者座谈会、圈圈故事会等活动80余场，在商业广场、楼盘等地设立8个共享图书角，每周三为“读书日”。 （陈红娟）

榔梨街道

【概况】2019年，榔梨街道一般预算收入1.4985亿元，固定资产投资85.68亿元，规模以上工业总产值39亿元，同比增长4.3%；对外贸易进出口总额9500万美元，招商引资内资4亿元，外资1100万美元；社会零售品销售总额1.1亿元，同比增长18.5%。第四次全国经济普查完成，有法人单位1756家，其中工业企业384家，规模以上工业企业50家。榔梨统计站被评为2019年度长沙市乡镇街道统计站目标管理综合考评先进单位。

全年新增“四上”单位29家，高新技术企业认证公示14家，高新企业27家，高新技术研发经费1.7亿元。聚焦“腾笼换鸟”，方麒门窗利用闲置厂房发展商贸综合体，科源医疗设置临时站点发展总部经济，汇丰家私转型联合办学。强化品牌建设，童年记、口口香、好韵味、玉和酿造等企业走“专精特新”路线，专注品牌质量、发挥品牌优势。紧跟“一带一路”，博能科技与美、英、德、俄等国家的石油化工公司开展战略合作，世通纸塑抢占日本、德国市场份额，产品畅销国内外，帅兴机械自主研发的定向钻打开海外市场，外向型经济高质量发展态势逐步形成。推进花园新城片区建设，引进紫鑫商贸综合体、创聚家居建材商业中心、嘉年华旅游客运综合服务基地3个重大社会投资项目。出台《榔梨街道“营商环境优化年”工作方案》《榔梨街道促进经济发展的实施意见》等，制定“四奖一补二十条”惠企政策，设立企业扶持资金300万元，组织120余家企业申报各类项目，争取各类扶持资金1500万余元。收集解决企业难题176个，是年，榔梨街道被评为长沙县“千人帮千企”先进单位、“打造移动支付第三城”先进单位。

全年腾地120余公顷，签约350余户，索恩格、国科微电子、东六线等22个项目的拆迁扫尾清零，启动地铁6号线黄梨路车辆段拆迁。启动社会投资类项目12个，其中市重大项目6个，总投资15.21亿元，100个政府投资项目均按时

2019 年，高峰社区文化节举行　　　　　　（毛敏　摄）

序推进，瑞兹家纺、五江钛品、中通快递航空物流基地、赛瓦特新能源发动机等项目正在洽谈。开展工地、燃煤、焚烧等各类巡查 1000 余次，到位处罚 20 万余元；涉 VOCs（挥发性有机物）治理企业 16 家，取缔“散乱污”企业 28 家，依法处罚涉危废企业 3 家，到位处罚 20 万元；企业燃气锅炉低氮改造 3 家，计 8.5 吨。推进“一河四港”综合治理，全面推进截污治污二期、龙华安置区源头雨污分流改造等项目，完成高排湖清淤，投入 300 万余元开展河道保洁提质和小微水体整治等工作，“一河四港”水质基本稳定在四类水。全面开展绿盾行动，加强裸露黄土、建筑工地整治，全年覆盖绿网 45 万平方米，查扣渣土车、混凝土搅拌车、运沙车等各类车辆 94 台，到位罚款 24.45 万元。

启动 10 条主要干道提质，完成一批交通标识标牌、电子抄牌设备、道路综合提质改造工程、弱电线路改造等项目，拆除各类广告和宣传标语 500 余块。推进垃圾分类减量，探索“以桶换桶、垃圾不落地”的垃圾分类模式，建成“四分类收集点”39 个，“蓝屋”3 个，大件垃圾投放点 9 个，发放分类垃圾桶 7916 组，配备干湿分类收集车 18 台，入户宣传率 100%，榔梨中心学校编制垃圾分类专项校本教材，开展“三进”活动，金托村、花园村被评为市级垃圾分类减量示范村，城市花园楼盘被评为市级示范小区。制定拆违攻坚“八步工作法”，成立 30 人的综合巡查大队，全年拆违 16 万平方米，整改卫片图斑 150 余处。

建成“智慧榔梨”大数据指挥中心，打造集网格、河道、企业、综治于一体的视频监控系统平台，构建“网格 + 大数据 + 服务”模式，网格化系统接收案件 1.1 万条。建立长沙县第一个应急管理教育培训基地，开展安全生产计划执法、千分制考核、“党政一包十”以及各类专项整治行动 300 余次，下达整改文书 199 份，停产停业整顿 24 家，取缔关闭 10 处，立案处罚 30 起，警示约谈 23 人，罚款 14 万余元，全年未出现一起安全生产责任事故，连续 3 年获市级、县级食品安全示范街道。组建 90 人的治安巡逻防控队伍和 96 人的治安志愿者队伍，加强村（社区）综治中心建设，健全“互联网 + 三联联动 + 群防群治”工作机制。

就业帮扶 57 人，教育助学 51 人，金托村与波隆集团等 10 余家爱心企业签订区域共建协议书和扶贫项目认领书。推进“一圈两场三道”，提质 4 个服务中心，铺设自行车道 6 千米，新增社会停车场 4 处。启动湖南省第一师范学院梨江实验小学建设，提质改造梨江中学教学楼及运动场，榔梨街道社区学校被评为“全国第二批城乡社区教育特色学校”、社区学校《福乐剪纸》被评为全国终身学习品牌。建立榔梨街道社工站，丰富“三社联动”志愿服务。建立居民健康档案 34445 人，落实“四项手术”、十免十优服务，陶公庙社区创建“湖南省计划生育基层群众自治示范村（社区）”，社区卫生服务中心被评为省食品安全风险监测工作先进单位。

制定“1+2+6”的具体操作方案，探索“‘五零’+ 网格”工作模式，建立“日常调度、问题整改、动态巡查”机制，启动 6 类示范评选，开展“‘五零’论剑”宣讲比赛，“‘五零’+ 网格”模式取得成效。试行“4 包 1”指导模式，指导党建业务性工作 200 余次。推进“‘一核多元’共治”模式、小区党支部“35”模式、企地“1+N”共建机制。被评为“长沙县十佳示范引领主阵地”。开展各项督察 60 余次，处置问题线索 50 条，立案审查、党纪处分 11 人。落实县委巡察反馈意见指出 6 个方面 18 个问题的整改，完善修订各项制度38个，警示约谈14人、立案查处3起。

【椑梨储能变电站并网】2019年1月，湖南省首个电池储能电站项目——长沙电池储能电站一期示范工程椑梨储能变电站并网。长沙电池储能电站示范工程是国家电网系统规模最大的电池储能工程，是全国最大单体容量室内储能电站。项目分两期建设，一期示范工程于2018年10月开建，包含椑梨、芙蓉、延龙3个储能变电站，总功率6万千瓦，总容量12万千瓦时。其中，椑梨储能变电站位于椑梨街道，占地5000余平方米。椑梨储能变电站并网具有削峰填谷、负荷响应等功能，将提升湖南电网电力供应保障水平，缓解长沙地区用电高峰电力不足问题，为湖南省储能电站建设、调试等方面积累经验。（毛　敏）

长龙街道

【概况】2019年，长龙街道税收总收入700万元，固定资产投资65亿元，规模以上工业总产值9500万元（不含产业基地），比上年增速10%；外贸进出口额1.3亿美元；规模以上其他营利性服务业营业收入5.2亿元，增速47.6%；社会零售品销售总额增长18%。

辖区内项目拆迁12个，拆迁腾地约28.67公顷，拆除房屋74户。其中，省重点项目顶立科技项目1个月内完成拆迁；万明渠污水管道项目施工完成；龙峰大道拆迁工作基本完成；双塘路项目完成长界街拆迁补偿区域清表施工；东十一线（开元东路以北）项目开工开建；洋湖中学、长沙县种子（农资）商务科研中心建设项目拆迁清零腾地；县政务服务中心项目第一榜、第二榜公示；电力“630攻坚”鼎功—黄花220千伏涉及的塔基土地费、35千伏涉及的杆线土地费全部签订，部分塔基施工进场。投资近700万元，以湘峰村杨祠片区为重点推进小微水体改造建设，全组40余户菜地整治完成。总长2.5千米的黄崩路白改黑项目完成。

拆除各类标识标牌、违规招牌223块，拆除违章建筑50380平方米；规范商铺店外经营、流动摊贩等行为；提质改造开元路两厢市容环境，治理道路7.5千米，绿化种植3万平方米。在长龙公园、鸽子湖公园分别建立24小时城市书屋并对外开放。开展垃圾分类减量、净化校园环境、消防安全、道路交通安全、门前“三包”等各类宣传活动30余次。

推进农村集体产权制度改革，辖区88个农村集体经济清产核资完成；界定农村集体经济组织成员资格，村民小组80个，界定成员户数3925户，人数10723人。推进农业污染治理，改厕420个，旱厕基本清零；生猪退养1196户。

对18家小散乱污企业开展回头看检查；为企业量身定制“垃圾分类蓝色收集站”，在开元仪器、山河智能、星工场等企业推广，垃圾减量40%以上。开展扬尘污染治理、渣土运输规范管理、餐饮油烟污染治理、禁燃、禁烧等各类整治行动：覆盖裸露黄土12.96万平方米；暂扣违规渣土运输车辆89台次；督促未安装油烟净化设备的单位安装到位。

开展扫黑除恶专项斗争宣传活动；组织矛盾纠纷排查35次，排查各类矛盾纠纷76起，预防矛盾纠纷42起，调处纠纷76件。实施“智慧安监”建设，星工场100余家企业实现终端布控并投入使用，探索工业地产安全生产监管新模式。开展安全生产检查企业350余家次，开出限期整改文书150份，清理“三合一”场所5家，立案查处企业9家。

宣传公共卫生服务项目政策、健康素养66条知识，家庭医生团队入户讲解政策。发放特困医疗医后救助金313884元、临时救济金1.36万元、优抚军人临时救济金5600元。扶贫与扶志结合，街道60户扶贫户（3户完全没有劳动能力）中57户均参与产业扶贫和就业扶贫。做好教育强县工作的前期动员和部署，对辖区内所有学校进行安全隐患排查，联合整治校园周边治安环境和车辆乱停乱放现象。

【帮代服务】2019年，长龙街道便民服务中心为办事群众提供导办、协办、咨询等各项服务，开展网格服务，为居民提供帮代服务。街道、社区均统一使用长沙县“互联网+政务服务平台”进行政务服务事项统一受理、审批、办结。办理审批事项499件，其中街道窗口办理315件，村（社区）窗口办理184件，办结率100%，居民满意率100%。（陈　雯）

责任编辑　周进银

劳动模范

沈娉婷

沈娉婷，女，1982年9月生，中共党员，长沙县六艺天骄幼儿园园长，是长沙市青年委员、长沙市骨干教师、长沙县首席名园长、首席名师，长沙县学前教育协会副会长、全国巾帼环境友好使者、湖南省芙蓉杯“百岗明星”、长沙市巾帼建功先进个人、长沙市技术能手、星城杯劳动竞赛优胜个人记三等功、长沙市“华天”优秀教师、长沙县十佳“感动星城 魅力教师。2019年4月25日，获授湖南省“五一劳动奖章”。在担任长沙县六艺天骄幼儿园园长7年时间里，沈娉婷从未休过寒暑假。该园先后被评为“国际绿色学校”“全国模范职工之家”“湖南省省级示范性幼儿园”“湖南省保育教育规范性幼儿园”“湖南省食品安全示范学校”“湖南省安全文明校园”“湖南省省级环境教育基地”“长沙市文明单位”“长沙市先进基层党组织”“全国啦啦操示范学校”。作为首席名师，沈娉婷开展送培送教活动，为乡镇园所组织讲座30余场，专题研讨20余次，送教至邵阳洞口、湘西永顺等偏远农村幼儿园，牵手帮扶长沙县15个乡镇，受益教师6000余人次、家长4000余人次。

常促宇

常促宇，男，1974年9月生，中共党员，清华大学汽车工程专业学士、计算机网络专业博士，微软学者，U盘、MP3最早发明人之一，湖南纽曼数码科技有限公司副总裁。2019年4月25日，被评为长沙市劳动模范。作为长沙市科技创新领军人才、湖南省C类高层次人才以及中国数码电子终端、汽车电子和车联网智能终端行业知名专家，常促宇拥有30多项专利技术。主持“北斗多功能车载导航终端应用开发及产业化”“车载自组网及其在智能导航中的应用”“新一代宽带无线移动通信网”等30多项国家及省、市级重大科技项目。发表《车载自组网的现状与发展》等多篇EI检索论文；获国家、省、市级荣誉9项；牵头承担国家、省市级科技项目21项，带领企业获得国家科研专项资金扶持近4000万元。

陈小沐

陈小沐，男，1976年3月生，中共党员，广汽三菱汽车有限公司党委书记。曾获广州市优秀团干、广汽集团十年发展突出贡献先进个人、广州汽车集团股份有限公司自主品牌积极贡献奖、H股上市积极贡献奖。2019年4月25日，被评为长沙市劳动模范。组织完成课题54项，其中“提升新店销售能力”项目将新店销售能力提升至500台/年；主持发动机零部件国产化自主判断能力建设项目，提高自主实验能力和人员技术水平，促进省重点项目发动机工厂提前投产。开展“创新广三”、创新工作室建设和劳动竞赛活动，承办2016年省市“十行状元、百优工匠”竞赛活动汽车修理工竞赛项目，完成820余课题，举办31次竞赛，产生效益6000万余元。3名员工获授2016年省“百优工匠”称号和湖南省“五一劳动奖章”，1名员工获市2018年市“百优工匠”，3个创新项目获2017年市级职工科技创新奖二等奖、三等奖。

黄永立

黄永立，男，汉族，1967年3月生，长沙迈科轴承有限公司总工程师。带队取得6项实用新型专利和1项发明专利，分获长沙市职工科技创新二等奖2个、三等奖4个。2019年4月25日，被评为长沙市劳动模范。针对公司耐磨套产品消耗大、价格高昂的实际，黄永立从耐磨套的材料成分和热处理加工工艺方法着手，反复研究和工艺试验，为寻找到合适的材料和配比，黄永立深入调研考察，外出学习，与同行交流。经过多次试验和改进，成功开发“一种耐磨套及其制备和热处理工艺”，优化耐磨套性能，降低成本，产品质量显著提高。系列产品畅销国内外，部分产品出口德国等。2017年，该发明获授国家发明专利证书，所申报项目于2018年被评为长沙市优秀职工科技创新项目。

罗　勇

罗勇，男，汉族，1984年9月出生，长沙鸿发印务实业有限公司五色机机长。2019年4月25日，被评为长沙市劳动模范。从一名普通的印刷机学徒到能熟练操作德国海德堡、日本小森等多种型号印刷机，罗勇成为鸿发印务印刷部的首席技师。他参与印刷部大部分进口高技术、高价值设备的安装、调试工作，对机器运转过程中存在的问题超前预防、超前防范，保证设备的正常运转。2017年，公司承印外文出版社《习近平治国理政》（第二卷），交货周期紧、质量要求高，罗勇带领同事们加班加点，优化工艺流程，配合外文出版社驻厂编辑调样、签样，印制的封面样被外文出版社作为全国各分印点标准样。在他的带领下，印刷团队协助公司被评为“国家重大出版项目印制工作先进单位”。2018年，罗勇在首届湖南印刷行业技能大赛中获职工组第二名，代表湖南省参加全国印刷行业技能职业技能大赛，并在总决赛中获“优胜奖”。

皮　青

皮青，女，汉族，1961年8月生，湖南慧润农业科技有限公司董事长，曾先后被评为长沙县劳动模范、世界创客大会杰出贡献奖、中国乡村旅游模范户、长沙县最美新乡贤、湖南省三八红旗手和首届湖南省旅游行业创业创新奖、全国三八红旗手等。2019年4月25日，被评为长沙市劳动模范。皮青创办湖南旺和贸易有限公司，一家集社区生鲜超市和大型超市于一体的连锁超市有限公司，前后帮助1万多名下岗人员重新走上工作岗位；2006年与香港商人合资成立湖南宜和雅洁清洁工程有限公司，主要从事家庭、写字楼、宾馆、酒家、医院等地的清洁卫生的企业，安排500余人就业，其中30%为农民工；2011年创办湖南慧润农业科技有限公司，旗下拥有全资、合资公司（经营实体）10家，涉及酒店管理、农业种植、农副产品开发、旅游景区管理运营、网络系统开发及运营等领域。经过7年的建设和运营，建成板仓国际露营基地、开慧锡福村乡村民宿、湘丰度假帐篷酒店、慧润蝶梦山谷4个度假基地。开发建设高桥慧润·农科新城科普基地与福临影珠山的避暑度假营地。创立“板仓人家”旅游商品品牌，设计开发拥有自主知识产权的“慧享游”互联网平台。其所创办企业在长沙县投资6000万余元，带动经济产值超过1亿元。2018年，慧润公司接待国内外游客超过100万人次，其中接待美国、澳大利亚等游客2000多人次，营业收入3700多万元，为村集体经济增收800多万元，解决当地劳动力就业100多人，探索出以民宿经济带动乡村旅游、以乡村旅游推动农村经济发展的“慧润模式”。在全国发展乡村民宿推进全域旅游现场会上，皮青作为湖南省旅游行业唯一代表作经验交流。

张立志

张立志，男，汉族，1968年9月生，2014年起任长沙县供电公司榔梨供电所所长，曾被评为国网公司“供电所管理提升先进个人”“国网湖南省供电公司‘抗冰保电功臣’”“农电安全生产特殊贡献奖”。2019年4月25日，被评为长沙市劳动模范。2014年至

2018年，争取资金改造投入2亿元，新建台区98个，改造10千伏线路51千米，让辖区1.6万户低电压客户用上放心电、安全电。2016年4月24日，中南地区最大综合性农产品物流枢纽中心——黄兴海吉星市场群开园运营，为保障海吉星生鲜蔬菜运输、储存用电需求，张立志带头成立专项攻坚小组，参与规划、设计和施工。2017年，长沙遭遇特大洪灾，旱涝急转，从防汛抗洪到抗旱保电，张立志始终带头冲在最前线。2018年9月，被评为长沙文明委第三季度“长沙好人”。

常厚林

常厚林，男，1966年10月出生，长沙县开慧镇飘峰山人，大专学历，中共党员，开慧镇飘峰山党支部书记、村主任，长沙县第十六届人民代表大会代表。2019年4月25日，被评为长沙市农业劳动模范。在任期间全村入户路99%，村级公路全部5米宽以上并完成沥青路面改造，道路全部绿化和路灯安装，小农水山塘整修完成80%，引进企业4家流转农田约1333.33公顷，山林约33.33公顷。发展乡村旅游，引进慧润公司发展乡村民俗成为长沙地区的示范和模式。全村经济收入由2010年的人均纯收入4000元增长至2018年的1.5万元，2019年村集体经济收入70万元。该村连续6年举办免费学生暑期辅导班，高中升大学升学率是全镇之首。引导村民投入村级建设，让村民出资出力为美丽乡村建设添砖加瓦，推动精准扶贫，全村基本脱贫。

程如意

程如意，男，土家族，大学本科学历，1978年6月出生，湖南张家界人，现任湘丰茶业集团有限公司副总经理，分管农业工程和项目管理，2004年加入湘丰茶业集团股份有限公司。2019年4月25日，被评为长沙市农业劳动模范。作为一名在一线农村劳动的高级知识分子，他15年如一日，坚持奋战在农业生产的一线，发挥自己的专业知识，用技术创新提高企业的经营效益，主持国家级课题（项目）10项、省级课题（项目）18项、市级课题（项目）15项，实现公司国家专利、地方标准的“零”突破，同时，也从一名基层的员工成长为集团的副总经理。他坚持以创新技术、知识带动发展为工作理念，打造“高技术”团队，说服各行各业的高级技术人才扎根农村，服务农企，先后成立项目部、农业工程部。他带领团队从实际出发，联合村委会，开展村企共建项目、农村综合改革试点项目，发挥着模范带头在作用，协同当地争取政策与资金支持，壮大集体经济，促进当地的就业，也在完善当地的道路、水利、绿化等公共设施的同时，带动农民增收致富。

冯民英

冯民英，女，汉族，长沙县青山铺镇洪河村人，长沙县明畅农机专业合作社理事长。2019年4月，被评为长沙市农业劳动模范。从2011年起，冯民英夫妇先后流转耕地约33.3公顷，实施集约化的农业机械化生产。投入资金200万余元，添置各类农业机械30多台辆，建立全程机械化育秧工厂和粮食烘干厂房，联合5位股东一起成立明畅农机专业合作社，开展社会化服务，为周边乡镇133余公顷稻田承担翻耕、收割服务。作为合作社理事长，她负责合作社日常运营，年产值240万元，吸引剩余劳力就业，2018年发放工资30多万元。在她的带领下，相继涌现一大批种粮大户、职业农民，该村近一半的稻田被种粮大户流转耕种。她报名参加省、市、县、镇各级农业部门组织的新型职业农民培训，将先进的农业技术运用于生产，先后采用预虫灯、性诱剂等无公害杀虫方法，采用农药喷洒无人机作业，着重发展绿色生态高效农业，在水稻种植的基础上，开发“稻田＋蛙”“稻田＋虾”立体种养模式，所养殖的青蛙、小龙虾和生态稻蛙米、稻虾米长期供不应求。她长年安置30余个农民在合作社用工，免费帮助周边无劳力的农户翻耕、插秧、收割，每逢节日还以合作社的名义慰问周边困难群众和五保老人。

黄　龙

黄龙，男，30岁，湖南农业大学农业学士。被评为湖南省大规模种粮大户、湖南省“爱粮节粮之星”“雷沃杯”全国20佳合作社理事长、湖南省农机工作先进个人，多个省市区农业部门授课老师，2016年被湖南卫视、中央电视台《新闻联播》连续采访报道。2019

年4月25日，被评为长沙市农业劳动模范。从湖南农业大学毕业后回乡种粮，从种植水稻2公顷到带领种粮大户成立长沙县同展农机专业合作社，从当时的半人工半机械的状态发展到现在全程机械化。在品种选择、水肥运筹、病虫害综合防治等方面具有丰富经验，并制订出一套水稻标准化生产流程。现合作社建成仓储设施2000平方米，日烘干能力400吨的智能化烘干中心及年育供秧1000公顷的育秧工厂，合作社全程机械化服务面积约1333.33公顷。产销对接，着力调整种植结构（全面种植优质稻），进行农资统供、全程服务、粮食统销，实现全社一品，合作社的粮食卖价稳定在280元/100千克以上。带动周边各行业人员60人从事粮食生产并成为6.67公顷以上的种粮大户，年提供就业岗位1000个以上；优先贫困户就业，并对合作社服务范围内的43户贫困户实施免费全程服务，帮助贫困户脱贫；进行碎草还田、绿色栽培，促进化肥农药零增长。

汤伯玲

汤伯玲，男，54岁，中共党员，长沙县金井茶厂技术开发部部长，曾被评为“湖南省制茶能手”。2019年4月25日，被评为长沙市农业劳动模范。金井绿茶制作“非遗”传承人。从简单的制茶到自学茶叶种植、栽培、审评等，从一名普通的制茶工变身为茶叶精通专家，坚守茶叶制作36年，经其个人炒制的手工毛尖1500千克以上，成为金井茶业的一张活名片，也是金井镇的一张名片。2000年金井茶厂改制改革后，公司重视茶叶加工质量和产品开发，作为生产厂长和技术员，汤伯玲始终坚持质量第一，钻研传统手工制茶和机械制茶加工技术，与国内顶尖制茶机械厂共同设计符合公司工艺要求和产品品质的生产线和设备，使金茶在市场竞争中不断发展壮大。

唐 琪

唐琪，男，1967年生，长沙县黄花镇人，长沙县绿叶农业科技有限公司董事长。2019年4月25日，被评为长沙市农业劳动模范。1998年创立绿叶水果连锁品牌，20年来，绿叶水果从零起步，发展成为湖南知名度最高的水果零售连锁品牌，被评为湖南省省级龙头企业，更是华中地区规模最大的水果批发、零售及连锁企业集团之一，覆盖湖南、江西、云南、四川、陕西等地。通过长期考察，唐琪发现喜爱高温高湿环境的阳光玫瑰葡萄，最适合在长沙县生长。而后他带着队伍全球跑，从日本、美国引进最好的品种，从荷兰引进最好的技术，并在东塘村投资近千万建立绿叶现代农业科技示范园，计划打造高效生产、科技示范、旅游观光于一体的省级现代农业产业示范园，通过“公司+基地+农户”的合作模式，促进农业增效、农民增收。多年来，他从慰问老人、捐款修路，到架路灯、修水库，抗洪抢险，中秋、重阳、端午、春节每年4次给敬老院老人送温暖，成为绿叶人约定俗成的习惯，累计慰问40余次；绿叶水果加入“助力精准脱贫红网公益大联盟”，助力精准扶贫，新疆吐鲁番市政府授予“心系扶贫，情暖火洲”锦旗，芷江县政府授予“精准扶贫爱心企业”称号，长沙市零售商业行业协会授予“精准扶贫先进单位”等；遇有抗洪抢险救灾，提供物资支援灾区，2016年向长沙县红十字会捐赠20万元，2017年雨花区政府授予“抗洪救灾先进商贸企业”称号。绿叶水果线下门店420余家，提供就业岗位3000余个，水果基地、合作伙伴遍布全球的规模。绿叶水果在《环球时报》举办的第八届“环球总评榜”中获“改革开放四十周年——中国最具发展潜力品牌奖”，是行业中唯一获此荣誉的企业。

郑密午

郑密午，女，湖南长沙人，长沙山舞农业科技有限公司经理，路口镇第六届镇人大代表。2019年4月25日，被评为长沙市农业劳动模范。粮食种植大户之一，从一个柔弱的家庭妇女蜕变成拥有26.67公顷优质水稻种植基地和旱杂粱种植基地的经营者，她不仅仅只是进行水稻、高粱、土豆、玉米等作物种植和相关技术试验研究，她还从品种选择、生产资料采购、田间管理、收获烘干，直到仓储销售全部亲力亲为，做到不懂就问，不会就学，熟练掌握多个水稻品种的种植技术，引进南方糯高粱全程机械化规模种植40公顷，添置现代化设施设备，学会烘干机、大米色选机、包装机操作。她坚持做工作总结，记录田间档案，2018年的杂交糯高粱规模化种植成功为种植结构调整区域种什么、怎么种总结出一套符合当地民情的全方位生产方案。为促进农产品产地初加工新建农产品加工厂房一栋，迎合市场需求，发展农产品精深加工，提升农产品价值，延伸产业链，为企业持续发展奠定基础；并注册“麻林河”商标，帮助同村的农户销售农副产品，带动周边农户发展产业。2017 年被长沙市妇联授予“长沙市巾帼现代农业科技示范基地”。同年被评为路口镇现代农业产业发展先进单位。2016 年至今帮扶 98 户建档立卡贫困户发展水稻种植和家禽养殖，免费提供种苗和生产物资，邀请农业技术专家讲解技术要点，通过产业扶贫户均增收 5000 元以上。安排 4 个残疾人就业，平均每人收入近万元。加强学习农业的相关知识，购买相关的专业书籍，报考成人继续教育，在田间地头还学专业器械的操作。专业问题得不到解决时就到湖南农业大学找专家进行专业辅导。

先进工作者

何清华

何清华，男，汉族，1946 年 3 月生，岳阳人，研究生学历，中国民主同盟盟员，现任山河智能装备股份有限公司董事长。曾牵头承担国家“863”计划、国家科技支撑计划等国家级科研项目 16 项，获国家科技进步二等奖、湖南省技术发明一等奖、湖南省科技进步一等奖等 10 项奖励；授权专利 311 项，其中 4 项获中国专利优秀奖；牵头或者参与制定国家及行业标准 29 项；获“十一五”国家科技计划执行突出贡献奖、何梁何利基金奖、第四届光召科技奖、装备中国功勋企业家、第六届“国防之星”、全国杰出专业技术人才、第六届全国优秀科技工作者、第九届“发明创业奖人物奖”之“当代发明家”等荣誉，享受国务院特殊津贴。凭借深厚的技术底蕴，何清华带领山河智能装备股份有限公司定位于“一点三线”战略业务，立足装备制造，发展工程装备、特种装备、航空装备。依靠“先导式创新”模式，以差异化竞争优势实现跨越式发展，成功跻身全球工程机械企业 50 强、全球挖掘机企业 20 强，全球支线飞机租赁企业 3 强。2019 年 8 月 29 日，何清华被评为“优秀中国特色社会主义事业建设者”，是湖南省首批受表彰的 4 名代表之一；11 月 11 日，何清华在 2019 年桩工机械年会上获授“桩工机械行业终身成就奖”；12 月 26 日，入选“百年湖湘人物”。

胡红斌

胡红斌，女，1969 年 7 月出生，本科学历，高级教师，长沙县第十二届党代表、长沙县作家协会会员，长沙市龙继红名校长工作室成员，长沙县第一批首席名校长，任长沙县湘龙小学校长。曾被评为长沙市“感动星城 · 十大魅力教师”、市“三八”红旗手、市“十佳芙蓉标兵”、市“优秀教师”（记三等功）、市“第三届‘友谊’优秀教师”、市“中小学德育工作先进个人”、市“中小学管理名优校长”、长沙县“首席名校长”，县“十佳知识型职工”、县“十佳魅力教师”、县“十佳优秀校长”“优秀共产党员”“双学双比女能手”等。2019 年 4 月 25 日，被评为长沙市先进工作者。她自 1991 年参加工作以来，从事教育工作 28 年。期间先后在梨江中学、湘龙小学 2 所全县大规模农村中学和城区小学担任校长 16 年。她刻苦钻研，教育能力高，教学方法优。在校长工作岗位上，她以校为家，关爱师生，带领全体师生践行“播种幸福的教育，享受教育的幸福”的办学理念，用勤奋和智慧无悔地耕耘。她任校长期间，学校获得的县级以上团体荣誉 70 多项。先后在《教育信息化》《中国教育文萃》《中外教育》《教育技术》等全国性刊物上发表文章 20 多篇；40 多篇论文获国家级、省、市级奖励；多次为长沙市校长提高班等培训班作办学经验、师德修养为主题的专题讲座。 （刘晓柏）

表 8　2019 年“湖南好人榜”长沙县入选人物目录表

姓　名	事　　迹	所属类别	入选时间
刘金文	勇敢跳入汹涌的洪水并救起 2 名落水者	见义勇为	2019 年 6 月
宋　波	悉心照顾重病的父亲和瘫痪在床的奶奶多年，特别是十多年如一日精心照顾孤身一人、瘫痪在床的叔叔	孝老爱亲	2019 年 10 月
王　磊	驾车途中捡到装有现金 2 万余元以及银行卡、身份证等的背包，根据信息找到失主家里并将钱物归还失主	诚实守信	2019 年 12 月
王　帅	驾车途中捡到装有现金 2 万余元以及银行卡、身份证等的背包，根据信息找到失主家里并将钱物归还失主	诚实守信	2019 年 12 月

表 9　2019 年“长沙好人・身边雷锋”长沙县入选人物目录表

姓　名	事　　迹	所属类别	入选时间
宋　波	悉心照顾重病的父亲和瘫痪在床的奶奶多年，特别是十多年如一日精心照顾孤身一人、瘫痪在床的叔叔	孝老爱亲	2019 年一季度
赵育英	30 多年如一日，无怨无悔悉心照顾 80 多岁的聋哑叔叔	孝老爱亲	2019 年二季度
易炼辉	跳入湘江救起 1 名落水女子	见义勇为	2019 年二季度
杨卓进	十多年如一日精心照顾父母、岳父母 4 位高龄老人，并自建房子与 4 位老人共同生活	孝老爱亲	2019 年三季度
唐　林	2012 年起每年为西藏边远地区学生募集冬衣，2015 年从长沙县一中辞职专门从事志愿服务，2019 年筹集援藏冬衣 3 万余件	助人为乐	2019 年三季度
骆　树	在小区门店液化气罐瓶口突然起火的危急时刻，毅然上前果断处置火情，成功将火熄灭	见义勇为	2019 年四季度

责任编辑　梁　漾

重要文献

在中国共产党长沙县第十三届代表大会第三次会议上的报告

长沙经济技术开发区党工委书记、中共长沙县委书记、长沙高铁新城党工委书记
沈裕谋

（2019 年 12 月 23 日）

这次会议的主要任务是：以习近平新时代中国特色社会主义思想为指导，深入贯彻中共十九大和十九届二中、三中、四中全会精神，认真落实中央和省委、市委经济工作会议精神，动员全县上下不忘初心、牢记使命，坚决落实新发展理念，凝心聚力朝着“率先现代化、追赶前三强”目标加速迈进，奋力争当新时代中国特色社会主义先行示范。

一、长沙县已站在领先中部的更高起点

在省委、省政府和市委、市政府的正确领导下，县委团结带领全县各级党组织和广大党员干部群众，认真贯彻落实中央、省委、市委决策部署，坚持稳中求进工作总基调，以“三个年”为抓手，扎实做好“六稳”工作，持续推动县区高质量发展，经济社会呈现稳中有升、稳中有进、稳中向好的积极态势。预计全年地区生产总值同比增长 9%；规模工业增加值增长 10%；固定资产投资增长 11%，其中工业投资 352.8 亿元，增长 10%；地方一般公共预算收入 110.43 亿元，增长 8.04%，税占比 80.89%；社会消费品零售总额 566.7 亿元，增长 9%；R&D 经费投入占 GDP 的比重达 4.6%；城乡居民人均可支配收入 4.3 万元，增长 8%。

盘点即将过去的一年，有十项工作成果值得载入长沙县、长沙经开区的发展史册：一是“不忘初心、牢记使命”主题教育成果丰硕。“把工作做实、解群众所困”等做法被中组部、中央电视台《新闻联播》、《人民日报》专题推介。二是老百姓幸福感持续增强。连续 13 年蝉联中国最具幸福感城市（县级）。三是县域综合实力和竞争力持续攀升。跻身县域经济与县域综合发展百强第 4 位，稳居县域经济基本竞争力、中国中小城市综合实力百强排名第 5 位，首次入围中国工业百强县（市）前十强、位居第 8 位；长沙经开区营商环境指数位居全国经开区第 8 位，长沙县上升至全国营商环境百强县第 12 位，均位居中部第一。四是智能制造走在全国前列。三一集团装备板块终端销售额突破 1000 亿元，三一重工跻身全球工程机械三强。总投资达 220 亿元、预计年产值超 1500 亿元、辐射产值突破 6000 亿元的三一智联重卡项目，实现 7 天签约、42 天开工、90 天腾地

333.33公顷，刷新了“湖南速度”“长沙效率”“星沙质量”。五是改革活力充分激发。强力推动强园富县改革，行政执法体制改革经验获《改革内参》专题推介，乡村振兴新模式被评为“2019中国改革年度案例”。六是“一核三城、两轴四区”城市发展格局全面拉开。北部生态服务城管委会（筹）正式成立运行，陈树湘、杨立三和缪伯英故居修缮完成并对外开放，杨开慧纪念馆荣获全国爱国主义教育示范基地，果园镇被评为省特色文旅小镇；南部高铁会展新城体制机制逐步理顺，成功举办“国际工程机械展”“轨道交通展”“一乡一品”等重大展会，展览面积达140万平方米，被评为省级现代服务业集聚区。七是内陆开放高地加速崛起。勇当开放先锋，壮大临空经济，黄花综保区预计完成进出口额50亿美元以上，同比实现翻番，在全国综保区排名上升至第13位；全县外贸进出口额突破100亿美元大关，占全省近1/5。八是社会治理不断创新。“党建＋‘五零’村（社区）”建设全面推开，积极为“中国之治”贡献长沙县力量。九是乡村振兴成效明显。入选全国“开展农村人居环境整治成效明显的地方”，为全省唯一上榜县，农村垃圾治理经验被全国性会议典型推介。十是区块链发展抢占先机。区块链产业园入园企业总数达61家，科创平台5家，中国工业与应用数学学会总部办公基地揭牌成立，和信区块链研究院入驻。

一年来，县委着重抓了六个方面的工作：

（一）聚力壮大实体经济。对标萧山、奋起直追，全面扭转一季度经济指标垫底的颓势，实现了二季度止跌、三季度回升、四季度超额完成目标任务的进势。紧紧围绕长沙经开区、临空经济区、黄花综保区、会展经济区等重大平台，铺排市级以上重大项目194个，预计完成投资517.03亿元，其中产业项目134个，完成投资410.54亿元；新建项目91个，开工率100%，完成投资216.33亿元。三一智联重卡、大陆集团中央电子工厂、铁建重工第三产业园、索恩格新能源汽车技术全球研发中心、蓝思科技黄花生产基地等项目加快推进；中南源品干细胞科技园、圆通速递华中管理区总部基地、顺丰电商产业园等项目投产运营；成功引进永旺梦乐城、7.0T超高场核磁共振、广东商会、宝湾物流等重大项目92个（其中长沙县26个，经开区66个），总投资达864.89亿元（其中长沙县164.89亿元，经开区700亿元）。区块链产业迅猛发展，区块链安全监测中心、“星沙指数”、数字关防工程等项目积极推进，成功获批“湖南省大数据产业园”。

（二）聚力全面深化改革。68项改革项目稳步推进，13项重点攻坚全面完成，31项自主改革成效显著。强园富县改革取得实质性推进，星沙产业基地成建制纳入长沙经开区，“两水”IPO上市全面启动；率先推广“区块链＋政务协同办公平台”系统，“星政链”全面启用，基层减负取得实效；农村集体产权制度改革基本完成，农村土地“三权”分置有序实施，新型供销体系不断完善，服务乡村振兴作用日益凸显。机构改革全面完成，改革经验被《湖南机构编制》推介；创新理顺黄兴镇管理体制，黄兴会展经济区全面托管干杉片区；全面深化行政执法体制改革，执法力量下沉、效率提高。严格落实减税降费政策，预计全年为企业减免税费26亿元；不断深化放管服改革，“就近办”体系进一步完善，在全省首推开户即开业、交房即交证、拿地即开工、开工即开建改革试点；坚持对标先进、争创一流，推出了优化营商环境“1+4+4”工作方案，全年新增“四上”企业230余家，商事主体总量达12.89万户，同比增长21%。

（三）聚力打好“三大攻坚战”。树牢过“紧日子”思想，稳妥推进防控化债、提升财政资金质效，积极减支出、降成本，县级压减一般性支出15%，债务风险指标维持在警戒线以下。坚持脱贫攻坚与全面小康、乡村振兴同步谋划、同步实施、同步推进，聚焦“两不愁三保障”，紧盯产业扶贫、政策落实、对口帮扶等工作，建档立卡贫困户存量危房全部清零，12个省级贫困村全部出列。中央、省环保督察及“回头看”反馈问题整改到位，交办件全部办结。推进“两河七口”截污提质，新改扩建城西、浔龙河、临空等污水处理厂23座，浏阳河、捞刀河长沙县段水质达到地表Ⅲ类以上。松雅湖被评为长江经济带美丽河流（湖泊），成功打造“中小河流治理全国样板”。全县空气质量优良天数同比提高4.6个百分点，空气质量改善率居全市第一。

（四）聚力提升城乡品质。按照主城区对标上海、提质星沙，新城区对标上海、高于主城要求，启动编制“一核三城、两轴四区”空间规划，深入推进全国（县级）文明城市创建，大力实施“城市管理提质年”行动，“一圈两场三道”全面推进，1—6区旧城改造全面完成；

坚持“九位一体”推进主次干道U形提质改造，拉通断头路、整治病害点、拓宽人行道、完善绿化带、配套停车场，市民出行更加便捷；努力让城市会思考，智慧城市持续推进；集中开展“五乱”专项治理行动，拆除不规范标识标牌1万余块；率先打造“区块链+垃圾分类”蓝色体系，城市社区垃圾分类基本实现全覆盖。按照发展美学经济、推动全域旅游、做实乡村振兴思路，扎实推进农村“五治”和村庄清洁行动，建立农村全域垃圾分类减量体系，金井镇、果园镇成功创建国家卫生镇，路口镇、高桥镇成功创建省级卫生镇；新型村级集体经济不断壮大，探索形成集体经济发展六大模式；全力推动“一县一特”茶产业发展，长沙绿茶被评为国家地理标志产品；加快发展民宿产业，建成“慧润星工厂”“慧生活”民宿展示体验店，浔龙河村被评为全国乡村旅游重点村。

（五）聚力改善民生福祉。致力“两富”星沙建设，坚持将新增财力的80%用于民生，全年民生支出达140亿元，居民幸福感、获得感不断提升。教育事业稳步发展，学校建设三年行动计划持续推进，新增学位4000余个，22所农村义务教育标准化学校全部完工，超大班额全部化解，榔梨街道社区学校获全国第二批城乡社区教育特色学校。医疗卫生服务水平不断提高，县人民医院主体工程开工开建，省基层高血压医防融合试点项目、市“智慧医疗”试点县建设有序推进。文化服务体系建设卓有成效，刘少奇天华调查纪念馆、陈康白科教报国陈列室、田汉文化园等红色文化影响力稳步提升，泉塘街道阳高社区获全国“书香社区”称号。社会保障不断加强，大幅提高低保、特困供养标准，在全省率先出台建设领域农民工工资支付监督管理办法，城乡居民养老保险业务实现“全县通办”，退役军人管理服务三级保障体系全面建成。扫黑除恶专项斗争取得阶段性成果，“十大平安”创建工作稳步推进，网上群众工作经验被中央网信办《网信动态》推介，金井镇司法所获全国先进司法所。县档案局获全国档案系统先进集体，县统计局获第四次全国经济普查省级先进集体，县人社局获全省先进集体。

（六）聚力全面从严治党。扎实开展“不忘初心、牢记使命”主题教育，主题教育成效显著。深入推进“党建+‘五零’村（社区）建设”，探索小区治理“三五模式”，开设机关党员大课堂，“流动党员管理服务全链条机制”被评为全国城市基层党建创新最佳案例。县融媒体中心成立运行，涉县舆论安全可控。突出选贤任能，首次开展“90后”副科级领导干部、行政执法局中层正副科职干部竞争性选拔，干部队伍结构进一步优化。深入落实人才新政22条，全县高层次人才达292人，占全市1/4。高质量推进县委巡察全覆盖，突出整治民生领域不正之风，坚决查处民生资金、征地拆迁、教育医疗、生态环保等领域腐败问题，全面从严治党扎实推进。积极支持人大、政协依法履职，推进人大代表建议、政协提案办理实效。成立全省首个共青团校地联盟，统战部被评为中国统一战线宣传工作先进单位。武装、检察院、法院、党校、对台、工商联、工青妇、残联、科协、红十字会等工作取得新成绩。

今年是中华人民共和国成立70周年。70年风雨兼程，70年披荆斩棘，70年沧桑巨变，创新致强的长沙县与伟大祖国一道，在站起来、富起来到强起来的伟大飞跃中迎来了无限光明的前景。70年来，敢为人先的长沙县人，以领跑三湘的团队、领先中部的担当、领军全国的作为、领向世界的胸怀，创造了一个又一个发展奇迹。从一片“红色热土”到“有县无城”的农业大县，再到中西部第一县、全国五强县。成绩的取得，离不开省委、省政府的关心支持和市委、市政府的正确领导，离不开历届班子打下的坚实基础和社会各界人士的鼎力相助，离不开县区广大党员干部和全县110万人民群众的奋勇拼搏。在此，我谨代表县委向大家表示衷心感谢并致以崇高敬意！

事因经过始知难，事未经过不畏难。发展的过程就是克服困难、解决问题的过程。当前，我们也要清醒地看到工作中还存在一些问题和不足：县区融合发展程度依然不够深，产业转型升级、民生改善还任重道远；“两有”发展和“两富”星沙的建设，与广大人民群众的期待还有一定差距；安全发展压力较大，社会不稳定因素依然较多；有的同志身在新时代，心在过去时，县域印记太浓，思想不解放、居安不思危等。对于这些矛盾和问题，在今后的工作中，我们务必高度重视，采取有效措施，认真加以解决。

二、以领向世界的胸怀科学谋划“十四五”发展蓝图

“十四五”是我国“两个一百年”奋斗目标的历史

交汇期，也是我县由县域经济时代迈向大都市区经济时代的关键时期。谋划好“十四五”愿景，我们必须深刻领会中央和省委、市委战略部署，紧扣县区实际，观形谋势、善抓机遇，努力把发展的大势转化为争当新时代中国特色社会主义先行示范的胜势。

审大势，由县域经济时代迈向大都市区经济时代是阶段特征。从发展的势头来看，优质产业和人口等要素高效聚集，形成以中心城市、城市群、大都市区为主要形态的增长动力源，这是市场配置资源的必然选择。从发展的规律来看，谁远离工业化、城市化、信息化，谁就会落后；谁拒绝科技化、智能化、数字化，谁就会被发展的大潮淘汰。从发展的实际来看，近三年来，我县新增常住人口近6万人，新增大中专以上人才近4万人，一般工商业售电量年均增长13.8%，星沙城区的活力、吸引力、承载力与日俱增，特别是随着“一核三城”“两轴四区”空间规划的启动实施，长沙县迈向大都市区经济时代的发展动能已十分充足。我们必须大胆破除路径依赖、惯性思维，积极割舍县域印记，主动拥抱大都市区经济时代，开创县区发展的崭新征程。

谋大事，率先现代化、追赶前三强是奋斗目标。率先现代化，只能靠发展，高质量发展是解决一切问题的关键。作为工业大县、制造业强县，我们必须贯彻落实习近平总书记关于“推动制造业高质量发展”的指示精神，紧扣省委、省政府“加快建设制造强省”和市委、市政府把制造业高质量发展作为今后发展主攻方向的决策部署，大力培育、引进“瞪羚企业”“独角兽企业”和行业领军企业，全速助推制造业转型升级、提质增效，力争到“十四五”末，基本实现“率先现代化、追赶前三强”目标。到那时，我县经济综合力、创新引领力、城市承载力将大幅提升，产业、城市、民生、生态、社会治理及人的发展基本达到现代化水准，县域经济基本竞争力、中小城市综合实力、营商环境、工业百强排名跻身全国前三强，最具幸福感城市更加深入民心，全面步入大都市区经济时代。

明大局，争当新时代中国特色社会主义先行示范是发展愿景。一个人，有了愿景，就不会被眼前的既得利益所动摇；一个地方，有了愿景，就不会被短期的形势波动所阻碍。争当新时代中国特色社会主义先行示范，就是在“率先现代化、追赶前三强”的基础上，再奋斗五至十年所要达到的发展愿景。到那时，我县物质文明、政治文明、精神文明、社会文明、生态文明将全面提升、走在前列，成为县域高质量发展高地、法治城市示范、城市文明典范、民生幸福标杆和创新开放、城乡融合、可持续发展先锋。我们必须敢于“跳起来摘桃子”，积极争当创新引领、开放崛起的践行者，努力争做先行先试、大胆探索的排头兵，为全国高质量发展贡献长沙县的智慧和力量。

综合考量长沙县所处的发展阶段和面临的发展形势，“十四五”期间，全县发展的指导思想是：坚持以习近平新时代中国特色社会主义思想为指导，深入贯彻中共十九大和十九届二中、三中、四中全会精神，持续落实习近平总书记对湖南工作的重要指示精神和省委“创新引领、开放崛起”、市委全面建设现代化长沙等系列战略，坚决贯彻新发展理念，始终紧扣“县区一体”工作理念，大力实施“强园富县、优二兴三、转型升级、融合发展”四大战略，坚持稳健但不保守、求进但不冒进，统筹推进稳增长、促改革、调结构、惠民生、防风险、保稳定等各项工作，朝着“率先现代化、追赶前三强”发展目标阔步前进，奋力争当新时代中国特色社会主义先行示范。

实现上述目标任务，必须大力实施四大发展战略。

强园富县，这是发展的关键。强园是举措，富县是目的，强园是富县的引擎，富县是强园的支撑。辉煌的历史成就表明，长沙县和长沙经开区是紧密结合、不可分割的命运共同体，长沙经开区是长沙县的产业支撑，长沙县是长沙经开区的平台基础。强园富县，就是要坚持县区一体，全面深化强园富县体制改革，在系统集成上下功夫，在协同发展上做文章，真正做到县区共谋大发展、共创大事业，实现星沙人共同的光荣和梦想！

优二兴三，这是发展的路径。工业是我们的立县之本、强县之基，也是我们的初心和使命，服务业是我们的活县之源、兴县之要。优二兴三，就是要持续深耕实体经济，聚力打造以园区工程机械、轨道交通、装备制造产业为主导的国际先进制造业基地，同时大力发展第三产业，强化商务楼宇等载体建设，加快构建符合高质量发展要求的现代产业体系，不断释放县区经济发展新活力，满足人民群众对美好生活的新期待，真正实现由大到强、全面致强的历史性飞跃。

转型升级，这是发展的动力。发展的过程，就是不断改革、不断转型、不断升级的过程。转型升级，就是要始终坚持“创新引领、开放崛起”，从更高的视野、更广的范围、更深的层次着手，全面推动园区转型升级、产业转型升级、城市转型升级、乡村转型升级，努力解决县区发展结构不够优、方式不够新、质效不够高、承载不够足等问题，不断增强高质量发展的内生动力。

融合发展，这是发展的要求。数字化时代，大融合带来的是大机遇。融合发展，就是要正确认识“产”“城”“乡”三者之间的关系，切实抓住科技化、智能化、信息化“三化融合”的新机遇，开启相互包容、相互促进、共建共享的数字化大门，从而实现要素资源的最优配置，开创县区融合、产业融合、产城融合和城乡融合的全新局面。

争当新时代中国特色社会主义先行示范，“率先现代化、追赶前三强”，与“强园富县、优二兴三、转型升级、融合发展”紧密联系、相互贯通、相互作用，其中争当新时代中国特色社会主义先行示范是发展愿景，“率先现代化、追赶前三强”是发展目标，“强园富县、优二兴三、转型升级、融合发展”是发展战略。争当新时代中国特色社会主义先行示范，要以“率先现代化、追赶前三强”为前提，紧扣“强园富县、优二兴三、转型升级、融合发展”四大战略来实践、来推进。

思路已经确定，蓝图已经绘就。最大的支持，是对思路的支持；最大的团结，是对思路的团结。率先现代化、追赶前三强，争当新时代中国特色社会主义先行示范，切实贯彻了中央的新发展理念，深刻领会了省委、市委对长沙县发展的明确要求，精准把握了县域发展阶段的历史使命，集中表达了全县人民的共同愿望。我们要紧扣这一发展愿景和目标，以领跑三湘的团队、领先中部的担当、领军全国的作为、领向世界的胸怀，凝心聚力、拼搏赶超，争当示范、走在前列。

三、以领军全国的作为实现“十三五”圆满收官

2020年，既是全面小康的决胜之年，也是科学谋划“十四五”的关键之年，更是“率先现代化、追赶前三强”的深化之年，做好明年工作意义十分重大。明年的主要预期目标是：力争地区生产总值增长8%～10%；规模以上工业增加值增长9%；社会消费品零售总额增长9%～9.5%；固定资产投资增长9%；城乡居民人均可支配收入增长8%以上；城镇登记失业率控制在3%以内。同时，要更加注重高质量发展的相关指标：地方一般公共预算收入增长确保6%、力争超过8%，税收占地方一般公共预算收入比重80.89%以上；工业投资增长11%；外贸进出口额增长30%～40%；实际利用外资增长40%；R&D经费支出占GDP比重达到4.62%以上；商事主体增长20%、达到15万户，新增“四上”企业230家以上，会展展览面积150万平方米。实现上述目标，我们必须牢固树立“以产业比实力、以项目论英雄、以效益为中心”理念，坚持党建引领，聚焦经济抓产业、抓城市、抓民生，突出重点、精准发力，切实做好六个方面的工作：

（一）力抓产业项目，推动经济发展高质量。实现县区高质量发展，关键在产业、重点在产业、难点也在产业，必须持续推动原始创新、关键创新、重大创新，努力打造质量更高、效益更好、结构更优的现代产业体系。保持定力深耕实体经济。实体经济是国民经济的根基，制造业是实体经济的主体，必须心无旁骛推动制造业高质量发展，大力实施“四大行动”、着力提升“五个质量”，切实推动市委关于制造业高质量发展“七大工程”“20条举措”落地见效，助推长沙打造国家智能制造中心。紧扣“两主一特”产业布局，持续发力工程机械、汽车及零部件产业和电子信息产业，加速新能源和智能网联汽车布局。增强创新策源能力，不断提升创新密度，以重点项目、重大科技成果、核心团队为抓手，构建创新链、完善产业链；以信息化、数字化、智能化为重点，促进产业转型升级，助推长沙打造国家创新创意中心。加快推动区块链技术和产业创新发展，持续扩大应用场景，打造区块链产业一条街，迅速提高核心竞争力，在国内率先形成自主品牌和核心技术优势，抢占区块链自主创新制高点。全力推进临空经济示范区建设，启用进出口商品展示交易中心，发展跨境电商、出口加工和口岸经济、快递物流，力争黄花综保区进入全国前十强。强力推动高铁会展新城发展，打造五大理念先行区、创新崛起新高地、品质长沙新标杆。大力发展“四新”经济、夜间经济、楼宇总部经济，加快电子商务、现代物流、会议会展等服务业发展，推动生产性服务业向专业化和价值链高端延伸、生活性服务业向高品质和多样

化升级，助推长沙打造国家交通物流中心。紧盯项目加大招商引资。坚持项目为先、项目为重、项目为王，以深入推进“5 个 100”为抓手，按照“谋划一批、储备一批、签约一批、开工一批、竣工一批、投产一批”要求，加快形成大项目顶天立地、小项目铺天盖地的发展态势。组建“一带一路”长沙县投资贸易促进服务中心，全力支持“区块链 + 先进制造业”发展，全速推进三一智联重卡、大陆集团中央电子工厂、蓝思科技黄花生产基地、国科产业园、索恩格工业园二期等一批重大产业项目。坚持靶向发力、精准招引，突出“两主一特”、轨道交通、临空偏好型等产业，开展产业链招商、基金招商、二次招商、集成式招商，提升亩均效益、能耗指标、环境容量等质量标准，推进项目质态持续提升。注重平台经济，聚力招大引强，抓好“入规、升高、上市、扩面”。全力支持经开集团“两水”IPO 上市，推动经开区与临空经济示范区、黄花综保区、现代农业示范区、会议会展新城等平台互促互补，形成整体竞争优势。依托挖掘机指数、工商业用电量等数据，增强形势分析和预判；加大土地指标争取，全面做好土地、用电、资金、用工等要素保障，确保重大产业项目“引得进、安得下、长得好”。对标一流优化营商环境。牢固树立“服务企业、服务经济、服务发展”的理念，坚持正向优化，持续推动优化营商环境“1+4+4”工作方案有序落地见效；坚持负向优化，聚焦问题抓整改，加大对破坏营商环境行为的查办力度；坚持开放优化，实施诚信环境提升、政务环境提升、城市环境提升、企业成本降低“三提一降”四大工程；坚持创新优化，探索首创性、差异化改革，保护知识产权，持续优化市场主体全寿命周期、服务效率、投资吸引力，真正把“尊重企业家、激励企业家、保护企业家、服务企业家、关爱企业家、培养企业家”体现在具体行动上，打造“风景这边更好”的“五心”营商环境。

（二）打造一核三城，推动城乡品质高质量。坚持紧凑城市、精明增长的理念，以对历史和人民负责的态度，“三位一体”统筹推进城市规划、建设、管理工作，力争把星沙打造成居安业乐、城美人兴的现代化品质之城和“秀民”聚集之地。坚持以优创优，规划格局远大之城。突出问题导向，顺应区域发展规律，科学修编国土空间规划，实现三规合一。按照老城区对标上海、提质星沙，新城区对标上海、高于主城的要求，全力拓展“一核三城”，着力构建“两轴四区”空间布局，深入实施西融、北进、东拓、南联、中优差异化发展战略，凝心聚力创建全国（县级）文明城市。坚持“跳出星沙看星沙、跳出星沙谋星沙”，站在“一带一部”“长株潭”一体化战略高度，加快完善《长沙县一核三城空间发展战略规划》，全力推进《长沙县远景发展战略规划》编制工作。按照主动担当承接省会功能的要求，加快优化核心区品质；按照勇当开放先锋、壮大临空经济的要求，发挥机场口岸功能和综保区平台优势，积极发展临空产业，推进跨境电商综试区建设，培育通用航空，助力打造长沙航空四小时经济圈；按照推进大发展、成就会展城的要求，聚焦顺体制、上项目、办会展、优服务、强队伍的工作重点，完善会议会展产业链，全力打造以高铁经济、会展经济为主体的现代服务业集聚新区；按照学雄安建北城、绿色发展新型城镇的总体要求，秉持高点定位、快速推进、要素保障的工作方法，以发展“四新”经济为重点，致力把北部生态服务城打造成落实五大理念的新城区、创新发展的新平台、绿色宜居的新标杆，加速形成大都市区发展新格局。坚持以诚兴城，雕琢生活美好之城。坚持视民如母、爱城如家的工作态度，以诚信换老百姓的诚意、以真诚服务换老百姓的诚心。深入实施路网提升改造，加快构建大动脉、打通微循环，完善城市内畅外联的快速交通体系。坚持国际化视野和现代化标准，加快松雅湖南岸开发，建设梨梨花园新城片区，推进紫鑫、创聚、嘉年华等项目落地开工，打造一批地标性建筑和靓丽风景线。坚持还路于民、还绿于民、还公共空间于民，积极规划落实增水工程，构建“两廊二心、两环四带”生态格局，形成“五心镶城、十水环城”绿色开敞空间体系，打造居民工作生活秀带。坚持以减致简，铸造风貌精致之城。发扬工匠精神、下足绣花功夫，大力提升城市管理科学化、精细化、智能化水平。稳步推进垃圾分类减量工作，完善垃圾分类体系建设。加快实施城镇老旧小区改造，切实提升群众宜居指数。强化城市微治理，以“两点三线”和“3+2”为重点，深入开展广告招牌、违章建筑等市容市貌专项整治行动，加大对环境卫生、交通秩序、市场秩序的综合整治力度，擦亮城市名片。健全完善城市维护行业体系，让城市管理全过程可衡量、可操作、可监督。加快智慧城市、韧性城市建设，建强城市大脑，全力推进大陆集团智慧出行试点项目落地，努力实现科技让城市更美好。坚持以净求静，构筑底蕴厚重之城。把环境的净化延伸到民风的纯化，建好道德提升这座看不见的“大楼”，赋予这座城市宁静致远的基因和魅力。坚持“两有”发展，建设“两富”星沙，大力弘扬社会主义核心价值观，深入开展中国特色社会主义、中国梦宣传教育。注重运用红色文化锤炼城市气质，努力把红色基因铸入灵魂、融入血脉、浸入骨髓，让英雄人物成为引人向前、催人奋进的精神坐标。扎实推进建设厚德星沙、打造好人之城三年行动，稳步实施“六德”工程，宣扬为国尽忠、为职尽责、为家尽孝主旋律，不断为建设“力量之都、大美星沙”提供强大的精神动力、丰润的道德滋养。

（三）打好三大攻坚战，推动决胜成果高质量。坚持底线思维，强化攻坚意识、压实攻坚责任、提高攻坚本领，决战决胜“三大攻坚战”。持续筑牢重大风险“防火墙”。坚持化存量与降规模、稳增长与防风险、促转型与提质量、控支出与提质效“四个相结合”，着力化解政府债务风险。立足财源建设，节俭内敛办事，确保预算刚性执行。着力防范化解政治风险、意识形态风险、经济风险特别是网络安全风险、安全生产风险，坚决守住不发生重大风险的底线。持续提升精准脱贫“满意度”。坚持脱贫攻坚和成果巩固两手抓，聚焦“两不愁三保障”，严格落实“四个不摘”要求，统筹推动脱贫攻坚与乡村振兴有效衔接，抓实产业扶贫、就业扶贫，建立解决相对贫困的长效机制，推进富民产业规模化、组织化发展，千方百计激发贫困群众内生动力。持续巩固污染防治“新战果”。坚持“五气”“五水”“五废”共治，铁腕实施“六控十严禁”，以科技创新助力污染防治攻坚战，确保2020年全年空气优良率达84%以上。尊重“环境尊严”，以河长制为抓手，以“两河七口”截污提质、小微水体管护为重点，持续开展Ⅲ类水创建行动，全面消除黑臭水体，确保河道水质稳定达标。突出绿盾行动，扎实推进土壤污染管控和修复，让青山常在、绿水长流、空气常新，不断提升大美星沙绿色竞争力。

（四）发展美学经济，推动乡村振兴高质量。坚持以城带乡、以工辅农、城乡融合，打造环境美、产业美、生活美、乡风美、秩序美“五美与共”的乡村样板，让农村有景可看、农民有活可干、农业有钱可赚。深入推进全域旅游，构建美丽乡村典范。按照小而精、特而专原则，推进特色小镇概念策划、空间规划、项目计划、资金筹划“四划叠加”工作，把科技和绿色贯穿全过程，打造乡村式的城镇、城镇化的乡村；紧扣湖南典范、中国一流、世界知名目标，高质量建设果园田汉艺术小镇。高水平做好农旅文旅深度融合文章，突出百村绘蓝图，绿色作底色，打造一批以金井、安沙、路口、高桥等为代表的“一茶一花一民宿”全域旅游特色景点和精品线路，加快开慧故里争创国家AAAAA级景区、影珠山和天华山争创国家AAAA级景区。重点聚焦文旅产品，着力发展文化综合景区、康养酒店、美学民宿，变美丽乡村为美丽经济。持续推进以“五治”为重点的农村人居环境整治三年行动，稳步推进彰显本地特色的示范镇村创建。加快推动城乡融合，全力助推产业振兴。强化龙头企业示范带动，支持湘丰集团IPO上市，加快打响百里茶叶走廊、苗木花卉示范带等“两廊四带”产业品牌；强化农业“接二连三”“一三融合”制度供给，扶持有机农业、智慧农业，推进农产品精深加工业发展，打通全产业链条；强化综合体打造，加快长沙市万亩花卉示范园、隆平稻作公园、慧润农科新城科普基地、开慧数字民宿总部基地等农业集聚区建设，培优产业融合发展品牌。不断壮大集体经济，努力实现强村富民。推广物业经营型“抱团”、资本下乡型“浔龙河”、土地合作型“湘丰村”、农旅结合型“慧润”、产学研集聚型“哲农”、村民共建共享型“般港”模式，促进有机产业融合发展、集体经济持续壮大，力争每个镇（街道）打造1个以上活力强劲、独具特色的新型集体经济发展样板。有效盘活土地资源，全面深化土地流转、农村集体产权、涉农资金整合等改革，创新村级集体经济+旅游、文化、电商等形式，积极争创全国百强县级供销社，促进就业增加、农民增收、财政增效。

（五）坚持精准惠民，推动生活水平高质量。一个人选择一座城市，实质上就是把他的一生交给了这座城市。坚持以人民为中心的发展思想，真正让居民在这里工作生活得更有尊严、更加体面、更加幸福，让居民觉得这座城市值得托付、值得热爱、值得为之奋斗。在健全社会保障体系、现代公共文化体育服务体系、公共安全防控体系和退役军人服务保障体系的基础上，以政府过“紧日子”换百姓过“好日子”，切实做好老弱病残人群帮扶、供养、救助等民生兜底工作，突出抓好“精准惠民微建设”三年行动，重点建设“三个强县”。突出学有优教，建设人民满意的现代化教育强县。坚持教育优先发展，启动新一轮学校建设三年行动计划，扩充公办和普惠性幼儿园资源，全面消除义务教育阶段大班额。加大城乡义务教育一体化发展，扎实推进集团办学、合作办学，争创国家义务教育优质均衡发展县。全面深化校地共建合作，努力为驻地院校健康发展创造良好环境、提供坚实保障。突出病有良医，建设人民满意的现代化医卫健康强县。紧扣医院回归公益性、医生回归看病角色、药品回归治病功能“三个回归”和医院医疗质量好、服务好、医德好、群众满意、医生满意、政府满意“三好三满意”目标，构建整合型优质医疗资源服务体系，深化紧密型医联体建设，实现县镇村三级医疗服务“同质化”管理。加快推进县人民医院、县中医院等项目建设，争创全国基层中医药工作先进单位。持续加强智慧医疗建设，提高自主可控区域卫生信息化水平，做好国家疾病防控信息化试点。突出劳有厚得，建设人民满意的现代化充分就业强县。坚决落实就业优先政策，开发就业岗位，把稳就业、促创业、防失业摆在更加突出的位置，统筹做好高校毕业生、农民工、退役军人等重点群体就业工作，持续加大转岗分流职工、城镇就业困难人员的就业帮扶力度，确保零就业家庭动态清零。支持灵活就业、新就业形态发展，加快推进新华职教城等项目落地，开展职业技能提升和转岗转业培训。做好失业弱势群体社会保障工作。

（六）围绕中国之治，推动基层治理高质量。坚持崇法善治理念，把十九届四中全会精神落实到改革创新上，深入推进系统治理、依法治理、综合治理、源头治理，不断健全党组织领导的自治、法治、德治相结合的城乡基层治理体系，努力为“中国之治”贡献基层实践和“星沙智慧”。深化改革创新促优治。加快推进强园富县改革，深入实施临空经济示范区“四位一体”改革，不断优化会议会展片区行政审批和财政管理体制改革，持续深化园区体制机制创新；坚定不移推进科技体制、金融体制、“放管服”、农业农村等重点领域和关键环节改革，统筹抓好统计、行政执法、发达镇行政管理等体制改革；有序推进国有企业改革，研究完善国企融资、并购重组等制度，鼓励引导县管国企平台公司转型升级；全面完善县交通委体制机制，坚持“三高”并重，打造“三化”枢纽，着力构建“大交通”格局；围绕产业链谋划人才链，更加注重人才引进培育的匹配度和实用性，完善人才政策体系和服务链条。坚持严实制度促法治。加强法治政府建设，推进依法行政；大力推进社会主义法治文化建设，打造一批法治宣传品牌和法治文化示范项目；完善公共法律服务体系，争创全国法治政府建设工作先进单位。正确处理安全和发展的关系，切实担负起促一方发展、保一方平安的政治责任。纵深推进扫黑除恶、扫黄打非专项斗争，严厉打击各类违法犯罪行为。支持人大、政协依法依章程充分履行职能；认真落实党管武装制度；坚决维护法院、检察院依法独立公正行使职权；加强同民主党派、工商联和无党派人士的团结合作，构建新型政党关系；进一步发挥工青妇等群团组织桥梁纽带作用，最广泛地凝聚各方智慧和力量。创新基层治理促善治。围绕村级集体经济增收、人民群众福祉增进，深入推进“党建＋‘五零’村（社区）”建设，积极探索“三化”赋能的“智慧五零”建设新路径，切实把党的领导作用、党组织的战斗堡垒作用、党员干部的模范带头作用、群众参与的主体作用充分融入基层治理各个环节，加快推广湘龙街道区域化党建合作新模式，为建立基层社会治理共同体打下坚实基础。发挥科技支撑作用，把握好互联网这个“最大变量”，培育大数据思维，强化网络治理，建设“数智”政务，打通信息“孤岛”。

山再高，往上攀，总能登顶；路再长，走下去，定能到达。我们坚信，只要咬定“第一”目标不放松、牢记“领跑”使命不懈怠、肩扛“奉献”担当不松劲，就一定能够开创长沙县更加美好的未来。

四、锻造领跑三湘的团队，推动全面从严治党向纵深发展

新时代需要新团队，新团队要干出新作为。我们站在了新时代的新起点上，就应该展新姿、闯新路、建新功，而不是耽于过去、安于现状、坐等未来，更不能身在新时代、心在过去时。各级党组织要全面贯彻新时代党的建设总要求，扛起主责，抓好主业，当好主角，奋力推动全面从严治党向纵深发展。

（一）推动主题教育制度化。坚定理想信念不是一句空洞的口号，而是共产党人精神上的“钙”。信念标杆要“立稳立牢”。务必把不忘初心、牢记使命作为各

级党组织建设的永恒课题、党员干部的终身课题，把理论学习作为党员干部的“刚性供给”，深入实施习近平新时代中国特色社会主义思想教育培训计划，不断提高“学习强国”的知晓率和参与度，推动各级党组织和广大党员干部在学懂弄通做实上下功夫，努力争做习近平新时代中国特色社会主义思想的坚定信仰者、忠实追随者，在全面贯通党员干部理论学习“最先一千米”的基础上，打通普通群众理论学习的“最后一千米”。学思践悟要“走深走实”。学思践悟是一个从认识到实践，到再认识再实践的辩证统一、循环往复、螺旋式上升的过程。各级党组织和广大党员干部务必跳出活动抓本质，切实把主题教育制度化和当前的基层党建、脱贫攻坚、信访维稳、安全生产、人居环境整治等重点工作有机结合起来，持续往深里走、往心里走、往实里走。规章制度要“建立健全”。持续深入贯彻学习十九届四中全会精神，把在主题教育中形成的好做法、好经验用制度形式运用好、坚持好；把学习教育、检视问题和制度修订结合起来，不断融入新政策新要求，持续巩固拓展主题教育成果，让初心薪火相传，把使命永担在肩。

（二）推动政治建设规范化。深入贯彻《中共中央关于加强党的政治建设的意见》，旗帜鲜明地把党的政治建设摆在首位，聚焦“两个维护”强化政治忠诚。全面提升党员干部政治执行力。坚定不移以习近平新时代中国特色社会主义思想武装头脑，树牢“四个意识”，坚定“四个自信”，做到“两个维护”，始终坚持分析问题考虑政治因素，推动工作落实政治要求，处理问题防范政治风险，坚决贯彻落实中央和省委、市委重大决策部署，确保政令畅通、落地见效。切实增强党内政治生活战斗性。全面落实《新形势下党内政治生活若干准则》，严格执行党的组织生活制度，以“君子检身、常若有过”的态度检视自身不足和短板，坚决抵制“钻制度空子”“打擦边球”的行为，自觉同不守制度、破坏制度的现象作斗争，打扫政治灰尘、净化政治灵魂、涵养政治生态。牢牢掌握意识形态工作领导权。全面压紧压实各级党组织意识形态工作主体责任，坚定主心骨、唱响主旋律、掌握主导权，以更具吸引力、感染力和穿透力的宣传弘扬正能量；以亮剑精神捍卫意识形态安全，办好意识形态领域大案要案，打造一批“扫黄打非”进基层示范点，营造清朗网络环境、良好舆论氛围。

（三）推动宗旨意识刚性化。只有始终把人民放在心上、把责任扛在肩上，才能赢得民心、立功见效。着力建强基层党建矩阵。持续优化支部建设和党员管理，配套完善功能，推动党建工作向非公企业、商业楼宇等延伸覆盖，进一步做细做实楼盘小区党支部建设，真正发挥好基层党组织的战斗堡垒作用。着力强化基层责任担当。深入贯彻落实省委关于全面加强基层建设“1+5”文件，坚持问题导向、迅速补齐短板，深化软弱涣散基层党组织整顿工作，强化镇（街道）、村（社区）党组织的主体责任，进一步弘扬实干作风，激励担当进取、奋斗作为。着力提升基层服务质效。坚持“共建共治共享”理念，以“党建＋‘五零’村（社区）建设”为总揽，深化基层社会治理创新，加强互联互通区域化党建共同体建设，深化“就近办”改革，健全基层政务服务体系，努力让“最后一千米”成为群众满意的“最畅一千米”。

（四）推动干部队伍专业化。围绕习近平总书记“五个体系”建设思路，认真贯彻落实《2019—2023年全国党政领导班子建设规划纲要》精神，加强对党员干部的思想淬炼、政治历练、实践锻炼、专业训练，从严锻造忠诚干净担当的时代铁军。注重多元化选贤任能。严格按照习近平总书记提出的好干部标准，坚持重人品、重实绩、重公认、用准、用正、用顺的“三重三用”导向，严把选人用人“政治关”，突出事业为上“风向标”，锻造干事创业“生力军”。进一步优化选拔任用体系，拓宽选拔渠道，探索建立优秀年轻干部选育管用的全链条机制，确保选出来的干部真正让组织放心、群众满意、干部服气。坚决打破地域概念、城乡障碍和部门界限，积极探索建立县区一体化干部交流选拔任用制度，让优秀干部在推动发展、造福百姓的新征程中充分发挥才干、施展抱负、建功立业。注重层次化培养历练。大力实施“一把手”政治能力、干部专业化能力提升计划，常态化组织青年干部训练营、科干班和村（社区）党组织书记、优秀公职人员培训班，有计划分层次开展党员教育培训，不断提升党员干部积极主动、以终为始、要事第一、多赢思维的学习力、创新力、执行力。注重科学化正向激励。坚持严管和厚爱结合、约束和激励并重，把“三个区分开来”要求具体化，为担当者担当，为负责者负责，充分释放鼓励激励、容错纠错、能上能下的制度效能，理直气壮支持干事者，旗帜鲜明鼓励创新者，动真碰硬惩戒不为者，努力营造放手放胆干事业、敢抓敢管创实绩的浓厚氛围。

（五）推动纪律建设常态化。全面深化管党治党主体责任，加强督查检查力度，推动“两个责任”落地生根。做实日常政治“体检”。用党规党纪“标尺”量作风“长短”，用民情民意“账本”查工作“虚实”，经常对标对表、对症下药，及时祛除党员干部身上的“软骨病”“恐惧症”“无能症”。用好监督执纪“利剑”。积极构建不敢腐、不能腐、不想腐机制，探索纪律、监察、派驻、巡察贯通融合的实现路径，不断完善协同监督的体制机制，推动主体责任和监督责任形成合力。综合运用信访受理、线索处置、约谈和谈话提醒等方式，严肃查处不作为、慢作为等行为，真正用纪律管住关键少数、管住绝大多数。堵住腐败滋生“暗门”。严格落实中央八项规定及实施细则精神，紧盯形式主义、官僚主义新动向新表现，聚焦民生领域腐败和作风问题开展专项整治，严厉查处侵害群众利益的“蛀虫”，坚决惩治黑恶势力“保护伞”，持续保持反腐败的高压态势，在驰而不息纠“四风”的基础上，立起政治上风清气正、发展上风生水起、生态上山清水秀、社会上风平浪静的“新四风”。

一个地方的发展史，实质上就是这方人民的奋斗史。习近平总书记深刻指出：“历史只会眷顾坚定者、奋进者、搏击者，而不会等待犹豫者、懈怠者、畏难者。”一代人有一代人的使命，一代人有一代人的担当。身处这个伟大的新时代，长沙县注定是一个机遇之县、梦想之县、幸福之县。让我们更加紧密地团结在以习近平同志为核心的党中央周围，不忘初心、牢记使命，筑梦奔跑、实干致强，朝着“率先现代化、追赶前三强”目标阔步前进，为争当新时代中国特色社会主义先行示范不懈奋斗！

（有删节）

名词解释：

1.三个年：产业项目建设年、营商环境优化年、城市管理提质年。

2.两水：长沙星沙供水工程有限公司、长沙经开区水质净化工程有限公司。

3.“三权”分置：农村土地所有权、承包权、经营权。

4.营商环境“1+4+4”工作方案：一个整体方案、“四个一”活动方案、四个专项行动工作方案。“四个一”活动包括开展一次评价调查、形成一份问题清单、制定一个实施方案、开展一次干部作风专项整顿；四个专项行动包括效能提速、实体经济降成本、企业家权益保护、政策落地。

5.“四上”企业：规模以上工业企业、资质等级建筑业企业、限额以上批零住餐企业、国家重点服务业企业。

6.两不愁三保障：“两不愁”即不愁吃、不愁穿，“三保障”即义务教育、基本医疗、住房安全有保障。

7.两河七口：“两河”即浏阳河、捞刀河，“七口”即梨江港、榨山港、双桥港、花园港、安沙哑河、土桥撇洪渠、杨家湾撇洪渠。

8.一核三城、两轴四区：“一核”即以星沙、经开区为核心；“三城”即北部生态服务城、东部临空产业城、南部国际会展新城；“两轴”即沿人民路和地铁6号线的东西向轴和黄兴大道的南北向轴；“四区”即核心城市国家智能制造基地、南部会议会展区、东部临空产业开放区、北部高端生态宜居区。

9.五乱：脏、乱、差、堵、违。

10.五治：治厕、治垃圾、治房、治水、治风。

11.集体经济发展六大模式：物业经营型“抱团”、资本下乡型“浔龙河”、土地合作型“湘丰村”、农旅结合型“慧润”、产学研集聚型“哲农”、村民共建共享型“垅港”模式。

12.两有：有质效、有温度。

13.两富：精神富有、物质富裕。

14.“十大平安”创建：平安县（市区）、平安乡镇（街道）、平安村（社区）、平安单位、平安学校、平安医院、平安企业、平安交通、平安景区、军地平安创建示范单位。

15.“五零”建设：建设零违章、环境零污染、安全零事故、治安零发案、村（居）民零上访。

16.三五模式：“五化”模式、“五会”机制、“五零”建设。其中“五化”指支部设置标准化、组织生活正常化、管理服务精细化、工作制度体系化、阵地建设规范化；“五会”指民情恳谈会、党群议事会、小区事务协调会、重大事项听证会、部门工作评议会。

17. 瞪羚企业：高成长中小企业。

18. 独角兽企业：估值10亿美元以上、创办时间较短且还未上市的企业。

19. 四大行动：强园富县、扶优育强、创新领跑、对标先进。

20. 五个质量：结构质量、效益质量、创新质量、融合质量、人才质量。

21. 制造业高质量发展“七大工程”“20条举措”：《中共长沙市委关于深入贯彻落实习近平总书记在推动中部地区崛起工作座谈会上的重要讲话精神大力推动制造业高质量发展的若干意见》。

22. 两主一特：“两主”即工程机械、汽车及零部件两大主导产业；“一特”即电子信息特色产业。

23. “四新”经济：新技术、新产业、新业态、新模式的经济形态。

24. “5个100”建设：100个重大产业建设项目、100个重大科技创新项目、100个重大产品创新项目，引进100个500强企业、100个科技创新人才。

25. “五心”营商环境：最省心的政务状况、最知心的服务情况、最宁神的法治环境、最暖心的人文环境、最安心的生态环境。

26. “西融、北进、东拓、南联、中优”差异化发展战略：“西融”指立足交通联系廊道，加强产业分工协作，融入长沙都市区；“北进”指推进北部空间发展，打造现代服务新城，辐射带动北部乡镇；“东拓”指延续市级发展轴线，发展空港临空产业，打造东部临空引擎；“南联”指加强会展功能和产业联系，强化对外交流和商务交往功能；“中优”指优化主城区综合服务功能和经开区产业能级，打造发展核心和基础。

27. 一带一部：东部沿海地区和中西部地区过渡带、长江开放经济带和沿海开放经济带结合部。

28. 五大理念：创新、协调、绿色、开放、共享。

29. 两廊二心、两环四带：“两廊”为长株潭绿心－浏阳河生态绿廊和苏托垸－捞刀河生态绿廊；“二心”为榨山港生态绿心和松雅湖生态绿心；“两环”为二环环城林带和三环生态外环；“四带”为渝长厦高铁、京港澳高速、黄兴大道、机场高速防护绿带。

30. 五心镶城、十水环城：“五心”为回龙湿地公园、安沙湿地公园、松雅湖湿地公园、浏阳河湾公园、榨山港湿地公园五大公园；“十水”为捞刀河、狮子山撇洪渠、回龙撇洪渠、万明撇洪渠、果木园港、石弓湾港、梨江港、花园港、榨山港、浏阳河十条水系。

31. 两点三线：“两点”即高铁、机场；“三线”即长永高速、机场联络线、机场高速。

32. “3+2”：星沙街道、湘龙街道、泉塘街道、黄花镇、黄兴镇。

33. 韧性城市：城市或城市系统能够化解和抵御外界的冲击，保持其主要特征和功能不受明显影响的能力。

34. “六德”工程：推动“立德”“崇德”“遵德”“载德”“润德”“弘德”建设。

35. 三大攻坚战：防范化解重大风险、精准脱贫、污染防治。

36. 四个不摘：在脱贫攻坚摘帽不摘责任、摘帽不摘政策、摘帽不摘帮扶、摘帽不摘监管。

37. “五气”“五水”“五废”共治：五气即工业废气、汽车尾气、扬尘灰气、乱烧烟气、餐饮油气；五水即生活污水、畜禽粪水、工业废水、居民饮水、生态流水；五废即生活废物、工业废物、农业废物、危险废物、建筑废物。

38. 六控十严禁：“六控”包括控尘、控车、控排、控烧、控煤、控油；“十严禁”包括严禁渣土车、混凝土搅拌车、运砂车等各类车辆带泥上路，严禁违法倾倒渣土，严禁工地裸露黄土，严禁重污染天气下土石方施工，严禁燃烧散煤，严禁在禁止燃放区域、限制燃放区域和时段燃放烟花爆竹，严禁露天焚烧垃圾，严禁露天烧烤，严禁露天焚烧秸秆，严禁拖拉机等高排放车辆进城。

39. 临空经济示范区“四位一体”改革：长沙临空经济示范区、黄花综保区、临空产业集聚区、黄花镇的管理体制改革。

40. “三高”并重：高融合、高质效、高智慧并重。

41. “三化”枢纽：现代化、国际化、立体化枢纽。

42. 四个意识：政治意识、大局意识、核心意识、看齐意识。

43. 四个自信：中国特色社会主义道路自信、理论自信、制度自信、文化自信。

44. 两个维护：坚决维护习近平总书记党中央的核心、全党的核心地位，坚决维护党中央权威和集中统一领导。

45.基层建设“1+5”：《中共湖南省委关于全面加强基层建设的若干意见》及5个配套文件。

46.五个体系：源头培养、跟踪培养、全程培养的素质培养体系；日常考核、分类考核、近距离考核的知事识人体系；以德为先、任人唯贤、人事相宜的选拔任用体系；管思想、管工作、管作风、管纪律的从严管理体系；崇尚实干、带动担当、加油鼓劲的正向激励体系。

47.三个区分开来：把干部在推进改革中因缺乏经验、先行先试出现的失误和错误，同明知故犯的违纪违法行为区分开来；把上级尚无明确限制的探索性试验中的失误和错误，同上级明令禁止后依然我行我素的违纪违法行为区分开来；把为推动发展的无意过失，同为谋取私利的违纪违法行为区分开来。

政府工作报告

——长沙县第十七届人民代表大会第五次会议

长沙县人民政府县长　张作林

2020年1月1日

一、2019年工作回顾

过去的一年，在县委的正确领导下，我们深入学习贯彻习近平新时代中国特色社会主义思想，扎实开展“不忘初心、牢记使命”主题教育，坚持稳中求进工作总基调，坚持强园富县、优二兴三、转型升级、融合发展“四大战略”，坚持“县区一体”工作理念，坚决打好“三大攻坚战”，深入推进“三个年”，迎难奋进，砥砺前行，较好地完成了县十七届人大四次会议确定的目标任务，保持了经济持续健康发展和社会大局和谐稳定。

——综合实力再度攀升。跃居县域经济与县域综合发展百强第4位，稳居县域经济基本竞争力、中国中小城市综合实力百强第5位，连续13年被评为“最具幸福感城市（县级）”。跃居中国工业百强县（市）第8位，长沙经开区位居全国20强，黄花综保区在全国97个综保区中位列第13位。

——主要指标逆势上扬。立足县情，精准施策，始终坚持“八个毫不动摇”，应对经济下行压力有力有效。预计（下同）地区生产总值同比（下同）增长9%；地方一般公共预算收入111.18亿元、增长8.83%，税占比81.91%；固定资产投资增长11%；社会消费品零售总额566.7亿元，增长9%；全社会研发投入占比4.6%；居民人均可支配收入4.3万元，增长8%；外贸进出口额突破100亿美元大关，增长47.6%，占全省近1/5。

——营商环境大幅优化。“就近办”体系进一步完善，压缩办理事项472个，减少承诺时限1606个工作日，全省首推“开户即开业”“交房即交证”“拿地即开工”“开工即开建”改革试点，位列全国县域营商环境第12位。新增“四上”企业230家，商事登记主体增幅连续5年保持在20%以上。总投资220亿元的三一智联重卡及道依茨发动机项目实现7天签约、42天开工、90天腾地333.33公顷，再创产业建设新的“湖南速度”。

——治理体系日臻完善。全面开展“党建+‘五零’村（社区）”创建，为基层治理现代化提供了长沙县方案。深入推进政府机构改革，合理配置政府工作部门职能，政府效能有效提升。黄兴镇、黄花镇行政管理体制改革成效初显，黄兴会展经济区全面托管干杉片区。持续深化行政执法体制改革，执法体系管理扁平化，执法网络县域全覆盖，再造全国行政执法改革新标杆。

——乡村振兴走在前列。被评为中国茶业百强县第11位，入选中国县域旅游竞争力百强县榜单，探索乡村振兴新模式入围“2019中国改革年度案例”。城乡垃圾分类减量实现全覆盖，农村垃圾分类工作经验在全国推介，入选全国“开展人居环境整治成效明显的地方”，再获“国家卫生县城”称号。

过去的一年，是极不平凡的一年。这一年，我们面对贸易保护主义与单边主义盛行、中美贸易摩擦不断升级的外部环境，面对汽车产业需求不足、企业生产经营困难加重、各种风险挑战接踵而至的多重困难，面对改革进入攻坚期、利益关系深刻调整、影响稳定因素日渐增多的复杂局面，我们坚决落实县委的决策部署，坚持“精明增长、精准发力、精细管理、精诚为民、精勤务政”，聚焦经济抓项目、抓产业、抓城市、抓民生，全县各级各部门、广大干部群众勠力同心、迎难而上，表现出强烈的大局意识、进取精神和拼搏劲头，交出了一份极不平凡的年度答卷！

一年来，我们主要做了以下工作：

（一）坚持攻坚克难，三大战役出实效。坚持县内脱贫攻坚与对口帮扶两手抓，聚焦“两不愁三保障”，全年建档立卡贫困户脱贫 148 人，无一人返贫。认定就业扶贫车间 12 家，提供岗位 592 个，吸纳贫困劳动力就业 96 人。铺排产业扶贫项目 213 个，带动贫困户 4223 户次。持续推进沅陵县、龙山县对口帮扶，投入资金 3060 万元，实施扶贫项目 16 个。开展防控化债专项行动，统筹安排财政预算、土地出让、资产处置等资金，抓实平台公司转型，政府性债务加快消化，债务风险基本可控。拓宽融资渠道，新增政府债券额度 23.6 亿元。严厉打击非法金融活动，提前化解非法集资风险 8 起。坚决杜绝中央、省级环保督察及“回头看”信访交办问题反弹，查处各类环境违法行为 6080 起。完成老旧小区家庭餐厨油烟净化 5000 户，取缔散乱污企业 133 家，规模以上餐饮服务单位油烟在线监控、汽车 4S 店智能电表安装全覆盖，主要农作物秸秆综合利用率达 85% 以上，加油站双层罐改造和油气回收在线监测系统建设工作经验在全省推介。全年空气质量优良天数提高 4.6 个百分点，空气质量改善率居全市第一。严格落实“河长制”管理责任，清理河湖“四乱”问题 103 个，创建样板河湖 17 条，松雅湖被评为长江经济带美丽河流（湖泊）和全省最美河湖。完成双桥港、花园港、土桥撇洪渠等排口截污以及梨江港、画田撇洪渠、板仓湖湿地等水体整治，提标扩建城南、星沙以及 8 座乡镇污水处理厂，污水日处理能力扩至 76 万吨，城镇污水集中处理率 98.2%。浏阳河、捞刀河长沙县段总体水环境质量达到地表水Ⅲ类标准，县级以上集中式饮用水水源地水质达标率 100%。新增绿化造林面积 533.33 公顷，7 个村（社区）被评为国家森林乡村。开展地块管理及再利用、涉镉企业排查整治等专项工作，完成耕地环境质量类别划分试点，成为全省首个重点行业企业用地调查试点县。

（二）坚持产业强县，强基固本增动力。坚持存量变革与增量崛起并举，加快产业转型升级和新旧动能转换，推动实体经济高质量发展。实现规模以上工业主营业务收入 2600 亿元、增长 9%，三一集团成为全国机械重工行业销售收入首破千亿元企业，铁建重工第三产业园、索恩格新能源汽车技术全球研发中心、中国信通院中南基地、华天光电激光陀螺等优质项目相继落地，蓝思科技黄花基地、山河智能总部、广汽三菱研发中心、大陆集团中央电子工厂等重大项目顺利推进，中南源品干细胞科技园开园投产。实施拆迁攻坚行动，全面推行“阳光征拆”，依法拆迁腾地 546.67 公顷，为产业发展腾出新空间。出台总部经济、楼宇经济、商贸流通扶持政策和夜间经济发展方案，服务业增加值增长 9.4%。引进永旺梦乐城、7.0T 核磁共振、养天和总部基地及医药物流园、宝湾物流中南总部基地等重大项目，中南汽车世界、黄兴海吉星国际农产品物流园入围“中国商品市场综合百强”。举办第十届“星沙商圈”购物消费节，上千家企业让利 5000 万元，拉动消费 20.3 亿元。实现旅游业总收入 168 亿元，增长 18.7%。田汉文化园成功创建国家 AAAA 级景区，开慧村入选“中国传统村落”名录，果园镇被评为省十大特色文旅小镇。严格落实“房住不炒”，房地产市场量升价稳，全县商品房预售许可总面积 446.8 万平方米，增长 69.8%。完善会展服务体系，成功举办国际工程机械展、国际食品餐饮博览会、农博会等大型展会 10 余场，会展展览面积达 140 万平方米。新增和包用户 58.3 万户、和包商户 1.2 万户。实现农产品加工产值 172.2 亿元，新型农业经营主体发展到 3000 余个，新增有机认证企业 20 家，培育农村双创主体 100 余家，农机化水平达 80.3%。中非经贸论坛户外展示基地落户明月村。国家农村综合性改革试点村集体经济收入平均突破 120 万元。蔬菜、小水果、花卉苗木等特色产业扩面提质。“民宿 +”产业蓬勃发展，新增床位1241个，成功举办全国民宿产业发展大会，“慧润模式”深得好评。新改扩建茶园基地2万亩，实现茶产业综合产值35.6亿元，“长沙绿茶”被评为国家地理标志产品，湘丰集团跻身国家级农业龙头企业。

（三）坚持改革创新，平台提质促转型。68个改革项目稳步推进，13项重点攻坚全面完成，31项自主改革取得显著成效。严格落实减税降费政策，为市场主体减税26亿元，降低社保成本3.46亿元，失业保险稳岗返还补贴1.6亿元。不断深化财税体制改革，加强全口径预算统筹，健全财政绩效评价体系。深入推进农村集体产权制度改革，清理核实集体资产38.5亿元。农村土地“三权分置”有序实施。完成全县事业单位公务用车改革。国企职工家属区“三供一业”分离移交加快落实。城乡义务教育一体化、自然资源资产产权制度改革、供销合作社综合改革迈出新步伐，涉农资金整合、医药卫生、园区体制改革取得新进展。培育高新技术企业172家，完成高新技术产值2000亿元、增长8.1%。大力推进智能制造试点示范项目建设，新增国家级工业互联网专项2个、省级试点示范企业1家、省级“上云”“上平台”标杆企业2家、市级试点示范企业37家。全县高层次人才达292名，占全市1/4。经开区连获国家外贸转型升级基地、国家“芯火”双创基地，星沙产业基地成建制划转至经开区管理。综保区获批企业增值税一般纳税人资格试点，进境水果指定口岸、药品进口口岸投入运营，跨境电商业务发展全省领先，新增注册企业170家，实现外贸进出口总额52.5亿美元。新开通国际客运航线10条，全货机航线增至5条，顺丰电商产业园、圆通华中总部基地建成投产。加快推动区块链技术和产业创新发展，星沙区块链产业园入驻企业60家，引进中国工业与应用数学学会、潇湘大数据研究院、和信区块链研究院等高端平台，成功获批“湖南省大数据产业园”。

（四）坚持统筹兼顾，城乡面貌换新颜。启动《长沙县国土空间总体规划（2019—2035年）》编制，完成星沙海绵城市、15分钟示范生活圈等专项规划编制。“一圈两场三道”建设再获实效，建成“15分钟生活圈”11个，新建停车场5个、农贸市场3处，建成人行道38千米、自行车道22千米、健身和历史文化步道9.5千米。1—6区旧城改造全面完成。建设绿色城市31.13公顷，三一路、锦绣路等10条城区道路全面提质，生态公园二期以及龙塘水体公园对外开放。地铁3、5号线试运行，临空北路、湘龙西路、捞刀河南路、岳汝联络线、G107调规公路建成通车，江杉高速开工开建，机场大道荣获“国家优质工程奖”。完成自然村通水泥（沥青）路146千米，新改建农村公路171.6千米。完成水塘垸（一期）防洪大堤提质改造、榔梨梨江港上调蓄湖和高排箱涵建设，全面治理白沙河、金井河（青山段）、蒲塘河，新建改造排渍泵站24处、涵闸40处，全县防洪保安能力显著提升。水渡河大坝被评为全国水利工程建设“大禹奖”。白石洞水库大坝主体完工。扩建星沙、榔梨、黄花水厂，新增农村通自来水人口2.2万人，全县供水水质合格率100%。完成电网投资15.2亿元，新增变电容量59.7万千伏安。大力整治城区主次干道、出入口、公园景观等区域斑点乱象，拆除各类违规户外广告与招牌1.25万处，城管环保网格化平台、智慧渣土管理平台投入运行。改厕1.85万户，“空心房”整治1185户，拆除违章建筑140万平方米。创建省级乡村振兴示范村2个、市级示范镇1个、市级示范村16个。黄花镇、金井镇入选全国综合实力千强镇。金井镇、果园镇被评为国家卫生乡镇。

（五）坚持民生至上，人民生活更美好。始终坚持新增财力80%以上用于民生，全年民生支出超140亿元。社会保障更加有力。新增城镇就业1.72万人，城镇登记失业率控制在3.2%以内。城乡居民基础养老金率先全省突破200元。低保标准和特困供养标准分别提高至650元、845元。大病保险报销额度提高至30万元/年，特殊慢病门诊病种增加至44种。率先全省将高血压、糖尿病门诊用药纳入医保报销。创新采取民建公助方式建立并运营县社会福利院，老旧敬老院升级改造全面完成。组建退役军人工作部门，优抚救济、帮扶解困有序推进。社会事业更加繁荣。新增学位4050个，22所义务教育标准化学校创建达标，超大班额全部化解。课后服务稳步推进，学校专业保安配备、高中空调配备全面落实，教师待遇逐步提高。投资24.4亿元的县人民医院主体动工，建设紧密型医联体26个，村卫生室标准化建设实现全覆盖，高血压医防融合项目深入推进，成为全国疾病预防控制信息化建设试点县。入选国家第一批革命文物保护利用片区，杨开慧纪念馆荣获全国爱国主义教育示范基地，陈树湘、缪伯英、杨立三故居完成修缮并对外开放，影珠山抗战遗址公园入选省级海峡两岸交流基地。提质改造村（社区）综合文化服务中心20个，县文化馆被评为第八届全国服务农民、服务基层文化建设先进集体，阳高社区入选全国“书香社区”发现名单。社会治理更加扎实。扫黑除恶专项斗争取得阶段性成果，贩毒吸毒、通信网络诈骗、传销等违法犯罪行为打击有力，农村派出所“片区制”工作经验在全国推介。重拳打击食品安全违法行为，依法取缔“黑作坊”“黑窝点”54个，提质改造小餐饮200家。建成安沙中心消防站，消防应急救援队伍实现全覆盖。强化智慧安全监管，加强风险管控和隐患排查，安全生产形势稳中趋好，开慧镇、金井镇被评为省安全生产示范乡镇。

与此同时，我们切实加强政府自身建设，努力提升服务效能。坚决贯彻落实上级党委、政府和县委决策部署，自觉接受县人大及其常委会法律监督、工作监督和县政协民主监督，扎实办理人大代表建议89件、政协委员提案70件。积极听取各民主党派、工商联、无党派人士、各人民团体意见建议。常态坚持县政府常务会议学法制度，实施重大决策规范化管理，严格执行规范性文件合法性审查，荣获全国“七五”普法中期先进县，金井司法所被评为全国先进司法所。推进落实基层减负行动，着力解决学风漂浮、文山会海、检查考核调研过多过频等问题。支持纪检监察机关和司法机关查办违纪违法案件，全面从严治党“两个责任”不断压实。牢固树立过“紧日子”思想，一般性支出压减15%。开展审计项目303个，挽回经济损失2000万余元。成功举办庆祝中华人民共和国成立70周年系列活动。圆满完成第四次经济普查。人民武装和国防动员、人防、老龄、老干、机关事务、史志档案、民宗、气象等工作取得新进展，海关、外事、侨务、工会、妇女、儿童、青少年、科协、残联、红十字等工作展示新业绩。

“千淘万漉虽辛苦，吹尽狂沙始到金”。这些成绩的取得，是在县委的坚强领导下，全县人民齐心协力、共同奋斗的结果，是县人大、县政协和社会各界监督支持的结果。在此，我谨代表县人民政府，向全县人民，向各位人大代表、政协委员，向各民主党派、工商联、人民团体和社会各界人士，向驻县解放军、武警官兵，向各位老领导、老同志，向所有为长沙县发展付出心血和汗水的建设者、参与者，表示衷心的感谢和崇高的敬意！

“凡是过去，皆为序章”。我们也清醒地认识到，全县经济社会发展中还存在诸多矛盾问题。现代产业体系尚未健全，县域经济韧性不足、抗风险能力还不强。实体经济受土地、融资、人才等诸多要素制约，科创投入强度不高，转型升级还面临不少挑战，重大项目招商落地还需重点发力。城乡开发建设路径尚需拓宽，城市规划、建设、管理水平需要进一步提升。环境污染问题尚未得到根本性解决，河湖水质提升任务仍然较重，城区垃圾分类减量、农村“五治”任重道远。公共服务配套设施仍存短板，教育、医疗、养老等优质供给仍然不足。安全生产、信访维稳、社会治安等领域压力不减，影响社会稳定的风险点还有不少，社会治理现代化水平还需提高。部分干部攻坚克难的韧劲不足，执行改革举措的力度不大，在解放思想、创新突破、务实担当等方面有待进一步加强。对此，我们将直面问题、精准施策，切实加以解决。

二、2020年形势和目标

2020年既是全面小康的决胜之年，也是“十四五”规划的布局之年，更是“率先现代化、追赶前三强”的深化之年，纵观当前形势，长沙县优势与风险并存、机遇与挑战同在，做好今年的工作至关重要。从风险和挑战看，当今世界仍处在国际金融危机后的深度调整期，世界大变局加速演变的特征更趋明显，全球动荡源和风险点明显增多，世界经济增长持续放缓，今年仍将是全球经济共度时艰的一年；我国正处在转变发展方式、优化经济结构、转换增长动力的攻关期，结构性、体制性、周期性问题相互交织，“三期叠加”影响持续深化，经济下行压力加大；县内传统产业增长乏力、新兴产业支撑不足，新旧动能转换任重道远，三大攻坚战、乡村振兴等任务艰巨。从优势和机遇看，当今国际体系和国际秩序深度调整，新一轮科技和产业革命催生新的发展动能，未来十年将是新旧动能转换的关键十年，在全球创新驱动的蓝海中我们大有可为；我国经济稳中向好、长期向好的基本趋势没有改变，国家宏观政策逆周期调节力度加大，供给侧结构性改革纵深推进，“六稳”组合拳精准发力，积极的财政政策和稳健的货币政策，以及巩固减税降费政策，推动政策环境持续向好、市场活力持续激发；省委“创新引领、开放崛起”战略步伐坚定，长沙“三个中心”和重大平台建设取得新突破；县内发展空间拓展、产业项目集聚、升级调整加速、改革活力迸发、融合优势明显，高质量发展的基础更加坚实、支撑更加有力。危中有机、事在人为，我们要审时度势、稳中应变、化危为机，集中精力办好自己的事，在高质量发展征程中显担当、闯新路、作示范！

2020年政府工作的总体思路是：坚持以习近平新时代中国特色社会主义思想为指导，深入贯彻党的十九大和十九届二中、三中、四中全会精神，坚决贯彻党的基本理论、基本路线、基本方略，增强“四个意识”、坚定“四个自信”、做到“两个维护”，持续落实习近平总书记对湖南工作的重要指示精神和省委“创新引领、开放崛起”、市委全面建设现代化长沙等系列战略，坚决贯彻新发展理念，始终紧扣“县区一体”的工作理念，大力实施强园富县、优二兴三、转型升级、融合发展“四大战略”，坚持稳健但不保守、求进但不冒进，统筹推进稳增长、促改革、调结构、惠民生、防风险、保稳定等各项工作，朝着“率先现代化、追赶前三强”发展目标阔步前进，奋力争当新时代中国特色社会主义先行示范。

2020年全县经济社会发展的主要预期目标是：地区生产总值增长8%；规模以上工业增加值增长10%；固定资产投资增长9%；地方一般公共预算收入增长6.5%；社会消费品零售总额增长9%；外贸进出口总额增长30%；城乡居民人均可支配收入增长8%；城镇登记失业率控制在4%以内。

三、2020年主要工作

为实现以上目标，我们将重点做好以下七个方面的工作：

（一）突出稳住进好，提升经济核心竞争力。在深化供给侧结构性改革上持续用力，坚定不移聚焦经济、谋变创强，为县域经济时代迈向大都市区经济时代打下坚实基础。保持经济平稳健康发展。全力以赴做好“六稳”工作，以自身发展的稳定性有效应对外部环境的不确定性，确保经济实现量的合理增长和质的稳步提升。着力稳就业，建立规模性裁员和失业风险预警与防控机制；组织招聘会30场以上，拓展就业岗位2.5万个；扶持重点就业群体创新创业项目57个，加大就业困难人员托底帮扶力度；职业技能培训6000人以上；按政策返还稳岗补贴；扎实做好根治农民工欠薪工作。着力稳金融，深化政银企合作，加快推进与建设银行、中信银行、华融湘江银行等战略合作框架协议早日见效；力争新增实体经济贷款不低于100亿元。着力稳外贸，依托综保区大力引入大型跨境电商企业，引导传统外贸企业借力跨境电商平台做大做强，引进外向型实体企业20家以上；组建“一带一路”长沙县投资贸易促进服务中心，搭建供应链金融服务平台2家，组织200家企业参加涉外展会80场次以上。着力稳外资，出台扶持外资企业发展工作细则，加大对宝湾物流、永旺梦乐城等重大外资项目的跟踪服务。着力稳投资，继续稳定和扩大有效投资，以阳光拆迁、清零攻坚保障土地供给，计划实施232个重大项目，实现年度投资540.73亿元，力争产业投资占比70%以上、社会投资占比80%以上、工业投资增长11%以上；成立产业分析课题小组，以智招商、全员招商，引进一批大项目、好项目。着力稳预期，深入贯彻落实《优化营商环境条例》，深化企业和重大项目帮促长效机制，更大力度为各类市场主体投资兴业破堵点、解难题，提振市场信心，稳定发展预期。推动制造业高质量发展。以智能制造统领制造业转型升级，做强中国信通院中南基地，培育全球领先的“双跨”及企业级工业互联网平台，引进国内先进的智能制造系统解决方案供应商，争创一批国家级智能制造试点示范项目，加快打造全球领先的智能制造产业集群。落实好“制造业高质量发展20条”和《深化园区改革创新加快推进“强园富县”的实施意见》，深入实施“质量强县”战略，逐步提升制造业“五个质量”。紧扣“两主一特”产业定位，加大工程机械及汽车产业核心技术研发和关键零部件项目引进，支持新能源汽车研发及车型投入，加快三一智联重卡及道依茨发动机、蓝思科技黄花基地、铁建重工第三产业园等重大项目建设。强化知识产权保护和成果转化，积极对接国防科大、湖南农大，助力科研教学成果就地转化，搭建校地合作新桥梁。规上企业研发投入增长15.5%，万人有效发明专利突破28件。贯彻落实“湖南省芙蓉人才行动计划”“长沙人才新政22条”，积极对接国家、省、市重点人才工程，引进各类人才2000人，其中“高精尖缺”人才40人以上。

抓好“入规、升高、上市、扩面”，净增高新技术企业60家以上，培育市级以上智能制造/工业互联网试点示范企业10家，支持经开水务、湘丰集团等企业IPO上市。加快“两业融合”，支持区块链+先进制造业项目建设，推动区块链赋能实体经济、智能制造、现代生产性服务业。促进现代服务业繁荣发展。做强楼宇经济，出台发展规划，设立发展专项资金，重点打造世景国际广场、新长海数码中心等楼宇，力争新建楼宇面积30万平方米、楼宇企业服务中心10个以上。领跑数字经济，建设区块链产业集聚街区，做实做强区块链安全技术检测中心，加快行业“星沙指数”立项发布，在政务服务、社会治理以及金融等领域应用推广，抢占区块链自主创新制高点。发力夜间经济，提质泉塘泉星、湘龙城西等夜宵集聚区，培育黄兴海吉星、水渡河市场等夜间农渔产品交易市场，建设捞刀河、浏阳河城市风光带等区域亲水景观，支持三一乐运魔方体育综合体做大做强，大力引进大型星级酒店，打造松雅湖无人机秀等网红“打卡地”。赋能会展经济，出台支持政策，承办重大展会20场以上，力争实现办展面积150万平方米。规范提质物流经济，引导企业规模化、标准化、信息化发展，着力引进一批优质企业，提升物流整体产出，做好江背梅花工贸新区快递产业过渡带招商。稳定房地产发展，编制住房发展规划，加快团购房源项目落地，健全多主体供给、多渠道保障、租购并举的住房供应体系。繁荣现代商贸，办好“星沙商圈”购物消费节，培育拓展体验消费、网络消费、时尚消费等消费新热点，激活汽车等更新消费，活跃城乡线上线下市场，争创全国电商进农村试点县，让市民更潮、消费更火。

（二）突出能级品质，构建城市发展新格局。对标雄安新区，围绕“居安业乐、城美人兴”总体要求，高质量编制新一轮国土空间规划和专项规划，构建“一核三城、两轴四区”大都市经济区发展新格局。科学优化核心区品质。加快松雅湖南岸开发，打造松雅湖超高层星沙地标和高端楼宇群，加快形成环松雅湖总部经济集聚区。支持地铁3、5号线开通运营，拉通凉塘东路、东十一线等道路，提质改造开元路等道路。拓改板仓路跨线桥，建设东升路跨线桥，架设开元路互通、东六路泉塘社区、特立路大众传媒等人行天桥。学习借鉴天津中新生态城，探索推进“生态细胞—生态社区—生态片区”三级居住模式，优先布局“升级版15分钟生活圈”试点2个。加快建设世景广场、力都大厦等商贸综合体，支持新城吾悦、未来漫城、中南汽车世界、旧城1～6区等新老小区创设特色街区。新建5G站点500个，力促大陆集团“智慧出行”试点项目落地。做强东部临空产业城。全力推动机场改扩建征拆，支持渝长厦高铁、地铁6号线、江杉高速建设，开建盼盼路东延线。推动长沙山太、机场综合配套服务区、养天和等项目落地开建，加快丰树、邮政、顺丰（二期）、奥凯、百联购物公园等项目建设。围绕现代物流、高新技术、总部经济、航空偏好型产业开展专题招商，积极支持红土航空、成都航空、湖南货运航空等航空企业落地。培育通航产业，加快通用枢纽机场建设，紧密对接湖南通用航空公司。抓好生态环境建设，提质新建道路绿化亮化，配套建设公共停车场和上水塘公共绿地等功能设施，扮靓“湖南门户”。全力推进黄花综保区高水平开放，力争新增市场主体200家以上、进出口额突破60亿美元。加快实施区港一体化，持续优化通关环境。稳步推进园区二期建设，启用进出口商品展示交易中心。坚持“四园三中心”产业布局，加快跨境电商产业园建设，推进加工贸易产业转型升级。充分发挥口岸功能，做大做强海鲜产业园、进口药品产业园和高端商品、进口水果集散中心。力争新开3～5条国际货运航线。打造南部国际会展城。按照“推进大发展、成就会展城”的总要求，进一步理顺会展城管理体制，大力推进长沙国际会议中心及配套设施、国际交流区、一乡一品产业园、会展配套综合体建设，加快金桂路、东四线、东六线、黄江大道等主干路网建设，启动湘府东路、220千伏黄兴变、光达雅苑等项目建设，建成中轴公园等景观工程。围绕会议会展产业，加速推动会展1.5级商业配套区招商。建设花园新城片区，改造花园港水系，迁建县二医院，加快紫鑫、创聚、嘉年华等项目落地开工。崛起北部生态服务城。学雄安、建北城，全力打造“五大理念新城区、创新发展新平台、绿色宜居新标杆”的北部生态服务城。贯彻“三产主导、四新经济”产业理念，编制高标准、高水平的主导性规划，全力保障北部新城发展要素资源。有序推进万家丽路快速化改造北延线（含电力隧道）、香堤北路、物流大道西延、北一支路及北七支路等道路建设。续建山东商会总部（二期），力促广东商会总部落地，打造沿万家丽路“商会总部经济一条街”。开发茶塘片区，推动望新、星大等总部开工，建设高端楼宇集聚区。开建新华职教城，发挥政策、生态、科教优势，吸引2～3个示范引领性项目落户北部新城。

（三）突出质效常态，坚决打赢三大攻坚战。针对突出问题，以决战决胜之势打赢打好三大攻坚战，彰显全国五强县的担当作为。提升脱贫攻坚含金量。坚持脱贫攻坚和成果巩固两手抓，确保今年全部脱贫。抓实产业和就业扶贫，铺排产业扶贫项目150个以上，力争扶贫车间数增至15个。建立解决相对贫困的长效机制，推动富民产业规模化、组织化发展。严格落实“四个不摘”要求，统筹推动脱贫攻坚与乡村振兴有效衔接，千方百计提升贫困群众内生动力。保持对口帮扶工作力度，助力沅陵、龙山脱贫摘帽。提升风险防控可控性。坚持“化存量”与“降规模”相结合，有序化解隐性债务，积极压减关注类债务，实现关注类债务“控增速、降规模”。严格落实项目负面清单制度及偿债资金保障机制，积极申报用好专项债券。建立健全债务风险防控、应急处置等工作机制，严防债务逾期、资金断链风险。探索构建“一二三五一”模式，加快去平台、市场化转型步伐，支持星城发展集团、临空产业集团依规参与片区开发、开展经营性项目，着力打造长沙国企改革的示范、平台转型的样板。将政府债务项目纳入评价范围，强化结果运用，切实提高政府债务项目综合效益。严厉打击非法金融，重点做好互联网金融风险和借养老之名进行非法集资的专项整治，及时有效处置各类金融风险。提升污染防治精准度。坚持方向不变、力度不减，突出精准治污、科学治污、依法治污。落实环保体制垂管改革。积极迎接新一轮中央环保督察。聚焦“六控十严禁”，推动非道路移动源排气、餐饮油烟、工地扬尘、柴油货车的污染防治和裸露黄土清零、涂料行业治理等专项治理取得实效，力争$PM_{2.5}$、PM_{10}年均浓度持续下降，空气优良率保持在84%以上。常态抓好“河长制”，持续开展Ⅲ类水创建行动，综合治理捞刀河、浏阳河流域干流，完成胭脂港、乔里河（二期）和草塘垅河（二期）等生态河道治理，启动5个农村河道整治工程。落实排水许可制，编制排水与污水处理专项规划，延伸乡镇污水配套管网，新建毛塘铺工业园、星沙产业基地等污水处理厂，建成星沙污水厂（四期），实现集镇污水处理设施全覆盖。强化土壤污染管控和修复，切实保障土壤环境安全。创建一批“绿色社区”和噪声控制示范区。

（四）突出全域全面，争当乡村振兴新示范。做活产业发展、集体经济、人居环境三篇文章，让农村有景可看、农民有活可干、农业有钱可赚，致力打造全国乡村振兴的示范样板。做特做优富民产业。持续深化农业供给侧结构性改革，大力发展精细农业，打造都市现代农业示范区、有机农业与智慧农业示范基地，争创国家数字农业试点县。聚焦“一县一特”，以项目化、清单化落实茶产业五年行动方案，实现干茶总产值21.6亿元、综合产值突破42亿元。提质花卉苗木产业，重点打造春华现代农业示范园、长沙万亩花卉示范园、黄兴江背精品苗木园。巩固传统产业，建设高标准农田3600公顷，稳定粮食、蔬菜、小水果、生态养殖，抓好有机农产品生产及精深加工。深化三产融合，加快隆平稻作公园、慧润农科新城科普基地、江背浏阳河产业风光带、金井省级现代农业产业集聚区等建设。壮大文旅产业，围绕“两带四园”高标准建设田汉艺术小镇，加快福临影珠山、路口温泉小镇等大型文旅项目招商，支持开慧教育研修学院、锡福民宿研学实践基地等建设，全力复制推广“慧润模式”，建设开慧数字民宿总部基地，提标慧润紫竹山景区，让民宿产业带动全域旅游、惠及千家万户。做实做强集体经济。深入推进农村土地制度、农村集体产权制度、涉农资金整合等各项改革，实现集体经济合作社建设全覆盖、经营性资产折股量化。完成供销合作社综合改革。完成全县农村宅基地房地一体、集体建设用地权籍调查工作。围绕“四大机制”，加快国家级农村综合性改革试点建设。建立村级集体组织监督管理制度和发展激励机制，创新村级集体经济+旅游、文化、健康、电商等形式，完成80公顷城乡建设用地增减挂钩，探索有机产业融合发展壮大新型农村集体经济新模式，建好做实县新型农村集体经济产业指导中心，培育有机农业文创园3个以上，建设产业带动示范村10个，推进“百村千品”项目，带动全县村级集体经济年收入均达15万元以上。巩固提升省、市、县乡村振兴示范镇村建设成果。选派科技特派员85名，培育高素质农民2000名，培训新型农业经营主体带头人350人，新增新型农业经营主体100家以上。做美做精人居环境。从示范村、标准村、面上村三个层面对人居环境整治进行分类指导、全域推进。标本兼顾治水，加快果园、春华、北山、高桥等镇分散式污水处理设施建设，延伸集镇污水配套管网 15 千米以上，疏浚整治河道、沟渠、山塘等小微水体，争创市级小微水体管护示范片区 3 个。分类减量治垃圾，全面推行垃圾分类和资源化利用制度，率先建立农村湿垃圾就地资源化利用处理体系，建成农村生活垃圾全链条无害化处理系统，农村生活垃圾回收利用率达 35% 以上。常态长效治厕，建立健全管护机制，全面完成无害化厕所改（新）建，实现无害化厕所全覆盖。疏堵结合治房，实现镇、村国土空间规划全覆盖，规范农村建房管理，合理推进农民集中居住，下放村民建房审批权，全面清理整治一户多宅和空心房。刚柔并济治风，全面推广“十个一”移风易俗工作模式。充分发挥村民自治作用，进一步完善村规民约。以新时代文明实践中心（所、站）为载体，广泛开展志愿服务活动，重点整治婚丧租赁行业和道路两厢搭棚设宴乱象。注重家教家风，引导群众明是非、辨善恶、守诚信、知荣辱，助力建设“两富”星沙。

（五）突出优质供给，增强人民群众幸福感。发力优质服务供给端，实施“精准惠民微建设”三年行动，让“百强进位”更有温度、更有质感。高质量优化服务供给。启动新一轮学校建设三年行动计划，确保骏豪小学、华阳小学、洋湖中学、北师大附属学校（二期）、湖师大附属实验学校（二期）、北山中心小学等建成开学，新建湖南一师星沙实验学校、大元中心小学、阳高小学等学校，扩建松雅湖二小、泉塘二小，新增学位 11100 个，基本消除义务教育阶段大班额。新增公办和普惠性幼儿园 10 所、公益普惠性园位 3000 个，确保公办园在园幼儿达比 30%、普惠性幼儿园达比 82%。深入推进教育集团化发展和合作办学，创建 2 ~ 5 所市级未来学校，打造 5 所课后服务示范校，争创长沙智慧教育示范区、国家义务教育优质均衡发展县。全力建设医卫健康现代化强县，加快建设县人民医院，支持星沙医院二甲创建和城市医养结合试点、县妇幼保健院三级创建。深化医药卫生体制改革，推动“三医”联动改革和“智慧医疗”建设，提质城区社区卫生服务中心管理。深入推进高血压医防融合试点，做优做实基本公共卫生服务和家庭医师签约，争创全国基层中医药工作先进单位。扎实推进建设厚德星沙、打造好人之城三年行动，稳步实施“六德”工程。夯实县图书馆、文化中心等群众文化阵地，提升“田汉大舞台”“松雅书院”等群众文化品牌，积极对接马栏山视频文化园，擦亮“五悦星沙”文旅品牌。大力挖掘整合杨开慧、田汉、陈树湘等红色文化资源，唱响长沙县精品红色旅游路线。修缮百熙文化园，建设陈康白科教实践基地。提质县融媒体中心。大力倡导全民健身，重点打造环松雅湖自行车赛等体育品牌。充分利用抖音、快手、今日头条等新媒体，精准宣传星沙城市、星沙政务、星沙文化、星沙产品，让“大美星沙”出镜率更高、影响力更广。高水平提升社会保障。做实城市特殊困难群体帮扶活动，推行特困供养人员护理补贴和保险服务。建成高桥、江背敬老院，新建干杉敬老院以及 1 家 AAAAA 级居家养老中心。全面落实新医保药品目录，稳步推进村卫生室纳入门诊报销，门诊报销比例提高至 70%，探索建立补充医疗保险制度。全面落实社保惠企减费政策，推动社会保险网上经办事项提至 80% 以上。健全退役军人服务管理保障体系，强化县镇村三级退役军人服务中心（站）规范化建设，形式多样开展拥军优属、拥政爱民活动。积极发展史志档案、外事侨务等事业，高度重视民族宗教工作，切实保障妇女、未成年人、老年人、残疾人等合法权益，广泛汇聚社会和谐稳定的正能量。高效率办好民生实事。持续建设“一圈两场三道”，提质改造“15 分钟生活圈”3 个；新建停车场 5 个（新增停车泊位 2739 个）、改建农贸市场 2 个；新建人行道 4.5 千米，新改建自行车道 23.9 千米。持续推进老旧小区电力专改公。高标准编制区域水战略规划，强化城市防洪、水资源利用等专项规划的刚性约束。稳步推进金井水库、路口万年桥水闸除险加固、黄花镇回龙垸水系疏通项目（二期）等工程建设，启动捞刀河回龙垸达标加固工程，完成浏阳河敢胜垸南堤、捞刀河谭坊垸处险工程。着手规划增水工程，实施农村饮水巩固提升工程，实现白石洞水库下闸蓄水，新增农村通自来水人口 1 万人。持续推进电力“630”攻坚，建设滨湖东 220 千伏变电站等 6 个项目，确保 110 千伏松雅东变电站等 22 个项目建成投用。开展国家“交通强国”试点，加快交通信息化建设，率先打造综合交通运输体系。开建县道 024，提质改造开元路东延线、县道 031 金五线，打造 80 千米“路长制”文明示范路。开通第三批通村公交，进一步健全镇村公交网络。提质星沙、湘龙、泉塘35座公厕。持续推进长沙危废处置中心改扩建项目。续建高桥镇、北山镇生态移民工程，搬迁安置449户1373人。

（六）突出共建共享，加快社会治理现代化。推进治理重心向基层下移，建设人人有责、人人尽责、人人享有的社会治理共同体，确保人民安居乐业、社会安定有序。创新基层治理体系。深入推进“党建+‘五零’村（社区）”建设，积极探索“三化”赋能的“智慧五零”建设新路径，持续推进网格化、精细化管理，畅通和规范群众诉求表达、利益协调、权益保障通道，将矛盾化解在基层。完善大数据执法信息平台，探索简易执法，理顺属地执法运行机制。持续丰富“三社联动”实践，构建协商能动机制，扶持打造优质社区服务项目。持续推进村务公开，做优浔龙河村、泉塘社区、中南汽车世界社区等城乡社区治理典型。支持社会组织培育并参与基层治理，新增政府购买社工服务项目4个。全面提升城市维护作业标准和精细化管理水平，建设环卫、渣土、市政管理平台。全力打好垃圾分类攻坚战，在精准精细、提质提标上再发力，真正普遍实现垃圾分类高标准、社会环境“零污染”。保持违法用地和违章建筑整治的高压态势。分步实施新型智慧城市建设，持续推进政府数据共享与交换。完善治安防控体系。坚持和发展新时代“枫桥经验”，健全矛盾纠纷多元化解机制，创新“互联网+三调联动”模式，打造“诉源治理”长沙县样板。建设金井派出所及交警中队业务用房。开展民营企业法治体检，创建省级规范化司法所，新建路口法庭，优化公共法律服务体系。全力打造平安长沙县，纵深推进扫黑除恶专项斗争和打击盗抢骗等专项行动。围绕“双十”目标，助力长沙创建全国禁毒示范城市，坚决打赢禁毒人民战争。健全“互联网+群防群治”工作机制，深化“天网工程”平安乡村建设，积极推广智慧出租房屋管理，做好打击传销与出租房屋管控结合文章。紧盯道路交通领域等“顽瘴痼疾”，重拳整治摩托车“飙车炸街”、非法营运等乱象，着力提升城区学校、商贸综合体、地铁出入口等周边动态通行效率。健全公共安全体系。全面落实“领导、部门、属地、企业”各方责任，深化“一活动两行动”，继续保持打非治违的高压态势，全力遏制一般事故，坚决杜绝较大及以上事故。紧盯危险化学品、道路交通、物流仓储、建筑施工、人员密集场所等重点行业领域和薄弱环节，全面关闭退出非煤矿山，建设安全风险防控、隐患排查和专兼结合的应急救援力量体系。着力防范化解自然灾害，增强应急救援能力，做好气象、地质灾害防治、防汛抗旱等工作，坚决防范自然灾害导致重大人员伤亡。新建鹏盛消防站，提质改造县消防站。突出“科技治超、源头治理、边界防控”，实现治超整治全过程全链条常态化。全面检测辖区公路桥梁，建立动态数据库，实行“一桥一档”。规范农村集贸市场经营秩序，整治消除马路市场安全隐患。全面推行“双随机、一公开”监管，探索运用“区块链+食品安全监管”新手段。

（七）突出担当实干，提振干事创业精气神。守初心、担使命，坚定不移推进“团结和谐、担当作为、民生为本、遵纪守法、廉洁高效”的政府治理体系建设，用良好业绩巩固“不忘初心、牢记使命”主题教育成果。讲政治讲规矩。严守政治纪律和政治规矩，增强“四个意识”，坚定“四个自信”，做到“两个维护”，自觉把党对一切工作的领导贯彻到政府工作的各领域全过程，确保党的路线方针政策高标准全落实。立稳立牢信念标杆，走深走实学思践悟，建立健全规章制度，推动主题教育常态化制度化。依法接受县人大及其常委会法律监督、工作监督，主动接受县政协民主监督，高质量办好人大议案、人大代表建议和政协提案。自觉接受纪律、监察、派驻、巡察和司法监督，重视群众和舆论监督。深化重大行政决策标准化体系化建设，强化重大行政决策后评估结果运用。强改革强服务。集中开展“双对标”营商环境优化整改提升行动，推动“1＋4＋4”方案落地见效。围绕“一件事一次办”，推广应用“互联网+政务服务”一体化平台，健全“受办帮”相分离的三级政务服务体系，建立“好差评”制度，着力推动群众最关心的“就近办”改革。大力推行“四即”改革，企业开办审批时间压缩到1个工作日以内。不折不扣落实新一轮减税降费政策，继续开展“新官不理旧账”专项治理，加强信用体系建设，把政策红利转化为市场活力。启动黄花镇经济发达镇行政管理体制改革。提升统计质量，全力完成全国第七次人口普查。敢斗争敢担当。始终把纪律和规矩挺在前面，严格执行中央八项规定精神，严格落实党风廉政“一岗双责”，坚决纠正损害群众利益行为。树牢过“紧日子”思想，从严控制“三公”经费和一般性支出。建立财政审计联动机制，全面实施预算绩效管理，花钱必问效，无效必问责。密切关注形式主义、官僚主义新动向，为基层干部再减负、为服务保障再加码。抓住“想干事、敢干事”两个关键，努力营造“只要想干、就有舞台，只要敢干、就有支撑，只要干成、就有奖励”的干事创业氛围，为推动高质量发展汇聚磅礴力量。

路虽远，行将必至；事虽难，做则必成。让我们更加紧密地团结在以习近平同志为核心的党中央周围，在县委的坚强领导下，紧紧依靠和团结全县人民，不忘初心、牢记使命，砥砺奋斗、勇往直前，为早日实现“率先现代化、追赶前三强”的发展目标，奋力争当新时代中国特色社会主义先行示范的宏伟目标不懈奋斗！

（有删节）

名词解释：

1．三大攻坚战：防范化解重大风险、精准脱贫、污染防治。

2．三个年：产业项目建设年、营商环境优化年、城市管理提质年。

3．八个毫不动摇：完成任务毫不动摇、减税降费毫不动摇、债务管控毫不动摇、强化征管毫不动摇、项目提速毫不动摇、房地产平稳健康发展毫不动摇、扩大消费毫不动摇、优化环境毫不动摇。

4．六稳：稳就业、稳金融、稳外资、稳外贸、稳投资、稳预期。

5．五个质量：结构质量、效益质量、创新质量、融合质量、人才质量。

6．两主一特：“两主”即工程机械、汽车及零部件两大主导产业；“一特”即电子信息特色产业。

7．一核三城、两轴四区：“一核”即以星沙、经开区为核心；“三城”即北部生态服务城、东部临空产业城、南部国际会展新城；“两轴”即沿人民路和地铁6号线的东西向轴和黄兴大道的南北向轴；“四区”即核心城市国家智能制造基地、南部会议会展区、东部临空产业开放区、北部高端生态宜居区。

8．“生态细胞—生态社区—生态片区”三级居住模式：生态细胞即为居委会，4～5个生态细胞组成生态社区，3～4个生态社区组成生态片区。每个生态社区建设集政府服务和商业服务于一体的社区服务中心，建筑面积约1.5万～2万平米不等，其中商业部分约占2/3、公益部分约占1/3，集中配置社区管理、医疗、商业、文化、体育等设施，构成集衣食住行乐教于一体的500米半径便捷生活圈。

9．四园三中心：重点打造加工贸易产业园（含SMT产业园）、跨境电商产业园、海鲜产业园、进口药品产业园等“四园”及进口高端水果集散中心、进口工业品国内分拨中心、进出口商品展示交易中心等“三中心”。

10．“四新”经济：新技术、新产业、新业态、新模式的经济形态。

11．“四个不摘”：脱贫攻坚摘帽不摘责任、摘帽不摘帮扶、摘帽不摘政策、摘帽不摘监管。

12．“一二三五一”模式：“一”，即一张健康的资产负债表；“二”，即厘清两个权责关系，一个是债权，一个是事权；“三”，即采取三补措施，补资本、补资产、补营收；“五”，即“1个合同+4个机制”模式（“1个合同”是指政府与县属国有企业签订资管合同；“4个机制”，即10年土地匹配出让机制、片区内基础设施配套项目代建机制、公益性资产委托运营动态监测机制、县属国有企业经营业绩评价考核机制）；“一”，是指坚决支持平台公司采取一个措施，即增信措施，能增信的要增信。

13．六控十严禁：“六控”为控尘、控煤、控车、控油、控排、控烧；“十严禁”为严禁渣土车、混凝土搅拌车、运砂车等各类车辆带泥上路，严禁违法倾倒渣土，严禁工地裸露黄土，严禁重污染天气下土石方施工，严禁燃烧散煤，严禁燃放烟花爆竹，严禁露天焚烧垃圾，严禁露天烧烤，严禁露天焚烧秸秆，严禁拖拉机等高排放车辆进城。

14．慧润模式：即“村委会＋企业＋农户”的新型民宿运作模式，村委会负责牵头协调，企业负责营销指导，农户负责管理服务，其收益按照农户、企业、村集体经济组织“6：3：1”的比例分成。该模式职责明确、利益共享，既增加了农民收入，助力精准扶贫，又壮大了集体经济，成为“2018中国旅游影响力乡村民宿TOP10”，备受业内推崇。

15．四大机制：构建村级集体经济发展、乡村治理体系和治理能力现代化建设、农民持续增收以及生态文明发展四大机制。

16．“十个一”工程：即成立一个红白理事会；出台一部《村规民约》；签订一份承诺书；发布一组公益广告；开展一次宣讲讨论；成立一支劝导队；推评一批先进典型；公布一张红黑榜；建立一套工作机制；举办一场专题晚会。

17．两富：精神富有、物质富裕。

18．“六德”工程：推动“立德”“崇德”“遵德”“载德”“润德”“弘德”建设。

19．五悦星沙：即悦艺星沙·群众文化品牌、悦动星沙·体育运动品牌、悦读星沙·全民阅读品牌、悦耀星沙·文博保护品牌、悦享星沙·文化市场品牌。

20．专改公：即由专变供电改成公变供电。

21．三化：科技化、信息化、智能化。

22．“五零”建设：建设零违章、环境零污染、安全零事故、治安零发案、村（居）民零上访。

23．三社联动：指通过社区建设、社会组织培育和社会工作现代化体制，形成资源共享、优势互补、相互促进的良好局面，加快形成政府与社会之间互联、互动、互补的社会治理新格局。

24．枫桥经验：20世纪60年代初，浙江省诸暨市枫桥镇干部群众创造了“发动和依靠群众，坚持矛盾不上交，就地解决。实现捕人少，治安好”的“枫桥经验”，为此，毛泽东同志亲笔批示在全国推广。“枫桥经验”由此成为全国政法战线一个脍炙人口的典型。之后，“枫桥经验”得到不断发展，形成了具有鲜明时代特色的“党政动手，依靠群众，预防纠纷，化解矛盾，维护稳定，促进发展”的枫桥新经验，成为新时期专门工作与群众路线相结合的典范。

25．三调联动：指人民调解、行政调解、司法调解。

26．“双十”目标：实现在全国36大城市毒品治理监测中，毒情形势排名退出前十（严重地区），工作成效排名进入前十（先进行列）。

27．天网工程：指为满足城市治安防控和城市管理需要，利用图像采集、传输、控制、显示等设备和控制软件组成，对固定区域进行实时监控和信息记录的视频监控系统。

28．一活动两行动：“一活动”指夯实企业主体责任年活动；“二行动”指“强执法、防事故”和“大排查、大整治、大管控”两大行动。

29．双随机、一公开：即在监管过程中随机抽取检查对象，随机选派执法检查人员，抽查情况及查处结果及时向社会公开。

30．“双对标”：即对标杭州、对标国家营商环境评价指标标杆城市。

31．“四即”：即“开户即开业”“交房即交证”“拿地即开工”“开工即开建”。

组织机构与负责人名录

中共长沙县委员会

书　记　曾超群（3 月止）
　　　　沈裕谋（3 月始）
副书记　张作林
　　　　周　虔（女，3 月始）
常　委　杨应龙
　　　　胡维龙（11 月止）
　　　　刘　重（12 月始）
　　　　沈　光
　　　　赖坤明
　　　　王国良（挂职）
　　　　陈晓成（12 月止）
　　　　王永军（12 月始）
　　　　谭浩然
　　　　杨　溢（女）
　　　　黄　波
　　　　邹　刚
　　　　白　玉（挂职，12 月止）

中共长沙经济技术开发区工作委员会

书　记　曾超群（3 月止）
　　　　沈裕谋（3 月始）
副书记　张庆红
　　　　贺代贵
委　员　周志远
　　　　常利民
　　　　袁　钊
　　　　张湘鸿
　　　　肖　靖（6 月止）

长沙经济技术开发区管理委员会

主　任　张庆红
副主任　常利民
　　　　袁　钊
　　　　张湘鸿
调研员　巩　固
　　　　刘逢春
　　　　杜海霞（女）
　　　　刘运雄
副调研员　张贤长
　　　　张文球
　　　　郑安龙
　　　　刘正凯
　　　　唐益民
　　　　黄庆怀
　　　　田洪林
督办专员　郑安龙
　　　　蒋君山
　　　　黄恩晓

中共长沙经济技术开发区纪律检查工作委员会

书　记　周志远
副书记　刘光辉
委　员　王萍萍（女）
　　　　苏　平（女）
　　　　李布春
　　　　陈新明
　　　　周　芳（女）
　　　　周枝栋
　　　　贺正强
　　　　胡祥伟
　　　　谭超纲

长沙县人大常委会

主　任　李建章
副主任　周安伟
　　　　曹艳萍（女）
　　　　彭军其
　　　　唐俊兴
　　　　曹伟兴

长沙县人民政府

县　长　张作林
副县长　杨应龙
　　　　白　玉（挂职，12 月止）
　　　　彭迟平
　　　　喻名团
　　　　毛　葵
　　　　黄泽红（女）
　　　　彭正球
　　　　康　勇

政协长沙县委员会

主　席　王益枝
副主席　郭艳红（女）
　　　　李楚屏（女）
　　　　陈沃辉（驻会）
　　　　张小春
秘书长　文清良

中共长沙县纪委

书　记　胡维龙（11 月止）
　　　　刘　重（12 月始）
常务副书记
　　　　刘义红
副书记　吴　曲
　　　　庄　虎
常　委　彭菊泉
　　　　汤志国
　　　　胡皓珅（女）
　　　　符广宇

县监察委

主　任　胡维龙（12 月止）
副主任　刘义红
　　　　吴　曲
　　　　庄　虎
委　员　彭菊泉
　　　　汤志国

胡皓珅（女）
李　杰
余　伟

县委工作机构

办公室

主　　任　谭浩然
副 主 任　梁　山（10 月止）
　　　　　祖春峰
　　　　　李　勇（4 月始）
　　　　　张先坤
　　　　　罗眺辉（11 月始）
　　　　　彭春华（兼）
纪检组组长
　　　　　廖名跃

县委组织部

部　　长　沈　光
常务副部长
　　　　　李建军
副 部 长　刘桂良（3 月止）
　　　　　徐虎踞（兼）
　　　　　阳　智（女，3 月始）
　　　　　骆从辉
　　　　　王　玲（女，3 月始）
纪检组组长
　　　　　杨　宇（女）

县委宣传部

部　　长　杨　溢（女）
常务副部长
　　　　　张电波
副 部 长　饶　晗
　　　　　王宏伟（3 月始）
　　　　　陈合宴
　　　　　罗征宇（3 月始）
纪检组组长
　　　　　张新明

县委统战部

常务副部长
　　　　　吴　英（女）
副 部 长　黄柏强
副部长、工商联党组书记
　　　　　艾　英
副部长、侨联主席
　　　　　姚　军
纪检监察组组长
　　　　　聂建新
副 部 长　林友祥

县委政法委员会

书　　记　黄　波（11 月始）
常务副书记
　　　　　王伟山
副 书 记　胡文波
　　　　　周海燕（4 月始）
　　　　　王海燕（女，11 月止）
　　　　　陆　宇（4 月止）
纪检组组长
　　　　　范伟霞

县机构编制委员会办公室

主　　任　胡　革
副 主 任　罗来好
　　　　　向　前
党组书记　胡　革（3 月止）
党组副书记
　　　　　罗来好（3 月止）
党组成员　向　前（3 月止）

县信访局

党组书记、局长
　　　　　周向阳
党组成员、副局长
　　　　　陈群芳（女）
　　　　　黄　军
　　　　　邓曙光（其中，3 月开始设党组）

县台办

主　　任　黄柏强（4 月止）
副 主 任　佘　浪（女，5 月始）

县委网信办（3 月始）

主　　任　余　米（女）
　　　　　唐建辉（女，11 月始）
　　　　　童　创

县委党校（长沙县行政学校）

校　　长　周　虔
常务副校长
　　　　　罗静良（女）
副 校 长　谢社江
　　　　　潘应军（女）
教 育 长　彭　刚（12 月始）

杨开慧纪念馆

馆长、党组副书记
　　　　　彭春华
党组书记　杨晓明（女）
副 馆 长　饶培元
　　　　　胡一舟

长沙经济技术开发区党工委和管委会工作机构

·工作机构·

办公室

主　　任　黄庆怀
副 主 任　范丁贵
　　　　　梁颖昊（女）
　　　　　蒋勇文
机要处处长
　　　　　李艳芳（女）
电子信息处处长
　　　　　张建平
优化发展环境处处长
　　　　　肖　梁（女）

经济研究室副主任
胡　鸽（女）
值班室副主任
谢　亮

督查室

主　　任　唐益民

人力资源与社会保障局

局　　长　刘　曙（女）
副 局 长　李布春
陈小英（女）
彭　刚（兼）
绩 效 处　陈海燕（女）
人才处（社保处）
翟　亮

党群工作局

局　　长　王怀庄
副 局 长　王　璎（女）
朱正海
党 建 处　彭　辉
宣 传 处　黄　姿（女）
统 战 处　彭　虹（女）

纪检监察审计室

主　　任　刘光辉
副 主 任　陈新明
王萍萍（女）
党风政风综合监督处处长
袁　鸣
纪检监察处处长
高　鹏
监督审计处处长
饶佳威（女）

招商合作局

局　　长　黄天际
副 局 长　周枝栋
王　项
齐迎美（女）
综合处（港澳台处）处长
刘晓蕾（女）
招商项目处处长
赵春丹（女）
投资促进处处长
邱永峰
外经外贸处处长
刘　军

产业环保局

局　　长　熊　伟
副 局 长　周　芳（女）
姚震宇
肖　锐
总经济师　王仲湘
综合管理处处长
夏绿林
统计处处长
李坤田
科技与知识产权处处长
杨佳文
投资与能源处处长
黄　妮（女）
安全生产监督处处长
洪　琼

财政局

局　　长　胡立忠（兼）
常务副局长
石　浪
副 局 长　贺正强
邱友梅（女）
总会计师　易波勇
综合处处长
秦道永
资产管理（金融证券）处处长
韩智军
行财处处长（会计核算中心主任）
周　旭（女）
经建（企业、外经、债务）处处长
王　睿（女）

建设发展局

局　　长　李乔岚
副 局 长　苏　平（女）
总工程师　胡　嵩（女）
综合处（执法处）处长
谢　媛（女）
重点工程管理处处长
周麒麟
建工管理处处长
杨文胜
总工室主任（综合管线处处长）
袁大伟

社会事业局

局　　长　梁应文（兼）
常务副局长
徐震山
副 局 长　田洪林（兼）
莫　阳（女）
正科级干部
肖志成
综合安置处处长
周　斌
综治维稳处处长
李学辉
公用事业处处长
李　力

·党群组织·

企业工作委员会

书　　记　贺代贵
专职副书记
王怀庄
副 书 记　熊　伟
宋登红
委　　员　朱正海
蔡光云（兼）
陈小沐（兼）
孙建南（兼）

机关委员会

书　　记　张贤长
副 书 记　周跃成（专职）
副 书 记　王怀庄
组织委员　黄庆怀
宣传委员　刘　曙（女）
纪检委员　刘光辉
青年委员　石　浪
群工委员　李乔岚
统战委员　徐震山

妇女工作委员会

副 主 任　饶佳威（女，兼）
委　　员　陈　果（女，兼）
　　　　　贺琼玲（女，兼）
　　　　　彭　清（女，兼）
　　　　　谢　媛（女，兼）

总工会

副 主 席　陈建辉
　　　　　罗　菁（女，兼）
综合文体部部长
　　　　　郭　英（女）
副 部 长　曹　瑾（女）
权益保障部部长
　　　　　周祎刚

共青团工作委员会

副 书 记　朱正海
委　　员　袁　鸣
　　　　　翟　亮
　　　　　段苏媛（女）
　　　　　黄　宇（兼）
　　　　　周舒越（女，兼）
　　　　　陈　杰（兼）
　　　　　苏冰阳（兼）
　　　　　丁文文（女，兼）

·派驻机构·

国土资源分局

局　　长　戴新煌
副 局 长　范新国（兼）
　　　　　熊远求
　　　　　谭苏明
综合处处长
　　　　　陈站稳（女）
土地供应处处长
　　　　　易紫高
征地管理处处长
　　　　　黄莲莲（女）

规划分局

局　　长　姚泽兴
党支部书记
　　　　　杨之全
副 局 长　汤照照
　　　　　李　巍
市政综合管理处处长
　　　　　刘　瑛（女）
规划编制管理处处长
　　　　　张　娴（女）
建设工程规划管理处处长
　　　　　夏成龙

工商分局

局　　长　宋登红
纪 检 员　袁忠东
副 局 长　刘　伟
　　　　　谭四新
综合科科长
　　　　　符　军
商事登记科科长
　　　　　廖泽钧
经济检查科科长
　　　　　唐朝晖
监督管理科科长
　　　　　刘　勇

质监分局

局　　长　李　伟（7月止）
副 局 长　龙　镭
　　　　　杨学工
办公室主任
　　　　　喻　巍
质量和监督科科长
　　　　　何志刚
特种设备安全监察科科长
　　　　　范　军
标准计量科科长
　　　　　周晗露（女）

消防大队

大 队 长　徐　毅
政治教导员
　　　　　周振华

市财政局驻经开区副县级联络员

　　　　　瞿明仙（5月止）

国家税务总局长沙经开区税务局

党委书记、局长
　　　　　周万里
党委副书记、副局长
　　　　　潘平波（女）
党委委员、副局长
　　　　　浦王灿
　　　　　喻兴无
　　　　　熊明干
　　　　　徐周灿
　　　　　崔向阳
　　　　　伍少波
　　　　　金湘明
　　　　　张又能
副局长、党委纪检组组长
　　　　　黄　波
副调研员　申华平

新安派出所

所　　长　孟　湘
副 所 长　陈炎奎
　　　　　罗立新
　　　　　彭汉文

泉塘派出所

所　　长　朱江波
教 导 员　黄　丹
副 所 长　张　甫
　　　　　王朝阳
　　　　　陈东辉

交警新安中队

中 队 长　陈　琳
指 导 员　胡阳春

人民检察院驻经开区检察联络室

主　　任　朱永会

人民法院经济技术开发区法庭

庭　　长　袁波涌（2 月止）
　　　　　李　娟（女，2 月始）

·直属事业单位·

政务服务中心

主　　任　肖泽祥
副 主 任　张　鹏

投资评审中心

主　　任　黄　科
副 主 任　谢意平（女）

政府采购与招投标办公室

主　　任　陈宇星
副 主 任　谭玉梅（女）

创业服务中心

主　　任　吴信村
副 主 任　杨　飞

人才交流服务中心

主　　任　曾知山
副 主 任　于志刚

征地拆迁办公室

主　　任　胡祥伟

拆迁事务所

副 所 长　陈　军
　　　　　余　洪
　　　　　王　伟

建设工程质量安全监督站

副 站 长　谢成塔

法律事务中心

主　　任　蒋勇文

星沙产业基地管理中心

主　　任　黄士玮（12 月始）
副 主 任　余向阳（12 月始）

长沙经济技术开发集团有限公司

重建筹备组组长
　　　　　郭汉辉
重建筹备组副组长
　　　　　谭超纲
重建筹备组成员
　　　　　吕向龙
　　　　　李雪春
　　　　　罗卓群

长沙经济技术开发区项目开发建设管理有限公司

重建筹备组组长
　　　　　马　鑫
重建筹备组副组长
　　　　　田洪林（兼）
重建筹备组成员
　　　　　卢俊义
　　　　　陈海龙
　　　　　周　高
　　　　　喻浪平

·产业园区·

星沙产业基地

党工委书记、管理办公室主任
　　　　　黄士玮（12 月止）
党工委委员、管理办公室副主任
　　　　　余向阳（12 月止）

榔梨产业基地

党工委书记
　　　　　冯赛军
管委会主任
　　　　　张　韧
管委会副主任
　　　　　刘志伟
　　　　　陈　勇（12 月止）
　　　　　邹玉屏（女，12 月始）
　　　　　罗　芳（女，12 月始）

黄花产业基地

党工委书记
　　　　　朱智勇
党工委副书记、管委会主任
　　　　　黎文革（3 月止）
　　　　　熊　创（3 月始）

新疆长郸产业园
新疆长郸投资开发有限公司

执行董事、总经理
　　　　　张　舸

汨罗产业园
汨罗市普乐投资开发有限公司

董 事 长　欧建雄
董　　事　周灿辉
　　　　　朱卫平
副总经理　厉伍生

埃塞（湖南）工业园
长沙海外投资有限公司

执行董事　吕向龙
总 经 理　陈玖颖

县人大常委会工作机构

办公室

主　　任　陈　诚

副 主 任 游 滋（女）

选举任免联络工作委员会

主 任 彭 涛

副 主 任 隆 晓（女）

民族华侨外事委员会

主任委员 刘新平（3月始，提名人选）

监察和司法委员会（3月始，原内务司法工作委员会3月止）

主任委员 李德兴（3月始，提名人选）

副主任委员

邹 媛（女，3月止）

陈 意（3月始，提名人选）

财政经济委员会

主任委员 卢文杰

副主任委员

李昱磊

教育科学文化卫生委员会（3月始，原教育科学文化卫生工作委员会3月止）

主任委员 姚 军（3月止）

尹小龙（10月始，提名人选）

副主任委员

黄 栋（3月始，提名人选）

环境与资源保护委员会（3月始，原城乡建设环境与资源保护工作委员会3月止）

主任委员 毛旭平（3月始，提名人选）

副主任委员

刘 丹（女，3月始，提名人选）

农业与农村委员会（3月始，原农业农村工作委员会3月止）

主任委员 何都益（3月始，提名人选）

副主任委员

尹小龙（10月止，提名人选）

张力强（12月始，提名人选）

社会建设委员会

主任委员 朱忠良（3月始，提名人选）

副主任委员

邹 媛（女，3月始，提名人选）

县政府工作机构

县人民政府办公室

主 任 刘高祥

副 主 任 唐宪伟

杜红旗（3月止）

唐自力

徐 杨（女，11月始）

罗扬坤

陈 勇（11月始）

高 军

杨 曲

余青燕（女）

陆 宇（兼，9月始）

纪检组组长

杨 立（女）

县发展和改革局

党组书记、局长

胡超钢

党组副书记、副局长

邓剑侠

党组副书记

马 搏

党组成员、副局长

姜正阳

纪检组组长

胡永俊

党组成员、副局长

彭 伟

罗 坚

县工业和信息化局

党组书记、局 长

李学文

副 局 长 周 伟

刘 刚（10月止）

常格亮（10月始）

县教育局

党委书记、局长

陈卫球

党委副书记、副局长

曾利满（女）

党委副书记、主任督学

陈 晓

党委委员、纪委书记

熊大坤

党委委员、副局长

杨 晓（3月止）

肖红波

杨伏梅（11月始）

党委委员 陈 渊（10月止）

县科学技术局（知识产权局）

党组书记、局长

朱忠良（3月止）

黎文革（3月始）

党组副书记、副局长

吴廷琼（女）

周兴武

县应急管理局

党组书记、局长

曾 林

党组副书记

金西林

党组成员、副局长

吴奇勇（3月始）

周万清

党组成员、总工程师

彭 坚

副 局 长 李朝华

县民政局

党组书记、局长

朱剑斌（3月止）
王志国（4月始）
副 局 长　吴文先
符　杰
陈　展（4月始）

县退役军人事务局

党组书记、局长
谭振华（3月始）
党组成员、副局长
唐德洋（3月始）
张　莽（3月始）

县财政局

主　任　胡立忠
副 局 长　孙卫国（3月始）
柳　怡
冯梅秀（女）
胡立明
罗　冲（女）
纪检组组长
王　容（女）

县人力资源和社会保障局

局　长　徐虎踞
副 局 长　彭　刚
陈　晃（女，11月止）
杨溪阁
总会计师　聂畅宇（女）

县国土资源局（3月止）

党组书记、局长
范新国（3月止）
党组副书记
龙征兵（3月止）
党组成员、副局长
陶　权（3月止）
吴宇红（女，3月止）
蒋卫民（3月止）
党组成员　陈　娟（女，3月止）
雷　彬（3月止）
党组成员、测绘总工程师
龚　毅（3月止）

县自然资源局（3月始）

党组书记、局长
范新国（3月始）
党组副书记
龙征兵（3月始）
党组成员、副局长
陶　权（3月始）
李良成（3月始）
吴宇红（女，3月始）
蒋卫民（3月始）
张　勇（3月始）
李明惠（女，3月始）
石碧娟（女，3月始）
党组成员　陈　娟（女，3月始）
雷　彬（3月始）
党组成员、测绘总工程师
龚　毅（3月始）

县环境保护局

局　长　杨喜平
副 局 长　舒易波
孙欣栋
石欣灵（女）

县交通运输局

党组书记、局长
周习彬
党组成员、副局长
王　军
刘桂刚
党组成员、总工程师
张朝阳

县水利局

党组书记、局长
高新良
党组成员、副局长
邹国良
裴治宇
陈宇波

党组成员、总工程师

童亚祁

县农业和林业局（3月止）

局长、主任
鄢兴杰
副 局 长　张慧利
黄松印
李良成
柳伟文
曾建新
李明慧（女）
纪检组长　刘雁冰（女）

县农业农村局（3月始）

党组书记、局长、主任
鄢兴杰
党组副书记、副局长
张慧利（女）
李志明（3月始）
党组成员、副局长　黄松印
曾建新
杨　晓（3月始）
党组成员　柳伟文
饶勋奇（3月始）
党组成员、纪检组长
刘雁冰（女，12月止）
范乐赛（12月始）

县商务局

党组书记、局长
郭贺亭（女）
副 局 长　游松明
蒋建平（女）

县现代服务业发展中心

党组书记、主任
曹　剑（3月始）

党组成员、副主任

谭　芸（女，3 月始）

朱华磊（12 月始）

县文化体育广播电视局（3 月止）

党组书记、局长

李顺林（3 月止）

党组副书记、副局长

李　彪（3 月止）

党组成员、副局长

叶春德（3 月止）

沈　俊（女，3 月止）

张劲松（3 月止）

县旅游局（3 月止）

党组书记、局长

王海燕（女，3 月止）

党组副书记、副局长

范乐赛（3 月止）

党组成员、副局长

罗　晶（女，3 月止）

杨文跃（3 月止）

县文化旅游广电体育局（3 月始）

党组书记　黄建国（3 月始）

党组副书记、局长

李顺林（3 月始）

党组副书记、副局长

李　彪（3 月始）

党组成员、副局长

叶春德（5 月止）

沈　俊（女，3 月始）

范乐赛（12 月止）

罗　晶（女，3 月始）

刘雁冰（女，12 月始）

杨文跃（3 月始）

张劲松（3 月始）

副 局 长　戴正林（5 月始）

县行政审批服务局（3 月始，原政务服务中心 3 月止）

党组书记　李红军（女，3 月始）

局　　长　王文凯

副 局 长　杨树兴（女，5 月止）

杨运宏

县卫生健康局

党委书记、局长

唐　锋（女）

党委副书记

彭志坚（3 月始）

党委成员、副局长

唐益群

李凤英（女）

杨曼琼（女）

陈　瑛（女）

龚发军（3 月止）

党委成员　方建武（3 月始）

夏　宇（3 月始）

县医疗保障局

党组书记、局长

刘桂良

党组成员、副局长

龚发军

周　艳（女）

县审计局

党组书记、局长

饶晓刚（女）

党组成员、副局长

陈万磊

晏　均

县住房和城乡建设局（人民防空办公室）

（3 月始，原城乡规划建设局 3 月止）

局长、人防办主任

胡朝钦

副 局 长　郭检罗

袁　红（女）

张新生

张　勇（3 月止）

石碧娟（女，3 月止）

人防办副主任

杨　碧（女，3 月始）

吴　微（3 月始）

苏　安（3 月始）

纪检组组长

邓青于

县市场监督管理局（知识产权局）

局　　长　舒　曲（3 月止）

饶逢春（3 月始）

副 局 长　王　彪（5 月止）

傅正坤

席　剑

陈　玲（女）

石超刚（5 月止）

曾尚亮

万兴兰

袁　霞（女）

县城市管理局

局　　长　梁应文

党组副书记

唐艳灵（女）

副 局 长　韦树波

柳检军

县行政执法局

局　　长　彭正球（3 月止）

舒　曲（3 月始）

党组副书记（10 月始）、副局长

陈自力

副 局 长　曹　平

杨胜喜（女，10 月始）

吴　建（11 月始）

纪检组组长

龙赛斌

县大数据中心

党组书记、主任

张应军

党组成员、副主任
柳　林
余　洋

县政协工作机构

办公室

主　任　文清良
副主任　文　越

委员学习联络委（4月始，原群团联络委4月止）

主　任　胡孟东
副主任　聂　敏
陈　敏（女，3月止）

提案委（4月始，原法制提案委4月止）

主　任　陶自立
副主任　刘利娟（3月止）
副主任　袁书钦（3月始）

经济科技和外事委（4月始，原经济科技委4月止）

主　任　王行楚
副主任　胡小丽

农业农村和人资环委（4月始，原人资环委4月止）

主　任　刘正超（3月止）
杜红旗（3月始）
副主任　陈长辉

文教卫体和文史委（4月始，原文教卫体委4月止）

主　任　熊　健
副主任　陈　敏（女，3月始）

社会法制和民族宗教委（4月始）

主　任　彭少波（11月始）
副主任　刘利娟（3月始）

信息中心

主　任　周　思（12月始）

县政法机关

县公安局

党委书记、局长
彭迟平
党委副书记、政委
孙　晓（6月止）
党委副书记、纪检组组长
周刚强
党委成员、副局长
宋晓峰
韩　伟
党委委员、副政委
罗俊强
党委委员、副局长
吴　鑫
刘　波
张　志
桂智超（省厅挂职，9月始）

县检察院

党组书记、检察长
盛　智
副检察长　朱忠义
党组成员、副检察长
何志刚
汪海渊
周玉才（挂职，6月止）
党组成员　谢　彦

县法院

党组书记、院长
何文哲（8月止）
丁念红（8月始）
党组副书记、副院长
文继光
文军伟
党组成员　胡志宏
党组成员、副院长
肖　强
党组成员、政工室主任
周　舟
党组成员、执行局局长
王懿林
专职委员　袁波勇
肖红斌

县司法局

党组副书记、局长
江　涌
党组书记　王海燕（女）
党组成员、副局长
吴文斗
康广平
党组成员、政工室主任
杨　玲（女）
党组成员、副局长
彭　慧（女）

县委、县政府直属事业单位

县统计局

党组书记、局长
沈建民
党组成员　陈立云
彭　宇（女）
赵飞飞（女，12月始）
副局长　陈立云
彭　宇（女，5月始）
总统计师　彭　宇（女，5月止）

县供销合作社

党组书记、理事会主任
曹　青
党组成员、副主任
陈　全
曾　威

县重点工程管理局（3月止）

党组书记、局长

栗 柱（3月止）

党组成员、副局长

尹红兵（3月止）

彭长林（3月止）

唐德洋（3月止）

周广积（3月止）

杨伏梅（3月止）

副 局 长 周文军（3月止）

县重点建设项目事务中心（3月始）

党组书记、主任

栗 柱

党组成员、副主任

尹红兵

彭长林

刘 刚（11月始）

周广积

杨伏梅（11月止）

冯勇波

副 主 任 周文军

县国有资产管理中心

主 任 孙卫国

副 主 任 胡 达

周智宇（女）

派出机构

现代农业创新示范区

党工委书记

孟立祥（4月止）

主 任 何静宜

副 主 任 饶培元

胡 娟

纪工委书记

黄艳宇

农村集体经济发展中心主任

刘小兰（11月始）

长沙空城示范区管委会

常务副主任

朱智勇

副 主 任 李俊开

规划建设部部长

兰伟强

招商服务部部长

曹江辉

财务融资部部长

胡学军

综合办公室主任

屈小青（女）

财务融资部副部长

朱新光

综合办公室副主任

任 全

招商服务部副部长

谭丽艳（女）

规划建设部副部长

王再飞

群团机构

县总工会

党组书记、主席

彭克让

党组成员、副主席

傅亿安（女）

胡海艳（女）

陈 渊（11月始）

副 主 席 杨志刚（挂职）

肖力钧（兼职）

团县委

书 记 吴晓芬（女）

副 书 记 李 瑜（女）

陈亚萍（女）

刘致邦（挂职）

县妇联

主 席 袁 雁（女）

副 主 席 张新红（女）

副 主 席 游 艳（女）

县工商联

主 席 张小春

副 主 席 陈 彬

李 欢（女）

党组书记 艾 英

县残联

理 事 长 别 若

副理事长 高爱娥（女）

罗胜利

县科协

书记、主席

李红军（女，3月止）

书 记 彭 辉（女，3月始）

主 席 刘正超（3月始）

副 主 席 伍 晗（女，11月始）

李良辉（11月始）

杨次平（8月止）

黄再富（5月止）

县侨联

主 席 吴 英（女，3月止）

姚 军（3月始）

副 主 席 吴 琼（女）

县红十字会

副 会 长 夏声朝

其他正科级事业单位

县接待服务中心（3月始，原接待办3月止）

主 任 陈渊智（3月止）

冯 城（10月始）

副 主 任 黄旭峰

星沙松雅湖商务区管委会

副县长、党工委书记

喻名团（兼）

党工委副书记、管委会主任
廖春红
党工委委员、纪工委书记
唐　妙（女）
党工委委员、管委会副主任
何　伟
王倩文

黄兴会展经济区管理委员会
党工委书记
何　典
管委会主任
张　辉
管委会副主任
熊哲峰
朱　峰（11月始）
解　帅
李　芹（女，11月止）
张　为（11月始）
纪工委书记
朱　峰（11月止）
李　芹（女，11月始）

黄花综合保税区
管委会主任
王国良
副主任　孟立祥
办公室主任
郑旭辉（11月始）
规划建设局副局长
江　澄
投资促进局局长
陈　洁（女）
企业服务局局长
任永胜
口岸事务局局长
向　春
纪工委副书记
刘京昌
办公室副主任
唐建辉（女，11月止）

县公路管理局
书记、局长
饶逢春
副局长　陶肖泉
蒋海山
王秋庆
刘　宝

县机关事务中心（3月始，原机关事务管理局3月止）
党组书记、主任
张　荣（女）
党组成员、副主任
马志文
周　均

县广播电视台（2月止）
台　长　饶　晗（2月止）
副台长　周　萍（女，2月止）
罗　卉（女，2月止）

县融媒体中心（3月始）
党组书记、主任、总编辑
饶　晗
党组成员、副主任、副总编辑
周　萍（女）
罗　卉（女）

镇·街道

·黄兴镇·
中共黄兴镇委员会
书　记　邹　刚
副书记　李坤明
彭少波（10月止）
胡细罗（12月止）
陈　明（10月始）
委　员　游　江
童　创（3月止）
曹　光
刘　威
章汉湘
黎　栋（3月始）
罗　佳（10月始）
陈　卓（10月始）
曹　剑（3月止）

人大主席团
主　席　曹　剑（3月止）
曹　光（10月始，提名人选；12月当选）
副主席　杨　洪（10月止）

镇人民政府
镇　长　李坤明
副镇长　陈　明（10月止）
游　江
童　创（3月止）
刘　威
章汉湘（10月始，提名人选）
黎　栋（3月始，提名人选）
罗　佳（10月止）
余　丰（10月止）
杨　浩
杨　洪（10月始，提名人选；12月当选）
李振兴（10月始，提名人选；12月当选）

政协联络处
负责人　陈　明（10月止）
章汉湘（10月始）

·江背镇·
中共路口镇委员会
书　记　张登武
副书记　喻孟华
李晓阳
王　静（12月止）
委　员　戈承武
李祖荫
李治宏（12月止）
王　丹（女）
陈　虎（12月始）
蒋　明（12月始）
唐志宇（12月始）

人大主席团

主　　席　戈承武

副 主 席　蒋　明

黄贵新（12月始）

镇人民政府

镇　　长　喻孟华

副 镇 长　李祖荫

禹　玥（女）

陈　虎（12月止）

徐　娟（女，9月止）

蒋　明（12月始）

政协联络处

主　　任　李祖荫

·黄花镇·

中共黄花镇委员会

书　　记　朱智勇

副 书 记　黎文革（3月止）

熊　创（3月始）

罗征宇（3月止）

刘　鎏（11月始）

曾志勇（挂职，12月止）

王广思（挂职，12月始）

委　　员　张力强（10月止）

刘镇西

柳碧波（12月始）

杨　华（10月止）

黄丽娜（女）

马　进

杨　响（11月始）

缪　波（11月始）

范文丰（12月始）

人大主席团

主　　席　张力强（10月止）

刘镇西（11月始，提名人选；12月当选）

副 主 席　冯伟桥

镇人民政府

镇　　长　黎文革（3月止）

熊　创（3月始，提名人选；3月当选）

副 镇 长　刘镇西（11月止）

杨　华（10月止）

马　进

杨　响（11月始，提名人选；12月当选）

缪　波（11月始，提名人选；12月当选）

范文丰（12月始，提名人选）

徐立平（女）

政协联络处

主　　任　杨　华（10月止）

马　进（11月始）

·春华镇·

中共春华镇委员会

书　　记　李壮宇

副 书 记　刘智平

周益巍

谭亚峰（挂职，4月止）

委　　员　袁　康

彭齐芳（女，12月止）

游益龙

唐新明

胡晓明

王彬宇

刘　佩

人大主席团

主　　席　袁　康

副 主 席　黄扬波（女）

镇人民政府

镇　　长　刘智平

副 镇 长　游益龙

胡晓明

王彬宇

李　威

·果园镇·

中共果园镇委员会

书　　记　覃　芳（女）

副 书 记　彭朝溪

周勤超

吴宝琦（挂职）

委　　员　戴定安（11月止）

付　窈（女）

李光成

田　涤

龚金果

田　博（10月始）

人大主席团

主　　席　戴定安（12月始）

罗卫滋（4月止）

副 主 席　毛　青（12月始）

杨　响（10月止）

镇人民政府

镇　　长　彭朝溪

副 镇 长　戴定安（11月止）

田　涤

龚金果

田　博

叶　柱（12月始，提名人选）

政协联络处

主　　任　田　涤

·路口镇·

中共路口镇委员会

书　　记　吴　昊

副 书 记　杨志仁

周春林（12月止）

杨　骏（12月始）

邓　磊（12月止，挂职）

委　　员　邓志强

刘子仁

柳碧波（12月止）

谢浪波（12月始）

祖舟馨子（女）

龙　平（6月始）

杨进昌（6月始）

人大主席团

主　　席　邓志强

副 主 席　龙　平（6月止）

严　灿（女，6月始）

镇人民政府

镇　　长　杨志仁

副镇长 刘子仁
杨钟浩（10月止）
龙　平（6月始）
杨进昌
余　丰（10月始）
张春莹（女，10月始）

政协联络处

主　任 刘子仁

·高桥镇·

中共高桥镇委员会

书　记 彭万贵
副书记 苏　波
陈昱烨（12月止）
侯　韬（12月始）
杨　奇（12月止）
党委委员 夏卫书
王　旭
谢浪波（12月止）
晏　明（女，12月始）
周　正
罗岳峰（12月始）

人大主席团

主　席 周国旺
副主席 粟　昕

镇人民政府

镇　长 苏　波
副镇长 周　正
罗岳峰
张　莎（女）

政协联络处

主　任 夏卫书

·金井镇·

中共金井镇委员会

书　记 石　争
副书记 黄　轲
李春阳
李志明（4月止）
姜海纳（11月始）
委　员 陈魁宇
徐柱杰
刘　坤
吴赐华
黄　超
周　术
龙青松（10月止）

人大主席团

主　席 陈魁宇
副主席 张　瑜（女）

镇人民政府

镇　长 黄　轲
副镇长 龙青松（10月止）
吴赐华
黄　超
周　术
袁　潇
张伟夫
孙应德
杨　炯（11月始，提名人选）

政协联络处

主　任 龙青松（10月止）
吴赐华（11月始）

·开慧镇·

中共开慧镇委员会

书　记 叶照君
副书记 高　洁（女）
陈　祥
委　员 冯典为
胡一舟（12月止）
王万颖（女）
李辉浩
黎　栋（4月止）
罗欢玲
周　翔（11月始）
黄　鹏（12月始）

人大主席团

主　席 冯典为
副主席 李志勇（10月止）
王楚璐（10月始，提名人选；11月当选）

镇人民政府

镇　长 高　洁（女）
副镇长 胡一舟（12月止）
李辉浩
黎　栋（4月止）
周　翔
黄　鹏
范家铭
李志勇（10月始，提名人选；11月当选）

政协联络处

主　任 胡一舟（12月止）
李辉浩（12月始）

·福临镇·

中共福临镇委员会

书　记 王乐君
副书记 李文杰（3月止）
罗卫滋（3月始）
王新华（11月止）
邹子龙（12月始）
田　毅（2月止）
委　员 沈建强
冯勇波（2月止）
李国栋
刘志高
陈雅婷（女）
梁　爽（女）
杨　程（6月始）

人大主席团

主　席 沈建强
副主席 杨　程（6月止）
艾　兵（6月始）

镇人民政府

镇　长 李文杰（3月止）
罗卫滋（3月始）
副镇长 沈建强
冯勇波（2月止）
李国栋
刘志高
陈雅婷（女）
杨　程（6月始）

章蕙羽（女）
王贞瑾（女，11月始）

政协联络处

主　任　冯勇波（3月止）
刘志高（4月始）

·青山铺镇·

中共青山铺镇委员会

书　记　王志国（3月止）
周向阳（3月始）
副书记　陈渊智（3月始）
向林霖（10月始）
委　员　兰伟强（10月始）
彭勇金
杨　华（10月始）
李良辉（10月止）
龙　也
陈乐逊
陈中山（10月始）

人大主席团

主　席　向林霖（12月止）
兰伟强（10月始，提名人选；12月当选）
副主席　任建龙

镇人民政府

镇　长　陈渊智（3月始，提名人选；5月始）
副镇长　彭勇金
李良辉（12月止）
龙　也
陈中山
纪　瑶（女，10月始，提名人选；12月始）
刘瑞清（女，10月始，提名人选；12月当选）

政协联络处

主　任　彭勇金

·安沙镇·

中共安沙镇委员会

书　记　李　洪
副书记　马国军（11月止）
梁　山（11月始）
涂开来（11月止）
王新华（11月始）
委　员　王　玲（女，3月止）
涂开来
陈军跃
肖　钢
唐　懿
肖　坚
戴　明
蒋　祁（挂职，12月止）

人大主席团

主　席　王　玲（女，3月止）
涂开来（11月始）
副主席　范　佳

镇人民政府

镇　长　马国军（11月止）
梁　山（11月始）
副镇长　陈军跃
唐　懿
童晓庆（女）
戴　明
郭艳萍（11月止）

政协联络处

主　任　陈军跃

·北山镇·

中共北山镇委员会

书　记　蒋炳桃
副书记　商　瑜
郑旭辉（10月止）
邱赞亮（12月始）
委　员　范小林（女）
龚海军
舒　景（12月止）
余　乐（女）
何泽宇
陈　中（12月始）
刘　伟（12月始）

人大主席团

主　席　范小林（女）
副主席　陈　中（12月止）
柳佳龙（12月始，提名人选）

镇人民政府

镇　长　商　瑜
副镇长　舒　景（12月止）
刘　伟
龚海军
陈　中（12月始）
张　奎
周　笑（女，12月始）

政协联络处

主　任　舒　景（12月止）
刘　伟（12月始）

·星沙街道·

中共星沙街道工作委员会

书　记　魏　检
副书记　郭　刚
黄向阳
委　员　龙新伟（女）
粟　光
龙　江
张　宇
唐百宁
罗德兴（11月始）
吴　建（11月止）

人大主席团

主　席　龙新伟（女）
副主席　王能武

街道办事处

主　任　郭　刚
副主任　舒　景（12月止）
龙　江
张　宇
唐百宁
罗德兴（11月始）
吴　建（11月止）
陈　恳

政协联络处

主　任　张　宇

·湘龙街道·

中共湘龙街道工作委员会

书　　记　章铭康
副 书 记　周　创
　　　　　刘　登
　　　　　雷婷婷（女）
委　　员　粟　力
　　　　　潘　军
　　　　　杨　章
　　　　　张　任（女）
　　　　　王伟明
　　　　　张海伦（女）

人大工作委员会

主　　任　周　创
副 主 任　粟　力
委　　员　陈　隽

街道办事处

主　　任　周　创
副 主 任　潘　军
　　　　　杨　章
　　　　　张　任（女）
　　　　　毛新宇

政协联络处

主　　任　杨　章

·泉塘街道·

中共泉塘街道工作委员会

书　　记　宁　铁
副 书 记　李文杰（3 月始）
　　　　　熊　创（3 月止）
　　　　　章　李
委　　员　王立新
　　　　　粟湘鸿
　　　　　袁　惠（女）
　　　　　杨燕芳（女）
　　　　　陈　琳
　　　　　杨新赞

人大工作委员会

主　　任　王立新
副 主 任　龙青松（12 月始）

街道办事处

主　　任　李文杰（3 月始）
　　　　　熊　创（3 月止）
副 主 任　杨燕芳（女）
　　　　　陈　琳
　　　　　杨新赞
　　　　　唐炼波

政协联络处

主　　任　杨燕芳（女）

·榔梨街道·

中共榔梨街道工作委员会

书　　记　冯赛军
副 书 记　张　韧
　　　　　刘志伟（12 月始）
　　　　　陈　勇（10 月止）
委　　员　罗　芳（女）
　　　　　李治宏（12 月始）
　　　　　邹玉屏（女）
　　　　　柳　建
　　　　　朱会雄
　　　　　张延灿

人大工作委员会

主　　任　刘志伟（12 月止）
　　　　　罗　芳（女，12 月始）
副 主 任　柳尚峰

街道办事处

主　　任　张　韧
副 主 任　柳　建
　　　　　朱会雄
　　　　　张延灿
　　　　　王贺春
　　　　　柳尚峰

政协联络处

主　　任　柳　建

·长龙街道·

中共长龙街道工作委员会

书　　记　涂亚鹏
副 书 记　宋　辉
　　　　　陈艳霞（女，12 月止）
　　　　　杨全党
委　　员　黄　英（女）
　　　　　姜妙华
　　　　　向　宽
　　　　　杨伟进
　　　　　邱赞亮（12 月止）
　　　　　舒　景（12 月始）
　　　　　童　洁（女）

人大工作委员会

主　　任　黄　英（女）
副 主 任　胡孟洪

街道办事处

主　　任　宋　辉
副 主 任　向　宽
　　　　　杨伟进
　　　　　邱赞亮（12 月止）
　　　　　胡　杰

政协联络处

主　　任　邱赞亮
　　　　　舒　景（12 月始）

省、市垂直管理单位

国家税务总局长沙县税务局

党委书记、局长
　　　　　周万里
党委副书、副局长
　　　　　潘平波（女）
党委委员、副局长
　　　　　浦王灿
　　　　　喻兴无
　　　　　熊明干
　　　　　徐周灿
　　　　　崔向阳
　　　　　伍少波
　　　　　金湘明
　　　　　张又能
党委委员、纪检组组长
　　　　　黄　波
副调研员　申华平

县供电公司

总经理、党委副书记

黄先晁（7 月止）
章建平（8 月始）
副总经理、党委书记
胡弘莽
纪委书记、工会主席
王　剑
副总经理　陈润颖
刘　巍
肖　伟

县烟草局

党组书记、局长、经理
周　勇
党组成员、纪检组长
刘光庆
党组成员、副经理
汤苇苇（女）
李越前

县气象局

局　　长　黄正才
副 局 长　王健龙
孙潇棵

县邮政分公司

党委书记、总经理
何可文
副总经理　文拥军
丑　军
陈　蓁

县电信分公司

经　　理　陈　浩
副 经 理　李复湘
汪怀宇
刘　锋

县移动分公司

经　　理　王　佳
副 经 理　陈讨坚
李　权
冯湘韶

县联通分公司

总 经 理　盛　钊（10 月止）
张次政（10 月始）
副总经理　李　超
李文浩

人寿保险长沙支公司

经　　理　李虎成

人保财险长沙支公司

经　　理　范　溦
副 经 理　陈哲勋
孙奎龙

驻县金融机构（部分）

中国银行星沙支行

行　　长　陈双全
副 行 长　陈英勇
李运红
曹　阳（女）
刘其鸿
李小艳（女）

建设银行星沙支行

行　　长　刘辉华
三级风险经理
李　念
纪委书记　李　献（7 月止）
纪检组组长
王义亮（12 月止）
副 行 长　高　平
龚文湘
葛凌霄

农业银行长沙县支行

行　　长　丁　超
纪委书记　邹正恺
副 行 长　谈　微（女）
魏　星
陈　瑶（女）
罗琳锋（10 月始）

工商银行星沙支行

行　　长　张　毅（6 月止）
吴资伟（7 月始）
副 行 长　罗　刚
杨　磊
刘培龙
陆序富
工会主席　李海奇

长沙银行星城支行

行　　长　程　婧（女）
副 行 长　朱　原（12 月止）
周　超（8 月止）
常　备（8 月始）
任文力（12 月始）
行长助理　李　佳

邮储银行长沙县支行

行　　长　龙　凌（女，10 月止）
晏鄂龙（10 月始）
副 行 长　甘咏刚（6 月始）
张　曙（女，4 月止）
夏雨驰

（各单位　提供）

微信公众号选录

微星沙	《星沙时报》	掌上星沙	《产经周刊》	长沙临空经济示范区
长沙黄花综合保税区	长沙县党建 020	平安长沙县	星沙微警	文明长沙县
文旅星沙	长沙县市场监管	长沙县乐和社工协会	长沙县融媒体中心	长沙县图书馆
星沙人才	星沙教育	长沙县妇幼保健院	健康星沙	吃喝玩乐在星沙
浔龙河生态艺术小镇	湖南湘绣城	田汉故里国歌摇篮	长沙黄兴海吉星	星沙产业基地

统计资料

表 10

2019 年综合统计资料表

指标名称	计算单位	2019 年	2018 年	为 2018 年的百分比（%）
一、行政区域	—	—	—	—
乡镇（街道）个数	个	18	18	100.0
街道	个	5	5	100.0
镇人民政府	个	13	13	100.0
村民委员会	个	114	114	100.0
居民委员会	个	89	89	100.0
二、土地面积	平方千米	1756	1756	100.0
年末耕地面积	公顷	51000	51400	99.2
其中：水田	公顷	46800	47133.3	99.3
粮食播种面积	公顷	77333.3	77666.7	99.6
三、人口情况	—	—	—	—
年末总人口（户籍人口）	万人	81.8	80.6	101.5
其中：城镇人口	万人	48.5	44	110.2
乡村人口	万人	33.3	36.6	91.1
年末总人口（常住人口）	万人	110.9	108.9	101.8
其中：城镇人口	万人	76.2	74.5	102.3
四、地区生产总值（当年价）	万元	17099645	15519816	110.2
第一产业	万元	741630	642507	115.4
第二产业	万元	8790315	8148588	107.9
其中：工业	万元	7221779	6591618	109.6
第三产业	万元	7567700	6728721	112.5
五、地区生产总值（可比价）	万元	17374552	16055092	108.2
第一产业	万元	675246	650215	103.8
第二产业	万元	9558907	8823298	108.3
其中：工业	万元	8003071	7275519	110.0
第三产业	万元	7140399	6581579	108.5

说明："年末耕地面积" "水田面积" 两项数据由自然资源局提供，暂为过程数据，非最终数据

续表 10

指标名称	计算单位	2019 年	2018 年	为 2018 年的百分比（%）
交通运输、仓储及邮电通讯业	万元	739585	680391	108.7
批发和零售业	万元	1222777	1279136	95.6
住宿和餐饮业	万元	400135	380943	105.0
金融业	万元	510768	464757	109.9
房地产业	万元	883129	842650	104.8
其它行业	万元	3338036	2888358	115.6
六、地区生产总值构成	%	100	100	—
第一产业	%	4.3	4.1	—
第二产业	%	51.4	52.6	—
其中：工业	%	42.2	42.5	—
第三产业	%	44.3	43.3	—
七、人均生产总值	元 / 人	155564	145728	106.7
八、农业总产值	万元	1232626	1044933	118.0
其中：农业	万元	850896	731858	116.3
林业	万元	44586	41865	106.5
牧业	万元	246828	187052	132.0
渔业	万元	24591	24238	101.5
农林牧渔专业及辅助性活动产值	万元	65724	59920	109.7
九、规模工业总产值	万元	26587890	24317607	109.3
十、粮食总产量	吨	496804	498940	99.6
按播种面积亩平	千克	428.3	428.3	100.0
十一、全社会固定资产投资	万元	—	—	111.0
十二、社会消费品零售总额	万元	5708349	5198811	109.8
十三、进出口总额	亿美元	111.7	71.5	156.2
其中：出口总额	亿美元	69.0	39.7	173.8
十四、实际到位外资	万美元	93306	84058	111.0
十五、地方一般公共预算收入	万元	1112355	1022134	108.8
一般公共预算支出	万元	1862496	1705048	109.2
十六、全体居民人均可支配收入	元	43920	40226	109.2

表 11

2019年人口情况表

地　区	年末总户数（户）	年末总人口数（人）合计	合计中 城镇人口	合计中 乡村人口
长沙县	277275	818383	485447	332936
星沙街道办事处	28068	70187	70187	0
榔梨街道办事处	12181	34098	29300	4798
湘龙街道办事处	15256	37447	37447	0
泉塘街道办事处	13890	34481	34481	0
长龙街道办事处	4034	11082	11082	0
黄兴镇	27661	89122	38510	50612
江背镇	20281	61598	36772	24826
黄花镇	27009	78502	32022	46480
春华镇	14301	47625	25124	22501
果园镇	7745	25962	21198	4764
路口镇	9702	29410	17036	12374
高桥镇	9103	29772	10603	19169
金井镇	19328	66115	19985	46130
安沙镇	21140	56184	31820	24364
北山镇	17761	53737	22610	31127
青山铺镇	7286	19990	9414	10576
福临镇	9721	29638	19944	9694
开慧镇	12808	43433	17912	25521

表 12

2019年人口变动情况表

地　区	本年度人口变动（人）					
	出生			死亡		
	合计	男	女	合计	男	女
长沙县	10750	5697	5053	6127	3577	2550
星沙街道办事处	1475	754	721	242	147	95
榔梨街道办事处	372	199	173	118	71	47
湘龙街道办事处	780	405	375	71	37	34

续表 12

地　区	本年度人口变动（人）					
	出生			死亡		
	合计	男	女	合计	男	女
泉塘街道办事处	780	397	383	107	63	44
长龙街道办事处	157	85	72	77	42	35
黄兴镇	1133	609	524	488	294	194
江背镇	695	393	302	724	421	303
黄花镇	961	515	446	711	410	301
春华镇	580	297	283	480	295	185
果园镇	291	171	120	209	114	95
路口镇	299	171	128	229	142	87
高桥镇	286	152	134	294	173	121
金井镇	692	378	314	307	189	118
安沙镇	676	350	326	649	342	307
北山镇	543	281	262	529	321	208
青山铺镇	218	112	106	174	99	75
福临镇	316	164	152	224	136	88
开慧镇	496	264	232	494	281	213

表 13

2019 年人口和计划生育情况表

指标名称	计算单位	2019 年	2018 年	为 2018 年的百分比 %
一、人口自然变动情况	—	—	—	—
1. 年内出生人数	人	13009	15528	83.8
2. 出生率 *	‰	16.76	20.3	82.6
3. 年内死亡人数	人	5641	5956	94.7
4. 死亡率 *	‰	7.27	7.8	93.2
5. 年内自然增长人数	人	7368	9572	77.0
6. 自然增长率 *	‰	9.5	12.5	75.9
二、计划生育情况	—	—	—	—
1. 政策内生育率	%	98.34	98.4	99.9
2. 已婚育龄妇女	人	146485	149276	98.1

续表 13

指标名称	计算单位	2019 年	2018 年	为 2018 年的百分比 %
3. 已落实节育措施人数	人	100268	104420	96.0
4. 节育率	%	68.4	70	97.7
5. 有一子女育龄妇女人数	人	77269	86026	89.8
6. 政策内（原计划内）出生人口	人	12793	15276	83.7
其中：二孩数	人	7105	8781	80.9
7. 政策外（原计划外）出生人口	人	216	252	85.7
其中：一孩数	人	11	14	78.6
二孩数	人	23	35	65.7
多孩数	人	182	203	89.7
8. 计划生育率	%	98.34	98.4	99.9

说明：以上数据由县卫健局提供。★“出生率”“死亡率”“自然增长率”均按照计生统计情况测算

表 14

2019 年财政收支情况表

指标名称	计算单位	2019 年	2018 年	为 2018 年的百分比 %
一、地方一般公共预算收入	万元	1112355	1022134	108.8
上划税收	万元	1095765	1381740	79.3
二、一般公共预算支出	万元	1862496	1705048	109.2
一般公共服务	万元	257973	192462	134.0
国防	万元	1614	2620	61.6
公共安全	万元	86987	79831	109.0
教育	万元	233357	219240	106.4
科学技术	万元	112226	39357	285.1
文化体育与传媒	万元	22001	20834	105.6
社会保障和就业	万元	92289	142342	64.8
医疗卫生	万元	111095	98115	113.2
节能环保	万元	155191	103701	149.7
城乡社区事务	万元	395641	328849	120.3
农林水事务	万元	179817	176299	102.0
交通运输	万元	49044	47379	103.5
资源勘探电力信息等事务	万元	35707	137726	25.9
其他支出	万元	129554	116293	111.4

说明：以上数据由县财政局提供

表 15

2019 年银行保险证券情况表

指标名称	计算单位	2019 年	2018 年	为 2018 年的百分比（%）
银行机构各项存款余额	万元	13538184	11836725	114.4
城乡居民储蓄存款余额	万元	6232049	5463019	114.1
银行机构各项贷款余额	万元	12611173	11605152	108.7
银行机构营业收入	万元	476570	369380	129.0
银行机构网点数	万元	183	182	100.6
银行机构职工人数	人	2324	2261	102.8
人均储蓄存款	元	56175	50165	112.0
驻县银行	家	23	22	104.6
各类保险机构网点数	个	84	97	86.6
国有控股保险公司保费收入	亿元	14.1	13	108.5
证券公司营业部	家	8	9	88.9

说明：以上数据由县金融事务中心提供

表 16

2019 年外贸和旅游情况表

指标名称	计算单位	2019 年	2018 年	为 2018 年的百分比（%）
一、贸易情况	—	—	—	—
进出口总值	亿美元	111.7	71.5	156.2
其中：出口总额	亿美元	69.0	39.7	173.8
进口总额	亿美元	42.7	31.8	134.3
二、外经情况	—	—	—	—
1. 实际到位外资	万美元	93306	84058	111.0
2. 引进市外资金形成固定资产投资	万元	—	2038613	—
三、旅游情况	—	—	—	—
1. 接待游客人数	万人次	1456	1300	112.0
2. 旅游总收入	亿元	160.4	140	114.6
3. 旅行社总数	个	12	10	120.0
4. 星级乡村旅游点	个	39	39	100.0
5. 星级饭店个数	个	3	3	100.0
其中：五星级	个	1	1	100.0
四星级	个	2	2	100.0
6. 星级饭店客房总数	间	770	848	90.8
7. 等级景区个数	个	9	7	128.6

说明：以上数据由县商务局、县文旅局提供，引进市外资金形成固定资产投资 2019 年已取消

表 17

2019年教育事业情况表

指标名称	计算单位	2019年	2018年	为2018年的百分比(%)
一、中等专业学校数	所	1	1	100.0
1. 中等专业招生数	人	1298	1346	96.4
2. 中等专业毕业生数	人	1075	979	109.8
3. 中等专业学校在校学生数	人	3926	3838	102.3
4. 中等专业学校教职工数	人	230	220	104.5
二、普通中学学校数	所	48	46	104.3
1. 普通中学招生数	人	17243	15969	108.0
2. 普通中学毕业生数	人	14403	13353	107.9
3. 普通中学在校学生数	人	47357	44840	105.6
4. 普通中学教职工数	人	4714	4225	111.6
三、小学学校数	所	144	144	100.0
1. 小学在校学生数	人	92694	84366	109.9
2. 小学教职工数	人	4816	4375	110.1
四、特殊学校数	所	1	1	100.0
1. 特殊学校在校学生数	人	119	128	93.0
2. 特殊学校教职工数	人	34	34	100.0
五、幼儿园数	所	325	301	108.0
1. 幼儿园在园幼儿数	人	53129	49653	107.0
2. 幼儿园教职工数	人	5713	5704	100.2
六、学龄儿童入学率	%	100	100	100.0
其中：女童入学率	%	100	100	100.0
农村学龄儿童入学率	%	100	100	100.0
七、初中入学率	%	100	100	100.0
初中巩固率	%	100	100	100.0
初中升学率	%	100	100	100.0
八、高中阶段毛入学率	%	95.62	98.6	97.0
高中阶段辍学率	%	1.7	1.8	94.4
高中升学率	%	97.8	98.6	99.2
高考参考人数	人	4719	4502	104.8
九、农村中小学危房改造面积	万平方米	0.08	0.05	160.0
其中：C级危房改造面积	万平方米	0.08	0.05	160.0
B级危房改造面积	万平方米	0	0	100.0
十、农村现代远程教育普及率	%	100	100	100.0

说明：以上数据由县教育局提供

表 18

2019 年科技发展情况表

指标名称	计算单位	2019 年	2018 年	为 2018 年的百分比（%）
高新技术产业企业数	个	407	286	142.3
高新技术企业总产值	亿元	2311	1880	122.9
高新技术产业增加值	亿元	633.8	419.2	151.2
省级工程技术研究中心	家	32	23	139.1
市级工程技术研究中心	家	34	28	121.4
全社会研究与发展活动经费	亿元	70.5	69.8	101.0
实施本级科技计划项目	项	96	82	117.1
全年申请专利数	件	5754	6258	91.9
当年获专利授权数	件	3392	3571	95.0
其中：发明专利数	件	406	479	84.8

说明：以上数据由县科技局、县市监局提供；全社会研究与发展活动经费为初步预计数

表 19

2019 年文化体育事业情况表

指标名称	计算单位	2019 年	2018 年	为 2018 年的百分比（%）
一、文化事业	—	—	—	—
1. 图书馆（室）情况	—	—	—	—
图书馆个数	个	1	1	100.0
图书室（农家书屋）个数	个	280	280	100.0
藏书	万册	165	156	105.8
发放借书证	万个	1.3	1.1	118.2
图书流通人次	万人次	140	132	106.1
本年新购图书	册	91160	13049	698.6
阅览室坐席数	个	1300	1300	100.0
图书馆（室）场地面积	平方米	15990	18544.8	86.2
其中：公共图书馆（室）面积	平方米	13000	11932.8	108.9
其他图书管（室）面积	平方米	2990	6612	45.2
2. 文化馆情况	—	—	—	—
文化馆个数	个	280	275	101.8
其中：群众艺术馆个数	个	1	1	100.0
镇街文化站个数	个	21	21	100.0
社区文化活动室个数	个	257	252	102.0

续表 19

指标名称	计算单位	2019 年	2018 年	为 2018 年的百分比（%）
文化馆面积	平方米	152795.1	123512.1	123.7
其中：群众艺术馆面积	平方米	21440.9	21440.9	100.0
镇街文化站面积	平方米	38341.1	38341.1	100.0
社区文化活动室面积	平方米	92863	63580	146.1
3. 演艺中心情况	—	—	—	—
演艺中心个数	个	129	131	98.5
其中：艺术表演场馆个数	个	5	5	100.0
歌舞娱乐场所个数	个	124	126	98.4
演艺中心面积	平方米	59032.3	60935.8	96.9
其中：艺术表演场馆面积	平方米	1475	1475	100.0
歌舞娱乐场所面积	平方米	57557.3	59460.8	96.8
4. 网吧情况	—	—	—	—
网吧个数	个	216	220	98.2
网吧面积	平方米	62541.1	67867.1	92.2
5. 文化广场情况	—	—	—	—
文化广场个数	个	214	198	108.1
文化广场面积	平方米	1032454	1012839	101.9
6. 文化公园情况	—	—	—	—
文化公园个数	个	4	4	100.0
文化公园面积	平方米	50000	50000	100.0
7. 百家文艺团队	家	72	74	97.3
8. 年内电影放映场次	场	3600	3400	105.9
二、体育事业	—	—	—	—
1. 体育场馆个数	个	115	113	101.7
体育场馆面积	平方米	664917	609917	109.0
2. 游泳跳水场馆个数	个	11	7	157.1
游泳跳水场馆面积	平方米	8970	6670	134.4
3. 综合房（馆）及专业训练房管个数	个	203	202	100.4
综合房（馆）及专业训练房管面积	平方米	52668	52408	100.3
4. 室外专项体育场个数	个	496	465	106.6
室外专项体育场面积	平方米	667767	652767	102.2
5. 年内举办运动会	次	20	18	111.1
参加运动会运动员	人	42000	42000	100.0

说明：以上数据由县文旅局提供

表 20

2019 年卫生事业情况表

指标名称	计算单位	2019 年	2018 年	为 2018 年的百分比（%）
卫生机构	个	561	536	104.7
其中：医院、卫生院	个	35	35	100.0
妇幼保健院（所、站）	个	1	1	100.0
专科疾病防治院（所、站）	个	1	1	100.0
卫生计生综合监督局	个	1	1	100.0
社区卫生服务中心	个	5	5	100.0
诊所、医务室	个	225	208	108.2
村卫生室	个	211	211	100.0
门诊部	个	82	74	110.8
床位数	张	5811	5340	108.8
卫生人员	人	8723	8616	101.2
1. 卫生技术员	人	8028	7677	104.6
（1）执业（助理）医师	人	335	604	55.5
（2）执业医师	人	2406	2027	118.7
（3）注册护士	人	4632	4135	112.0
（4）药师	人	326	306	106.5
（5）技师	人	369	295	125.1
（6）其他	人	364	310	117.4
2. 其它技术人员	人	317	305	103.9
3. 管理人员	人	359	299	120.0
4. 工勤人员	人	346	335	103.3
疾病预防控制中心（防疫站）	个	1	1	100.0
疾病预防控制中心（防疫站）卫生防预人员	人	71	70	101.4
村级医生和卫生人员	人	211	211	100.0
5 岁以下儿童死亡率	‰	4.2	4.67	89.9
婴儿死亡率	‰	2.16	3.32	65.1
产妇住院分娩比例	%	100	100	100.0

说明：以上数据由县卫健局提供。卫生监督所，于 2018 年改为“卫生计生综合监督局”

表 21

2019 年劳动就业和社会保障情况表

指标名称	计算单位	2019 年	2018 年	为 2018 年的百分比（%）
城镇新增就业人员	人	17221	17906	96.2
城镇登记失业率	%	3.11	2.99	104.0
安排下岗失业人员再就业	人	4300	1557	108.4
其中：大龄就业困难对象再就业	人	1449	3968	93.1
下岗失业人员再就业培训	人	142	570	24.9
农村富余劳动力转移就业增加人数	人	3700	4000	92.5
农村劳动力转移培训	人	2372	2471	96.0
企业基本养老保险参保人数	人	516923	195248	264.8
机关养老保险参保人数	人	20086	19719	101.9
城乡居民养老保险参保人数	人	407963	414500	98.4
基本医疗保险参保人数	人	863968	830383	104.0
其中：城镇职工基本医疗保险参保人数	人	229678	192216	119.5
城乡居民基本医疗保险参保人数	人	634290	638167	99.4
失业保险参保人数	人	173562	160785	107.9
工伤保险参保人数	人	145902	138567	105.3
生育保险参保人数	人	—	148511	—
社会保险基金总收入	亿元	48.3	65.8	73.4

说明；以上数据由县人社局、县医保局提供。自 2019 年 10 月起，不再单列生育保险参保人数，已和职工基本医疗保险合并。企业基本养老保险参保人数口径有调整，2018 年为实际缴费人数，2019 年为系统内所有参保人数

表 22

2019 年民政工作和社会救助情况表

指标名称	计算单位	2019 年	2018 年	为 2018 年的百分比（%）
登记结婚数	对	5909	6834	86.4
登记离婚数	对	2491	2449	101.7
各类收养性社会福利单位床位数	张	5400	5355	100.8
各类收养性社会福利单位收养人员数	人	1707	1851	92.2
财政预算安排“低保”资金	万元	5663	4082	138.7
社会救济总人数	人	6863	6149	111.6
居民最低生活保障人数	人	11194	11653	96.0

续表 22

指标名称	计算单位	2019 年	2018 年	为 2018 年的百分比（%）
其中：城镇居民最低生活保障人数	人	586	708	82.7
农村居民最低生活保障人数	人	10608	10945	96.9
特困供养人员人数	人	3854	3962	97.2
接受社会捐赠资金 *	万元	358.6	333.9	107.3
销售社会福利彩票	万元	29000	32000	90.6
基本养老服务补贴覆盖率	%	100	100	100.0
已发放基本养老服务补贴人数	人	261	362	72.0

说明：以上数据由县民政局提供

表 23

2019 年交通运输情况表

指标名称	计算单位	2019 年	2018 年	为 2018 年的百分比（%）
辖区内通车公路里程	千米	6292	6237	100.9
货运量	万吨	2539	2219	114.4
货运周转量	万吨千米	509066	116042	438.7
客运量	万人次	5191	5027	103.3
客运周转量	万人千米	20308	36138	56.2
公路年末到达数	千米	2762	2806	98.4
县道	千米	422	463	91.1
乡道	千米	708	712	99.4
桥梁年末数	座	357	261	136.8
县道	座	82	56	146.4
乡道	座	104	100	104
桥梁年末数	米	8714	6300	138.3
县道	米	2852	2661	107.2
乡道	米	1994	1637	121.8
涵洞	道	2080	2080	100.0
县道	道	927	927	100.0
乡道	道	856	856	100.0

说明：以上数据由县交通局提供

表 24

2019 年房地产管理情况表

指标名称	计算单位	2019 年	2018 年	为 2018 年的百分比（%）
发放产权证本数	本	50556	56922	88.8
发放产权证面积	万平方米	1076	1150	93.6
房地产交易宗数	宗	37768	31939	118.3
房地产交易面积	万平方米	377.9	349.3	108.2
房地产抵押宗数	宗	32091	26608	120.6
房地产抵押面积	万平方米	691	599	115.4
物业服务企业个数	家	179	195	91.8
其中：县内注册	家	107	125	85.6
其中：一级资质企业	家	取消资质	—	—
二级资质企业	家	取消资质	—	—
三级资质企业	家	取消资质	—	—
物业管理总面积	万平方米	4270	5103	83.7
物业管理从业人员数	人	12370	19531	63.3
当年归集公积金	万元	170624	125699	135.7
累计归集公积金	万元	831173	660549	125.8
累计归集公积金余额	万元	429102	342230	125.4

说明：以上数据由县自然资源局、县住房和城乡建设局、县公积金管理中心提供。根据中华人民共和国住房和城乡建设部办公厅建办房[2017]75号文件，已取消物业服务企业资质。目前市住建委正在实施物业服务业诚信备案制度。房地产抵押宗数、面积为新房认购贷款抵押与现房抵押数据

表 25

2019 年邮政通迅事业情况表

指标名称	计算单位	2019 年	2018 年	为 2018 年的百分比（%）
邮政业务收入	万元	27091.5	23051	117.5
函件收入	万元	352.8	112.9	312.5
包裹收入	万元	10808	8124.4	133.0
汇票收入	万元	0.6	117.7	0.5
报刊收入	万元	523.6	452.3	115.8
邮路总条数	条	121	121	100.0

续表 25

指标名称	计算单位	2019 年	2018 年	为 2018 年的百分比（%）
邮路总长度（单程）	千米	4566	4566	100.0
邮政储蓄期末余额	万元	880082	776868	113.3
电信业务收入	亿元	16.2	16.4	98.8
移动电话用户	万户	158.8	146.3	108.5
计算机互联网用户	万户	44.3	34.6	128.0

说明：以上数据由县邮政公司、县电信公司、县移动公司、县联通公司、县邮储银行提供

表 26

2019 年社会治安情况表

指标名称	计算单位	2019 年	2018 年	为 2018 年的百分比（%）
交通事故件数	件	180	182	98.9
当年交通事故死亡人数	人	25	26	96.2
刑事案件立案数	件	931	1103	84.40
犯罪人数（生效判决确定的犯罪人数）	人	1025	1242	82.5
民事案件发案数	件	12879	9155	140.7
火灾事故件数	件	46	89	51.7
当年火灾事故死亡人数	人	1	3	33.3
亿元 GDP 安全事故死亡率	人 / 亿元	0.0076	0.008	95.0
生产安全事故件数	件	11	11	100.0
当年生产安全事故死亡人数	人	13	12	108.0
群体性食品安全事故年报告发生数	起	0	0	—

说明：以上数据由县公安局、县法院、县消防大队、县应急管理局、县市监局提供

表 27

2019 年档案事业与馆藏情况表

指标名称	计算单位	2019 年	2018 年	为 2018 年的百分比（%）
馆藏全部档案全宗	个	229	228	100.4
馆藏全部档案案卷	卷	259642	259474	100.1

续表 27

指标名称	计算单位	2019 年	2018 年	为 2018 年的百分比（%）
录音、音像、影片等	盘	173	170	101.8
照片档案	张	10371	10371	100
资料数量	册	8110	7699	105.3
利用人数	人次	12356	12046	102.6
利用档案	卷次	18842	19584	96.2
利用资料	册次	32	47	68.1

说明：以上数据由县档案馆提供

表 28

2019 年工商登记企业（年末数）情况表

指标名称	计算单位	2019 年	2018 年	为 2018 年的百分比（%）
工商登记年末数合计	户	30200	27097	111.5
1. 农林牧渔业	户	2920	2948	99.1
2. 工业	户	1992	1794	111.0
3. 建筑业	户	2787	2187	127.4
4. 交通运输仓储及邮电通信业	户	1466	1281	114.4
5. 信息传输、计算机服务和软件业	户	1002	900	111.3
6. 批发和零售贸易餐饮业	户	8178	7332	111.5
7. 金融保险业	户	333	335	99.4
8. 房地产业	户	836	697	119.9
9. 租赁和商务服务业	户	4564	4043	112.9
10. 科学研究、技术服务和地质勘察业	户	4359	4090	106.6
11. 水利、环境和公共设施管理业	户	124	110	112.7
12. 居民服务和其他服务业	户	615	541	113.7
13. 教育	户	157	103	152.4
14. 卫生、社会保障和社会福利业	户	55	46	119.6
15. 文化、体育和娱乐业	户	804	632	127.2

表 29

2019 年工商登记个体户（年末数）情况表

指标名称	计算单位	2019 年	2018 年	为 2018 年的百分比（%）
工商登记年末数合计	户	86292	82910	104.1
1. 农林牧渔业	户	1783	1796	99.3
2. 工业	户	2629	2650	99.2
3. 建筑业	户	163	139	117.3
4. 交通运输仓储及邮电通信业	户	6744	6257	107.8
5. 信息传输、计算机服务和软件业	户	607	616	98.5
6. 批发和零售贸易餐饮业	户	61590	59421	103.7
7. 金融保险业	户	13	15	86.7
8. 房地产业	户	143	215	66.5
9. 租赁和商务服务业	户	3453	3349	103.1
10. 科学研究、技术服务和地质勘察业	户	248	248	100.0
11. 水利、环境和公共设施管理业	户	13	18	72.2
12. 居民服务和其他服务业	户	7599	7057	107.7
13. 教育	户	17	20	85.0
14. 卫生、社会保障和社会福利业	户	258	244	105.7
15. 文化、体育和娱乐业	户	1032	923	111.8

说明：以上数据由县市监局提供

表 30

2019 年环境卫生事业情况表

指标名称	计算单位	2019 年	2018 年	为 2018 年的百分比（%）
一、完成工作量	—	—	—	—
收运垃圾	吨	353822	323111	109.5
清扫街道	万平方米	1345	1345	100.0%
保洁从业人数	人	2265	2198	103.0%
二、环卫专用设备	—	—	—	—
垃圾运输车	辆	57	54	105.6
扫路车	辆	47	47	100.0
洒水车	辆	95	95	100.0
三、环卫设施	—	—	—	—

续表 30

指标名称	计算单位	2019 年	2018 年	为 2018 年的百分比（%）
公共厕所	座	124	97	127.8
其中：本年新建	座	0	0	—
垃圾站	个	104	103	101.0
其中：本年新建	个	1	0	—

说明：以上数据由县城管局提供

表 31

2019 年园林绿化情况表

指标名称	计算单位	2019 年	2018 年	为 2018 年的百分比（%）
园林绿化覆盖面积	万平方米	2238	2202.8	101.6%
绿化覆盖率	%	40.1	40	100.3%
绿地面积	万平方米	2040.75	2009.8	101.5%
新增绿地面积	万平方米	30.95	53.9	57.4%
绿地率	%	36	36	100.0%
公园个数	个	29	22	131.8%
公园面积	万平方米	255	245	104.1%

说明：以上数据由县城管局提供

表 32

2019 年环境污染治理情况表

指标名称	计算单位	2019 年	2018 年	为 2018 年的百分比（%）
一、环境污染治理本年完成投资总额	万元	86456	78649	109.9
二、环保设施情况	—	—	—	—
1. 地表水在线监测设施数	套	7	6	116.7
2. 空气自动监测站数	座	2	2	100
3. 污水处理厂数	座	24	24	100
三、工业“三废”排放情况	—	—	—	—
1. 工业废水排放总量	万吨	964.9	1173	82.3
工业废水排放达标量	万吨	942	1155	81.6

续表 32

指标名称	计算单位	2019 年	2018 年	为 2018 年的百分比（%）
工业废水排放达标率	%	98.6	98.5	100.1
2. 工业废气排放总量	万标立方米	4435806	3133671	141.6
工业烟尘排放量达标率	%	94	92.8	101.3
3. 工业固体废物产生量	吨	182840	345406	52.9
工业固体废物综合利用量	吨	129816	146905	88.4
四、城市环境质量状况	—	—	—	—
1. 地表水质达标率	%	100	100	100.0
地表水水质满足Ⅲ类标准的断面比例	%	100	100	100.0
地表水水质满足Ⅳ类标准的断面比例	%	100	100	100.0
2. 城镇污水处理率	%	98.6	98.5	100.1
城镇污水处理量	万吨	14383	11614	123.8
3. 空气质量达标率	%	86.6	83	104.3
城市全年空气质量良好以上天数	天	316	303	104.3

说明：以上数据由县环保局、住房和城乡建设局提供

表 33

2019 年资源及能耗情况表

指标名称	计算单位	2019 年	2018 年	为 2018 年的百分比（%）
行政区域土地面积	平方千米	1756	1756	100.0
城镇建成区绿化覆盖率	%	40.1	40	100.3%
森林总蓄积量	万立方米	442	424	104.2
活立木总蓄积量	万立方米	471	453	104
森林面积	公顷	69927.6	70012.9	99.9
森林覆盖率	%	49.8	49.8	100.0
林地总面积	公顷	69927.6	77210.9	90.6
能源消费总量	吨标准煤	4925968	4821497	102.2
其中：工业能源消费	吨标准煤	1857623	2133780	87.1
单位 GDP 能耗	吨标准煤 / 万元	0.28	0.30	93.3
单位工业增加值能耗	吨标准煤 / 万元	0.23	0.29	79.3
全年用电量	亿千瓦时	72.3	69.4	104.2
其中：工业用电量	亿千瓦时	38.2	39.2	97.4

说明：以上数据由县自然资源局、县城管局、县统计局提供

表 34

2019 年农林牧渔产值情况表

指标名称	计算单位	2019 年	2018 年	为 2018 年的百分比（%）
农林牧渔业总产值（现价）	万元	1232626	1044933	118.0
农业产值（现价）	万元	850896	731858	116.3
林业产值（现价）	万元	44586	41865	106.5
牧业产值（现价）	万元	246828	187052	132.0
渔业产值（现价）	万元	24591	24238	101.5
农林牧渔服务业产值（现价）	万元	65724	59920	109.7
农林牧渔业总产值（可比价）	万元	1084737	1060494	102.3
农业产值（可比价）	万元	765767	733707	104.4
林业产值（可比价）	万元	44364	40567	109.4
牧业产值（可比价）	万元	185521	203341	91.2
渔业产值（可比价）	万元	24964	23669	105.5
农林牧渔服务业产值（可比价）	万元	64121	59209	108.3
农林牧渔业总产值增速	%	3.8	3.2	118.8

表 35

2019 年主要农业物生产情况表

指标名称	计算单位	2019 年	2018 年	为 2018 年的百分比（%）
农作物总播种面积	千公顷	123.24	122.85	100.3
一、粮食作物播种面积	千公顷	77.34	77.67	99.6
总产量	吨	496804	498940	99.6
（一）谷物播种面积	千公顷	69.10	69.96	98.8
总产量	吨	459634	464457	99.0
1. 稻谷播种面积	千公顷	64.90	66.12	98.2
总产量	吨	435542	441046	98.8
（1）早稻播种面积	千公顷	27.71	28.85	96.0
总产量	吨	168730	178272	94.6
（2）中稻及一季晚稻播种面积	千公顷	8.94	8.43	106.0
总产量	吨	70515	65895	107.0

续表 35

指标名称	计算单位	2019 年	2018 年	为 2018 年的百分比（%）
（3）双季晚稻播种面积	千公顷	28.26	28.85	98.0
总产量	吨	196297	196879	99.7
2. 小麦播种面积	千公顷	0	0	—
总产量	吨	0	0	—
3. 玉米播种面积	千公顷	3.57	3.27	109.3
总产量	吨	21338	20874	102.2
4. 高粱播种面积	千公顷	0.58	0.53	109.8
总产量	吨	2575	2360	109.1
（二）豆类播种面积	千公顷	3.94	3.73	105.5
总产量	吨	15040	14019	107.3
1. 大豆播种面积	千公顷	1.99	1.81	110.2
总产量	吨	8913	8076	110.4
2. 绿豆播种面积	千公顷	0.19	0.19	101.8
总产量	吨	748	722	103.6
3. 蚕豌豆播种面积	千公顷	1.23	1.21	101.9
总产量	吨	3250	3076	105.7
4. 红小豆播种面积	千公顷	0.03	0.03	111.1
总产量	吨	64	64	100.0
5. 其它杂豆播种面积	千公顷	0.48	0.49	98.6
总产量	吨	2065	2081	99.2
（三）薯类播种面积	千公顷	4.30	3.98	108.1
总产量	吨	22130	20464	108.1
1. 红薯播种面积	千公顷	2.50	2.21	113.2
总产量	吨	13085	11586	112.9
2. 马铃薯播种面积	千公顷	1.80	1.77	101.7
总产量	吨	9045	8878	101.9
二、油料作物播种面积	千公顷	9.34	9.35	99.9
总产量	吨	16246	17037	95.4
1. 花生播种面积	千公顷	0.57	0.57	99.5
总产量	吨	1634	1632	100.1
2. 油菜籽播种面积	千公顷	8.53	8.53	100.0

续表 35

指标名称	计算单位	2019 年	2018 年	为 2018 年的百分比（%）
总产量	吨	14081	14848	94.8
3. 芝麻播种面积	千公顷	0.15	0.15	98.0
总产量	吨	278	277	100.4
4. 其他油料播种面积	千公顷	0.09	0.10	93.3
总产量	吨	253	280	90.4
三、棉花播种面积	千公顷	0	0	—
总产量	吨	0	0	—
四、烟叶播种面积	千公顷	0.01	0.01	90.0
总产量	吨	17	19	89.5
1. 烤烟播种面积	千公顷	0	0	—
总产量	吨	0	0	—
2. 晒（土）烟播种面积	千公顷	0.01	0.01	90.0
总产量	吨	17	19	89.5
五、药材播种面积	千公顷	0.08	0.10	83.3
总产量	吨	680	750	90.7
六、蔬菜播种面积（含果用瓜）	千公顷	26.63	26.53	100.4
总产量	吨	1004690	1002834	100.2
七、瓜果类播种面积	千公顷	1.03	0.99	104.5
总产量	吨	33113	31500	105.1
1. 西瓜播种面积	千公顷	0.77	0.70	110.0
总产量	吨	26565	24150	110.0
2. 甜瓜播种面积	千公顷	0.18	0.21	88.1
总产量	吨	5301	6080	87.2
3. 草莓播种面积	千公顷	0.05	0.04	116.7
总产量	吨	730	720	101.4
八、其他农作物播种面积	千公顷	8.80	8.21	107.2
青饲料播种面积	千公顷	1.75	1.55	112.9
绿肥播种面积	千公顷	7.01	6.62	105.9
其他农作物播种面积	千公顷	0.04	0.04	91.7

表 36

2019 年茶叶水果生产情况表

指标名称	计算单位	2019 年	2018 年	为 2018 年的百分比（%）
一、茶叶产量	吨	32750	29900	109.5
绿茶	吨	23100	19190	120.4
青茶	吨	0	0	—
红茶	吨	6500	7220	90.0
黑茶	吨	2580	2860	90.2
黄茶	吨	0	0	—
白茶	吨	570	630	90.5
其它茶	吨	0	0	—
二、水果总产量	吨	73662	70925	103.9
1. 园林水果	吨	40549	39425	102.9
其中：桔	吨	16044	16054	99.9
柚	吨	4060	4080	99.5
桃	吨	4950	4500	110.0
李	吨	3610	3450	104.6
梨	吨	1625	1491	109.0
葡萄	吨	9880	9800	100.8
2. 瓜果类水果	吨	33113	31500	105.1
三、年末茶园面积	千公顷	6.63	5.94	111.7
其中：当年采摘	千公顷	5.94	5.85	101.6
四、年末果园面积	千公顷	5.06	4.97	101.8
其中：桔园	千公顷	0.61	0.58	104.6
桃园	千公顷	0.46	0.45	102.2
梨园	千公顷	0.44	0.43	102.7
葡萄园	千公顷	0.54	0.53	101.4

表 37

2019 年畜牧业生产情况表

指标名称	计算单位	2019 年	2018 年	为 2018 年的百分比（%）
当年出栏猪头数	万头	79.7	95.62	83.4
出栏肉猪	万头	79.7	95.62	83.4

续表 37

指标名称	计算单位	2019 年	2018 年	为 2018 年的百分比（%）
当年出栏和自宰的肉用牛	万头	0.72	0.67	107.5
当年出售和自宰的肉用羊	万只	1.9	1.92	99.0
当年出售自宰的家禽	万羽	228.1	198.32	115.0
当年出售自宰的肉用兔	万只	0	0.02	0.0
当年肉类总产量	吨	63584	75843.59	83.8
1. 猪肉产量	吨	58978	71810	82.1
其中：肉猪肉产量	吨	58978	71810	82.1
2. 牛肉产量	吨	912	834.15	109.3
3. 羊肉产量	吨	290	312.96	92.7
4. 禽肉产量	吨	3292	2776.48	118.6
当年牛奶产量	吨	625	632	98.9
当年蜂蜜产量	吨	50	54.9	91.1
当年禽蛋产量	吨	7543.8	7395.04	102.0
大牲畜存栏总头数	头	8446	8485	99.5
其中：牛存栏	头	8446	8485	99.5
生猪存栏	万头	14	65.91	21.2
其中：能繁殖的母猪	万头	0.7	6.05	11.6
山羊存栏	万只	1.63	1.62	100.6
其中：能繁母羊	万只	0.3	0.29	103.4
家禽存笼	万羽	260	240.32	108.2
其中：鸡	万羽	199.4	185.21	107.7

表 38

2019 年渔业生产情况表

指标名称	计算单位	2019 年	2018 年	为 2018 年的百分比（%）
水产品产量	吨	13686	13624.2	100.5
1. 淡水产品捕捞产量	吨	53	57.5	92.2
2. 淡水产品养殖产量	吨	13633	13566.7	100.5
淡水养殖面积	千公顷	2.97	2.97	100.0
1. 池塘养殖	千公顷	2.09	2.09	100.0

续表 38

指标名称	计算单位	2019 年	2018 年	为 2018 年的百分比（%）
2. 湖泊养殖	千公顷	0	0	—
3. 河沟养殖	千公顷	0.02	0.02	100.0
4. 水库养殖	千公顷	0.86	0.86	100.0

表 39

2019 年规模以上工业基本情况表

指标名称	计算单位	2019 年	2018 年	为 2018 年的百分比（%）
企业单位个数	个	424	402	105.5
工业总产值（现价）	万元	—	—	—
其中：规模以上工业	万元	26587890	24317607	109.3
规模以下工业	万元	—	—	—
规模以上工业企业产值（现价）	万元	26587890	24317607	109.3
其中：轻工业	万元	—	—	—
重工业	万元	—	—	—
一区七园工业企业产值（现价）	万元	26265238	24052722	9.2
开发区	万元	23710295	22100505	7.3
七园小计	万元	2554943	1952217	29.8
规模工业销售产值（现价）	万元	25819453	23398141	10.3
规模以上工业增加值（现价）	万元	6018097	5320396	10.0

说明：各指标值包含上汽大众、切分单位数据，不包含宁乡三一数据

表 40

2019 年规模以上工业企业主要经济指标表

指标名称	计算单位	总计	其中：1. 国有企业	2. 集体企业	3. 股份制企业	4. 外商及港、澳、台商投资企业	5. 其他经济类型
企业个数（个）	个	424	1	0	366	49	8
资产总计	亿元	3391.9	0.4	0	2618.7	769.6	3.19
营业收入	亿元	2408.1	0.25	0	1533.3	871.4	3.1

续表 40

指标名称	计算单位	总计	其中： 1. 国有企业	2. 集体企业	3. 股份制企业	4. 外商及港、澳、台商投资企业	5. 其他经济类型
营业成本	亿元	1830.7	0.15	0	1122.8	688.7	2.7
营业税金及附加	亿元	23.6	0	0	8.6	15	0
营业利润	亿元	262.5	0.01	0	176.4	86	0.01
利润总额	亿元	266.5	0.01	0	178.7	87.7	0.1

表 41

2019 年规模以上工业企业经济效益综合指数表

指标名称	计算单位	2019 年	2018 年
总资产贡献率	%	11.3	10.1
资本保值率	%	112.9	105.8
资产负债率	%	63.1	63.4
流动资产周转率	次 / 年	1.2	1.3
存货周转率	次 / 年	4.4	4.8
每百元主营业务收入中的成本	元	75.4	78
期间费用率	%	13.6	13.1
成本费用利润率	%	12.3	8.7
营业收入利润率	%	11.1	8.1
产品销售率	%	97.1	96.2

表 42

2019 年总承包和专业承包建筑业企业生产情况表（3 级以上）

指标名称	计算单位	2019 年	2018 年	为 2018 年的百分比（%）
建筑业企业个数	个	181	118	153.4
其中：总承包企业和专业承包企业个数	个	158	99	159.6
劳务分包企业个数	个	23	19	121.1
建筑业总产值	万元	4873537	4788071	101.8

续表 42

指标名称	计算单位	2019 年	2018 年	为 2018 年的百分比（%）
其中：装饰装修产值	万元	323749	286510	113.0
其中：在外省完成的产值	万元	1780695	1748507	101.8
其中：建筑工程产值	万元	3874118	3906314	99.2
安装工程产值	万元	337998	300309	112.6
其他产值	万元	661421	581449	113.8
竣工产值	万元	2289535	2218437	103.2
房屋建筑施工面积	万平方米	3087	2863	107.8
房屋建筑竣工面积	万平方米	683	714	95.7
年平均从业人数	人	119864	116452	102.9
从业人员劳动报酬	万元	714854	949896	75.3
年末自有施工机械设备	台	13508	158991	8.5

表 43 2019 年总承包和专业承包建筑业企业财务状况表（3 级以上）

指标名称	计算单位	2019 年	2018 年	为 2018 年的百分比（%）
资产总计	万元	2846299	2450319	116.2
所有者权益合计	万元	1111135	1121920	99.0
工程结算收入	万元	4607478	4631809	99.5
工程结算成本	万元	4166364	4189374	99.5
工程结算税金及附加	万元	105858	97285	108.8
工程结算利润	万元	335256	345150	97.1
管理费用	万元	111911	106759	104.8
财务费用	万元	12255	9052	135.4
营业利润	万元	191115	213141	89.7
利润总额	万元	188934	213455	88.5
应交所得税	万元	39028	38353	101.8
应付职工薪酬	万元	714854	949896	75.3

表 44 2019年房地产开发企业投资情况表

指标名称	计算单位	2019年	2018年	为2018年的百分比（%）
房地产企业数	个	121	128	94.5
计划总投资	万元	13966881	11040684	126.5
自开始建设累计完成投资	万元	9359686	8499209	110.1
本年完成投资	万元	2459418	1774178	138.6
按构成分：建筑工程	万元	1750103	1192237	146.8
安装工程	万元	267823	215717	124.2
设备工程具购置	万元	63794	42565	149.9
其他费用	万元	377698	323659	116.7
按工程用途分：住宅	万元	1429411	922183	155.0
办公楼	万元	149897	70277	213.3
商业营业用房	万元	436652	405960	107.6
其他	万元	443458	375758	118.0

表 45 2019年房地产开发企业资金及土地情况表

指标名称	计算单位	2019年	2018年	为2018年的百分比（%）
本年资金来源合计	万元	2939443	2477431	118.6
其中：上年末结余资金	万元	925321	912133	101.4
本年各项应付款合计	万元	483976	662067	73.1
其中：工程款	万元	346332	403166	85.9
待开发土地面积	平方米	916227	564477	162.3
本年购置土地面积	平方米	359661	758506	47.4
本年土地成交价款	万元	233914	315693	74.1

表 46 2019年房地产开发企业施工及销售情况表

指标名称	计算单位	2019年	2018年	为2018年的百分比（%）
房屋施工面积	平方米	1536416	14120123	108.8
其中：新开工面积	平方米	4166131	4341015	96.0

续表 46

指标名称	计算单位	2019 年	2018 年	为 2018 年的百分比（%）
本年房屋竣工面积	平方米	2201000	1751630	125.7
商品住宅竣工套数	套	14017	9581	146.3
竣工房屋价值	万元	687878	648721	106.0
商品房销售面积	平方米	3232254	3072318	105.2
商品房销售额	万元	2224657	1784787	124.6
商品住宅销售套数	套	22404	16119	139.0

表 47

2019 年全社会消费品零售总额汇总表

指标名称	计算单位	2019 年	2018 年	为 2018 年的百分比（%）
社会消费品零售总额	万元	5708348	5198811	109.8
一、按销售单位所在地分	—	—	—	—
1. 城镇	万元	2397932	2139924	112.1
2. 乡村	万元	3310416	3058887	108.2
二、按行业分组	—	—	—	—
1. 批发业	万元	452442	417162	108.5
限额以上	万元	57572	56718	101.5
限额以下	万元	394870	360444	109.6
2. 零售业	万元	5044050	4593003	109.8
限额以上	万元	2155440	1956231	110.2
限额以下	万元	2888610	2636772	109.6
3. 住宿业	万元	71780	65121	110.2
限额以上	万元	28357	25483	111.3
限额以下	万元	43423	39638	109.6
4. 餐饮业	万元	140076	123525	113.4
限额以上	万元	49018	40405	121.3
限额以下	万元	91058	83119	109.6
全部限额以上企业	万元	2290386	2078838	110.2
全部限额以下企业	万元	3417962	3119973	109.6

表 48

2019年限额以上批发零售业销售情况汇总表

指标名称	法人企业数（个）	从业人数（人）	商品销售额（万元）	批发额（万元）	零售额（万元）
总计	185	10120	5272555	3442359	1830196
一、批发业	90	3766	3472828	3418290	54537
1. 按批发行业小类分	—	—	—	—	—
农、林、牧、渔产品批发	7	158	215806	214256	1550
食品、饮料及烟草制品批发	11	582	102412	98078	4334
纺织、服装及家庭用品批发	3	154	33902	33902	0
文化、体育用品及器材批发	4	150	41537	39251	2286
医药及医疗器材批发	6	491	249909	249909	0
矿产品、建材及化工产品批发	15	377	260216	248907	11309
机械设备、五金产品及电子产品批发	43	1845	2553168	2518110	35058
其他批发业	1	9	15879	15879	0
2. 按登记注册类型分	—	—	—	—	—
内资企业	90	3766	3472828	3418290	54537
有限责任公司	11	1141	2249840	2229602	20238
股份有限公司	1	187	119823	119823	0
私营企业	78	2438	1103164	1068865	34299
二、零售业	95	6354	1799727	24069	1775659
1. 按零售行业小类分（2017）	—	—	—	—	—
综合零售	9	1398	154700	412	154288
食品、饮料及烟草制品专门零售	6	84	11483	579	10904
文化、体育用品及器材专门零售	3	82	5450	0	5450
医药及医疗器材专门零售	1	489	28681	0	28681
汽车、摩托车、零配件和燃料及其他动力销售	64	4002	1565012	18310	1546702
家用电器及电子产品专门零售	2	26	2131	850	1281
五金、家具及室内装饰材料专门零售	1	22	4362	0	4362
货摊、无店铺及其他零售业	9	251	27908	3918	23990
2. 按登记注册类型分	—	—	—	—	—
内资企业	92	5739	1505664	24069	1481595
有限责任公司	17	1112	377297	8474	368823

续表 48

指标名称	法人企业数（个）	从业人数（人）	商品销售额（万元）	批发额（万元）	零售额（万元）
私营企业	75	4627	1128367	15595	1112772
港、澳、台商投资企业	2	361	260398	0	260398
外商投资企业	1	254	33666	0	33666
外资企业	1	254	33666	0	33666

表 49

2019 年限额以上住宿餐饮业营业额汇总表

指标名称	法人企业数（个）	从业人数（人）	营业额（万元）	餐费收入（万元）
总计	39	3254	73305	36698
一、住宿业	21	2288	46623	17413
1. 按住宿业行业小类分	—	—	—	—
旅游饭店	12	1880	39371	16083
一般旅馆	8	374	6671	1044
民宿服务	1	34	581	286
2. 按登记注册类型分	—	—	—	—
内资企业	21	2288	46623	17413
有限责任公司	6	649	13339	4399
私营企业	15	1639	33284	13014
二、餐饮业	18	966	26683	19286
1. 按餐饮业行业小类分	—	—	—	—
正餐服务	16	810	18308	16740
快餐服务	2	156	8375	2546
2. 按登记注册类型分	—	—	—	—
内资企业	18	966	26683	19286
有限责任公司	2	74	1667	1085
私营企业	16	892	25016	18201

表 50

2019 年城镇居民住户调查情况表

指 标 名 称	单位	2019 年	2018 年	为 2018 年的百分比（%）
可支配收入	元	50756	46682	108.7
家庭收入	—	—	—	—
一、工资性收入	元	32440	29963	108.3
二、经营净收入	元	5706	5226	109.2
三、财产净收入	元	10165	9272	109.6
四、转移净收入	元	2444	2221	110.1
消费支出	元	34856	32648	106.8
其中：食品烟酒	元	9173	9150	100.3
衣着	元	2550	2313	110.2
居住	元	6099	5492	111.1
生活用品及服务	元	1958	1856	105.5
交通通信	元	5875	5276	111.4
教育文化娱乐	元	6532	6062	107.8
医疗保健	元	2280	2126	107.3
其他用品和服务	元	389	374	104.0

表 51

2019 年农村居民住户调查情况表

指 标 名 称	单位	2019 年	2018 年	为 2018 年的百分比（%）
可支配收入	元	34582	31786	108.8
家庭收入	—	—	—	—
一、工资性收入	元	25764	23655	108.9
二、经营净收入	元	6211	5665	109.6
三、财产净收入	元	509	450	113.1
四、转移净收入	元	2097	2016	104.0
消费支出	元	22803	20929	109.0
其中：食品烟酒	元	5629	5186	108.5

续表 51

指 标 名 称	单位	2019 年	2018 年	为 2018 年的百分比（%）
衣着	元	1470	1376	106.8
居住	元	4759	4312	110.4
生活用品及服务	元	2180	2002	108.9
交通通信	元	3466	3197	108.4
教育文化娱乐	元	4262	3911	109.0
医疗保健	元	834	768	108.5
其他用品和服务	元	203	177	114.6

表 52

2019 年能源消费总量核算表

指标名称	2019 年	2018 年	增长（%）	本期能耗构成（%）	同期能耗构成（%）
能源消费总量	4925968	4821497	2.17	100	100
第一产业能源消费	325246	202380	60.71	6.6	4.2
第二产业能源消费	2357822	2569870	-8.25	47.87	53.3
工业能源消费	1857623	2133780	-12.94	37.71	44.26
规上工业	1300336	1280149	1.58	26.4	59.99
规下工业	557287	853630	-34.72	11.31	40.01
建筑业能源消费	500199	436090	14.7	10.15	9.04
第三产业能源消费	1288761	1148310	12.23	26.16	23.82
第三产业不含交通运输	455165	418735	8.7	9.24	8.68
交通运输业能源消费	231423	180328	28.33	4.7	3.74
其他	602173	549247	9.64	12.22	11.39
居民生活用能	954139	900937	5.91	19.37	18.69
城市居民生活用能	536117	520409	3.02	10.88	10.79
农村居民生活用能	418022	380528	9.85	8.49	7.89
单位 GDP 能耗	0.2835	0.3003	-5.59	—	—
单位工业增加值能耗	0.2321	0.2933	-20.87	—	—
单位规模工业增加值能耗	—	—	1.21	—	—
单位 GDP 电耗	416.04	432.52	-3.82	—	—

表 53

2019 年乡镇资料表

单位名称	居民委员会个数（个）	村民委员会个数（个）	乡镇行政区域面积（公顷）	乡镇总户数（户）	乡镇总人口（人）	财政总收入（万元）	财政支出（万元）
星沙街道	17	0	2453	28068	70187	61236	14856
泉塘街道	14	0	2084	13890	34481	26493	10164
湘龙街道	14	0	2263	15256	37447	67098	11433
榔梨街道	5	4	3471	12181	34098	33873	13340
长龙街道	3	3	2900	4034	11082	1498	7482
黄兴镇	5	14	15722	27661	89122	22850	15974
江背镇	4	9	17452	20281	61598	14319	13385
黄花镇	6	13	14083	27009	78502	33887	20166
春华镇	1	8	12534	14301	47625	2524	9210
果园镇	3	4	6858	7745	25962	1281	13950
路口镇	2	5	8828	9702	29410	1921	7433
高桥镇	1	5	11200	9103	29772	1759	9353
金井镇	2	12	20957	19328	66115	3302	21571
福临镇	1	6	8222	9721	29638	572	12080
青山铺镇	1	4	4619	7286	19990	494	5769
安沙镇	5	11	15942	21140	56184	17156	17507
北山镇	3	8	14500	17761	53737	4142	15047
开慧镇	2	8	11474	12808	43433	942	12953

表 54

2019 年长沙县全面建成小康社会考评实现程度表

指标名称	单位	目标值（2020 年）	权重	2019 年	
				数值	实现程度
一、两个翻番	—	—	16	—	100.0
1. 地区生产总值（按 2010 年不变价）	亿元	比 2010 年翻一番	8	1584.4	100.0
2. 城乡居民人均可支配收入（按 2010 年不变价）	元	比 2010 年翻一番	8	35814	100.0
二、三大攻坚战	—	—	35	—	99.9
3. 脱贫攻坚指数	%	—	14	—	100.0

表 54

指标名称	单位	目标值（2020 年）	权重	2019 年	
				数值	实现程度
贫困发生率	%	≤ 2	—	0.05	100.0
建档立卡贫困人口饮水安全保障率	%	=100	—	100.0	100.0
建档立卡贫困家庭学生义务教育就学保障率	%	=100	—	100.0	100.0
建档立卡贫困人口基本医疗保险覆盖率	%	=100	—	100.0	100.0
4. 污染防治指数	%	—	14	—	99.7
优良以上空气质量达标率	%	≥ 83	—	86.6	100.0
地表水达到Ⅲ类或优于Ⅲ类水体比例	%	≥ 95	—	93.8	98.7
城镇污水处理率	%	≥ 75	—	98.1	100.0
农村生活污水处理率	%	—	—	—	—
对农村生活垃圾进行处理的行政村比例	%	=100	—	100.0	100.0
农村卫生厕所普及率	%	=90	—	100.0	100.0
5. 防范金融风险指数	%	—	7	—	100.0
债务率	%	≤ 120	—	78.8	100.0
陈案化解率	%	≥ 80	—	—	100.0
三、社会民生	—	—	25	—	93.8
6. 教育发展水平	—	—	5	—	84.1
公办幼儿园在园幼儿占比	%	≥ 50	—	25.9	73.4
大班额比例	%	≤ 3.5	—	0.0	100.0
7. 医疗卫生水平	—	—	5	—	96.9
行政村卫生室标准化达标率	%	≥ 75	—	100.0	100.0
每万常住人口全科医生数	人	≥ 2.2	—	3.3	100.0
每千常住人口注册护士数	人	≥ 3.14	—	2.8	89.7
8. 每千老年人口养老床位数	张	≥ 37	3	35.7	96.4
9. 住房安全保障率	%	=100	4	100.0	100.0
10. 社会安全指数	%	=100	8	—	94.0
刑事犯罪率	—	—	—	7.2056	70.3
交通事故死亡率	—	—	—	0.2274	100.0
火灾事故死亡率	—	—	—	0.0091	100.0
亿元 GDP 生产安全事故死亡率	—	—	—	0.0076	100.0
群体性食品安全事故年报告发生数指数	—	—	—	100.0	100.0

续表 54

指标名称	单位	目标值（2020 年）	权重	2019 年	
				数值	实现程度
公众安全感	%	≥ 90	—	89.5	99.5
四、经济高质量发展	—	—	24	—	96.4
11. 地方税收收入占地方一般公共预算收入的比重	%	≥ 75	5	83.0	100.0
12. 高新技术产业增加值占 GDP 比重	%	≥ 32	5	37.1	100.0
13. 产业投资占固定资产投资比重	%	≥ 58	5	68.4	100.0
14. 利用内外资增长率	%	≥ 70	3	85.5	100.0
15. 农产品加工产值与农业总产值比重	%	≥ 270	3	193.3	71.6
16. 城镇化率	%	≥ 65	3	68.7	100.0
全面建成小康社会总实现程度	—	—	100	—	97.6

表 55

2019 年长沙县重点民生实事项目完成情况表

类别	序号	考核项目		计量单位	工作目标	累计完成工作量	完成工作进度（%）	提供单位
省考项目	1	★	城镇新增就业	人	1.7 万人	17221 人	101.3%	人社局
	2	★	自然村通水泥（沥青）路	千米	100 千米	146.058 千米	146.1%	交通局
	3	★	新增农村通自来水人口	人	2.22 万人	金双线供水管网工程供水主管道全长6500米，G107 调规公路（路口镇温泉小镇段、青山铺镇段）供水管道全长 7300 米，两个项目均已完工。	两个项目均已完工。	水利局
	4	★	减少义务教育大班额	班	169 班	完成 170 班任务	100.6%	教育局
	5	★	农村及城镇低保适龄妇女“两癌”免费检查	人	16000 人	16044 人	100.3%	妇联、卫健局
	6	★	孕产妇免费产前筛查	人	5400 人	9327 人	172.7%	卫健局
	7	★	提高困难残疾人生活补贴和重度残疾人护理补贴发放标准	元 / 人 / 月	不低于 120 元 / 人 / 月和 80 元 / 人 / 月	严格按照标准发放，享受生活补贴人数 7478 人，发放生活补贴 1017.156 万元；享受护理补贴人数 6270 人，发放护理补贴 579.2 万元；共计发放两项补贴 1596.36 万元。	100.0%	民政局

续表 55

类别	序号		考核项目	计量单位	工作目标	累计完成工作量	完成工作进度（%）	提供单位
省考项目	8	★	提高农村低保标准和救助水平	元/人/月	不低于6600元/年和245元/月	累计发放补助高于考核标准	100.0%	民政局
	9	★	改（新）建农村户用厕所	户	16000户	19389户	121.0%	农业农村局
	10	★	推行“一村一辅警”	人	114人	114人	100.0%	公安局
	11	★	完成10千伏及以下行政村配电网改造	元	722万元	完成投资约722万元的配电网改造	100.0%	长沙县供电公司
市考项目	12	▲	新改扩建公办幼儿园	所	4所	全部完成	100．0%	教育局
	13	▲	全面启动区县（市）社会福利中心建设	个	1个	完成改造	100.0 %	民政局
	14	▲	社区居家养老服务中心	个	1个	1个	100.0%	
	15	▲	敬老院照料护理区	所	2所	已完成改造	100.0%	
	16	▲	新改建农村公路	千米	190千米	234.991千米	123.7%	交通局
	17	▲	建设小微水体管护示范片区（全市行政村、社区小微水体管护全覆盖）	个	4个	4个均已完工	100.0%	水利局
	18	▲	免费实施新生儿多种遗传代谢疾病筛查	个	6650个	12373个	186.1%	卫健局
	19	▲	对全市0–6岁儿童眼睛及视力筛查保健，建立健康电子档案	人	3万人	68315人	227.7%	
	20	▲	对全市6–18岁青少年眼睛及视力筛查保健，建立健康电子档案	人	9.6万人	完成率100%	100%	教育局
	21	▲	建设标准化村（社区）综合文化中心	个	20个	已完成	100.0%	文旅局
	22	▲	完成城镇棚户区改造和老城区有机更新	户	576户	已完成	100.0%	住建局
	23	▲	新建全民健身工程	处	30处	30处	100.0%	文旅局
	24	▲	新建智慧健身驿站	个	2个	2个	100.0%	文旅局
	25	▲	新增公园（不包含体育公园）	个	6个	全部完工	100%	城管局
	26	▲	提质改造小餐饮“透明厨房”	家	200家	200家	100.0%	市监局

说明：备注栏中“★”表示省考核项目；“▲”表示市考核项目。全县共有考核项目34个，省考核项目11个，市考核项目15个，“一圈两场三道”考核项目8个，分别由16个县直主要责任单位或驻县垂直管理主要责任单位牵头承办

表56

2019年长沙分区、县（市）主要经济指标情况对比表

地区	地区生产总值（亿元）		第一产业增加值（亿元）		第二产业增加值（亿元）		其中：规模以上工业增加值	第三产业增加值（亿元）		地方一般公共预算收入（亿元）		固定资产投资	社会消费品零售总额（亿元）		新增“四上”及房地产开发企业数（个）
	绝对额	增长（%）	绝对额	增长（%）	绝对额	增长（%）	增长（%）	绝对额	增长（%）	绝对额	增长（%）	增长（%）	绝对额	增长（%）	个数
芙蓉区	1126.32	8.0	0.005	−79.8	143.02	5.4	3.6	983.29	8.3	32.76	11.6	8.5	955.77	9.7	267
天心区	1080.64	8.5	1.45	−4.8	324.89	7.2	3.4	754.30	9.2	46.19	11.8	10.0	603.51	9.7	131
岳麓区	1288.20	8.8	10.40	−5.4	337.94	8.6	11.5	939.86	9.1	39.27	15.6	11.3	441.26	10.2	97
开福区	1006.09	7.3	1.04	−15.0	144.05	2.8	8.0	860.99	8.2	45.05	10.2	10.3	811.22	10.0	112
雨花区	2075.77	7.7	5.35	−2.2	1118.90	6.4	5.5	951.51	9.4	61.36	12.2	10.9	827.85	8.8	123
望城区	809.23	8.8	47.89	4.0	294.04	10.6	11.3	467.31	8.2	58.09	17.0	11.7	247.98	15.3	203
长沙县	1709.96	8.2	74.16	3.8	879.03	8.3	10.0	756.77	8.5	111.24	8.8	11.0	570.83	9.8	267
浏阳市	1408.85	9.2	107.84	3.8	716.34	10.3	11.4	584.67	8.8	80.21	15.9	12.0	387.17	11.0	337
宁乡县	1069.10	9.1	111.54	3.5	455.73	10.7	11.7	501.83	8.6	53.81	13.7	10.2	401.43	11.5	214

名人传奇

杰出的革命教育家徐特立

中国共产党自1921年成立以来，就不主张甚至拒绝在党内为个人搞祝寿活动。但在延安时期，这一惯例被打破了。1937年1月，毛泽东主席在中共中央的一次会议上提出，要为走完二万五千里长征的某位老人，破例搞一次祝寿活动。毛泽东还给这位老人写了一封热情洋溢的祝贺信，信中说："你是我二十年前的先生，你现在仍然是我的先生，你将来必定还是我的先生。……你是革命第一，工作第一，他人第一……你当六十岁生日的时候写这封信祝贺你，愿你健康，愿你长寿，愿你成为一切革命党人与全体人民的模范。这位"先生"，就是毛泽东的恩师徐特立。在以往几十年的时间里，徐特立的名字令亿万人尊敬。这不仅仅因为他是毛泽东的老师，更在于他本身非凡的人生经历。

"壮志依然抑九霄"

1877年2月1日，徐特立出生于善化县四都观音塘（今属长沙县江背镇），原名懋恂，字师陶，又名立华。

当时的中国正一步一步沦为半殖民地半封建社会，有识之士纷纷探寻救国救民的道路。年幼的徐特立生活在农村，母亲的早逝、父亲的整日劳累和生活的极度窘迫，使他初尝人世的艰辛。1886年，饱尝没有文化苦头的徐父东拼西凑了一点学费，将9岁的徐特立送进私塾读书。16岁时，徐特立因家中亲人去世，必须自谋生计而不得不辍学。后来，徐特立一边在家乡教蒙馆，一边苦读八股。在得到长沙举人陈云峰的劝告后，徐特立立志求真知而不再把精力放在八股文上。他制订了"十年破产读书计划"，把几亩遗产田逐年变卖用以买书，一心"读书求学问，进学不进学（注：进学是指用八股文考取秀才）不去管他"。在博览经史子集的同时，徐特立积极阅读《湘学报》《湘报》等传播西方文明的书刊，特别喜爱康有为、梁启超、谭嗣同等人写的那些针砭时弊、议论时政、激情洋溢的文章，一度自命为康梁的信徒。

1905年，清廷明令取消八股取士，改考经义，并加历史、地理。28岁的徐特立参加考试，在3000名考生中名列第19名。复试时需要交考卷费，他交不起而又不愿接受富家子弟的资助，放弃了复试。同时咏诗一首言志："丈夫落魄纵无聊，壮志依然抑九霄。非同泽柳新稊弱，偶受春风即折腰。"他还将名字由"懋恂"

改为“特立”，表达超凡脱俗、卓然独立的志向。自此，他的名声不胫而走，各处学堂争相聘用，他不再需要为生计担忧。

然而，他并不安心于农村塾师的职业，更不迷恋于个人的小康家庭。他觉得自己应该离开家乡，到更为广阔的天地中去学习新的知识，探索救国救民的道路。1905 年他考入了由同盟会会员周震鳞在长沙城创办的宁乡速成师范，学习教育学、自然科学等新知识和西洋史、东洋史等讲授资产阶级革命的课程，开始接受资产阶级民主思想。毕业后在长沙周南女校任教，并以“兴办平民教育”为主旨，开始了在家乡的办学生涯。

1906 年，清政府宣布“预备立宪”，以杨度为首的立宪派积极活动，请愿“速开国会”。徐特立积极投身这一运动之中。1909 年 12 月 8 日，身为长沙修业学校校董兼教师的徐特立在学校演讲时，历数帝国主义侵略中国的罪行，“痛外交种种失败，非组织责任内阁无以救亡”。讲到激愤之处，他忽然从讲台上走到厨房拿来一把菜刀，当着学生将左手的一个手指砍断一节，血书“断指送行，请开国会”八字。他的这一行动，极大地激发了青年学子的反帝热情。毛泽东后来回忆此事时说“这给了我对革命的第一次感性认识”。

特立独行的“徐二叫花”

1910 年，徐特立到日本考察小学教育。回国后，到湖南女校工作，并创办湖南第一个教育刊物 —《湖南教育》。1911 年武昌起义爆发，在湖南还是黑云压城之际，徐特立约集一些进步教员，到处宣传演讲，号召大家支持革命。

湖南光复后，徐特立担任省临时议会的副议长，一心为新政权的建设出力。然而官场的腐败，使他很快感到失望和愤慨。他相继辞去省议会副议长和省教育司科长的职务，决心回到教育界，用教育来改革人心，以实现教育救国的愿望。他创办并苦心经营着长沙师范，并到湖南第一师范等学校任教。他的崇高品德、渊博学识以及强烈的爱国热情，对毛泽东、蔡和森等许多有志匡时救国的学子产生了深刻的影响。

1915 年 9 月，陈独秀在上海创办《青年杂志》，掀起了一场前所未有的思想解放和启蒙运动。在新文化运动的影响下，徐特立与学生一道，积极学习西方的民主与科学，研究革命的新思潮，投入反帝反封建的斗争。

1919 年五四运动爆发后，徐特立与陈夙荒、朱剑凡等组织成立健学会，着力研究“改造社会”“思想革新”“妇女解放”“民族自决”等问题，宣传世界新思潮，对推动湖南教育界、新闻界接受新思潮、传播新文化，发挥了积极的作用。其间，他还组织参与抵制日货、惩罚奸商洋奴、驱逐湖南军阀张敬尧的活动。

有资料表明：1919 年以前的长沙教育，差不多都是徐特立一手办起来的。那时长沙共有 800 多个小学校，所有教员基本都经他培训过，基于此，徐特立在长沙教育界享有“长沙王”之美誉。

“休夸长沙十万口，子弟不教非我有。十八乡镇半开化，少数通人难持久。莫谓乡村阻力多，盘根错节须能手。莫谓乡村馆谷薄，树人收获金如斗。大家努力树桃李，使我古潭追邹鲁。”这是徐特立为长沙师范毕业学生写的《毕业歌》，也是他作为教育界“长沙王”的最贴切注脚。

为了真正做一个有新学问的人，1919 年 7 月，42 岁的徐特立毅然放弃已得的成就，积极参加毛泽东、蔡和森等新民学会会员组织的留法勤工俭学活动，成为年纪最大的留学生。在法期间，他谢绝一切特别的待遇，坚持与年轻的同学一起生活、一起学习、一起做工，甚至向比他小得多的同学学习法文。

1924 年夏，徐特立回到国内，继续致力于湖南教育。他创办长沙女子师范并担任校长，同时兼任长沙师范、湖南省立第一女子师范的校长，精心治理三所学校，继续实践他教育救国的宏愿。

当时，长沙中等以上的学校极少，所以，这些学校的老师在社会上有着相当的地位，许多人还保持着前清绅士的派头，冬裘夏绸，衣冠楚楚，穿的不是中式长袍马褂，就是西装革履。他们每天到学校上课，也都要雇请三人抬的轿子，以示阔气。徐特立却特立独行，与众不同。他虽然是全省有名的教育家，而生活却极简朴，穿着也极普通。一年到头，布衣布鞋，有时甚至穿补丁衣和草鞋，活像个乡下人，故有“徐二叫花”之谑称（注：徐特立排行第二；叫花指乞丐）。

徐特立在湖南任教 20 年，爱学生如子。他任师范校长时，将自己的月薪与校内主任、庶务等同样定为 20

元，还经常接济穷学生。田汉入学时买不起蚊帐，他便买了一顶相送。而他却把自己的家小安排在乡下，以节省开支。逢假日回家，他要步行往返 80 千米。一次查夜时，他发现有新生烂脚呻吟，便亲自打水给他洗脚上药。此事传出后，一些教师认为太失校长“身份”，学生却对他更为敬仰。

徐特立不仅品德和学识堪称一流，还具有严谨的治学态度和一套良好的学习方法。

徐特立在湖南第一师范任教时，避免讲那些干巴巴的教条和空洞抽象的大道理，而是用古往今来模范人物的嘉言懿行来启发学生，并以自己的生活体验指点学生。当时一师学生课外自学已成风气，但在读书中存在着贪多图快、不求甚解的毛病。针对这种情况，徐特立结合自己长期积累的“读书以少为主，以彻底消化为主”的经验，提出“不动笔墨不看书”的主张，即读书时一定要记下心得和书中精粹之处。毛泽东后来读书勤动笔墨，做笔记，写批语，是深受徐特立影响的。

毛泽东曾深情地说：“我在湖南第一师范求学时，最敬佩的两位老师，一位是杨怀中先生（即杨昌济），一位是徐老。”

最危险的时候坚定地入党

随着国民党一大召开，国共第一次合作，国民党实行“联俄、联共、扶助农工”的三大政策。在中共湖南省委组织部部长何叔衡的建议下，徐特立参加了国民党，以图“一起来促进国民革命”。1926 年 12 月，他与回湖南考察农民运动的毛泽东见面，随后于 1927 年春回家乡调查农民运动的情况。

农村翻天覆地的变化令他惊喜不已，他开始认识到“少数学生无法挽回国运……教育救国是我 30 年来的一种幻想”，于是积极投身农民运动，加入大革命的洪流。1927 年 3 月，他担任湖南农民协会教育科科长兼湖南农民运动讲习所主任，还被选为国民党长沙市党部工农部部长，为发展湖南的工农运动做了大量的工作。

然而，1927 年 4 月国民党右派公开叛变革命，5 月 21 日长沙发生“马日事变”，共产党人和革命群众遭到疯狂屠杀。面对血雨腥风的白色恐怖，徐特立拒绝了反动派对他的拉拢、利诱，毅然决然地抛弃一切，冒着杀头的危险加入了中国共产党，成为一名坚强的共产主义战士。

年过半百的徐特立加入共产党后，“但为解放战，不知老将至”（田汉语）。

1927 年 7 月，徐特立受中央委派，赴南昌动员国民党江西省政府代主席姜济寰支持起义。南昌起义爆发后，徐特立被选为革命委员会委员、起义军第二十军三师党代表兼政治部主任，后随部队一路血战到赣南。

1928 年 5 月，徐特立被中央派赴苏联莫斯科中山大学特别班学习。他学通俄语后，系统研究了马克斯列宁主义，并同吴玉章、瞿秋白共同研究了汉语拉丁化拼音。

1930 年 12 月回到中央苏区后，历任中华苏维埃共和国临时中央政府教育部副部长、代部长，颁布了一系列教育方针和政策，领导创办了苏维埃大学、列宁师范、农业学校、列宁小学以及各种夜班和训练班，开创了崭新的工农苏维埃教育事业。在毛泽东支持下，他通过调查研究，提出了一套群众路线的识字教学方法，如“老公教老婆，儿子教父亲，秘书教主席，识字的教不识字的，识字多的教识字少的”等等。运用这种教学方法来扫除红军和农民中的文盲，取得了较好的效果。

1934 年 10 月，时年 57 岁的徐特立参加了万五千里长征，是长征队伍中最年长者。一路上，他拄着一根竹杖，扛着防身用的红缨枪，和大家一同行军。瞿秋白在告别时换给他一匹好马，他却总是让给伤病员骑，人称“徐老徐老真是好，不骑马儿跟马跑”。

长征途中，遇到的艰难困苦是难以描述的，但徐特立一路上总是乐哈哈。

血战湘江时，红军将士情绪十分低落，因为死伤太惨重，这时候，徐特立就跑到山坡的最高处，振臂高呼。当时，一些想掉队的年轻红军战士，看到徐老头都那个样子，也站起来冲了上去。

除了给红军官兵鼓励、打气之外，徐特立常常利用战士们行走的时间，教他们一些简单的文字。他在前面战士的斗笠上写几个字，就成为后面战士们的活动识字板。他叫先头部队把路边宣传鼓动标语牌上的字写大些，以便于战士们在行军途中辨识。当部队停下来休息和宿营时，他要战士们以树枝作笔，以大地为纸，在地上写字。在徐特立的鼓励和帮助下，许多红军战士通过学习，初步掌握了一些文化知识。

1935年10月到达陕北后，他又先后担任中华苏维埃共和国中央政府西北办事处教育部部长、陕甘宁特区政府教育厅厅长，领导边区的教育工作。

为使劳动群众更快地识字，徐特立将在苏联研究拟定的28个拼音字母推广到教学中。美国记者斯诺访问陕北时，发现十分落后的山村学校竟率先推广了符合世界潮流的拼音化文字，感到极为惊讶，并在《西行漫记》一书中大力歌颂了徐特立的这项事业。中华人民共和国成立后拼音字母的确定，也有徐特立的一份功绩。

1937年7月，抗日战争全面爆发。11月，徐特立被任命为国民革命军第十八集团军高级参议、八路军驻湘办事处代表，在湖南广泛宣传党的抗日方针政策，开展各种救亡活动。当时，长沙城内国民党高官衣装笔挺，出入乘车。徐特立却终日身穿八路军粗布军装，撑一把雨伞，徒步在城中奔走，不识者多以为是军中老伙夫。

一次，省主席张治中约谈，徐特立走到省政府门口，门卫拦住说："今天张主席会见八路军代表，别人免进。"徐特立称自己便是，门卫打量了一番，全然不信，竟把他轰走。张治中久等不至，派人再去八路军办事处相请，得知原委后，对比国共两党作风，对共产党更为钦佩。

1940年8月徐特立返回延安，12月担任延安自然科学院院长，为抗日建国培养了大批科技人才。1942年担任中共中央宣传部副部长。1945年4月出席中共七大，当选为中央委员。此时，他老当益壮，年近70还参加了延安青年体育运动会的游泳比赛。

1947年1月，中共中央在延安第二次为他庆贺70岁生辰，毛泽东特意为他送了一盒寿糕，盒上亲笔题写"坚强的老战士"六个字，对这位紧跟革命步伐、百折不挠、老当益壮的先生，表示了由衷的敬意和高度的评价。周恩来题写了"人民之光，我党之荣"；朱德的题词则是"当今一圣人"。这种无上的荣光是我国近现代教育家中无人可比的。

老骥伏枥

1949年3月，徐特立随中共中央机关进入北平，先后参与国共和平谈判、全国文化教育事业的接管等工作。在全国政协第一次会议上，他被选为中央人民政府委员会委员。其后连续当选为第一、二、三届人民代表大会代表、全国人大常委会委员，在党的七大、八大上均当选为中央委员。

徐特立不顾年事已高，仍朝气蓬勃地投身于中华人民共和国的文化教育事业，领导一批党的宣传干部和史学工作者从事中国通史、中国革命史和党史等的编纂工作，并继续以各种方式关心、指导教育工作：或报告讲演，或撰文著述，或视察调研，或接待来访，或书信交流……为发展社会主义文化教育事业而不懈地奉献着光和热。

他对好友谢觉哉说，人一天没停止前进，就没有老，一旦停止前进就老了。为了勖勉和策励自己，他制订了一个20年学习和工作计划，作为晚年的奋斗目标。这位坚强的老战士，生命不息，奋斗不止，直到生命的最后一刻——1968年11月28日与世长辞，享年91岁。

徐特立一生的70余年献给了教育事业和革命事业。他培育了大量优秀人才，他的学生中出现了毛泽东、蔡和森、向警予、蔡畅、李维汉、田汉、肖三、丁玲、廖沫沙等老一辈革命家和著名作家。

中共中央祝贺徐特立七十寿辰的贺信，是对这位无产阶级革命家、教育家的最高褒奖：

你的道路，代表了中国革命知识分子的最优秀传统。你是热爱光明的，百折不挠，在五十岁上加入了中国共产党。你对于民族和人民的事业抱有无限忠诚，在敌人面前，你坚持着不妥协不动摇的大无畏精神，你的充沛的热情，使懦夫为之低头，反动派为之失色。你是密切联系群众的，你的知识是和工农相结合、生产相结合的。你把群众当成先生，群众把你当作朋友。你对自己是学而不厌，你对别人是诲而不倦，这个品质使你成为中国杰出的革命教育家。你痛恨官僚主义和铺张浪费，你的朴素勤奋七十年如一日，这个品质使你成为全党自我牺牲和艰苦奋斗作风的模范。你的这一切优良品质是全党同志和全国人民的骄傲，把你的这一切优良品质发扬光大是全党同志和全国人民的革命任务。

（原载《长沙县历史文化丛书·人物卷》下册第141—149页）册。

史海钩沉

姜济寰，南昌起义一要角

在长沙县干杉镇百祥村杨树塘姜家大屋的一个山坡上，有一座坟茔。坟前有一块新立的大理石墓碑，碑上刻有“姜济寰之墓”的字样。虽然，无论是20世纪20年代初毛泽东长沙建党还是末期的八一南昌起义，都已历时近一个世纪，墓碑上那个名字也没有中共党员的身份，但中共党史、军史都无法回避“姜济寰”这个名字。

虽然，许多历史的细节，比如这墓是姜的衣冠冢还是从南京迁回的，或是姜家其他人员的；现在清水塘中共湘区委员会旧址纪念馆，到底是姜家旧室还是属于别姓，都有待考证，但姜济寰是中共的亲密朋友却是铁定的。

那张布告和那尊铜制头像

在南昌起义纪念馆里，陈列着《江西省政府代理主席姜济寰布告》：

改造始自江西，原以攘除党贼。

实行三民主义，遵行三大政策。

武汉之与南京，背叛已同一辙。

仗我中央委员，以及革命贤哲。

并得二方面军，将士同心同德。

毅然决然改图，守我总理遗则。

……

其他一切事宜，政府概当负责。

力谋民众利益，实行应兴应革。

贯彻本党主张，不与民众相隔。

用特掬诚相告，其各努力团结。

有人评价说，这是南昌起义中仅见的一篇由江西省政府名义发布的布告，是一份十分珍贵的历史文献。

姜济寰和他的儿子、后来成为著名集邮家姜治方的铜制头像，与其他800多位革命志士铜像，一同镶嵌在纪念馆大厅的墙壁上。

老伙计们拉他继续“左”转

姜济寰，清末秀才，同盟会员，辛亥革命后出任长沙县首任知事。因与都督谭延闿是“打不散、分不开”的朋友，所以谭三次督湘，姜也就三做“京兆”——长沙县知事。后来，他又做了国民党湖南支部评议员、省议会议员、省财政厅长。谭延闿追随孙中山投身国民革命后，他也去广东做湘军总司令部秘书长。北伐战争时，他随军进入江西，初任江西财政处处长，再任江西省政务委员会副主任、代主任。1927年六七月间，江西省政府主席朱培德离开南昌，遂委托姜济寰代理其职。

不过，姜济寰比老朋友谭延闿思想进步些。在谭延闿“右转”，由“联共”“溶共”转向“分共”“反共”，一个心思搞“宁汉合流”时，姜却认同中国共产党的政治主张，和共产党人保持密切关系。1927年7月，中国共产党人准备发动南昌起义时，中共地下组织将一份20多人的名单通过他的儿子姜治方交给他，要求突击任命这些人为江西省有关县的正、副县长和公安局长等。姜济寰剔除了“姜治方”（拟任南昌县副县长）的名字外，其余一一照办。姜济寰这才知道儿子是秘密的共产党员，剔除的理由是“我儿年轻，难负重任”，因为姜治方此时还不满20岁。接着，公开共产党员身份的江西省府委员兼秘书长朱克清等，要求保荐几个共产党人当县长和公安局长，姜济寰也一一照办。如此，在8月1日起义之前，南昌及周围大部分县的政权掌控在共产党人手中，为起义的成功创造了良好的基础。

起义之前，中共前委书记周恩来特派姜的“老伙计”徐特立、林伯渠来到姜公馆，与姜作彻夜长谈。徐特立比姜济寰大2岁，他们不仅是老乡、同学，也是意气相投的好友。他们还一起在长沙县创办了新式学校梨江高等小学堂。林伯渠与姜济寰同样是老朋友。徐特立用大量事实说明背叛孙中山先生“三大政策”的蒋介石、汪精卫等不得人心，终将失败，并希望姜保持自辛亥革命以来与时俱进的革命精神，不要倒退。经过反复考虑，姜济寰听从了徐、林的意见，毅然表示愿意放弃高官厚禄，参加起义。

此时，明了南昌局势，对姜济寰态度耳有所闻的朱培德派秘书长徐虚舟来找姜济寰。30日晚，徐来到姜家，对姜说："根据可靠情报，共产党这一两天就要搞武装暴动。请代主席立即离开南昌。"姜回答说："谢谢你，我考虑考虑吧。"徐虚舟走后，儿子治方问父亲怎么打算，姜济寰毫不迟疑地说："坚决跟共产党走，同你们共患难！"后来有人评论："姜济寰坚定地站在了起义军一边，这为起义的顺利进行以及起义后秩序的维护、粮食的筹备、部队的转移等，都创造了极为有利的条件。"

1927年8月1日凌晨2时，起义发动。其时，徐特立陪姜济寰坐镇姜公馆。省警备司令部值班室打电话告急。姜指示："情况不明，没有我的命令，不许开枪！"这样一来，就拖住了省警备部队。待省政府和警备司令部被起义军包围，姜又命令："一律放下武器！"在姜的配合下，起义部队经过4个多小时激战，占领了整个南昌城。史家如此评价，姜济寰以江西省代理主席的身份参加起义，进一步改变了南昌城内敌我双方对比的势态，为南昌起义的成功做出了重大贡献。

起义成功后，姜济寰参加了新政权的组建工作。3日，姜济寰以江西省政府代理主席身份发出了那份布告。

《革命》首发《中国社会各阶级的分析》

姜济寰早就与后来成为共产党人的毛泽东等有过合作。

1918年，毛泽东和何叔衡邀请时任长沙县知事的姜济寰支持他们创办长沙"文化书社"并担任理事。姜济寰欣然同意，并入股300块银圆作为办书社的经费。1920年，毛泽东为打破军阀政府长期封锁俄国革命的真实情况，组织成立俄罗斯研究会，以研究苏俄的革命经验。筹备会议就是在长沙县知事衙门的会议室召开的。毛泽东请姜济寰出任总干事，姜济寰不仅爽快地答应，而且捐出100块银圆作为研究会的活动经费。后来，俄罗斯研究会的一些活动也在姜家进行。

国共第一次合作期间，毛泽东跨党担任了国民党中央候补执行委员，后来还担任了国民党中央代理宣传部长。对于国共合作问题，当时党内有两种倾向。第一种倾向，以陈独秀为代表，只注意同国民党合作，忘记了农民，这是右倾机会主义。第二种倾向，以张国焘为代表，只注意工人运动，同样忘记了农民，这是"左"倾机会主义。这两种机会主义都感觉自己力量不足，而不知道到何处争取广大的同盟军。毛泽东针对这两种倾向，1925年12月写成了《中国社会各阶级的分析》一文进行批判。毛泽东在文中指出，中国无产阶级的最广大和最忠实的同盟军是农民。

毛泽东的这篇文章写好后首先寄给在上海的中共中央机关刊物《向导》，在审稿阶段被陈独秀卡住而未能发表。因为毛泽东的这篇文章的论断——"那动摇不定的中产阶级，其右翼可能是我们的敌人，其左翼可能是我们的朋友——但我们要时常提防，不要让他们扰乱了我们的阵线"，正是陈独秀不能同意的。

这个时候，姜济寰在广州创办了湘军司令部的机关刊物《革命》杂志，并特约毛泽东为杂志写篇文章。姜济寰的孙子如此回忆："当时我父亲姜治方刚好在天津南开中学初中部毕业后来到广州，爷爷就叫他去毛泽东的家送约稿信"；姜治方将《革命》杂志有关《中国社会各阶级的分析》的清样送给毛泽东审定，毛"当即进行了校改，然后交还给我父亲"。于是，这篇文章发表在1925年12月1日出版的《革命》杂志第4期上。1926年，这篇文章先后被《中国农民》《中国青年》等刊物转载。

1950年，中共中央编辑出版《毛泽东选集》时，毛泽东亲自将这篇文章定为《毛泽东选集》的开篇。

国民党当局签发"缉拿法办"令

南昌起义后，国民党当局派兵"围剿"起义部队，但并未签发通缉姜济寰的命令，他们以为姜一定是被起义军绑架了。直到当局看了《江西省政府代理主席姜济寰布告》之后，说这肯定出自姜济寰之手，实属"附逆有据"，并于8月17日签发了对姜济寰"缉拿法办"的命令。

起义部队撤离南昌后，姜济寰也跟随部队行动。对此，粟裕的回忆是：部队中"还有就是白头发多——

老者颇多……中央海外部部长彭泽民……他的瘦长的身材，走起路来似乎特别辛苦，常常看见他站在路旁喘气……再就是省主席姜济寰，他也与大军一道撤退。虽然他的体质似乎比彭泽民好些，但他的困难在身体太胖，胖人在热天本已是难熬的事，现在烈日之下翻山越岭，其困难可想而知。”

后来，起义部队被打散了，姜氏父子辗转香港后又秘密来到上海。正在周旋“宁汉合流”、时任国民党中央特别委员会常委的谭延闿恰巧也在上海。谭秘密会见了自己的老朋友，并对姜说：“你已经是明令通缉拿办的人，住在上海外国租界也不安全，赶紧到日本去吧！”说完，他拿出1000块大洋给了姜。就这样，姜氏父子于1927年11月流亡到了日本东京。

1929年，国民党在实现各派系重新组合、成立新的国民政府后，将原宁、汉、粤三个政府各自发布的通缉令一律废除，宣布大赦。姜济寰这才回国。时任国民政府行政院院长的谭延闿拉了老朋友一把，带着“行政院参议”委任状，亲到姜家“封官”。姜从此做了个“不参不议”的闲官，其实也就是有个“饭碗”而已。长年的颠沛流离生活苦不堪言，“力谋民众利益”的政治理想已经破灭，心力交瘁的姜济寰1935年病逝于南京，年仅56岁。

毛泽东批示帮助姜的遗孀

打开《毛泽东文稿》第五册，上有《在姜黄英来信上的批语》：“似可酌予帮助，请统战部徐冰同志（任中共中央统战部副部长）处理。罗迈（李维汉，任中共中央统战部部长）知姜济寰为人。”姜黄英是姜济寰的遗孀，中华人民共和国成立后年已六旬，工作无着落、生活窘迫。1955年4月27日，姜黄英给毛泽东写信，讲述了自己的困难，请求安排一个工作。毛泽东很快地作了上述批示，而且特别指出，李维汉知道姜济寰的为人。

打开《毛泽东文稿》和《毛泽东书信选》，可以看到毛泽东对自己的亲友要求是非常严格的，求工作是免谈的；对老同学求工作是耐心地劝说，委婉地拒绝；就是对彭友胜这位“老班长”，也给其设置了前提——“如果确实十分困难”的话，才可以向他（程星龄）“请示有无可以助你之处”。对于姜黄英的请求，毛泽东批得非常明了——“酌予帮助”，说是李维汉知道姜济寰的为人，其实是自己给姜济寰作证。可见毛泽东没有忘记这位于党有过莫大帮助的老朋友。

（文热心、夏声朝、黄柏强）

名山秀水

飘峰山

飘峰山位于长沙县开慧镇飘峰山村的西北处。是长、平、汨三县的界山，素有“鸡叫三县”之称。山脉呈南北走向，长约9千米，主峰“望湖尖”海拔447米，总面积160余公顷。

在晴空万里之日，夕阳西下之时，站在主峰“望湖尖”上，向西望去，可见洞庭湖上百舸争游，湖面碧水蓝波与夕阳红霞辉映交错，如此壮观的日落景色与观看日出同样震撼人心。东南有洗手沟，宽约2米，深1米，清澈透明的水长流不息，永无枯竭之时，游人、香客在此洗手，冬天一股暖流透过不可言喻。酒坛坡之巨石形似酒坛，坛内泉水流溢，喝上一口，神清气爽，回味无穷。东北有古庙刘公殿，庙宇巍峨、庄严肃穆，香火鼎盛。西北有飘峰水库，茂林修竹，交相辉映，各种鱼类成群嬉戏，集垂钓、种养、捕猎、娱乐休闲于一体的休闲山庄正投资开发，将成为城乡人旅游观光、愉悦身心的理想去处。东面飘峰古塔，建于清光绪元年（1875），花岗石结构，呈六角锥柱体形，高25米，分九层，塔基高1米，直径3米，塔部刻字刚劲有力，人物图案栩栩如生，1974年被狂风吹歪，向西南倾斜约40厘米，近年塔顶不扶自正，人以为奇，享有常新不旧之殊荣，是长沙县仅存的两座古塔之一。

自古流传着“飘峰山，离天三尺三，人要低头过，马要卸落鞍”“鸡子湖，鸭子湖，有风三日过，无风一七浮”的传奇故事。飘峰山山清水秀，人杰地灵，空气清新，环境优雅。山上怪石林立，百态千姿；山下清溪潺潺，长流不息。山中药材遍地，如天冬、灵芝菌、射干、柴胡、丹参、土天麻等随处可见。峰顶之皂角树，傲然挺拔，叶茂枝繁。

山顶“湘峰寺”始建于元末明初，越六二春秋，清道光十三年（1833）由缪氏续修，“文化大革命”期间，寺庙倒塌，门前皂角树枯死，2002年重建湘峰寺，谨择同年四月二十日恭迎玄帝祖师、华山圣母、五帝龙王、岑山上圣入殿升座。门前古树重获新生，依然勃勃生机，欣欣向荣，如此奇观，古今罕见，人们疑是观音菩萨用杨枝洒下甘露，为庙宇增光添彩。

相传明朝时，湖北武当山玄帝祖师携张劲犹、常福生、喻修真、邓尚朴四真人云游至此，但见重峦叠嶂，峰插云端，瑞气冲霄汉，祥光射斗牛，参天古树，蔓路荒藤，万壑风尘冷，千崖气象奇，于是遍游此山，流连忘返，饥餐野果，渴饮甘泉。忽见冬瓜坡里一块神石，红霞万道，瑞气千层，长8米、宽6米，表面平整，纹路纵横有致，楚汉分明，弈棋石上，其乐无穷，战局方酣意犹未尽，忽然清风徐送，异香扑鼻，罢棋四顾，大片云雾茶跃然眼底，随手摘下嫩叶，入口嚼碎，清香满口，沁人心脾，顿觉精神振奋，数日奔波游览疲劳一扫而光，四真人倍觉惊奇，忙问玄帝：此物何名？玄帝曰：这是高山云雾茶，唐僧取经时，自西天带回种子遍种名山大川，飘峰山从南岳飞来，钟灵毓秀，终年云雾缠绕，故长出绝世珍品，供人品味，可止渴生津，能延年益寿，入药可治口舌疔疮，消炎镇痛。

于是四真人相约定居飘峰山，在“望湖尖”上建庙一所，供玄帝神像于庙中，挂巨钟于寺外，暮鼓晨钟，悠扬悦耳，催警醒于四境，保平安于万民。寺后两眼水井，如画龙点睛，水自石中浸出，水质清冽异常，取之不尽，用之不竭，经专家取样化验，内含多种微量元素，能去死肌治百病，传说观音大士用铁符一道，镇住一龙守井，不能擅离职守，咒曰：若要脱逃，须等铁符开花，鸡长牙齿，马长角。明万历年间，南溪滩周姓举子，喜中头名状元，回家省亲经过龙井，取下头上红卫顶戴挂在铁符上，正弯腰喝水，忽然狂风大作，电闪雷鸣，飞沙走石，地暗天昏，即将大雨倾盆之际，周姓状元慌忙从铁符上取下顶戴，择路奔逃，顿时云开雨散，太阳重露笑颜，状元边走边想，莫非是守井之龙府顶戴为铁符开花，故伺机脱身。明著名诗人袁准有诗为证：“秋底峰如玉屏开，青鬟累累对前来。岚生古洞千山雨，瀑逐深溪万壑雷。定后远神栖岳岛，醉中清梦到天台。疾情自古多奇癖，聘得青山作酒杯。”

飘峰山下不仅是著名的旅游观光景点，也是革命摇篮之一，毛泽东主席在大革命时期曾四次来板仓，和杨开慧同志多次在飘峰山下象牙山的杉树坡召开秘密会议，发动和领导农民运动，1921年7月，中国共产党成立，诞生于飘峰山下枫树湾的革命先驱缪伯英同志，有幸成为中国第一个女共产党员，她夜以继日地坚持地下工作，积劳成疾，病逝于上海，临终前对丈夫何孟雄说：“既以身许党，就应该为党的事业牺牲……未能战死沙场，真是憾事……”。

飘峰山既是革命纪念地，又是神佛圣地，景点传奇，不胜枚举，耳闻不如目见，只有亲临其境，方能饱览人间仙境。这里民情淳朴，热情好客，送你一包云雾茶，捎带一壶龙井水，定然使你有兴而至，满意而归。

（缪正斌、杨福文）

索 引

Index

说 明：

1. 本索引采用分析索引方法，按索引词首字汉语拼音音序排列，首字音序相同者，按第二字音序排列，依此类推。

2. 索引词后的阿拉伯数字表示内容所在页码，拉丁字母 a、b、c 分别表示左、中、右栏（仅有左、右两栏时则分别以 a 、b 表示）；索引词后括注“图”“表”字样的为图或表。

3. “特载”“专文”“大事记”“统计资料”“综录”中部分内容未作索引。

责任编辑 周进银